Dieter Manz

urbs pia **Die fromme Stadt**

Die Bischofsstadt Rottenburg a. N.
im Spiegel ihrer Kirchen- und
Frömmigkeitsgeschichte

Dieter Manz

urbs pia **Die fromme Stadt**

Die Bischofsstadt Rottenburg a. N.
im Spiegel ihrer Kirchen- und
Frömmigkeitsgeschichte

– Eine Art Bestandsaufnahme –

Mit einem Geleitwort von
Bischof Dr. Gebhard Fürst

Inhalt

Geleitwort 6
Vorwort 8
Einführung 10

I. Geschichtlicher Überblick

Vor- und Frühgeschichte, Römische Zeit 12
Früh- und Hochmittelalter 14
Im Spätmittelalter 17
· *Die Begräbnisplätze* 28
Im Zeitalter der Reformation 30
Wiedertäufer 34
... und Hexen... 35
Jahrzehnte der Not 37
Im Zeitalter des Barock 40
· *Die Jesuiten und ihr Gymnasium* 45
· *Licht und Schatten im Barock* 50
· *Feste im Barock* 51
Aufklärung und Josephinismus 54
Emigrantenzeit 60
Letzte Jahre unter dem Doppeladler 63
Unter neuen Herren 63
Die Klöster werden aufgehoben 67
Das erste Jahrzehnt unter
Württembergs Herrschaft 70
Auf dem Weg zur Bischofsstadt 75
Diözesangründung und
Bischofsinthronisation 79
· *Die 1820er-Jahre* 83
· *Die Inthronisation des ersten
  Rottenburger Bischofs* 86
Neubauprojekte für den Dom 95
Die Rottenburger Pfarreien 97
St. Martin und St. Moriz heute 100
Die evangelische Gemeinde 103

II. Menschen in der Kirche

Die Rottenburger 106
Die Berufenen 113
Die Bruderschaften 124
· *Standes- und Berufs-Bruderschaften* 126
· *Die religiösen Bruderschaften* 127
Rottenburger Künstler und Kunst-
handwerker im Dienst der Kirche 136

Nach der sonntäglichen Maiandacht im Weggental spielen Musikanten in der Ehalde zur Freude der Kirchenbesucher Marienlieder. Aufnahme von 1963.

III. Gebaute Frömmigkeit

Die Pfarrkirchen 147
· *Die Dom- und Pfarrkirche St. Martin* 147
· *Die Stifts- und Pfarrkirche St. Moriz*
  in Ehingen 149
Nebenkirchen und Kapellen 151
· *Die Sülchenkirche St. Johannes Bapt.* 153
· *Die Klausenkirche St. Remigius* 155
· *Die Wallfahrtskirche im Weggental* 155
· *Die St. Theodorskapelle („Doderes")* 157
· *Die Gutleuthauskapelle* 158
· *Die Altstadtkapelle* 159
· *Die Kalkweiler Kapelle* 160
Schlosskapellen, Hauskapellen 161
· *Die Kapelle des Stadtschlosses* 161
· *Die Schlosskapelle von Schadenweiler* 162
· *Die Spitalkapelle* 162
· *Die Wagner'sche und andere Hauskapellen* ..164
Klöster und Klosterhöfe 165
· *Das Karmeliterkloster* 166
· *Das Chorherrenstift St. Moriz* 168
· *Das Kapuzinerkloster* 171
· *Das Jesuitenkolleg* 173
· *Die Franziskanerinnenklausen* 176
   Die Obere Klause St. Anna 176
   Die Klause in Sülchen 178
   Die Sammlung beim Sülcher Tor 179
   Das Klösterlein „Zur freiwilligen Armut" 179
· *Niederlassungen auswärtiger Klöster* 179
   „Haus und Spital" des Antoniterordens 179
   Die „Chorfrauen vom Heiligen Grab" 179
· *Häuser und Klosterhöfe auswärtiger Klöster* ..180
   Das Augustiner-Chorherrenstift Kreuzlingen ...180
   Das Paulinerkloster Rohrhalden 180
   Das Dominikanerkloster Rottweil 182
   Das Dominikanerinnenkloster Stetten 182
   Das Dominikanerinnenkloster Binsdorf 182
   Das Zisterzienserkloster Bebenhausen 182
   Die Klosterfrauen zu Horb 182

IV. Kulturgeschichte und Volksfrömmigkeit

Gesprochenes und gedrucktes Wort 185
· *Rottenburger Klosterbibliotheken* 189
Rottenburger Wallfahrten 194
· *St. Moriz* 194
· *Das Weggental* 196
· *In der Umgebung* 201
„Unseres lieben Herrgotts
Fronleichnamstag" 203
Aufführungen und Prozessionen 210
Von Weihnachtskrippen, Jesuskindern
und Heiligen Gräbern 216
· *Das Weggentaler Kripple* 217
· *Die Krippe in St. Moriz* 217
· *Die Kalkweiler Krippe* 218
· *Das „Doderes-Kripple"* 219
Andachten, Stiftungen und Glockenzeichen ..222
· *Die Ewige Anbetung* 222
· *Fromme Stiftungen* 224
· *Das „Angstläuten"* 226
· *Kirchenglocken für profane Zwecke* 227
   Das Reifenläuten 227
   Das Schreckenläuten 228
Rottenburger Lieblingsheilige 228
Zeichen in der Stadt 240
Urbs pia vor den Mauern 248
· *Kirchen und Kapellen* 249
· *Die „Käppelen"* 251
· *Bildstöcke, Feldkreuze und anderes* 254
Von Ehrungen und Straßennamen 260
· *Geistliche als Ehrenbürger* 260
· *Nach Geistlichen benannte Straßen* 261
· *Straßennamen als Zeugnisse der urbs pia* 262
Schluss 264
Quellen- und Literaturverzeichnis 266
Bildnachweis 268
Anhang: Kleiner Rottenburger Bilderbogen ...269
Impressum 272

Geleitwort

Rottenburg als ‚urbs pia': die „fromme Stadt"

Woher der Begriff „urbs pia Rottenburg" kommt, wann und von wem er das erste Mal auf die Stadt angewendet wurde, lässt sich nicht mehr rekonstruieren. Immer wieder taucht er zwar in der älteren Literatur über die Domstadt auf und mancher Rottenburger mag ihn gelegentlich schon gelesen oder gehört haben. Doch insgesamt ist der Begriff für die Mehrzahl der Rottenburger alles andere als geläufig, vor allem, weil die Fakten, die zur Entstehung dieses Begriffs führten, fast völlig in Vergessenheit geraten sind. Dabei hat kaum eine andere Stadt des Landes diesen Ehrentitel so sehr verdient wie gerade Rottenburg. Das belegt Dieter Manz in seinem umfassenden, sorgfältig erarbeiteten und faszinierend zu lesenden Werk über die Kirchen- und Frömmigkeitsgeschichte seiner Vaterstadt.

Da sind zum einen die kirchlichen Bauten, die schon immer das Stadtbild Rottenburgs prägten: die Dom- und Pfarrkirche St. Martin, die Pfarrkirche St. Moriz, die Wallfahrtskirche im Weggental und der Kranz von Kapellen, der die Stadt umschließt. Dann sind es ehemalige Klöster wie das Karmeliterkloster und das Jesuitenkolleg, dazu Klosterhöfe wie Kreuzlinger und Rohrhalder Hof. Sie alle stellen bis heute die weltlichen Bauten in den Schatten. Und wer genauer hinschaut, der entdeckt an vielen Häusern Madonnen- und Heiligenfiguren, die die Frömmigkeit der alten Rottenburger bis heute bezeugen.

Zum anderen sind es aber die Rottenburger selber, die, tief im Glauben verwurzelt, die Schicksalsschläge ihrer bewegten Geschichte ertrugen und sich in Frömmigkeit und Glaubensleben nicht beirren ließen. Besonders das 17. Jahrhundert hat mit Belagerungen, mit Pest und erstem totalem Stadtbrand die Menschen bis ins Mark getroffen. Die vormals wohlhabende Stadt verarmte. Das prägte den Charakter der Rottenburger auf Jahrhunderte hinaus. Doch Glaube und gelebte Frömmigkeit halfen ihnen beim Bewältigen ihres harten Alltags und er bewahrte auch ihre Lebensfreude.

Die Barockzeit in ihrer hierzulande sehr vom österreichisch-alpenländischen Kulturkreis geprägten Erscheinungsform übte auf den Alltag und das religiöse Leben der Rottenburger bis in unsere Zeit Einfluss aus. Die Aktivitäten der Klöster, die Wallfahrt im Weggental und die Prozessionen, die religiöse Kunst bis hin zum Bau kostbarer Krippen – all dies strahlte weit über die Grenzen des Rottenburger Landes hinaus. Über 850 Welt- und Ordenspriester, darunter ein kanonisierter Heiliger, zwei im Ruf der Heiligkeit Verstorbene und mehrere Märtyrer, kamen bis zum Ende des 19. Jahrhunderts aus der „frommen Stadt" Rottenburg. Das ist eine erstaunlich große Zahl für ein Gemeinwesen, das einst kaum mehr als 3000 oder 3500 Einwohner hatte. Als dann 1821/23 die Diözese mit Bischofssitz in Rottenburg errichtet wurde, war die Stadt schon jahrhundertelang als religiöses Zentrum bekannt. Es waren somit nicht allein praktische Gründe, die für Rottenburg als Bischofssitz sprachen.

Die Nähe zur Katholisch-Theologischen Fakultät in Tübingen und die infolge der Säkularisation leer stehenden kirchlichen Bauten spielten zwar eine Rolle. Es war aber der Ruf Rottenburgs als einer „frommen Stadt", der kaum weniger dazu beitrug, sie zur Bischofsstadt zu machen.

Auch heute ist die „fromme Stadt" Rottenburg weit über die Grenzen der eigenen Diözese hinaus bekannt. Der Bischof ist ‚in der Kirche zum Hirten bestellt' für die Gläubigen der ganzen Diözese. Er ist somit in gewisser Weise das „Gesicht" der Diözese Rottenburg-Stuttgart. In diesem Sinn versteht die gesamte Diözesanleitung ihr Wirken als Dienst an den Glaubenden, an allen pastoralen Kräften der gesamten Diözese, vom Bodensee bis ins Hohenlohische, vom Rand des Schwarzwaldes bis hin auf die Ostalb. Die Bischofsstadt hat hierbei eine besondere Bedeutung: Die Liturgie der Bischofskirche erscheint als Leitbild für die anderen Kirchen des Bistums, die Gestaltung kirchlicher Feiern und Feste, wie z. B. des Fronleichnamsfestes, strahlt hinein in die Diözese. Die Gestalt des Heiligen Martin, des Patrons der Domkirche und der ganzen Diözese, prägt als Leitfigur und Leitbild die diözesane Pastoral.

Rottenburg als „urbs pia": Das ist also nicht nur Vergangenheit, das ist auch Gegenwart und Zukunft der Kirche und ihrer Bischofsstadt, in der gelebte Frömmigkeit selbstverständliche Praxis ist. Es ist das Verdienst des Rottenburger Stadthistorikers Dieter Manz, die Fakten, Ereignisse und Zusammenhänge zwischen städtischer und kirchlicher Geschichte und Kultur erstmals und umfassend für eine Bischofstadt erforscht und beschrieben zu haben. Das Buch über die „urbs pia" Rottenburg stellt das Wechselspiel von Geschichte und Frömmigkeit mit Blick auf die Bischofsstadt in all ihren Aspekten mit zahllosen bislang unbekannten Fakten gut lesbar und ansprechend dar.

Für seine großen Bemühungen und Verdienste im Zusammenhang mit der Erarbeitung und Veröffentlichung dieser Publikation danke ich Herrn Dieter Manz nachdrücklich. Dem in seinem Thema und seinem Genus wohl einmaligen Werk wünsche ich eine breite Resonanz und viele interessierte Leserinnen und Leser!

Rottenburg, am Fest Kreuzerhöhung 2009

Dr. Gebhard Fürst

Vorwort

Rottenburg am Neckar schmückt sich gern mit dem Prädikat „Alte Römer- und Bischofsstadt". Die Geschichte der Stadt zeigt, dass das Attribut „alte Römerstadt" voll gerechtfertigt ist. Und Bischofsstadt ist Rottenburg nun auch schon seit 180 Jahren – nicht viel, wenn man es am Alter so manchen anderen Bischofssitzes misst, doch eine lange Zeitspanne, wenn man als Maßstab die Dauer eines Menschenlebens nimmt. Anknüpfend an die Traditionen der katholischen, bis 1806 zu Schwäbisch-Österreich gehörenden Oberamtsstadt, dem Hauptsitz der Verwaltung der vorderösterreichischen Grafschaft Hohenberg, verlegte der württembergische König Wilhelm I. den Sitz des Generalvikariats für die Katholiken seines neuen Königreichs 1817 von Ellwangen nach Rottenburg. Zeitgleich erfolgte die Verlegung der Katholisch-Theologischen Fakultät, der sogenannten Friedrichs-Universität, von Ellwangen an die württembergische Landesuniversität Tübingen. Die Nähe Rottenburgs zu Tübingen – die beiden Städte, das katholische Rottenburg und das protestantische Tübingen, sind nur zwölf Kilometer voneinander entfernt – mag zur Wahl Rottenburgs als Bischofssitz damals nicht weniger beigetragen haben als die zu Beginn des 19. Jahrhunderts noch sehr österreichisch-barock geprägte Katholizität Rottenburgs und deren bauliche Hinterlassenschaften. Durch die päpstliche Bulle „Providia solersque" wurde 1821 die Oberrheinische Kirchenprovinz und mit ihr auch die Diözese Rottenburg errichtet. Der erste Bischof dieser Diözese konnte 1828 in sein Amt eingeführt werden. Seither ist Rottenburg Sitz von Bischof und Domkapitel der Diözese, die den Namen der Stadt trägt. Aus Anlass des 150-jährigen Diözesanjubiläums nahm 1978 Bischof Dr. Georg Moser den Namen der Landeshauptstadt Stuttgart in den Diözesannamen auf: „Diözese Rottenburg-Stuttgart". Die Stuttgarter St. Eberhardskirche wurde gleichzeitig zur Konkathedrale erhoben. Rottenburg aber blieb Sitz von Bischof und Diözesanverwaltung.

Im September 2003 nun fand in Weingarten die Studientagung „Schwäbische Identität – weltnahe Katholizität. 175 Jahre Diözese Rottenburg-Stuttgart" statt, veranstaltet von der Akademie der Diözese. Der Frankfurter Theologieprofessor Dr. Claus Arnold hielt damals ein Referat mit dem Titel „Zwischen Zentrum und Peripherie – Die Rottenburger Diözesanidentität (1919–1978)". Darin findet sich gegen Schluss die bemerkenswerte Aussage: „Zentripetal wirkte vor allem die Ausrichtung auf die Person des Bischofs und weniger auf die Domstadt oder auf die Geschichte der Diözese." Der Diözesangeschichte nimmt sich mit viel wissenschaftlicher Akribie der 1978 gegründete Geschichtsverein der Diözese an. Der eben zitierte Satz aber meint doch letztlich auch, dass Rottenburg als Bischofs- und Domstadt mit ihren religiös-kirchlichen Traditionen nach außen nicht richtig wahrzunehmen ist! Dies allerdings ist weniger ein Problem fehlender Substanz als vielmehr von deren bislang eher unzulänglicher ‚Vermarktung'.

Dabei ist Rottenburg, bei aller Bescheidenheit im äußeren Auftreten, einer der ältesten und geschichtsträchtigsten Orte des Landes und zugleich einer der besterforschten. Die Beschäftigung mit der Stadtgeschichte setzte bereits im frühen 16. Jahrhundert ein und brachte vor allem in der Zeit nach dem Ende des Zweiten Weltkriegs eine beachtenswerte Fülle von Veröffentlichungen hervor, von wissenschaftlichen Untersuchungen bis hin zu populär-wissenschaftlichen Publikationen. Noch nie aber wurden, von zahlreichen Darstellungen zu Einzelfragen einmal abgesehen, die religiösen Traditionen der „urbs pia" in ihrer ganzen Breite zusammenfassend beschrieben – und dabei waren doch gerade auch sie es, die in den ersten Jahrzehnten des 19. Jahrhunderts mitentscheidend wurden für die Wahl Rottenburgs zum Sitz des katholischen Landesbistums für Württemberg! Die Darstellung all dieser religiösen Traditionen Rottenburgs, seiner kirchlichen Geschichte, ist also längst ein Desiderat. Dass nunmehr versucht werden kann, auch diese Lücke im Schrifttum über Rottenburg zu schließen, ist einer Anregung von Bischof Dr. Gebhard Fürst zu danken. Die Publikation fügt sich ein in eine ganze Reihe von Aktivitäten, die unter dem Leitwort „Die Bischofsstadt Rottenburg – Domstadt und Zentrum der Diözese" verschiedene Initiativen zusammenfasst mit dem Ziel, Rottenburg als Bischofsstadt verstärkt ins Bewusstsein ihrer Bürger, der ganzen Diözese und einer breiteren Öffentlichkeit zu rücken.

Rottenburg, im Frühjahr 2009
Dieter Manz

Rottenburger Heiligenwäsche am Neckarufer: Vorabend des St.-Johann-Nepomuk-Festes (26. Mai) 1964.

Einführung

Im Vorwort war schon kurz von den religiös-kirchlichen Traditionen Rottenburgs in der Zeit vor seiner Erhebung zum Bischofssitz die Rede. Was ist Tradition? Nach der gängigen Definition meint der Begriff altes Herkommen, bewährte Gewohnheiten und Überlieferungen, Weitergabe und Weitervermittlung von für wertvoll gehaltenem Kulturgut an spätere Generationen, seien das nun Bauten, Sachen, Bräuche oder moralische Prinzipien. Hieraus wird deutlich, dass Tradition immer auch mit den Menschen zu tun hat, mit denen der Vergangenheit und mit denen der jeweiligen Gegenwart, die Traditionen an die Zukunft weiterreichen können. Der britische Schriftsteller Gilbert Keith Chesterton (1874–1936) drückte es so aus: „Tradition bedeutet, der tiefsten und verkanntesten der Klassen, unseren Vorfahren, Stimmrecht einzuräumen. Sie bedeutet Demokratie für die Toten. Tradition lehnt es ab, der anmaßenden Oligarchie der zufällig heute Herumlaufenden das Feld allein zu überlassen."

Wenn also von Rottenburgs religiösen Traditionen berichtet wird, dann wird von Dingen die Rede sein, die längst vergangen und vergessen sind, aber auch von solchen, die es noch immer gibt. Stets aber werden dahinter die Menschen erahnbar, die geschaffen und weitergegeben haben, was im Lauf der Jahrzehnte und Jahrhunderte zur Tradition wurde – gleichgültig, ob diese später aufhörte oder in vielleicht gewandelter Form noch immer fortbesteht.

Nun könnte man fragen: Was soll das alles, was soll das unzeitgemäße ‚Aufwärmen' alter, längst und womöglich zu Recht vergessener Dinge, von Geschichten und Ereignissen, die uns Heutige nichts mehr angehen? Wir haben ja, so glauben wir wenigstens, seitdem die „gute alte Zeit" untergegangen ist, die Tabus zerbrochen, unsere Rechte erkämpft, die Finsternis überwunden! Aber haben wir das wirklich? Wir vergessen beispielsweise nur allzu gern, dass wir im 20. Jahrhundert, hundert Jahre nach Aufklärung, Josephinismus und „Ära Metternich", wieder anfällig geworden sind für Systeme von Gewaltherrschaft, an denen gemessen Metternichs Biedermeierbespitzelungsmethoden nur ein mildes Säuseln waren. Und ewig-gestrige Nostalgiker sind noch immer und schon wieder unter uns.

Die Fragwürdigkeit vieler Selbstverwirklichungs- und Fortschrittslehren, wirtschaftlicher, politischer und gesellschaftlicher, wurde uns schon oft genug vor Augen geführt, bis in die jüngste Vergangenheit. Doch ungeachtet all dessen, was wir gern „Fortschritt" nennen, zeigt sich immer wieder, wie unheilbar altmodisch der Mensch konstruiert ist, wie beharrungsfähig in seinen Gewohnheiten, in seinem Wesen. Es wurde sogar schon vermutet, er sei unheilbar religiös.

„Wirklich zu leben vermag er nicht in der dünnen Luft, auf der öden Hochebene, die er selbst anstrebt und geschaffen hat. Ein Unbehagen, ein Frösteln ergreift ihn, er sucht nach den alten Geborgenheiten, er will die Natur nicht verlieren, die er besiegt zu haben glaubt, er will die Zeit, die ihm umso schneller davonläuft, je atemloser er hinter ihr herläuft, zu einer Pause der Besinnung anhalten, er will die Geister, die er rief, wieder zu bannen versuchen." Diese Gedanken des Schriftstellers Eugen Roth (1895–1976) drücken aus, was gemeint ist: In seinem Innern spürt der moderne Mensch, dass für seine Seele gefährlich werden kann, was man ihm zur Erfüllung seiner tiefsten Sehnsüchte anpreist. In seiner Halt- und Ruhelosigkeit wird er täglich mehr zerrieben. Er sucht sein Heil in dem, was neuerdings Begriffe wie „Selbstverwirklichung", „Fitness", „Wellness" und ähnliche Schlagworte umschreiben, die im Extremfall aber auch den Charakter von Ersatzreligionen annehmen können. Ein solcher Götze ist auch „Leistung", bei der der Mensch nur nach dem bewertet wird, was er „bringt" und hinter der doch oft genug nur die nackte Profitgier lauert. Der Fall in die Verzweiflung, die Flucht in den Alkohol scheinen dann oft die einzigen Alternativen zu sein. Der altmodische Mensch, auch wenn der Computer sein alltägliches Arbeitsgerät ist, sehnt sich nach echter Freundschaft, nach wahrer Liebe, nach fröhlicher Geselligkeit und zur rechten Zeit auch nach intakter Natur, nach Ruhe, Stille und Besinnung, gelegentlich vielleicht sogar nach Gott.

Glaube und Religion, die Suche nach Gott, nach dem richtigen Weg zu ihm, beschäftigte auch unsere Vorfahren. Die folgende Darstellung der Kirchengeschichte Rottenburgs zeigt, welche Wege – und Irrwege – sie dabei beschritten, welche wechselnden Ausdrucksformen ihre Religiosität im Lauf der Jahrhunderte annahm. Die lokale Kirchengeschichte aber war immer eingebettet in die äußere Geschichte der Stadt. Auch sie muss in großen Zügen ‚nebenher' erzählt werden, weil beide, städtische und kirchliche Geschichte, in der Vergangenheit untrennbar miteinander verflochten waren und weil oft genug eines nur aus dem andern zu verstehen ist.

Mauritiusbüste und -reliquiar bei der Fronleichnamsprozession von 1963.

I. Geschichtlicher Überblick

Römisches Lapidarium im ostseitigen Stadtgraben.

Vor- und Frühgeschichte, Römische Zeit

Rottenburg sei, das wurde bereits kurz erwähnt, einer der ältesten und bedeutendsten Siedlungsplätze des Landes. Diese Aussage muss noch etwas vertieft werden, ehe die religiöse Situation der Stadt in der Zeit vor der Diözesangründung beschrieben werden kann.

Die ältesten Spuren menschlicher Niederlassungen im Gebiet der heutigen Großen Kreisstadt Rottenburg a. N. sind ein mittelpaläolithischer Fundplatz aus der Zeit des Neandertalers westlich von Sülchen, ferner mehrere mittelsteinzeitliche Fundplätze im Gebiet von Siebenlinden über dem linken Neckarufer; sie stammen aus der Zeit um 7900 bis 5600 v. Chr. Im Lindele konnten Funde aus der Zeit um 5000 v. Chr. gemacht werden und aus der Jungsteinzeit (etwa 4000 bis 1800 v. Chr.) gibt es mehrere Siedlungsplätze im Stadtgebiet und westlich davon in Kalkweil, nördlich vom Weggental und beim Stadion. Ein Grab- oder Depotfund aus der Neckarhalde weist in die Bronzezeit (etwa 1800 bis 1200 v. Chr.). Hallstattzeitliche Ansiedlungen der Zeit um 800 bis zum 5. Jahrhundert v. Chr. auf der Markung werden durch ein großes Gräberfeld nordöstlich des Stadtzentrums im Gebiet Lindele Ost dokumentiert.

Die Latène- oder Keltenzeit (etwa 5. Jahrhundert v. Chr. bis 1. Jahrhundert n. Chr.) ist durch ein frühkeltisches Gräberfeld im Bereich Lindele Ost vertreten, in dem sich auch Gräber des 3./2. vor-

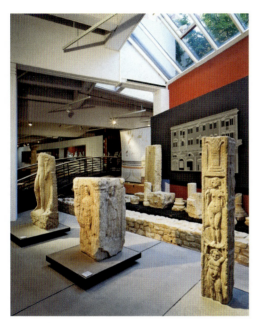

Im Sumelocenna-Museum wird die römische Vergangenheit der Stadt lebendig.

christlichen Jahrhunderts befinden. Die dazugehörige Siedlung wurde zwar noch nicht entdeckt, der Umstand aber, dass der keltische Ortsname Sumelocenna auch in der nun folgenden römischen Zeit beibehalten wurde, weist darauf hin, dass sich hier eine größere latènezeitliche Siedlung befunden haben muss.

Als die Römer unter Domitian um 85/90 n. Chr. das Neckarland eroberten und das keltische Sumelocenna besetzten, konnte der Platz des heutigen Rottenburg bereits auf eine rund 8000-jährige, mehr oder weniger kontinuierliche Besiedlung zurückblicken. Sumelocenna wurde nun zum bedeutendsten römischen Ort Württembergs und zu einem der wichtigsten des gesamten rechtsrheinischen Gebiets. Ein Hauptfaktor für diese Bedeutung war seine geographische Lage an einem wichtigen Neckarübergang im Verlauf vorgeschichtlicher Wege und zugleich am Nordende des tief in den Muschelkalk eingeschnittenen Tals des Oberen Neckars; Rottweil, das römische Arae Flavie, markiert den südlichen Beginn dieses Tals. In der Umgebung des Neckarübergangs breitete sich bereits seit der Steinzeit ein fruchtbares, relativ stark besiedeltes Hinterland aus. In Sumelocenna kreuzten sich die römischen Staatsstraßen aus der Schweiz über Rottweil nach Köngen und die von Sumelocenna durch den Kraichgau ins Oberrheingebiet. Ein dichtes Netz von Verbindungswegen verband die weit in der Umgebung verstreuten Siedlungen und Gutshöfe mit dem Hauptort Sumelocenna, das bald nach der Besetzung um 85/90 n. Chr. Zentrum einer kaiserlichen Domäne (saltus) wurde, die den Namen ihres Verwaltungsmittelpunkts (saltus Sumelocennensis) trug. Ab der Mitte des 2. Jahrhunderts wurde der saltus in eine civitas (Gaugemeinde) umgewandelt. Deren Bedeutung ist daran ablesbar, dass sie, wohl im Zusammenhang mit einem Alemanneneinfall um 230 n. Chr., mit einer mit Türmen und Toren versehenen rund 1,8 km langen Mauer umgeben wurde. Solche Mauern besaßen rechts des Rheins nur die römischen Vorgängersiedlungen von Wimpfen, Ladenburg und Heddernheim. Dementsprechend zeigt die berühmte Peutinger'sche Tafel, eine spätrömische Straßenkarte, Sumelocenna als befestigten Ort. Dessen städtische Strukturen sind infolge der mittelalterlichen Überbauung der römischen Ruinen nur in Teilen erkennbar, doch hatte die mauerumschlossene Fläche eine Größe von rund 28 Hektar, war also deutlich größer als die mittelalterliche Siedlung. Ihre Bewohner wurden durch eine rund 7 km lange gemauerte Wasserleitung aus dem Rommelstal bei Obernau mit Wasser versorgt. Am Platz des mittelalterlichen Schlosses gab es einen Tempelbezirk, von dem in den letzten Jahren ein gallo-römischer Umgangstempel ausgegraben wurde. Dann hatte Sumelocenna drei Badeanlagen, von denen eine wohl als Militärbad für die zeitweise hier lagernde römische Garnison gedient haben mag. Ein Teil der wohl ausgedehntesten Badanlage ist im Parkhaus hinter dem Hotel Martinshof als Museum zugänglich. Sichtbar ist eine öffentliche Latrine – ein Befund, der bisher in ganz Süddeutschland keine Parallele hat und eindrucksvoll die fortschrittlichen hygienischen Verhältnisse in Sumelocenna illustriert und dessen städtische Strukturen belegt. Über zehn Gutshöfe (villae rusticæ) konnten in der direkten Umgebung Sumelocennas nachgewiesen werden; sie und auch die in der weiteren Umgebung lassen reges landwirtschaftliches und gewerbliches Leben erkennen.

Ob es unter der Bevölkerung Sumelocennas bereits Christen gab, ist nicht belegbar. Allerdings wurden im vorigen Jahrhundert Reste von Terrasigillata-Gefäßen mit Kritzeleien entdeckt, von denen einige als Kreuz und Christusmonogramm gedeutet werden können.

Früh- und Hochmittelalter

Um 259/260 n. Chr. ging das gesamte rechtsrheinische Territorium der Römer an die Alemannen verloren. Das Land wurde verwüstet. Sumelocenna wurde wie die Gutshöfe in seiner Umgebung niedergebrannt und verfiel, doch war noch im 13. und frühen 14. Jahrhundert römisches Mauerwerk im Stadtgebiet erkennbar. Die Alemannen errichteten ihre aus Holz gebauten dörflichen Siedlungen am Rand des römischen Ruinenfeldes, doch ist nach neueren Erkenntnissen auch eine partielle Besiedlung der Ruinenreste nicht völlig auszuschließen. Die römischen Ruinen dienten jedenfalls noch bis ins 13./14. Jahrhundert hinein als „Steinbruch", z. B. bei der Errichtung der Stadtmauer.

Links des Neckars entstand westlich des heutigen Stadtkerns am Platz einer römischen Villa rustica das Dorf Kalkweil, eine merowingerzeitliche Siedlung der 2. Hälfte des 7. Jahrhunderts. Im Osten der Stadt entwickelte sich Sülchen, die wichtigste der Randsiedlungen. Am rechten Flussufer wurde Ehingen gegründet, etwas weiter entfernt am Fuß des ausgedehnten Waldgebiets „Rammert" das kleine Dorf Schadenweiler. Von besonderer Bedeutung für unser Thema ist Sülchen, das bereits um 500 n. Chr. als „Solist" in der Liste alemannischer Ortsnamen des sogenannten „Geographen von Ravenna" auftaucht. Spätestens seit dem 6. Jahrhundert war Sülchen Königsbesitz; es wurde Mittelpunkt eines Verwaltungsbezirks, des nach ihm benannten Sülchgaus, der sich aus Königs- bzw. Reichsgut zusammensetzte. Im Jahr 1057 stiftete König Heinrich IV. den Rest des Gutes Sülchen, das vermutlich schon vorher durch Schenkungen zusammengeschmolzen war, dem Bistum Speyer. Dies hatte das Ende des Verwaltungsbezirks Sülchgau zur Folge, sein Name geriet in Vergessenheit.

Neben Speyer besaß auch das Bistum Bamberg alte Rechte im Sülchgau, die vielleicht auf Kaiser Heinrich II. zurückgehen könnten. Graf Hugo v. Hohenberg hatte 1341 für sich und seine Erben erklärt, Burg und Stadt Rottenburg als bambergisches Lehen anzunehmen. Bischof Lamprecht von Bamberg wurde am 13.10.1383 in den Besitz der Städte Rottenburg und Horb eingesetzt. Ein Jahr später belehnte der Bischof auf Bitte des Grafen Rudolf III. v. Hohenberg den neuen Landesfürsten, Herzog Leopold III. von Österreich, mit allen bambergischen Lehen des Hohenbergers, darunter ausdrücklich mit Rottenburg und Horb. Wann die Bamberger Rechte im Raum Rottenburg/Horb erloschen, ist nicht bekannt.

An der Spitze der Gauverwaltung stand wahrscheinlich ein Gaugraf. Späteren Beschreibungen zufolge war der heilige Meinrad von Sülchen – wir kommen auf ihn noch zu sprechen – der Sohn eines Sülchgaugrafen. Seiner Bedeutung entsprechend besaß Sülchen eigenen Ortsadel; im 11. Jahrhundert war dies ein Geschlecht von Edelfreien, die der wichtigen „Hessonen-Sippe"

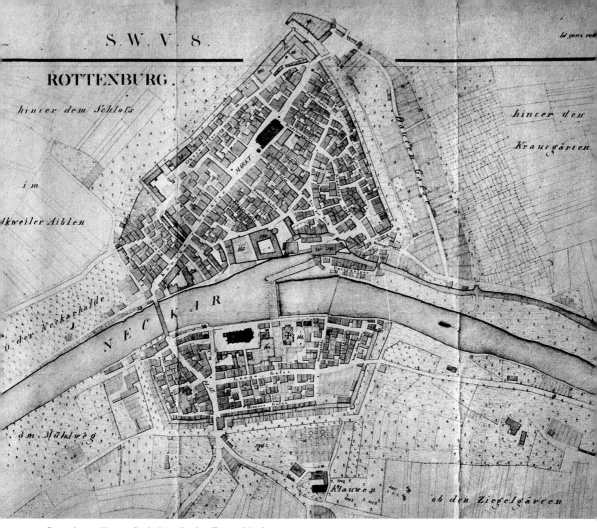

Rottenburgs ältester Stadtplan gibt den Zustand in den 1820er-Jahren wieder.

zugerechnet werden. Die niederadligen Herren „v. Sülchen" lebten bereits in Rottenburg und erloschen im 14. Jahrhundert.

Zusätzliche Bedeutung besaß Sülchen als ‚Missionsstation' für den Sülchgau in der Christianisierungsphase des 6./7. Jahrhunderts. Dieser Ausgangssituation verdankt Sülchen auch seine dem hl. Martin, dem fränkischen Reichspatron, geweihte Kirche, die vielleicht noch im 6. Jahrhundert gegründet wurde. Der Rang der Martinskirche von Sülchen lässt sich am Umfang ihres Pfarrsprengels ablesen. Nicht nur die vorstädtische Siedlung Rottenburg und die spätmittelalterliche Stadt Rottenburg, sondern auch die Dörfer Kiebingen und Seebronn sowie der größte Teil von Wendelsheim, Wurmlingen und ein Teil von Hirschau gehörten ursprünglich zur Pfarrei Sülchen, ferner bis um die Mitte des 11. Jahrhunderts auch Remmingsheim.

Als Siedlung wurde Sülchen, das man von seiner mittelalterlichen Bedeutung her als „Marktort" bezeichnen könnte, im Lauf des 13. Jahrhunderts von seinen Bewohnern planmäßig geräumt. Sie zogen in die damals neu entstehende Stadt Rottenburg. Die Anziehungskraft der Stadt wirkte sich übrigens auch bei den Dörfern Schadenweiler und Kalkweil aus; auch ihre Bewohner gaben im 14. und frühen 15. Jahrhundert ihre bisherigen Wohnplätze auf und ließen sich in Rottenburg nieder. Während jedoch die Markun-

Der Stadtteil Ehingen mit der Oberen Klause und dem „Kreuzerkäppele" auf einem Altarbild von 1724 in der Klausenkirche.

gen von Sülchen und Schadenweiler in der Stadtmarkung bzw. der Ehinger Markung aufgingen, blieb die Kalkweiler Markung bis ins letzte Drittel des 18. Jahrhunderts als selbstständige Einheit erhalten.

Um die Mitte des 10. Jahrhunderts bekamen die Grafen v. Dillingen von Kaiser Otto I. zahlreiche vogteiliche Rechte im westlichen Schwaben, sowohl auch im Sülchgau. Die edelfreien Herren v. Rotenburg, die im 11. oder zu Anfang des 12. Jahrhunderts in den Ruinen Sumelocennas eine neue Siedlung gründeten, waren ihrer Abstammung nach vermutlich Angehörige des Dillinger Grafenhauses. Kern der neuen Siedlung, die den Namen der Gründerfamilie Rotenburg trug, war deren am linken Neckarufer gelegene Wasserburg am Platz des heutigen Priesterseminars samt herrschaftlichem Gutsbetrieb. Östlich und nordöstlich dieses Herrschaftsbesitzes bildete sich ein Burgweiler, dessen Ausdehnung im Stadtgrundriss bis heute ablesbar geblieben ist. Diese vor-städtische Siedlung Rotenburg war Teil der Pfarrei Sülchen und erhielt etwa im letzten Drittel des 12. Jahrhunderts eine Kapelle, deren um 1280 erbaute größere Nachfolgerin als Liebfrauenkapelle seit 1318 urkundlich belegt ist. Sie war Filial der Martinskirche in Sülchen und sollte den Bewohnern Rotenburgs den Gottesdienstbesuch an Wochentagen ermöglichen – an Sonn- und Festtagen sowie an den Hochfesten war dagegen der Besuch der Pfarrkirche obligatorisch; auch die Sakramente wurden nur in der Pfarrkirche gespendet.

Der Dillinger Einfluss im Sülchgau wird besonders deutlich bei der Schenkung der Remigiuskirchen von Ehingen und von Wurmlingen (Bergkapelle) samt Zubehör durch Bischof Ulrich I. von Konstanz an das neu gegründete Augustinerkloster Kreuzlingen bei Konstanz, die Bischof Ulrich II. unmittelbar nach dem Tod seines Vorgängers im Jahr 1127 vollzog. Während Bischof Ulrich I. sicher ein Dillinger war, so scheint sein Nachfolger Ulrich II. wenn schon kein Dillinger, so doch ein naher Verwandter des Grafenhauses gewesen zu sein.

Um die eben erwähnte Ehinger Remigiuskirche richtig in den Ablauf der Rottenburger Kirchengeschichte einordnen zu können, muss eine kurze Rückblende in die Alemannenzeit gemacht werden. Ehingen ist eine Gründung aus der Zeit der Landnahme im 3./4. Jahrhundert. Heute bildet es den rechtsufrigen Teil von Rottenburg a. N. In früh- und hochmittelalterlicher Zeit war Ehingen ein Dorf, das mit seinem Herrensitz und seiner Kirche teilweise im Bereich des heutigen Klausenfriedhofs lag, sich aber auch hangabwärts in Richtung Neckar erstreckte. Das Remigiuspatrozinium der Dorfkirche, die mit der heutigen Friedhofskirche auf der Klause identisch ist, belegt deren Gründung in der Christianisierungszeit des 6./7. Jahrhunderts. Der Sprengel der Pfarrei umfasste die rechts des Neckars gelegenen Dörfer Schadenweiler, Weiler und Niedernau, links des Neckars das Dorf Kalkweil. Im Bereich Rotenburgs griff die Pfarrei St. Remigius im Unterwässer und in der Spitalvorstadt westlich der Schütte – dort verlief die römische Stadtmauer und auch die erste Mauer des mittelalterlichen Rotenburg – auf das linke Neckarufer über. Dieser Verlauf der Pfarreigrenzen ist bis heute unverändert geblieben. Später wurde auch Remmingsheim – bis zur Reformation –, ferner dessen ursprüngliche Filiale Obernau sowie Spaichingen am Fuß der Südwestalb bis 1806 vom Stift St. Moriz, dem Rechtsnachfolger der Remigiuspfarrei, seelsorgerlich betreut.

Außer der Pfarrkirche St. Remigius gab es in Ehingen ein zweites Gotteshaus, das am rechten Neckarufer in der Nähe einer alten Neckarfurt lag und dem heiligen Mauritius geweiht war. Verschiedene Indizien, aber auch die durch den bekannten Gegner Luthers, Dr. Johannes Eck, erstmals überlieferte Gründungssage von St. Moriz, sprechen dafür, dass die Mauritiuskirche im 10. Jahrhundert wohl als Gründung der Dillinger/Rotenburger entstand, die ihr zahlreiche Reliquien des heiligen Mauritius und seiner Gefährten schenkten. Diese Reliquien waren, mindestens bis in die Barockzeit, Ziel einer viel frequentierten Wallfahrt – die Mauritiuskirche war also zunächst ausschließlich Wallfahrtskirche ohne die Rechte einer Pfarrkirche.

Im Spätmittelalter

Etwa um 1170 erwarben die Grafen v. Hohenberg, die von der Südwestalb (Oberhohenberg bei Schörzingen) kamen, im Raum Rottenburg zahlreiche Güter und Rechte. Sie wurden in Rotenburg Nachfolger der Herren v. Rotenburg – wie, ließ sich noch nicht klären. Die Hohenberger, vor allem ihr bedeutendster Spross, Graf Albert II., Minnesänger und Schwager des deutschen Königs Rudolf v. Habsburg, begannen im letzten Drittel des 13. Jahrhunderts mit dem Ausbau des Burgweilers zur Stadt. Sie erweiterten die Siedlung beträchtlich entlang der Mittelachse Königstraße und ließen sie nach und nach mit einer Mauer sowie mit Türmen und Toren versehen. Die erste urkundliche Nennung eines „Bürgers" (cives) von Rotenburg im Jahr 1274 bezeichnet die rechtlich abgeschlossene Stadtwerdung der „neuen Stadt", die wir künftig mit der heutigen Schreibweise Rottenburg benennen, um sie vom vor-städtischen Rotenburg zu unterscheiden.

Bald nach der Gründung der Stadt findet sich für das Jahr 1301 der erste Beleg für das Bestehen einer städtischen Lateinschule. Deren bedeutendster Lehrer war um 1484/93 Mag. Johannes Mennel, der spätere Hofhistoriograph Kaiser Maximilians I. und Freiburger Universitäts-

Zeuge der österreichischen Geschichte Rottenburgs: Doppeladler-Relief von 1740 an der ehem. herrschaftlichen Zehntscheuer von 1645.

professor. Als namhaftester Schüler kann der später so berühmt gewordene Gegner Luthers, der Ingolstädter Theologieprofessor Dr. Johannes Eck, genannt werden, der einige Jahre bei seinem Onkel, dem Stadtpfarrer Mag. Martin Mayer von St. Martin, die Rottenburger Lateinschule besuchte. Dass die ersten Lehrer dieser Schule Kleriker waren, versteht sich für diese Zeit von selbst. So war z. B. Heinrich, der „rector puerorum" von 1301, als Kleriker der Pfarrei Sülchen für die Seelsorge an der Rottenburger Liebfrauenkapelle zuständig; vielleicht war er sogar mit dem 1300 genannten gleichnamigen Leutpriester der Ehinger Remigiuspfarrei identisch.

Schon bald ergaben sich politische Veränderungen, die für die künftige Entwicklung der Stadt, auch die kirchliche, höchst bedeutsam waren. Im Jahr 1381 verkaufte Graf Rudolf III. v. Hohenberg seine Grafschaft mit ihrer Hauptstadt Rottenburg an Herzog Leopold III. aus dem Hause Habsburg. Damit waren die Geschicke der Stadt, ihre religiöse und kulturelle Ausrichtung – die natürlich auch die ganze Grafschaft einschloss – für 425 Jahre entscheidend geprägt, bis zur württembergischen Besitzergreifung 1806. Mit Rudolfs III. Tod 1389 starb die Rottenburger Linie der Hohenberger im Mannesstamm aus. Von 1410 bis 1454 waren Stadt und Grafschaft an ein Konsortium von 19 schwäbischen Reichsstädten verpfändet und von 1454 bis zu ihrem Tod 1482 residierte Erzherzogin Mechthild, Gattin bzw. Witwe von Erzherzog Albrecht VI. von Österreich, in Rottenburg.

Zugleich mit der Erweiterung der Stadt unter Graf Albert II. v. Hohenberg wurde um 1280 die Liebfrauenkapelle des vor-städtischen Rotenburg durch einen großen spätromanischen Neubau ersetzt, der wohl von Anfang an dazu vorgesehen war, Pfarrkirche der „neuen Stadt" Rottenburg zu werden und ihren Bürgern sonn- und wochentägliche Gottesdienste zu bieten, wohl auch fallweisen Sakramentenempfang zu ermöglichen. Damit wird deutlich, dass es vom Anfang an im Plan des Grafen war, das Gotteshaus zur Pfarrkirche ‚seiner' Stadt zu machen, denn der Weg zu der weit vor den Stadtmauern gelegenen Pfarrkirche in Sülchen war zeitraubend und bei schlechtem Wetter beschwerlich, vor allem für behinderte, kranke und alte Gemeindemitglieder. Die größere Liebfrauenkapelle auf dem Marktplatz der Stadt jedenfalls war in der Lage, alle Funktionen einer Pfarrkirche für die Bürger Rottenburgs zu übernehmen, auch ohne de jure Pfarrkirche zu sein.

Die Funktion der Liebfrauenkapelle als Quasi-Pfarrkirche kann an einem Beispiel dargestellt werden. Während die ‚richtige' Pfarrkirche in Sülchen 1338 außer dem Hochaltar nur einen bepfründeten Nebenaltar besaß – zwei weitere bepfründete Nebenaltäre kamen erst 1388 und 1403 hinzu –, hatte die Kapelle auf dem Markt 1338 außer ihrem Hochaltar bereits vier bepfründete Nebenaltäre; ein fünfter kam 1340 hinzu!

Doch ehe dies weiter ausgeführt wird, ist auf eine andere Gründung Graf Alberts II. hinzuweisen. Er erbaute an der Nordwestecke der Stadt auf der beherrschenden Anhöhe, die ein Jahrtausend zuvor den römischen Tempelbezirk Sumelocennas getragen hatte, sein Stadtschloss.

Zunächst hatten die Hohenberger auf der „Weilerburg" residiert, die bereits im 14. Jahrhundert „Alt-Rotenburg" genannt wurde, wobei bis jetzt nicht zweifelsfrei klar ist, ob diese Höhenburg bereits durch die Herren v. Rotenburg oder erst von den frühen Hohenbergern erbaut wurde. Jedenfalls wurde die Wasserburg der Rotenburger am Neckar nicht mehr benötigt und so schenkte Albert II. ihren Platz 1276 an den Karmeliterorden zur Erbauung eines Klosters.

Fünf Jahre später, 1281, wurde der Grundstein zu Kirche und Kloster gelegt. Die Rottenburger Ordensniederlassung war damit das zweite Karmeliterkloster in Württemberg; vorausgegangen war 1271 die Gründung in Esslingen. 1292 und 1294 bestätigten die Bischöfe von Konstanz, zu deren Sprengel Rottenburg seit der Christianisierung gehörte, die Gründung und nahmen sie in ihren Schutz. Gleichzeitig regelten sie das auch in der Folgezeit nicht immer ungetrübte Verhältnis zwischen dem Klerus der Stadt und den Mönchen. Die Hohenberger und ihre Rechtsnachfolger, die Österreicher, förderten das Kloster, das bald zum beliebtesten Begräbnisort für den Adel der Umgebung und für die Oberschichtfamilien der Stadt wurde und reiche Stiftungen zugewendet bekam. Die gute wirtschaftliche Lage ihres Klosters im 15. Jahrhundert ermöglichte es den Mönchen, einen Neubau in Angriff zu nehmen: Im letzten Viertel des 15. Jahrhunderts entstand anstelle des spätromanischen Klosters eine Vierflügelanlage im Stil der Spätgotik.

Nach seiner Stadtwerdung erstarkte Rottenburg sehr rasch und erlebte im 14. und im darauffolgenden Jahrhundert seine höchste wirtschaftliche Blüte. Das gegenüber heute deutlich mildere Klima jener Zeit begünstigte den Weinanbau im großen Stil; noch im 16. Jahrhundert, bei einsetzendem Rückgang, standen rund 50 bis 60 Prozent der Einwohnerschaft direkt oder indirekt mit Weinanbau und Weinhandel in Verbindung. Zweites wirtschaftliches Standbein der Stadtbürger war die Tuchherstellung und der Vertrieb dieser grauen Wolltuche, die von den Färbern der Stadt nach Bedarf eingefärbt wurden. Angehörige zahlreicher führender Ge-

Erzherzog Sigmund von Tirol. Detail aus dem Original des Marktbrunnens von 1483/84 in St. Moriz mit falscher Schildbemalung.

schlechter jener Zeit engagierten sich nachweislich sowohl bei Weinanbau und Weinhandel als auch bei Tuchproduktion, Tuchveredelung und Tuchhandel. Es versteht sich von selbst, dass eine wirtschaftlich prosperierende Stadt Menschen von überall her anzieht. Ablesbar ist das nicht zuletzt an den Einwohnerzahlen. Die früheste ist für Rottenburg allerdings erst zum Jahr 1394 gesichert; damals hatte die Stadt beträchtliche 3768 Einwohner, um 1400 waren es bereits 3901. Rottenburgs Nachbarstadt Tübingen hatte zwischen 1470 und 1600 stets nur 2600 bis etwa 3000 Einwohner, trotz der 1477 gegründeten Universität. Weitaus geringer waren 1598 die Einwohnerzahlen anderer württembergischer Amtsstädte, so z. B. Böblingen 790, Göppingen ca. 1500, Herrenberg 830, Nürtingen 1360, Sindelfingen 1080, Urach 1230. Rottenburg hatte um diese Zeit etwa noch 2900 bis 3000 Einwohner!

Rottenburgs Glanz im Spätmittelalter wird nirgends deutlicher als an einer Stelle in der „Schwäbischen Chronik" des Martin Crusius von

Standbild des Kirchen- und Diözesanpatrons St. Martin, Rottenburg um 1490/1500, im Chor des Doms.

1596 (deutsch 1733), die aus einer Handschrift des 14. Jahrhunderts stammen soll: „Item in der Stadt Rottenburg war ein Schloß, so viele Häuser und die Stadt von solcher Größe, daß sich der Pabst und Kayser mit ihrem beederseitigen Hofstaat ein ganzes Jahr hätten aufhalten, auch von ihr Geld, Viktualien und Bettwerk zu aller Genüge haben können."

Die günstige wirtschaftliche Situation der Stadt im 15. Jahrhundert spiegelt sich nicht nur in der Erbauung eines neuen, auf fünf steinernen Arkaden ruhenden Fachwerk-Rathauses 1474/76 oder der Errichtung des Marktbrunnens um 1483/84 – übrigens einer der schönsten gotischen Brunnensäulen überhaupt – sondern ebenso sehr auch im Bau einer neuen Marktkirche. Die Liebfrauenkapelle genügte zu Beginn des 15. Jahrhunderts nicht mehr den Bedürfnissen der größer gewordenen Stadt. Repräsentationsdrang und Bürgerstolz wollten ein Gotteshaus, das auch vom Aussehen her weithin als Pfarrkirche einer wohlhabenden Stadt erkennbar war.

So entstand zwischen 1424 (Baubeginn am Chor) und etwa 1436 ein größerer Neubau in Form einer gotischen Basilika mit Satteldach über dem Mittelschiff und Pultdächern über den Seitenschiffen, im Innern mit einem flachgedeckten Mittelschiff; die Obergadenwände ruhten auf fünf Paaren von hohen und sehr schlanken Achteck-Säulen. Die maßwerkgefüllten Chor- und Langhausfenster waren spitzbogig wie die Fenster des Obergadens.

Die fünf bepfründeten Altäre der Liebfrauenkapelle wurden in den Neubau übertragen; 1429 und 1436 kamen zwei weitere bepfründete Altäre hinzu und 1498 wurde der letzte bepfründete Nebenaltar errichtet.

Es ist ganz klar, dass dieser Neubau – wie schon sein Vorgänger! – von Anfang an dazu bestimmt war, Pfarrkirche für die Bewohner des am linken Neckarufer gelegenen Teils von Rottenburg zu sein. Bemerkenswert ist nun, dass bereits während der Bauarbeiten das Martinuspatrozinium der alten Pfarrkirche in Sülchen auf den Neubau übertragen wurde. Zwei Urkunden von 1425 und 1426 nennen als Patrone der Marktkirche „Unsere Liebe Frau und St. Martin". Das hängt mit den Bauarbeiten zusammen: Zunächst wurde der Chor der Liebfrauenkapelle abgebrochen und 1424 neu errichtet, dann folgte von Ost nach West der etappenweise Abbruch des Langhauses und sein Neubau. Solange noch ein Teil der Liebfrauenkapelle stand, erscheint Maria noch als Patronin an erster Stelle. Nach Fertigstellung des Neubaus ist 1436 in zwei Belegen nur noch von St. Martin als Patron der Marktkirche die Rede – die Übertragung des Patroziniums der Sülchenkirche auf die Marktkirche war vollzogen. Eine Urkunde darüber oder eine bischöfliche Bestätigung dafür gibt es nicht. Die Realität des Faktischen hatte wieder einmal gesiegt: Eine förmliche Übertragung der Pfarrrechte für Rottenburg von St. Martin-Sülchen auf St. Martin-Rottenburg fand nicht statt, da bereits die Liebfrauenkapelle de facto die Funktion der Pfarrkirche für Rottenburg gehabt hatte. Für die oben erwähnten, nach Sülchen eingepfarrten Dörfer der Umgebung blieb jedoch weiterhin die Kirche von Sülchen Pfarrkirche.

Die Marktkirche St. Martin bot in der Spätgotik als Raum mit insgesamt neun Altären, gotischen Schrein- bzw. Flügelaltären, bemalten Glasfenstern, zahlreichen Figuren und Reliefs, Totenschilden und Epitaphien den beeindruckenden Anblick der reich ausgestatteten Pfarrkirche einer wohlhabenden Stadt.

Bauinschrift von 1424 an der Nordostecke des Domchors.

Marktbrunnen von 1483/84 in Kopie von 1911 und Dom.

Im Lauf des 15. Jahrhunderts bekam der Turm des Gotteshauses sein heutiges Aussehen. Bis zu einer Höhe von etwa 20 Metern blieb der romanisch-frühgotische Turm der Liebfrauenkapelle erhalten und lieferte so durch sein Vorhandensein den Grund für die Achsenverschiebung zwischen Chor und Langhaus im Innern des Gebäudes. Das untere Glockengeschoss wurde im Zug der Baumaßnahmen von 1424/36 hinzugefügt und 1486/91 erhielt der Turm sein oberes Glockengeschoss und die achtseitige, durchbrochene und maßwerkverzierte Pyramide mit ihren beiden Umgängen. Der Turm der St. Martinskirche ist einer der ganz wenigen gotischen Türme mit durchbrochener Pyramide, die noch in der Zeit der Gotik und nicht erst in der Neugotik des 19. Jahrhunderts fertiggestellt wurden – auch dies ein Indiz für die günstige wirtschaftliche Lage Rottenburgs im Spätmittelalter.

Kirche und Grundbesitz in Sülchen samt Patronatsrecht (Kirchensatz) standen im frühen Mittelalter dem König zu und gingen dann wohl über die Dillinger Grafen bzw. ihre Verwandten, die Rotenburger, an die Hohenberger über. Mit dem Verkauf der Grafschaft wechselte dann 1381 auch der Kirchensatz zu Österreich. Erzherzog Albrecht VI. inkorporierte die Pfarrei Sülchen-Rottenburg 1457 in die von ihm im selben Jahr gegründete Universität Freiburg. Nach einigen rechtlichen Differenzen mit Albrechts Gattin bzw. (seit 1463) Witwe Mechthild konnte der Konstanzer Bischof dann 1472 die Pfarrei endgültig der Universität Freiburg inkorporieren; 1477 erfolgte die päpstliche Bestätigung für die Übereignung des Kirchensatzes und die Inkorporation. Im Vorgriff auf die spätere Entwicklung sei angefügt, dass die Universität das Patronatsrecht an der Pfarrei Rottenburg 1814 an den württembergischen König abtrat; von ihm ging es 1828 an den Bischof von Rottenburg über.

Die ehemalige Rottenburger Mutterkirche in Sülchen hatte seit der Erbauung der Marktkirche St. Martin im 1. Drittel des 15. Jahrhunderts eine etwas schwierige ‚Zwitterstellung'. Rottenburgs Pfarrkirche war sie nicht mehr, sie war nur noch eine Nebenkirche, die von einem Kaplan betreut war. Für die Mitglieder der Filialgemeinden jedoch war dieser Kaplan ihr verantwortlicher Pfarrer – eine unbefriedigende Konstruktion, die immer wieder für Konflikte sorgte. Sülchen war als nunmehrige Filiale von St. Martin immer noch zugleich Pfarrkirche für einen seit dem Mittelalter kleiner werdenden Sprengel: Remmingsheim wurde bald nach 1055 aus dem Pfarrverband herausgelöst, Wurmlingen konnte sich wohl bereits um 1127 verselbstständigen, 1364/65 fiel die Hofstatt des Klosters Rohrhalden im Rammert bei Kiebingen aus der Pfarrei Sülchen heraus und 1461/62 der Sülcher Teil von Hirschau. Die letzten Filialorte gingen der Pfarrei Sülchen im späten 18. Jahrhundert verloren: Seebronn erhielt 1780, Kiebingen 1786 und Wendelsheim 1796 eine eigene Pfarrei. Sülchen war von nun an ausschließlich Nebenkirche, Kapelle der Marktkirche St. Martin. Dass die Rottenburger aber bis heute „Sülchenkirche" und nicht „Sülchenkapelle" sagen, lässt noch etwas von der einstigen Bedeutung des Gotteshauses im Sülcherfeld erahnen.

Hell und geräumig wirkt das Dominnere seit der Renovierung von 2001/2003.

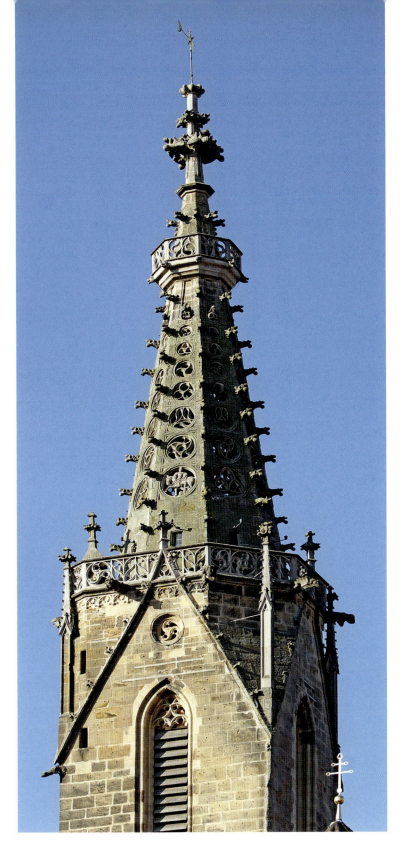

Der Domturm von 1486/91, Wahrzeichen von Stadt und Diözese.

Die Periode der Spätgotik brachte nicht nur den Neubau der Marktkirche St. Martin. Im Sprengel der Martinspfarrei gab es einige Nebenkirchen, Kapellen, die in dieser Zeit ebenfalls neu gebaut oder umgebaut wurden. Um die Mitte des 14. Jahrhunderts war bereits die Kapelle des „Feldsiechenhauses" (Aussätzigenhaus/Leprosorium), am Neckar weit unterhalb der Stadt gelegen, neu erbaut worden. In den Jahren 1475/77 entstand ein Neubau von Kirche und Kloster des Karmeliterordens. Die St. Theodorskapelle nahe der Gabelung der Straßen nach Seebronn und Wendelsheim datiert aus der Zeit um 1480/1500. Und auch die altehrwürdige romanische Mutterkirche in Sülchen wurde um die Mitte des 15. Jahrhunderts vergrößert und in spätgotischen Architekturformen neu gestaltet. 1513 erscheint zum ersten Mal St. Johannes Bapt. als Patron der ehemaligen Sülcher St. Martinskirche. Beim derzeitigen Kenntnisstand bleibt leider ungeklärt, ob es nach der Erbauung der St. Martinskirche auf dem Marktplatz 1424 ff. eine Zeitlang zwei Martinskirchen gab oder ob der Wechsel von Martin zu Johannes in Sülchen bereits in der ersten Hälfte des 15. Jahrhunderts vollzogen wurde. Nicht fehlen darf an dieser Stelle ein Hinweis auf die kulturelle Blüte der Stadt im 15. Jahrhundert, speziell in dessen zweiter Hälfte. Von 1454 bis 1482 residierte, wie schon kurz erwähnt, im Rottenburger Schloss Erzherzogin Mechthild. Das damalige Rottenburg galt späteren Autoren als „literarische Hauptstadt Südwestdeutschlands", denn hier, an Mechthilds Hof, hatte die spätmittelalterliche Ritterdichtung ebenso eine Heimstätte wie die Übersetzertätigkeit der deutschen Frühhumanisten. Aber auch Musik und bildende Kunst wurden damals in Rottenburg gepflegt und ausgeübt. Namen und zum Teil auch noch erhaltene Werke von Malern, Bildhauern und Altarschreinern mit Werkstätten in der Stadt künden davon. Die Beschäftigung mit der Geschichte Rottenburgs setzte kurz nach 1500 erstmals ein.

Nimmt man dazu und zur gesteigerten Bautätigkeit die Stiftung neuer Altäre und Altarpfründen hinzu, aber auch die damalige große Zahl der aus Rottenburg stammenden Priester und Ordensleute, die ungezählten frommen Stiftungen für Jahrtage und für Almosen an Bedürftige oder die Entwicklung des „Gotteshauses Spital" als bedeutendster Sozialeinrichtung der Stadt, so zeigt sich, dass es im Spätmittelalter, am Vorabend der Reformation, zwar blühendes religiöses und kulturelles Leben in der Stadt gab, jedoch keinerlei Anzeichen von Verfall und Niedergang, abgesehen von dem nicht immer befriedigenden Ausbildungsstand mancher Kleriker und ihrem nicht in jedem Fall untadeligen Lebenswandel.

Bevor jedoch auf die Zeit der Glaubensspaltung einzugehen ist, muss noch die Situation rechts des Neckars, die Entwicklung der Ehinger Pfarrei St. Remigius, näher betrachtet werden.

Der frühgotische Taufstein der Sülchenkirche aus dem 13. Jahrhundert.

Die erste Nennung der in der Christianisierungszeit des 6./7. Jahrhunderts gegründeten Pfarrei datiert von 1275; St. Remigius als Patron der Pfarrkirche ist seit 1339 belegt. Die Pfarrkirche lag am Platz der heutigen Friedhofskirche St. Remigius auf einer Anhöhe südlich außerhalb der Stadt, innerhalb des Klausenfriedhofs.

Vom Vorhandensein einer Mauritiuskirche am rechten Neckarufer war bereits die Rede. Sie wird ursprünglich eine Wallfahrtskirche zu den dort wohl seit dem 10. Jahrhundert aufbewahrten Mauritiusreliquien gewesen sein. Seit 1127 war sie mit ihrem Kirchensatz dem Kloster Kreuzlingen unterstellt; Kreuzlingen besaß auch das Patronatsrecht der Remigiuspfarrei. Wohl kurz vor 1300 ging Pfarrei und Kirchensatz an die Grafen v. Hohenberg über, nachdem Kreuzlingen am Ende des 13. Jahrhunderts sein Dorf Ehingen in Konkurrenz zu dem damals bereits hohenbergischen Rottenburg kurzzeitig ebenfalls zur Stadt gemacht hatte. Nachdem sich nun seit etwa 1300 Kreuzlingen aus unbekannter Ursache aus Ehingen zurückgezogen hatte und beide Neckarufer, Rottenburg und Ehingen, hohenbergisch waren, verschmolzen die Grafen beide Städte zur Einheit. Als Sinnbild dafür kann die Obere Brücke gelten, die 1317 erstmals urkundlich erwähnt wird.

Die Klosteranlage der Oberen Klause im Zustand um 1839.

Die Hohenberger ersetzten die wohl von 1209 stammende Mauritiuskirche – die Erstnennung des Kirchenpatrons St. Mauritius datiert erst von 1323! – kurz nach 1300 bis etwa 1325/27 durch einen Neubau, das heutige Gotteshaus, und bestimmten es zur Grablege ihres Geschlechts; die erste Bestattung fand 1308 statt. Dazu errichteten sie im Jahr 1330 an dieser neu erbauten Kirche ein säkulares Chorherrenstift. Diesem schenkten sie 1339 den Kirchensatz der Remigiuspfarrei. Bei der Aufhebung des Stifts 1806 ging der Kirchensatz an den württembergischen König; erst 1857 kam die Pfarrei in die Kollatur des Bischofs von Rottenburg.

Auf Bitte von Graf Rudolf III. v. Hohenberg inkorporierte der Konstanzer Bischof die Ehinger Remigiuspfarrei 1362 dem Stift und bestimmte dabei ausdrücklich, dass die Pfarrei weiterhin von der St. Remigiuskirche aus zu pastorieren sei. Doch schon 1364 übertrugen Propst und Kapitel des Stifts die Pfarreirechte der Remigiuskirche eigenmächtig, d. h. ohne bischöfliche Zustimmung, aber vermutlich mit Duldung durch den Grafen, auf die Stiftskirche St. Mauritius, die fortan und bis zum heutigen Tag auch Pfarrkirche von Ehingen ist, zugleich aber auch, wie von ihren Anfängen her, Wallfahrtskirche zu den Reliquien des hl. Mauritius und seiner Gefährten. Und sie war seit 1330 Stiftskirche, in der die Stiftsherren das tägliche Chorgebet verrichteten. Der zwischen 1300 und 1325/27 errichtete Bau der Stiftskirche musste 1412/13 wegen der gestiegenen Zahl der Wallfahrer vergrößert werden; dies geschah durch Verlängerung der Kirche um ein Joch nach Westen. Der Turm an der Westseite, dessen Erdgeschoss damals bereits vorhanden war, wurde 1433 in seiner heutigen Form vollendet. Gegen Ende des 15. Jahrhunderts, 1489/92, wurde an der Nordseite des Chors die doppelstöckige spätgotische Ulrichskapelle anstelle eines kleineren Vorgängerbaus errichtet. Die Verehrung des hl. Ulrich in St. Moriz hängt eng mit der Herkunft der Mauritiusreliquien zusammen. Bischof Ulrich von Augsburg, ein Mitglied des Dillinger Grafenhauses, reiste 940 nach St. Maurice und brachte von dort Reliquien des hl. Mauritius und seiner Gefährten nach Norden. Die Dillinger besaßen, wie bereits oben angedeutet, damals im Sülchgau die Rechte des Landesherrn. Da im heutigen Rottenburg und Ehingen eine Nebenlinie der Dillinger die

Herrschaft ausübte, besitzt die Kernaussage der Gründungslegende von St. Moriz, ein „großer Herr" habe dem Herrn des Ortes Mauritiusreliquien überlassen, ein hohes Maß an Wahrscheinlichkeit; der „große Herr" war dann wohl niemand anders als der heilige Bischof Ulrich von Augsburg und die Ulrichskapelle in St. Moriz erinnert ganz zurecht an diesen Heiligen und damit an die Wurzeln der Mauritiuskirche und ihrer Mauritiuswallfahrt.

Die Stiftspfarrei wurde von einem Chorherrn als Stiftspfarrer betreut, in den Filialen saßen Stiftskapläne, seit der Barockzeit aber auch vom Stift ernannte Weltgeistliche als Seelsorger. Im Lauf des 14. Jahrhunderts kamen zu den in der Umgebung gelegenen Filialen weitere hinzu. Graf Rudolf III. v. Hohenberg schenkte dem Stift 1381 Kirche und Kirchensatz von Bietenhausen, 1418 bekam es das Patronatsrecht über die Pfarrei Kilchberg. Anna von Braunschweig, Gemahlin Herzog Friedrichs IV. von Österreich, verlieh dem Stift 1420 die Pfarrkirche zu Remmingsheim, von der 1467 Obernau abgetrennt wurde. Pfarrkirche und Kirchensatz in Spaichingen kamen 1455 durch Schenkung von Erzherzog Albrecht VI. von Österreich und seiner Gemahlin Mechthild zum Stift.

Die Bewohner von Kalkweil und Schadenweiler waren direkt in die Morizkirche eingepfarrt, ehe ihre kleinen Dörfer in der Zeit um und kurz nach 1400 aufgegeben wurden. Die Kapelle von Kalkweil besaß nie eine eigene Altarpfründe.

Zahlreiche Schenkungen der Hohenberger, des Adels von Stadt und Umgebung, der Bürgerschaft und auch der Stiftskleriker trugen zur guten Ausstattung des Stifts in der Anfangszeit bei. Die kostspieligen Baumaßnahmen im 15. Jahrhundert, Kirchenerweiterung, Bau von Turm und Ulrichskapelle, belasteten später die Kassen des Stifts; ein Teil der oben erwähnten Inkorporationen hatte in erster Linie den Zweck, die wirtschaftliche Lage des Stifts wieder zu stabilisieren; dies gelang jedoch nicht nachhaltig.

Die wirtschaftliche Situation des Stifts, die vom 2. Viertel des 15. Jahrhunderts an stets angespannt war, spiegelt sich in seinem Personalbestand. Der bischöflichen Konfirmationsurkunde von 1362 zufolge hätte es zwölf Chorherren – einschließlich des Propsts – haben sollen sowie Kapläne und Vikare in beliebiger Zahl. Die vorgesehene Zahl der Chorherren wurde jedoch kaum einmal erreicht, so z. B. 1420/21, als es neben Propst und elf Chorherren auch neun Kapläne gab; 1545 beherbergte das Stift trotz der

Meisterwerke hochgotischer Grabmalkunst: die Stifterdenkmäler aus dem 14. Jahrhundert in St. Moriz.

Westfront der Stiftskirche St. Moriz mit Turm (vollendet 1433) und Rosettenfenster.

Reformationswirren insgesamt 19 Priester. Der Konstanzer Bischof hob 1597 neben drei Kaplaneien auch zwei Chorherrenstellen auf; ihre Einkünfte wurden mit denen der anderen Personalstellen vereinigt. Im 18. Jahrhundert schließlich gab es neben dem Propst meist nur sechs Chorherren und fünf bis sechs Kapläne.

Dagegen war die Zahl der Altäre in der Stiftskirche im Spätmittelalter ziemlich konstant. Es gab sechs bepfründete und drei unbepfründete Altäre, ein weiterer unbepfründeter Altar befand sich im Erdgeschoss der Ulrichskapelle, die bald nach ihrer Erbauung als Stiftssakristei genutzt wurde. Die letzte Stiftung einer Altarpfründe in St. Moriz erfolgte 1635.

In der alten Pfarrkirche St. Remigius gab es den bepfründeten Hochaltar und einen bepfründeten Nebenaltar, dessen Kaplanei aber bereits im letzten Viertel des 15. Jahrhunderts nicht mehr besetzt wurde. Die Kapelle im ehemaligen Dorf Kalkweil besaß nur einen unbepfründeten Altar – die Kapelle wurde stets exkurrent versehen.

Eine weitere Nebenkirche, die Liebfrauenkapelle auf der Altstadt, wurde mit ihrem Hochaltar 1268 vom heiligen Albertus Magnus geweiht. Der Hochaltar war bepfründet; sein Kaplan lebte zunächst im Kaplaneihaus neben der Kapelle, einem ehemals turmartigen Steinhaus. Im ersten Viertel des 16. Jahrhunderts wurde die Kaplanei dem Stift inkorporiert, der Kaplan zog in die Stadt und die Kapelle wurde fortan exkurrent betreut. Die Kaplaneipfründe, die auf einem der beiden Nebenaltäre bestand, war bereits seit dem letzten Viertel des 15. Jahrhunderts nicht mehr besetzt worden.

Im Sprengel der Pfarrei St. Moriz liegt bis heute eine weitere Nebenkirche, die Spitalkapelle, die Hauskapelle des wohl zu Beginn des 14. Jahrhunderts gegründeten Rottenburger Spitals in der nach ihm benannten Spitalvorstadt. Kapelle und „Gotteshaus Spital" waren ursprünglich der heiligen Katharina geweiht; kurz nach der Mitte des 14. Jahrhunderts tritt dann der Hl. Geist als Patron von Spital und Kapelle auf und ist es bis heute geblieben. Die Spitalkapelle hatte seit dem 14. Jahrhundert zwei Altäre, auf die jeweils zwei Pfründen gestiftet waren. Je eine dieser Pfrün-

Die unterirdische ‚Reliquienkrypta' aus der Zeit um 1209 unter dem Chor der heutigen St. Morizkirche bei ihrer Entdeckung im Oktober 1973.

den erlosch bereits gegen Ende des 15. Jahrhunderts wieder, wohl wegen zu geringer Dotierung. Die beiden restlichen Pfründen wurden noch im 16. Jahrhundert oder spätestens um 1600 dem Stift St. Moriz inkorporiert. Die Katharinakaplanei kam in die Präbende des Stiftspfarrers, der jeweils an zwei Tagen der Woche in der Spitalkapelle zu zelebrieren hatte. Am Dreifaltigkeitsaltar der Kapelle hatte ein Chorherr jeweils am Sonntag eine hl. Messe zu lesen.

Die Begräbnisplätze

Die Kirchen der Stadt dienten nicht nur für die Gottesdienste der Lebenden. Für die verstorbenen Mitglieder von Familien des Adels, der bürgerlichen Oberschicht und vereinzelt auch der Mittelschicht sowie des Klerus waren sie, teilweise bis ins 18. Jahrhundert, auch begehrte Begräbnisplätze, mehrfach mit richtigen Grüften ausgestattet. Aufwendig gestaltete Grabdenkmäler, Epitaphien und Totenschilde gehörten zum selbstverständlichen Schmuck der Gotteshäuser, so auch in Rottenburg.

Bestattungen fanden in der Sülchenkirche und in St. Martin, in der Klosterkirche der Karmeliter und wohl auch im Klosterkreuzgang sowie in der Stifts- und Pfarrkirche St. Moriz statt. In Sülchen blieben einige Denkmäler erhalten, in der St. Martinskirche ein einziges. Die Denkmäler der Karmeliterkirche fielen wie die in St. Martin dem Stadtbrand von 1644 zum Opfer. Ein bis ins 14. Jahrhundert zurückreichender umfangreicher

Grabdenkmal des Stiftspropsts und Geschichtsschreibers Dr. Johann Ev. Weittenauer († 1/03) in St. Moriz.

Bestand an solchen Denkmälern war in St. Moriz vorhanden, doch wurde hier der größte Teil bei der Kirchenrenovierung von 1706/09 zerstört. Insgesamt ist der jetzige Bestand nur ein Bruchteil dessen, was es einst gab.

Der ‚gewöhnliche' Bürger fand seine letzte Ruhestätte auf den Friedhöfen der Stadt, die zumindest seit dem hohen Mittelalter rings um die alten Pfarrkirchen der Stadt angelegt waren. Der Friedhof in Sülchen ist 1347 erstmals bezeugt, er wird bis heute benutzt. Beinhaus und Totenkapelle erscheinen 1482 in den Quellen. Unter bestimmten Bedingungen konnten sich die Bürger auch auf dem kleinen Friedhof des Karmeliterklosters begraben lassen, der westlich an die Klosteranlage anschloss und in der Straßenbezeichnung „Karmeliterkirchhof" noch immer im Bewusstsein ist. Der Friedhof selber aber wurde nach dem Stadtbrand von 1644 aufgelassen und teilweise überbaut.

Die Pfarrei St. Remigius bzw. St. Moriz hatte ihren Friedhof bei der Remigiuskirche auf der „Klause"; auch er wird noch immer genutzt. Seine erste Erwähnung datiert von 1339. Wahrscheinlich im Zusammenhang mit der Übertragung der Pfarrrechte auf die Stiftskirche St. Moriz 1364 wurde rings um sie ein weiterer Friedhof angelegt, der den Stiftsherren jedoch bald lästig wurde. Bereits um 1500 ersuchten sie den Bischof von Konstanz, diesen Friedhof zur alten Pfarrkirche St. Remigius verlegen zu dürfen. Dies wurde nicht erlaubt und so gab es den kleinen Friedhof neben der Stiftskirche parallel zum größeren auf der Klause noch bis zu seiner Schließung im März 1805. Wie in Sülchen gab es auch auf dem Klausenfriedhof ein Beinhaus, das allerdings erst 1713 belegt ist und wahrscheinlich bei einer der Friedhofserweiterungen des 19. Jahrhunderts beseitigt wurde.

Im Zeitalter der Reformation

Am Beginn der Reformationszeit steht ein Ereignis, das bis heute wirksam geblieben ist. Angeblich 1517, im Jahr von Luthers Thesenanschlag in Wittenberg, setzten die wunderbaren Begebenheiten um ein kleines holzgeschnitztes Vesperbild (Pietà) ein, das in einem Bildstock am alten Weg von Rottenburg nach Remmingsheim aufgestellt war. Diese ‚mirakulösen' Begebenheiten lockten schon bald viel frommes Volk aus Stadt und Umland an; das führte 1520 zur bischöflichen Bestätigung der Ereignisse und 1521 zur Erbauung einer kleinen Kapelle. Die Wallfahrt zur Schmerzhaften Muttergottes im Weggental war geboren. Der immer stärker werdende Zustrom von Wallfahrern machte 1591 eine Erweiterung der Kapelle erforderlich, die dann 1682/95 durch den Neubau der heutigen Wallfahrtskirche ersetzt wurde. Über Kirche und Wallfahrt vgl. S. 155 bzw. 196.

Die vorderösterreichische Grafschaft Hohenberg war fast ringsum vom Territorium des Herzogtums Württemberg umgeben. Nur im Südwesten grenzte sie an die Grafschaften Hohenzollern-Hechingen und Hohenzollern-Haigerloch. Eingesprengt waren, vor allem im Raum Rottenburg-Horb, zahlreiche kleinere reichsritterschaftliche Territorien.

Die Nähe zu Württemberg, vor allem zu den nur wenige Kilometer entfernten „Stäblesorten" Remmingsheim, Nellingsheim, Eckenweiler und Wolfenhausen sowie zur württembergischen Universitätsstadt Tübingen, machte Rottenburg sehr früh empfänglich für das Gedankengut der Reformation.

Das Spätmittelalter war zwar eine Zeit religiöser Blüte, aber es gab auch unübersehbare Zeichen des Verfalls. Im 1517 angelegten zweiten Seelbuch des Stifts St. Moriz finden sich beispielsweise die Einträge eines Chorherrn und eines Kaplans des Stifts, die um 1410/20 jeweils für sich und ihren Sohn einen Jahrtag stifteten – als seien Priestersöhne etwas ganz Selbstverständliches gewesen. Die Fülle der anderen Jahrtagsstiftungen von Klerikern in St. Moriz, St. Martin und in der Karmeliterkirche lassen aber erkennen, sofern sie erhalten blieben, dass diese beiden Fälle die absolute Ausnahme waren. Im Jahr 1485 musste der Konstanzer Bischof Otto v. Hachberg auf Veranlassung von österreichischer Regierung und Rottenburger Rat der Geistlichkeit der Stadt „wegen schlechten Lebenswandels und nachlässiger Amtsverwaltung" – zu der nicht selten auch die Anhäufung mehrerer Pfründen in einer Hand beitrug – neue Statuten geben.

Die eigentliche Reformationsphase in Rottenburg setzte damit ein, dass ein öffentlich angeschlagenes Mandat Kaiser Karls V. vom Jahr 1523 „gegen die lutherische Opinion" von Unbekannten abgerissen wurde. In den beiden Pfarrkirchen der Stadt wurde seit dem Frühjahr 1523 lutherisch gepredigt, in St. Martin durch Stadtpfarrer Nikolaus Schedlin, in St. Moriz durch den Stiftsprediger Johann Eicher, beides gebürtige Rottenburger. Aus den beiden Franziskanerinnenklausen der Stadt traten in jenem Jahr zahlreiche Nonnen aus und verheirateten sich. Im folgenden Jahr 1524 wurde der Hofschreiber Wendel Kurz, einer der ranghöchsten österreichischen Beamten, wegen lutherischer Äußerungen seines Amtes enthoben.

Urpfarrkirche von Ehingen, Klosterkirche der Franziskanerinnen, Friedhofskirche: die Klausenkirche St. Remigius.

Der Tübinger Franziskanermönch Johann Eberlin von Günzburg, der noch 1518 und 1519 durch seine Predigten in Horb und Rottenburg „gewaltig zur Stärkung der katholischen Lehre" beigetragen hatte, stritt wenig später ebenso sprachgewaltig für die neue Lehre und förderte durch sein Wirken die Sache der Reformation in Rottenburg entscheidend. Nach seinem Gesinnungswandel hin zum Luthertum predigte er 1523 im Haus des Rottenburgers Andreas Wendelstein „bei einem Nachtmahl, dabei etlich gute Christen versamlet gewesen seind". Wendelstein, der 1528 bis 1532 als hohenbergischer Hofschreiber und zwischen 1543 und 1558 als Rottenburger Bürgermeister amtete, blieb trotz seiner offensichtlichen Neigung zum Luthertum unbehelligt. Sein Beispiel zeigt ebenso wie das des Hofschreibers Wendel Kurz, dass sich trotz massiven Drucks der Innsbrucker Regierung selbst unter der höheren Beamtenschaft Rottenburgs, unter dem Rat der Stadt und den Familien der städtischen Oberschicht, aber auch unter den Bürgern zahlreiche Anhänger Luthers behaupten konnten, wobei die konfessionelle Spaltung oft mitten durch die Familien ging. Das Luthertum fand unter dem Weltklerus der Stadt, unter den Stiftsherren von St. Moriz und im Karmeliterkloster seine Propagandisten, die in Remmingsheim und in anderen württembergischen, z. T. auch in ritterschaftlichen Orten der Umgebung aktiv wurden und großen Zulauf fanden, auch aus der Bürgerschaft Rottenburgs.

Der Sieg der katholischen Sache im Schmalkaldischen Krieg 1545/46 war nach außen hin zwar komplett und hatte seine Auswirkungen auch im Hohenbergischen, in Rottenburg. Doch die Gemüter in der Stadt waren noch nicht zur Ruhe gekommen. Dies wird am häufigen Wechsel auf den Pfründen des Stifts St. Moriz ebenso deutlich wie an den Verdächtigungen, denen Mitglieder der herrschaftlichen Verwaltung genauso ausgesetzt waren wie Angehörige der städtischen Oberschicht. Der seit 1571 amtierende hohenbergische Statthalter Christoph Wendler v. Pregenroth beispielsweise, der von 1605 bis 1607 in Innsbruck wegen des Vorwurfs, er sei „mit dem abscheulichen Hexenwerk behaft", im Gefängnis lag, wurde auch bezichtigt, nicht entschieden genug gegen das Treiben lutherischer Sekten im Hohenberger Gebiet vorgegangen zu sein!

Die letztlich erfolgreichen Bemühungen der österreichischen Regierung, die reformatorische Bewegung in der Stadt einigermaßen zum Stillstand zu bringen und die Lage zugunsten des Katholizismus wenigstens zu stabilisieren, dauerten bis in die 1560er-Jahre. In ihren Bemühungen wurden die Amtleute vor allem durch zwei Pröpste des Stifts St. Moriz unterstützt. Dr. Ambrosius Widmann hatte 1535 mit einem seiner Chorherren „der Religion halber" das Tübinger St. Georgsstift verlassen und in St. Moriz Zuflucht gesucht; dort wurde er als entschiedener Verteidiger und Verfechter des alten Glaubens 1541 zum Propst gewählt. Sein Nachfolger Dr. Melchior Zanger, ein bedeutender Orientalist und kurzzeitig kaiserlicher Hofprediger in Wien – dort war er selbst den eher liberalen Hofkavalieren zu streng! – gab dem Stift 1567 neue Statuten und erwies sich auch als Förderer der Marienwallfahrt im Weggental.

Die Beruhigung, die sich bis um 1560 kurzzeitig eingestellt hatte, war nur eine scheinbare. Unter der Oberfläche gab es auch danach viel gärende Unruhe; vor allem um die Wende vom 16. zum 17. Jahrhundert herrschte eine fiebrig-angespannte Atmosphäre. Sie bildete den Nährboden für immer neue Vorwürfe von Hexerei – von den Hexenprozessen wird noch die Rede sein – und für lautes Raunen über die Duldung „lutherischer Secten". Gerade dieser Vorwurf zeigt, dass die konfessionellen Spannungen in der Stadt, die die erste Jahrhunderthälfte bestimmt hatten, auch am Ende des Jahrhunderts noch immer nicht völlig beseitigt waren.

Der Tübinger Universitätsnotar Ludwig Walch (1530–1620) aus Rottenburg. Porträt von 1608 im Besitz der Universität Tübingen.
Aufnahme: Landesbildstelle Württemberg.

Zweimal, 1555 und 1607, wurde von eigens aus Innsbruck angereisten Untersuchungskommissionen der gesamte Rat der Stadt bis auf wenige Ausnahmen durch neue Leute ersetzt. Man hatte nämlich aufgrund ausführlicher Verhöre den Eindruck gewonnen, sowohl der städtische Magistrat als auch das Gremium der herrschaftlichen Beamten sei von mehr oder weniger offen zum Luthertum neigenden Männern durchsetzt. Diesem teilweise berechtigten Verdacht gesellte sich der Vorwurf von Machtmissbrauch und Korruption hinzu; auch er war nicht ganz unberechtigt.

„Lutheranisierende Neigungen" wurden damals auch Teilen des städtischen Klerus' vorgeworfen. Wegen solcher Anschuldigungen wurde etwa der Stadtpfarrer von St. Martin, Mag. Georg Abraham Sattler, Anfang 1562 beurlaubt. Propst Melchior Zanger von St. Moriz, dessen Treue zum alten Glauben über jeden Zweifel erhaben war, wurde mit der Seelsorge in der Nachbarpfarrei betraut. Nach einigen Wochen gab er den Auftrag zurück „wegen großen Ungunsts und

Unwillens", die ihm dort entgegengebracht wurden. Der Nachfolger Sattlers musste „wegen enormer Exzesse" 1577 auf sein Amt verzichten. Und dessen Nachfolger wurde vorgeworfen, er führe mit seiner Base – die mit einem Rottenburger verheiratet war –, ein „ärgerliches Leben"; er musste Rottenburg 1586 verlassen.

Im ältesten Ehebuch von Rottenburgs seit 1534 evangelisch gewordener württembergischer Nachbarstadt Tübingen finden sich zwischen 1553 und 1608 insgesamt 43 Eheschließungen zwischen Rottenburger Söhnen und Töchtern mit Tübingern und anderen württembergischen Söhnen und Töchtern; solche Ehen gab es auch vor dem Beginn des ersten Ehebuchs, d. h. zwischen 1534 und 1553. Auch im 5 km von Rottenburg entfernten Remmingsheim lassen sich damals solche Eheschließungen nachweisen. Es waren stets Ehen, bei denen der Rottenburger Partner entweder bereits evangelisch war oder bei der Eheschließung zum Luthertum übertrat. Unter den Rottenburgern gab es Söhne und Töchter von Angehörigen der hohenbergischen Beamtenschaft, aus städtischen Oberschichtfamilien ebenso wie aus Handwerker- und Weingärtnerfamilien.

Auch in Straßburg, einer der führenden protestantischen Städten im Reich, wanderten in der zweiten Hälfte des 16. Jahrhunderts neun Rottenburger ein, sicher ebenfalls aus religiösen Gründen. So darf nicht verwundern, dass viele Namen spätmittelalterlicher Geschlechter aus allen Schichten der Stadt im Lauf des 16. Jahrhunderts aus den erhalten gebliebenen Quellen verschwinden. Und es verschwanden nicht nur Namen und Personen, es wanderten auch Vermögenswerte ab. Der verstorbene Landeshistoriker Prof. Dr. Hansmartin Decker-Hauff erwähnte dem Verfasser gegenüber einmal als Beispiel den Rottenburger Bärenwirt Jakob Schiebel, der um 1615 mit 15 000 Gulden Barvermögen reichster Mann in der Grafschaft Hohenberg war. Seine Tochter heiratete ins evangelische Altwürttemberg, das Vermögen des Vaters zog mit ...

Dabei wäre Abwanderung damals gar nicht unbedingt nötig gewesen. Seinerzeit scheint es nämlich im österreichisch-katholischen Rottenburg leichter gewesen zu sein, als Evangelischer zu leben, als im evangelischen Tübingen als Katholik! Noch um 1600 stand keineswegs fest, welchen Weg Rottenburg in konfessioneller Hinsicht nehmen würde. Doch nach umfangreichen Verhören und Visitationen in den Jahren 1604 und 1606 erließ die Innsbrucker Regierung 1608/09 eine „Reformation" genannte grundlegende Neuordnung der Verhältnisse mit bindenden Vorschriften, die das politische und kirchliche Leben in der Stadt auf eine neue Grundlage stellten. Nun erst stabilisierten sich die inneren Verhältnisse nach und nach. Viele Vorrechte und Privilegien, die der Stadt im Spätmittelalter einen nahezu reichsstädtischen Status gesichert hatten, wurden wegen der „Lutherei" und wegen der aufgedeckten Rechtsverstöße entweder stark eingeschränkt oder ganz aufgehoben. Rottenburg wurde fortan eher ‚am kurzen Zügel' geführt. Das belegen nicht zuletzt einige die Religion betreffende Punkte der „Reformation", die sich in Sinn und Geist eng an die Reformbeschlüsse des Konzils von Trient anlehnen:

1. Nur wer katholisch ist, darf in Rottenburg bleiben oder in die Stadt aufgenommen werden. 2. Da an guten, frommen und fleißigen Schulmeistern viel gelegen ist, so soll ihnen vor ihrer Anstellung gemäß den Beschlüssen des Tridentinums von einem Dekan oder Pfarrer im Beisein des Schultheißen und etlicher Ratsherren das Bekenntnis des Glaubens abgenommen werden. Mindestens einmal pro Vierteljahr sollte die Obrigkeit prüfen, was die Schulmeister lehren und welche Fortschritte die Schuljugend „in catechismo, guten Sitten und Künsten" gemacht habe. 3. An Sonn- und Feiertagen ist in beiden Pfarrkirchen Kinderlehre zu halten. 4. Kein Bürger darf seine Kinder an „lutherischen, calvinischen, zwinglischen oder dergleichen anderen, der katholischen Religion widrigen Orten in die Schule schicken, verdächtige sektische Bücher lesen, kaufen oder verkaufen. 5. Der Schultheiß solle kontrollieren, dass Sonn- und Feiertage richtig gehalten werden, ebenso 40-tägiges Fasten, und an verdächtigen Orten Hausdurchsuchungen halten. 6. Zur Unterstützung der

Gedenkstein von 1999 für den Wiedertäufer Michael Sattler und seine Frau am Platz ihrer Hinrichtung beim ehemaligen Rottenburger Galgen.

Geistlichkeit sollen Schultheiß und Rat bedacht sein, in Advent und Fastenzeit Kapuziner, Barfüßer (Franziskaner) oder Jesuiten nach Rottenburg kommen zu lassen.

Wiedertäufer ...

Zweifelhafte Berühmtheit weit über das Territorium der Grafschaft Hohenberg hinaus erlangte Rottenburg im 16. Jahrhundert durch den Prozess gegen den Wiedertäufer Michael Sattler und seine Genossen.

Bereits um 1521 hatte Wilhelm Reublin als Leutpriester von St. Alban in Basel mit großem Erfolg wiedertäuferisch gepredigt. Er wurde aus Basel ausgewiesen und kam, zwischenzeitlich verheiratet, nach Aufenthalten in anderen Städten, im Jahr 1526 in seine Vaterstadt Rottenburg. Es gelang ihm, hier und im benachbarten, ebenfalls österreichischen Horb eine Gruppe von Gesinnungsgenossen zu sammeln, die mit dem Verlauf der Reformation im Hohenbergischen nicht zufrieden waren, und sie zu taufen. Er ließ nun seinen ebenfalls täuferisch gesinnten Freund Michael Sattler, den ehemaligen, nun ebenfalls verheirateten Prior des Klosters St. Peter im Schwarzwald, zur Unterstützung zu sich nach Horb kommen.

Dort wurden er und seine Genossen Mitte Februar 1527 von der österreichischen Obrigkeit verhaftet und in Rottenburg gefangen gesetzt. Reublin konnte mithilfe gleichgesinnter Rottenburger aus dem Gefängnis entkommen und floh nach Reutlingen, später weiter nach Mähren, der letzten Zuflucht des Täufertums; im dortigen Znaim lebte er noch bis 1559. Sattler und den anderen Mitgefangenen wurde nun der Prozess gemacht; zuvor hatte die Innsbrucker Regierung an den hohenbergischen Landeshauptmann Graf Joachim v. Zollern geschrieben, es sei nicht Brauch beim Haus Österreich, jemanden ohne Untersuchung und Urteil zu richten. Außer dem Landeshauptmann als Richter, dem Rottenburger Schultheißen als Fürsprecher des Klägers und dem hohenbergischen Hof- und Gegenschreiber als Protokollant wurden zwei Beisitzer von der (damals österreichischen) Stuttgarter Regierung, zwei von der österreichischen Regierung im elsässischen Ensisheim sowie zwei Juristen der Universität Tübingen hinzugezogen, ferner je zwei Schöffen aus den Städten Freiburg, Villingen, Ehingen/Donau, Überlingen, Radolfzell, Stockach und Horb, jedoch niemand aus Rottenburg. Sattler wurde von ihnen schuldig gesprochen, er wurde gefoltert und verbrannt, seine Frau im Neckar ertränkt; drei weitere Täufer wurden ebenfalls hingerichtet. Einige, die ihrem Glauben während des Prozesses abgeschworen hatten, wurden aus der Stadt ausgewiesen und für immer aus den österreichischen Landen verbannt. Der Rottenburger Stadtschreiber berichtete im Jahr 1528, dass im Vorjahr insgesamt elf Täufer hingerichtet bzw. verbannt worden seien. Im Jahr 1529 saßen nochmals fünf Männer und zwei Frauen als Wiedertäufer 157 Tage in Rottenburg in Haft; sie wurden gebrandmarkt und aus der Stadt ausgewiesen. Von da an trat die „täuferisch Sect" in Rottenburg nicht mehr öffentlich in Erscheinung.

… und Hexen

Eine der beiden Hauptsäulen des spätmittelalterlichen Wohlstands Rottenburgs war der Weinanbau. Wein wurde hier in der klimatisch milden Periode von der Mitte des 13. Jahrhunderts an in heute unvorstellbar großen Mengen angebaut. So lieferten z. B. allein die Weinberge der Landesherrschaft auf Markung Rottenburg im Rechnungsjahr 1425/26 die riesige Menge von 709 500 Litern Wein! Dass dieser Wein in guten Jahren von bester Qualität war, zeigt sich daran, dass er in rund 90 Orten der näheren und weiteren Umgebung Abnehmer hatte, dass er an den Wiener Kaiserhof geliefert wurde und 1484 bei der Hochzeit Erzherzog Sigmunds von Tirol in Innsbruck auf der Hochzeitstafel stand! Der ‚Rottenburger' war zweifellos ein Handelsprodukt von überregionaler Bedeutung. Dementsprechend gut war die wirtschaftliche Situation der Weingärtner.

Intakte Weinberglandschaft entlang der Neckarhalde in einer Aufnahme von etwa 1895.

Über ansehnlichen Weinbergbesitz verfügten nicht nur die Landesherrschaft und die reichen Bürger der Stadt. Auch das „Gotteshaus Spital", die Pfarrei St. Martin und das Stift St. Moriz besaßen ausgedehnte Weingüter. Stift und Spital hatten zum Pressen ihrer Trauben jeweils eine eigene Kelter, die bereits 1339 bzw. um die Mitte des 15. Jahrhunderts erstmals erwähnt werden. In den von Propst Melchior Zanger 1567 erlassenen Statuten des Stifts findet sich u. a. die Bestimmung: „Im herbst soll auch vergunt sein den Stüffts Herren 4 Wochen vaccanz zu haben, doch sollen die heilige Messen gelesen werden." Die Chorherren und Kapläne bekamen also in der Zeit der Weinlese vier Wochen Urlaub, damit sie sich um das Einbringen der Ernte aus den Weinbergen kümmern konnten, die zu ihren Pfründgütern bzw. zum Stift gehörten, aber auch, um die ordnungsgemäße Lieferung des Gültweins durch ihre Pächter zu beaufsichtigen. Die Verpflichtung zum Lesen der den einzelnen Pfründen gestifteten Messen blieb bestehen, weil bei Nichteinhaltung dieser Verpflichtung die Erben der Stifter die Güter, unter denen sich eben auch Weinberge befanden, einziehen und anderweitig vergeben konnten.

Etwa im letzten Drittel des 16. Jahrhunderts setzte nach und nach die Klimaabkühlung der „Kleinen Eiszeit" ein, in deren Verlauf die mittlere Jahrestemperatur um rund drei Grad nach unten fiel. Diese allgemeine Abkühlung des Klimas war begleitet von Naturkatastrophen wie Starkregen, Stürmen und Unwettern mit schwerem Hagelschlag. In dieser Periode, die von den Zeitgenossen als Klimakatastrophe empfunden wurde, begann der kontinuierliche Rückgang der Weinanbauflächen – eine Entwicklung, die sich ungebremst bis in die letzten Jahrzehnte des 20. Jahrhunderts fortsetzte.

Für den Weinbau, der das städtische Wirtschaftsleben zuvor so sehr beherrscht hatte, dass im zweiten Drittel des 16. Jahrhunderts rund 50 bis 60 Prozent der Einwohnerschaft direkt oder indirekt mit dem Weinbau zu tun hatten, war die Klimaveränderung eine Katastrophe größten Ausmaßes. In dieser Zeit hatte Rottenburg nur noch rund 2800 Einwohner; im Jahr 1581 zum Beispiel 2750. An dieser gegenüber dem Spätmittelalter stark zurückgegangenen Einwohnerzahl ist sehr gut die Abwanderung aus der Stadt während der Reformationszeit ablesbar.

In den Jahren 1576, 1596, 1602 oder 1626 beispielsweise gab es einen Totalverlust der Weinerträge infolge von Unwettern, in anderen Jahren dieser Periode waren die Erträge durch Hagel, Spätfröste usw. stark gemindert. Für Weinbergbesitzer und Weinbauern bedeutete dies ganz beträchtliche wirtschaftliche Einbußen.

Der Mensch früherer Jahrhunderte, auf Gedeih und Verderb von der landwirtschaftlichen Produktion abhängig, stand den Turbulenzen der damals noch mehr als heute unberechenbaren Witterung völlig hilflos gegenüber. Er suchte nach Ursachen für die Schwankungen des Wetters und glaubte, eine davon im Wirken ihm übel wollender, feindlich gesonnener Mächte, personifiziert durch den Teufel, gefunden zu haben. Irdische Verbündete, ja, Werkzeuge des Teufels aber waren, dem damals in weiten Kreisen der Bevölkerung verbreiteten Glauben zufolge, die Hexen.

Nun war gerade Rottenburg im späten 16. und frühen 17. Jahrhundert ein Zentrum von Hexenverfolgung und Hexenprozessen. „Wetterhexe" – als Schimpf- oder Scherzwort noch heute gelegentlich gedankenlos gebraucht – zu sein, d. h. Wetterzauber nach Belieben machen zu können oder gemacht zu haben, war in den Prozessen eine sehr häufige und äußerst schwerwiegende Beschuldigung. „Klar im Zentrum ... des Hohenberger Hexenbildes stand der Wetterzauber. Wetterschäden werden in der Bevölkerung unmittelbar mit Hexerei assoziiert. Seine Klage über zu mildes Vorgehen gegen Hexen formulierte der Weingärtner Peter Knieß 1604 so: ‚Man hab große clag über die besen weiber, das man schlecht dartzu thüe. Die Arme Burgerschaft sey mit hagl und wetter (= Gewitter) also heimbgesuecht worden, Das gleich khainer mer weiß, wo er anheimbs ist.' Ernteschädigende Wetterereignisse wurden immer wieder zu Auslösern von Hexenverfolgungen in Hohenberg." (J. Dillinger) Schlimmstes Hexenverfolgungsjahr in Rottenburg war 1596; 36 Frauen wurden hingerichtet; andere Höhepunkte waren 1583 (12), 1600 (17) und 1601 (15). Noch 1604, nach fast 200 Prozessen gegen Hexen in Rottenburg, beklagten sich die Weingärtner der Stadt angesichts des völlig unberechenbar gewordenen Wetters, dass gegen der Hexerei Verdächtigte nichts unternommen worden sei, und dass ihnen, den Weingärtnern, durch Hexerei „an ihren Früchten mehrer Schaden beschicht (= geschieht)".

Besonders deutlich wird der Zusammenhang zwischen klimaveränderungsbedingten Wetterkapriolen und Hexenverfolgung im Jahr 1596, einem Jahr besonders vieler Unwetter und besonders vieler Hexenverbrennungen. Das zeigt schon ein anonymes Innsbrucker Flugblatt, betitelt „Warhafftige geschicht und eigentliche Beschreibung Von den Hexen Weybern, so man zu Rottenburg am Necker vnd inn Westfahlen, Prißgew vnd anderstwo etc. verbrand hat, dises 1596. Jar in Reimen weiß verfast". Darin heißt es u. a.:

> „Als man zalt fünffzehen hundert Jar
> Sechs und Neuntzig und das ist war
> Im Brachmon der Sibenzehend tag
> Ward zu Rottenburg ein grosse klag.
> Denselben tag wie erst genendt
> Hat man Dreyze Hexen verbrend.
> Die haben also vil gethan
> Kein Mensch es schier glauben kan.
> Dem Teuffel seind willen verbracht
> Vil groß und grävlich Wätter gmacht
> Niemand vor jhn kond haben Ruh
> Also setzen sie vilen zu ..."

Am 17. Juni 1596 wurden demnach 13 Frauen wegen Wetterzauber verbrannt; welcher Art das auslösende Wetterereignis war, ist nicht zu erfahren. Ein paar Wochen später eine neue Katastrophe: Am 21. Juli 1596 zerstörte ein verheerender Hagelsturm die gesamte Getreide-, Obst- und Weinernte in Rottenburg und Umgebung. Schon am 31. Juli wurden deshalb 12 Frauen hingerichtet – Vorwurf: Wetterzauber.

Auch in Rottenburgs Nachbarstadt Horb ist der Zusammenhang zwischen Hexenverfolgung und Unwettern deutlich zu erkennen. Der Tübinger Professor Dr. Martin Crusius berichtet in seiner „Schwäbischen Chronik" von 1596 (deutsch 1733) von einem solchen Fall: „1578. Den 15. May nach 12 biß 2 Uhr war zu Horb und an andern Orten ein grosser Platz-Regen, Überschwemmung, Hagel, Untergang etlicher Menschen und Viehe, Beschädigung der Wein-Reben. Die gemeine Rede ging, als ob die Hexen dieses Wetter gemacht. Den 7. Juni seind auch zu Horb 9 dergleichen Weiber verbrannt worden."

Die Weingärtner, im 15. Jahrhundert noch zu den angesehenen und vermögenden Bürgern zählend und sowohl im Großen als auch im Kleinen Rat vertreten, verarmten im Lauf der Klimaveränderung immer mehr und im 18. Jahrhundert bildeten sie gar die häufig auf Betteln angewiesene soziale Unterschicht der Stadt. Der Müller Hans Palm brachte 1604 die Situation der damals noch ganz vom Weinbau abhängigen Stadt etwas überspitzt auf den Punkt: „Vor Jarn habs alhie die Schmaltz grueben gehaissen, jetzt mög mans die hunger grueben nennen."

Die Rottenburger Hexenprozesse waren also überwiegend auf Fälle von angeblichem Wetterzauber konzentriert; demgegenüber traten Delikte wie Tierverwandlungen, Liebeszauber, Teufelsbuhlschaften und andere pseudoreligiöse Bestandteile der Hexereianklagen stark in den Hintergrund.

Die Bürgerschaft, durch die angeblich von Hexen hervorgerufenen Klimaveränderungen in ihrer wirtschaftlichen Existenz stark bedroht, verlangte vehement Verfolgung und Hinrichtung der Hexerei verdächtigter Personen, vor allem der Frauen. Die Kirche hatte da kaum Möglichkeit, zugunsten der verdächtigten Personen einzugreifen. Das wusste schon die Hysterie der Bürger, die teilweise Züge einer Massenpsychose annahm, zu verhindern. Jedenfalls findet sich in den Quellen kein Hinweis darauf, dass von der Kirche zugunsten Verdächtiger interveniert worden wäre. Aber Hexenverdächtigungen und Hexenprozesse fielen generell nicht in die Kompetenz von Klerikern, waren vielmehr ausschließlich Sache der weltlichen Gerichte. Die drei Visitationskommissionen, die 1604 bis 1607 von Innsbruck aus nach Rottenburg reisten und hier umfangreiche Befragungen und Verhöre durchführten, haben nie einen Priester befragt. „Eine Ausnahme bilden hier nur Gutachten, die die Ortsgeistlichen während der ganzen Verfolgungszeit jeweils für verdächtige Kinder erstellten, und die stets nur Aufnahme ins Spital, Überwachung und christliche Erziehung empfahlen." (J. Dillinger), sich also nicht mit den Zielen der Hexenjagd identifizierten. Letztlich aber blieb den Seelsorgern wohl nur die Begleitung der zum Tod Verurteilten auf ihrem letzten Gang.

Von etwa 1610 an ebbte der Massenwahn in Rottenburg allmählich ab, einerseits wegen der kräftigen Intervention der Innsbrucker Regierung, die die Kompetenzen der hohenbergischen Beamten und des Rottenburger Stadtgerichts einschränkte, andererseits vielleicht aber auch deshalb, weil sich die Witterung nach den vorausgegangenen Extremen auf nun deutlich niedrigerem Temperaturniveau allmählich wieder zu stabilisieren begann. Der letzte Hexenprozess, bei dem eine erneute Missernte beim Rottenburger Wein 1711 ein Gerichtsverfahren wegen Wetterzauber bzw. Hexerei ausgelöst hatte, wurde nach einem scharfen Verweis aus Innsbruck eingestellt.

Jahrzehnte der Not

Nach den fast 80 Jahre dauernden Turbulenzen der Reformationszeit, zuletzt vor allem den Hexenverfolgungen und -verbrennungen, war der Wunsch nach Normalisierung, nach Ruhe, auch auf religiösem Gebiet, in den Rottenburgern übermächtig geworden. Bereits seit 1603, also noch vor der „Reformation" von 1608, bemühte sich der Rat der Stadt um eine Niederlassung des Kapuzinerordens. Schließlich trafen 1617 die ersten Mönche ein und 1622 konnte mit dem Bau einer Klosteranlage direkt vor der westlichen Stadtmauer im Stadtteil Ehingen begonnen werden und 1624 war das Kloster mit Konventbau und Kirche samt großem Garten bezugsfertig. Die Kapuziner schalteten sich von Anfang an mit großem Eifer in die Seelsorge ein und waren bei den Rottenburgern bis zur Aufhebung ihres Klosters 1806 äußerst beliebt.

Die „Reformation" von 1608 hatte das öffentliche und das kirchliche Leben Rottenburgs auf eine neue Grundlage gestellt, der alte Rat der Stadt war durch zuverlässige neue, sowohl der Landesherrschaft als auch der Kirche treue Männer ersetzt. Im Jahr 1616 erließen Schultheiß, Bürgermeister und Rat ergänzend die Vogtgerichtsordnung, eine Art Polizeiverordnung für die Stadt, die das Zusammenleben innerhalb der engen Stadtmauern regelte. Auch die Kapriolen des Klimawandels scheinen sich kurzzeitig etwas beruhigt zu haben, man erfährt aus den Quellen weder von Unwettern noch von Hagelschäden; es scheint eine Art labilen Gleichgewichts in der Witterung geherrscht zu haben.

Die Voraussetzungen für ein nunmehr gedeihliches Miteinander zwischen den Vertretern des Landesfürsten, d. h. den hohenbergischen Beamten, dem Rat, der Bürgerschaft und dem Klerus der Stadt waren damit geschaffen. Und mit klimabedingt reduzierter Anbaufläche, so mochte man denken, würde sich wohl auch ein Teil des früheren Wohlstands halten oder zurückgewinnen lassen.

Doch es sollte ganz anders kommen. Der Dreißigjährige Krieg, der 1618 im fernen Böhmen seinen Anfang genommen hatte, berührte Rottenburg zunächst zwar noch nicht. Aber von etwa 1612 bis 1621 gab es beim Wein eine Serie von eindeutig witterungsbedingten Missernten, die die Erträge auf unter 80 % des langjährigen Mittels drückten. Doch dies war nur ein Vorgeschmack auf das, was die 1630er- und 1640er-Jahre für die Rottenburger bereithielten.

Im Februar 1633 kam der Krieg mit all seinen Schrecken und Leiden ins Land: Die Schweden, durch württembergisches Kriegsvolk verstärkt, belagerten die Stadt mit 10 000 Mann und beschossen sie mit 16 Geschützen. Die kleine österreichische Garnison, ganze 400 Mann stark, musste sich ergeben und durfte abziehen. Am 19. Mai mussten Rat, Bürgerschaft und Klerus den Treueid auf den württembergischen Herzog schwören, doch von den Klerikern der Stadt leistete nur ein einziger Chorherr von St. Moriz den verlangten Eid; die anderen erklärten, lieber ihre Pfründen verlieren als schwören zu wollen! Dem neu eingesetzten Beamtenstab des Württembergers war nur eine kurze Wirkungszeit beschieden, denn nach der Schlacht bei Nördlingen im September 1634 kehrten die Kaiserlichen zurück – und wie die Schweden und Württemberger plünderten auch sie, erhoben Kontributionsgelder und belegten die Bürgerschaft mit Einquartierung.

Ein Jahr später, 1635, wurde Rottenburg vom „Schwarzen Tod", von der Pest, heimgesucht. Allein im Bereich der Pfarrei St. Martin waren 505 Tote zu beklagen; ähnlich verheerend wütete die Seuche im Bereich der Pfarrei St. Moriz. Alles in allem verlor Rottenburg in diesem Unglücksjahr mehr als ein Viertel seiner Einwohnerschaft. Für die Zurückgebliebenen dauerte das Elend des Krieges an. Im Winter 1637/38 lag der kaiserliche Obrist Johann v. Werth mit seinen Truppen in Rottenburg im Winterquartier. Im Spätwinter zog er ab und bereits im April 1638 musste sich die Stadt, frei von regulären Truppen und ohne Munition für Gewehre und Geschütze ihrer Bürgermiliz, nach zwei Tagen erneut auf Gnade und Ungnade den Schweden ergeben; ein paar Wochen später rückten wieder die Kaiserlichen ein. Das Karussell von Plünderungen und Kontributionszahlungen drehte sich erneut – im Rauben und Stehlen war in jener Zeit kein Unterschied zwischen Freund und Feind. Eine spätere Zusammenstellung beziffert die Schäden, Kontributionen und Unkosten, die Klerus und Bürgern der Stadt durch den Krieg entstanden, auf die immense Summe von rund 218 000 Gulden.

Das Fachwerkhaus neben dem Kalkweiler Tor, in seinen ältesten Teilen aus dem 15. Jahrhundert stammend, überlebte den Stadtbrand von 1644.

Wer aber dachte, das Maß des Elends sei nun voll, noch schlimmer könne es gar nicht mehr kommen, sah sich bald eines Schlechteren belehrt. In der Nacht zum 19. August 1644 brach in einem Bäckerhaus in der Marktgasse ein Feuer aus, das bis gegen 20 Uhr abends fast die gesamte Stadt links des Neckars von der östlichen bis zur westlichen Stadtmauer, von der Oberen Gasse im Norden bis zum Neckarufer im Süden in Schutt und Asche legte, einschließlich Pfarrkirche, Pfarrhaus, Rathaus, Karmeliterkloster und Spital. Vernichtet wurden nach offizieller Zählung 556 Gebäude mit allem, was sie enthielten, aber wunderbarerweise kein einziges Menschenleben. Fast die gesamte schriftliche Überlieferung der Stadt aus dreieinhalb Jahrhunderten – ausgenommen die des Spitals in großen Teilen – im Rathaus und im Karmeliterkloster, im Pfarrhaus und in den Pfründhäusern, in den Häusern des Adels und der Bürger – unwiederbringlich zerstört. Kostbare Altäre, Figuren und Gemälde, Totenschilde, kunstvolle Epitaphien und Grabdenkmäler in den Kirchen – dahin. Dokumente, Wertgegenstände und Kunstwerke einer ehemals reichen Stadt in den Häusern von Adel und Oberschicht – zu Asche zerfallen, zur Unkenntlichkeit zusammengeschmolzen. Selbst Glocken auf dem Turm der St. Martinskirche schmolzen in der Hitze, andere stürzten nach unten und zerbarsten auf dem steinernen Gewölbe des untersten Turmgeschosses; keine Glocke blieb ganz! Es war ein Verlust an Geschichte, an städtischer Überlieferung und Identität, ein Verlust, der bis heute schmerzhaft spürbar geblieben ist. Dieser Brand von 1644 war in Wahrheit Rottenburgs Super-GAU – manche mögen ihn wie ein göttliches Strafgericht wegen der Tötung Hunderter unschuldiger Frauen und Männer in den Jahrzehnten der Hexenverfolgung empfunden haben.

Stolz und Selbstbewusstsein der einst wohlhabenden Bürger, durch den damals bereits jahrzehntelang anhaltenden, vor allem klimabedingten Niedergang des Weinbaus ohnehin schon gedämpft, wurden durch den Brand und das Elend in seinem Gefolge vollends gebrochen, erst recht nach all dem, was vorausgegangen war.

Noch 1652 hauste ein großer Teil der Rottenburger in Kellern und Ställen, Brandschutt lag in den niedergebrannten Ruinen, verkohlte Balken starrten in den Himmel. Die Jesuiten, die sich 1649 in der Stadt niedergelassen hatten (s. u.), bescheinigten den Rottenburgern aber voll Lob, sie trügen ihr hartes Los hochgemut und starken Herzens. Stadtpfarrer Mier von St. Martin schrieb 1653 in einem Brief, er habe vor dem Brand einen bequemen, tauglichen, ja ansehnlichen Pfarrhof mit acht Stuben und einigen Gastzimmern gehabt. Gleich den andern Rottenburgern besitze er jetzt aber keine ordentliche Wohnung und lebe „seit der Brunst in 9 Jahren hero, in einer baufällig, vast ohnbeteckten, durchsichtigen Hütten", in der er nicht einmal ein Buch vor sich legen, geschweige denn in einem solchen lesen und studieren könne!

Wie langsam sich der Wiederaufbau vollzog, wird daran erkennbar, dass der Grundstein zum neuen Rathaus erst 1672 gelegt werden konnte. Die Weihe der Pfarrkirche am Markt nach ihrer Wiederherstellung fand zwar bereits 1655 statt, doch ihre Innenausstattung konnte erst in den 1670er-, 1680er-Jahren vollständig wiederhergestellt werden, und das Pfarrhaus daneben war erst 1671 fertig, ein Jahr nach dem Freiherrlich Hohenbergischen Stadtpalais, dem späteren „Waldhorn". Kirche und Kloster der Karmeliter konnten 1674 neu geweiht werden. Im Jahr 1681 waren dann 504 Häuser wieder aufgebaut.

Im Zeitalter des Barock

Die Reformen, die die Landesherrschaft am Beginn des 17. Jahrhunderts einleitete, sicherten Rottenburg endgültig für den Katholizismus. Sie bewirkten aber auch, dass die Stadt für zwei prägende Jahrhunderte Teil des tirolisch-alpenländisch-österreichischen Kunst- und Kulturraums wurde, das weit ins Altwürttembergische hinein vorgeschobene Bollwerk eines österreichisch geprägten Barockkatholizismus, fast rings umgeben von einer Konfessionsgrenze, die zugleich Landesgrenze war. Eigentlich schien diese Grenze nach der Reformation ja unüberwindlich

Doch auch von anderem Verhalten berichten die Chronisten. Als 1744 von Tübingen her französische Truppen nach Rottenburg einrückten, hielten Tübinger bei Sülchen Wägen bereit, weil sie den Franzosen das in Rottenburg geraubte Beutegut abkaufen und abtransportieren wollten. Aber es kam infolge eines glücklichen Zufalls zu keiner Plünderung und die Tübinger mussten mit leeren Wägen wieder nach Hause zurückkehren!

Insgesamt ist bei allen gegenseitigen Kontakten – dazu gehörten ganz vereinzelt auch Rottenburger Studenten, die nach 1534 noch das eine oder andere Semester in Tübingen studierten – ein gewisses Maß an Abgrenzung gegenüber dem protestantischen Herzogtum Württemberg nicht zu übersehen. Die exponierte Lage Hohenbergs hatte denn auch zur Folge, dass man sich mehr nach den katholischen Fürstentümern Hohenzollerns im Süden und Südwesten hin orientierte, die man in mancher Hinsicht durchaus als „Hinterland" Hohenbergs und Rottenburgs ansehen konnte, und hin zu den angrenzenden katholischen Gebieten der Reichsritterschaft, deren Familien ihrerseits beim kaiserlichen Österreich und dessen Repräsentanten in Rottenburg Halt und Schutz erhofften.

Wenn oben gesagt wurde, Rottenburgs religiöse Kultur sei in der Barockzeit österreichisch-alpenländisch geprägt worden, so hat dies mit den seit 1617 in der Stadt anwesenden Kapuzinern ebenso zu tun wie mit den Jesuiten, die sich 1649 hier niederließen. Und dann gab es ja auch noch die Beamten der Landesherrschaft, die aus Österreich, aus Nord- und Südtirol, stammten. Zwischen dem Rottenburger Oberamt und der Innsbrucker Regierung bestanden regelmäßige persönliche und mannigfache andere direkte und indirekte Kontakte. Aber auch Einfluss und Verbindungen des Adels dürfen nicht übersehen werden. Handwerksgesellen kamen auf ihrer Wanderschaft sehr häufig donauabwärts bis nach Wien. Sie alle brachten Informationen, Kenntnisse und Eindrücke in das vom Kernland weit abgelegene Stück Österreich am oberen Neckar, in dessen Hauptstadt Rottenburg. So verpflanzte sich beispielsweise bereits um 1620,

Eine Arbeit des Bildhauers Caspar Wegmann (um 1550–1612/14): Grabdenkmal für Propst Dr. Melchior Zanger († 1603) in St. Moriz.

zu sein, aber schon gegen Ende des 16. Jahrhunderts ist von Kontakten die Rede, die der ausgeprägt protestantisch gesinnte Tübinger Professor Martin Crusius mit dem ebenso überzeugt altgläubigen Propst Melchior Zanger von St. Moriz hatte, den er in Rottenburg besuchte. Crusius entwarf sogar den Text für Zangers Epitaph, das noch in St. Moriz erhalten ist.

Die Bauern aus dem altwürttembergisch-evangelischen Dorf Remmingsheim, das nur 5 km von Rottenburg entfernt ist, besuchten von alters her als Käufer und Verkäufer die Märkte in Rottenburg; daran änderte sich auch nach der Reformation nichts. Und bei den größeren Bränden Rottenburgs im 17. und 18. Jahrhundert, dem schon geschilderten von 1644 und dem noch zu erwähnenden von 1735, halfen die Remmingsheimer beim Löschen und Retten so selbstverständlich wie etwa die Kiebinger oder die Wurmlinger.

Inneres der Wallfahrtskirche im Weggental nach der
Renovierung von 1894/97. Aufnahme von 1901.

fast zeitgleich mit Innsbruck, die Krippenkultur aus Tirol an den Neckar und bewirkte, dass die Stadt sich zu einem bedeutenden Krippenzentrum entwickeln konnte, das bis auf den heutigen Tag ohne Unterbrechung floriert. Künstler aus Tirol und aus Wien, aus Oberitalien und Altbayern, aber auch aus dem Einflussbereich des schweizerischen Luzern, arbeiteten für Rottenburger Auftraggeber, ließen sich teilweise auch in Rottenburg nieder und prägten mit ihren Arbeiten die Kunstlandschaft am oberen Neckar. Dass nach den Bevölkerungsverlusten der ersten Hälfte des 17. Jahrhunderts nach dem Ende des Dreißigjährigen Krieges eine starke Zuwanderung nach Rottenburg einsetzte, in deren Verlauf neue Bürger bis aus Prag in Böhmen und Olmütz in Mähren, aus Tirol, aus der Innerschweiz und aus Graubünden, ja selbst aus der Lombardei, in Rottenburg eine neue Heimat fanden, Fernkaufleute ebenso wie Bauhandwerker usw., darf in diesem Zusammenhang nicht übersehen werden. All diese Menschen befruchteten mit ihrer Lebensart und ihrer Kultur das Leben in der Stadt.

Die Einbettung Rottenburgs in die alpenländische Barockkultur und ihre Kunst lässt sich nirgends deutlicher ablesen als an der Wallfahrtskirche im Weggental. Sie wurde 1682/95 von der Pfarrei St. Martin neu erbaut. Hier finden sich alle Strömungen der Barockkunst, die einem aus der Kunstgeschichte geläufig sind, in einem einzigen Bauwerk vereint: Gebaut wurde die Kirche nach Plänen eines Vorarlberger Architekten. Die Stuckkapitelle an den Wandpfeilern schuf ein Lombarde, der Schöpfer der Apsis-Stuckaturen kam aus dem oberbayerischen Wessobrunn. Der Hochaltar, angeblich ein Geschenk des Kaiserhauses, ist das Werk eines Wiener Bildhauers. Kanzel und Triumphbogengruppe fertigte ein aus dem Raum Luzern stammender Bildhauer, der das Rottenburger Bürgerrecht besaß. Zwei Blätter von Seitenaltären sind Werke eines Jesuitenbruders, der ein Schüler des großen Cosmas Damian Asam in München war, und den Rest schufen einheimische Kunsthandwerker.

Der frühbarocke Innenraum der Wallfahrtskirche im Weggental, erbaut 1682/95, im heutigen Zustand.

Alpenländischer Einfluss war auch bei einem zweiten Rottenburger Kirchenbau nicht zu übersehen, nämlich bei der 1747 eingeweihten, aber leider nach 1806 profanierten Kirche des Karmeliterklosters. Johann Adam Mölck aus Wien, der mit einer Rottenburgerin verheiratet war und später Tiroler Hofkammermaler wurde, malte die Altarblätter der Kirche. Weil die Bilder aber nicht dem Qualitätsempfinden des Konvents entsprachen, wurde Franz Sebald Unterberger aus Cavalese im welschtiroler Fleimstal (Val di Fiemme), der Hofmaler der Fürstbischöfe von Brixen, mit der Anfertigung der Altarbilder beauftragt; einige davon blieben außerhalb Rottenburgs erhalten.

Rottenburg war bereits seit dem Spätmittelalter ein regionales Zentrum der bildenden Kunst und wurde es in verstärktem Maß in der Barockzeit. Maler und Bildhauer, Altarbauer und Glockengießer, Goldschmiede und Orgelbauer waren in der Stadt ansässig und lieferten ihre Arbeiten bis nach Oberschwaben und ins Allgäu, ins Donautal und in den südlichen Schwarzwald, ins Alb- vorland und in den Kraichgau, in das Gebiet des oberen und mittleren Neckars, einmal sogar in eine evangelische Pfarrei im Herzogtum Württemberg. Der weitaus überwiegende Teil dessen, was sie in der Barockzeit schufen, war religiöse Kunst für kirchliche Auftraggeber, für Pfarrkirchen und Kapellen, für klösterliche Bauherren. Vieles ist untergegangen und nur noch aus den Quellen bekannt, manches blieb erhalten und kündet bis in unsere Tage von der barocken Kunstblüte Rottenburgs.

Dass es aber wieder vorwiegend religiöse Kunst war, die in der Barockzeit in Rottenburg geschaffen wurde, zeigt sehr deutlich, dass die Stadt, die im 16. Jahrhundert noch unentschlossen zwischen altem Glauben und neuer Lehre geschwankt hatte, nunmehr endgültig ihren Platz gefunden hatte. Über Reformationswirren und Hexenverfolgung ging die Zeit hinweg und die Stadt konnte, unter veränderten Vorzeichen allerdings, unschwer an ihre spätmittelalterlichen Traditionen anknüpfen, nicht nur an die künstlerischen. Das Barock war ja im Letzten ein

Tafelbild mit Martyrium des hl. Erasmus, gemalt um 1560 von Jerg Ziegler, in der Klausenkirche.

Der Ehinger Platz um 1900 mit dem 1930 abgebrannten „Koller'schen Haus", das ab 1650 den Jesuiten als zeitweiliger Wohnsitz diente.

‚katholischer' Stil, als „Stil der Gegenreformation" wurde es schon bezeichnet.

Natürlich war die Ausübung der Kunst in der Stadt auch im 16. Jahrhundert nicht völlig zum Erliegen gekommen, nur manche Akzente mussten damals gegenüber dem 14. oder 15. Jahrhundert anders gesetzt werden: Grabdenkmäler statt Heiligenfiguren für neue Altäre, gemalte Epitaphien statt Altarflügelmalerei, Trinkbecher und Pokale statt Sakralgefäße.

Die Jesuiten und ihr Gymnasium

War das Barock der „Stil der Gegenreformation", so waren die 1540 vom Papst bestätigten Jesuiten der „Orden der Gegenreformation". Sie wirkten entscheidend an der Verbreitung der Beschlüsse des Konzils von Trient (1543/63) mit; ihr Hauptbetätigungsfeld waren Seelsorge und Predigt. Dazu gehörte auch die Durchführung von Exerzitien und Volksmissionen, die Errichtung Marianischer Kongregationen, die Krankenpflege, aber auch die Pflege der Wissenschaft und des Schulwesens durch Einrichtung von Lyzeen und Gymnasien, durch Stellung von Universitätslehrern. Und sie waren große Förderer der Volksfrömmigkeit.

Bereits 1623 unternahm Erzherzog Leopold V., Bischof von Passau und Straßburg, der später auch hohenbergischer Landesfürst wurde, mehrere Versuche, Jesuiten in Hohenberg, d. h. in Rottenburg anzusiedeln. Er schickte u. a. den Ordensprovinzial mit einem Empfehlungsschreiben nach Rottenburg. Dieser fand die Rottenburger „härter als Kieselsteine" – sie wollten von den Jesuiten nichts wissen. Ein weiterer Versuch Leopolds, nunmehr als Landesfürst, scheiterte 1628. Die Rottenburger erklärten nämlich, sie seien gut mit Seelsorgern versorgt, sie hätten einen musterhaften Pfarrklerus und Ordensleute – Karmeliter und Kapuziner –, die bei Tag und Nacht für das Heil der Seelen besorgt seien. Die Stadt sei nicht so reich und nicht so groß, dass sie den Jesuiten ein entsprechendes Kolleg bauen könne. Die Ordensleute in der Stadt seien mit aller Sorgfalt darauf bedacht, dass die nahen Wölfe, d. h. die Protestanten im nahen Altwürttemberg, nicht in den Schafstall einbrechen könnten! Nachdem ihr Fürsprecher, Erzherzog Leopold, 1632 verstorben war und wohl auch, weil der Dreißigjährige Krieg nunmehr den Südwesten Deutschlands erreichte, gaben die Jesuiten den Gedanken an eine Niederlassung in Rottenburg auf.

Durch den Westfälischen Frieden von 1648 verlor der Orden dann aber u. a. seine Präfektur in Tübingen, die seit 1635 bestanden hatte. Der Provinzial verwies daraufhin seine drei Tübinger Mitbrüder nach Rottenburg. Wider Erwarten nahm man sie jetzt in der durch Krieg, Pest und Brandkatastrophe stark heruntergekommenen

Der hohenbergische Statthalter Dr. Johann Wagner
(um 1600/05–1656). Porträt um oder kurz nach 1650.

Stadt mit offenen Armen auf. Ihre erste Wohnung hatten sie für kurze Zeit im Wernauer Hof („Alte Welt") in der Oberen Gasse, dann wurde ihnen das Stadthaus der Koller v. Bochingen auf dem Ehinger Platz (1930 abgebrannt) als Wohnung zugewiesen.

Besonders Landeshauptmann Ferdinand Freiherr v. Hohenberg und sein Statthalter Dr. Johann Wagner engagierten sich tatkräftig dafür, dass der Unterhalt der Ordensleute in der Stadt gesichert war. Als erste Grundsicherung erhielt ihre Residenz (1650–1668) die Einkünfte der Sülchenkirche und die der Muttergotteskapelle in Hirschau sowie die während des Krieges ganz zerstörte Rottenburger Papiermühle. In der Folgezeit flossen ihnen durch Schenkungen und Stiftungen reiche Einkünfte zu, von den Bürgern der Stadt ebenso wie vom Adel der Umgebung; damit war der wirtschaftliche Rückhalt der Residenz gesichert. Nach einer späteren Berechnung waren zu Errichtung und Unterhalt von Kolleg und Gymnasium sowie zum Bau der Josefskirche insgesamt 101 666 Gulden gestiftet worden.

Hierzu ergänzend einige Hinweise auf Jesuitenbesitz in der näheren und weiteren Umgebung Rottenburgs: 1666 erwarb der Orden die Herrschaft Dotternhausen bei Balingen mit den Dörfern Dotternhausen und Roßwangen. Das Dorf Bühl wurde den Jesuiten 1675 verpfändet, 1744 konnten sie es kaufen. Mühle und Gültlehenhof in Niedernau, der ehemalige Hohenschilt'sche Lehenshof, kam zu Beginn des 18. Jahrhunderts zum Jesuitengut hinzu. Dagegen wurde die Rottenburger Papiermühle, die zwischenzeitlich instandgesetzt worden war, im Jahr 1673 wieder verkauft.

Als zentrales Seelsorgeinstrument errichteten die Jesuiten 1652 die Marianische Kongregation, die wegen großen Zulaufs bald in eine „Kongregation der Herren und Bürger" und in eine Kongregation für die Studenten ihrer bereits 1650 gegründeten Lateinschule aufgeteilt werden musste. Im Jahr 1654 erwarb der Orden den ehemaligen Kreuzlinger Hof beim Sülchertor und baute ihn für seine Zwecke um, 1658 konnten die Jesuiten das Gebäude beziehen. Das Haus

Hauptportal des Bischöflichen Palais' von 1658,
des ehemaligen Jesuitenkollegs.

der Freiherren v. Hohenberg, den früheren Bubenhofer Hof, erlangten sie 1661 aus dem Erbe von Baron Ferdinand v. Hohenberg. Daraufhin errichteten sie einen Verbindungsbau zwischen ehemaligem Kreuzlinger und ehemaligem Bubenhofer Hof; die Gesamtanlage war 1664 vollendet. Im Jahr 1668 wurde die bisherige Residenz zum Kolleg erhoben und 1723 konnte der Neubau der St. Josefskirche geweiht werden, mit deren Bau an der Oberen Gasse 1711 begonnen worden war.

Von besonderer Bedeutung war das Jahr 1653. Damals wurde die Wallfahrtskirche im Weggental den Jesuiten übergeben, mit der Verantwortung für die seelsorgerliche Betreuung der Wallfahrer und mit der Verwaltung der Einkünfte der Wallfahrt. Letzteres wurde 1672 rückgängig gemacht: Für die Verwaltung der Wallfahrtseinkünfte und deren Verwendung – eigenes Vermögen besaß das Weggental nicht – war nun wieder die Pfarrei St. Martin zusammen mit der Stadt zuständig. Die Auseinandersetzungen um wirtschaftliche Fragen beeinträchtigten den Seelsorgseifer der Jesuiten nicht. In kurzer Zeit brachten sie die Wallfahrt zu hoher Blüte; der starke Zustrom an Wallfahrern machte dann 1682/95 den Neubau der Wallfahrtskirche erforderlich, von dem schon die Rede war.

Auch in der Rottenburger Pfarrseelsorge wirkten die Jesuiten tatkräftig mit. Bereits seit 1649 leiteten sie die Kinderkatechese in St. Moriz, 1715 übernahmen sie diese auch in St. Martin. Seit 1735 predigten sie in der Martinskirche an allen Sonn- und Feiertagen.

Besonders segensreich wirkte sich die Tätigkeit der Jesuiten auf dem Gebiet des höheren Schulwesens der Stadt aus. Der Ausbau ihrer 1650 gegründeten Lateinschule zu einem Gymnasium war 1668 abgeschlossen; es umfasste sechs Klassen und je einen philosophischen und theologischen Kurs. Die altehrwürdige städtische Lateinschule diente fortan als eine Art Vorstufe für den Besuch des Gymnasiums. Letzteres, das auch über ein Internat verfügte, hatte von Anfang an Studenten aus der Stadt und aus der näheren und weiteren Umgebung, darunter sehr

Weggentaler Wallfahrtsbildchen mit Kirche und Gnadenbild. Kupferstich um 1720/30.

Rottenburg nach dem Stadtbrand von 1735. Federzeichnung des Schlesiers F. B. Werner (1690–1778) um 1740.

viele Adelige, u. a. aus den Familien v. Ow, v. Speth und v. Gemmingen; allein im Jahr 1675 traten vier Grafen v. Fürstenberg in das Rottenburger Jesuitengymnasium ein. Vom Schulalltag weiß man nicht viel, da in den Annalen des Kollegs nur von den Disputationen am Schluss des Schuljahrs und von der Aufführung von „Jahresendcomödien", meist in lateinischer Sprache, die Rede ist. Die Titel der Stücke von 1652, 1654, 1655, 1660 und 1665 sind überliefert, die letzte „Endskomödi" wurde 1763 aufgeführt. Erhalten gebliebene Beispiele belegen, dass auch im Rottenburger Gymnasium am Jahrgangsende die bei den anderen Jesuitenschulen üblichen, besonders schön gebundenen und reich vergoldeten Schulprämienbände an die Jahrgangsbesten verteilt wurden. Sehr häufig besuchte der Fürst von Hohenzollern-Hechingen, der den Jesuiten sehr zugetan war, zur Zeit der „Komödien"-Aufführungen das Jesuitenkolleg. Beim Jahresabschluss 1761 war sogar Herzog Carl Eugen von Württemberg unter den Gästen! Das Ansehen des Jesuitengymnasiums wuchs von Jahr zu Jahr, der Ordnung an der Schule und den Leistungen der Schüler wurde oft genug höchstes Lob gezollt. Seit den 1730er-Jahren wurde dann erkennbar, dass der Staat die Aufsicht über das Ordensgymnasium für sich beanspruchte; von 1764 an wurde zur Durchführung der obrigkeitlichen Vorgaben ein staatlicher Studienrektor bestellt, der das Gymnasium „allseitig überwachen" und Anzeige erstatten sollte, „wenn irgendwo die Jesuiten den Befehlen nicht nachkommen würden". Mit der Aufhebung des Jesuitenordens 1773 endete die Geschichte des Rottenburger Kollegs, aber auch die des Gymnasiums, für das die Stadt erst wieder 1960 (!) einen vollwertigen Ersatz bekam.

Die Schüler aus den vornehmen Familien des Umlandes, die entweder im Internat des Kollegs oder extern bei Bürgern der Stadt wohnten, gaben auf jeden Fall wirtschaftliche Impulse für Stadt und Bürgerschaft. In der Regel hatte das Gymnasium 80 bis 100 Schüler. Ihnen standen anfangs drei Patres gegenüber, 1668 waren es bereits neun und bei der Aufhebung des Kollegs 1773 werden 15 Patres, vier Magistri, sieben Brüder, also insgesamt 26 Personen genannt.

Die anfänglich so ablehnenden Rottenburger schlossen die Väter der Gesellschaft Jesu recht bald in ihr Herz. Bürger- und Beamtensöhne ließen sich in den Orden aufnehmen – einer davon, ein gelernter Kunstschreiner und Altarbauer, ging im Dienst des Ordens sogar bis nach

China in die dortige Jesuitenmission, ein anderer brachte es zweimal zum Provinzial der deutschen Ordensprovinz und gar zum Generalvikar des Gesamtordens und zu anderen hohen Stellen. Ihre Väter wurden Mitglieder in der Bruderschaft der Jesuiten im Weggental und in der Marianischen Kongregation und viele ihrer Söhne tauften sie schon im 17. Jahrhundert immer häufiger nach Heiligen aus dem Jesuitenorden: Ignaz, Franz Xaver, Franz Borgias, Aloisius u. a. wurden zu beliebten Vornamen bei den alteingesessenen Familien Rottenburgs. Dass in der zweiten Hälfte des 17. und im 18. Jahrhundert die Zahl der Theologiestudenten – und damit letztlich die der Welt- und Ordenspriester – aus Rottenburg stark anstieg, war zweifellos dem Wirken der Jesuiten, auch mit Hilfe ihres Gymnasiums, zuzuschreiben.

Licht und Schatten im Barock

Nach den Schrecken des Dreißigjährigen Krieges erlebte Rottenburg ein paar Jahrzehnte relativer Ruhe, die für den Wiederaufbau der 1644 völlig zerstörten Stadt genutzt wurden. Doch dann machten sich die europäischen Kriege jener Zeit, die Franzosenkriege vor 1700 und der spanische Erbfolgekrieg 1701/04, auch hierzuland bemerkbar, in Form von Einquartierungen und hohen Kontributionsforderungen. Die Wirtschaftskraft der Stadt ging immer mehr zurück, wegen der konfessionellen Abschottung, die den Wegfall großer Teile ihres natürlichen wirtschaftlichen Hinterlands zur Folge hatte, aber auch wegen des immer mehr zurückgehenden Weinbaus. So waren um 1724 die meisten der 150 damals auf den Bettel angewiesenen Familien Rottenburgs Weingärtnerfamilien!

Und um nur ja die Rottenburger nicht zu übermütig werden zu lassen, brannte im März 1735 ihre Stadt ein zweites Mal nieder, diesmal mit mindestens 433 Gebäuden. Menschenleben waren gottlob auch diesmal nicht zu beklagen; durchaus keine Selbstverständlichkeit, wenn man bedenkt, dass 1706 ein viel kleinerer Brand vier Todesopfer gefordert hatte.

Der Wiederaufbau in der Folgezeit schritt wesentlich zügiger voran als der nach 1644. Noch im Brandjahr wurde mit einem Vorarlberger Baumeister der Vertrag über den Wiederaufbau des Rathauses abgeschlossen. Der Neubau der Vierflügelanlage des Karmeliterklosters war 1737 unter Dach, der Innenausbau von Kirche und Konventsflügeln zog sich bis 1744 hin und 1747 konnte die Anlage neu geweiht werden. Der Pfleghof des Klosters Rohrhalden neben der unversehrt gebliebenen Jesuitenkirche war 1736 fertig, der Pfleghof des Klosters Kreuzlingen in der Königstraße 1740. Parallel vollzog sich der Wiederaufbau der Bürgerhäuser; das späteste Baudatum, das auf einer Hausmarke genannt ist, lautet auf 1752.

Der österreichische Erbfolgekrieg 1741/48 hatte kostspielige Einquartierungen im Gefolge; so lagerten z. B. 1744 einmal 12 000 Mann kaiserlicher Truppen im Sülcherfeld, die verpflegt, deren Pferde gefüttert sein wollten. Im selben Jahr hatte sich ein französischer General mit 700 Mann für mehrere Monate bei den Bürgern in der Stadt einquartiert und kassierte dabei ‚nebenbei' in Hohenberg 72 000 Gulden an Kontributionsgeldern. Die Grafschaft sei damals äußerst hart mitgenommen, Stadt und Land auf viele Jahre zu Grund gerichtet worden, schrieb ein Chronist.

Man sollte nun denken, dass angesichts all dieser Notsituationen den Rottenburgern die Lust am Feiern von Festen – und auch das Geld hierfür – gründlich abhanden gekommen wäre. Doch das Gegenteil ist der Fall. In den Berichten der Chronisten dominieren die Schilderungen von festlichen Ereignissen, profanen und kirchlichen. Es sieht ganz danach aus, als hätten sich die Rottenburger im Feiern großer und kleiner Feste aller Art Vergessen vor den Kalamitäten ihres alltäglichen Daseins gesucht, als sei ihre angeborene Festesfreude, die während der Wirren des 16. und des Elends in der ersten Hälfte des 17. Jahrhunderts lange Zeit hatte unterdrückt werden müssen, nun mit aller Macht wieder durchgebrochen; im folgenden Abschnitt wird davon berichtet.

Hausmarke des Schreiners und Altarbauers Balthasar II Brack von 1735. Früher Seminargasse, jetzt Schütte.

Das „hohenbergische Familiengemälde" von 1686 mit Porträts von Angehörigen der Familie der Freiherren v. Hohenberg. Aus dem Dom St. Martin, zurzeit noch irrtümlich in der Konviktskirche Ehingen/Don.

Feste im Barock

Um unseres Themas willen greifen wir nur die kirchlichen Feste heraus, wenn auch der kirchliche und weltliche Anteil an all diesen Festen nicht immer streng zu trennen ist. So war sicher das Eintreffen der ersten Jesuiten 1649 ein Fest für die ganze Stadt; auch schon der Beschluss von 1648, künftig am Jahrestag des Stadtbrands von 1644, dem 19. August, in beiden Pfarrkirchen eine Betstunde abzuhalten, ging die ganze Stadt an. Um 1820 wurde die Andacht dann nur noch in St. Martin gehalten. Die „Bürger-Rotten" hatten bereits 1646 und 1647 zum Gedenken an das Brandunglück ein fünfstündiges Gebet vor dem Allerheiligsten durchgeführt.

Geistliche und weltliche Obrigkeit beschlossen 1650 gemeinsam, in beiden Pfarrkirchen die Predigt nicht mehr während, sondern vor dem Hochamt abhalten zu lassen.

Ein Fest für die ganze Stadt war die Neuweihe der wiederhergestellten Pfarrkirche St. Martin und ihrer sieben Altäre im Jahr 1655, denn die Weihe nahm ein Rottenburger Bürgersohn vor, der Konstanzer Weihbischof Dr. Georg Sigismund Müller.

Den Grundstein zum Neubau der Wallfahrtskirche im Weggental legte 1682 Landeshauptmann Freiherr Dionys v. Rost im Namen und im Auftrag des kaiserlichen Erbprinzen Joseph, des späteren Kaisers Joseph I. Dem Landeshauptmann assistierte Stadtpfarrer Matthäus Edelmann von St. Martin als Bauherr. Im Jahr 1709 fand eine Bischöfliche Visitation in Rottenburg statt, durchgeführt von Weihbischof Konrad Ferdinand Geist v. Wildegg, der bei dieser Gelegenheit die barockisierte Stiftskirche St. Moriz konsekrierte. Ein großes Fest war auch die Grundsteinlegung für den Neubau der Jesuitenkirche im Jahr 1711. Im gleichen Jahr mussten in den beiden Pfarrkirchen feierliche Trauergottesdienste für den unerwartet verstorbenen Kaiser Joseph I. abgehalten werden.

Der hl. Mauritius. Augsburger Arbeit von 1727,
Meister Franz Anton Bettle, im Stiftsmuseum St. Moriz.

Eine weitere Generalvisitation fand im Jahr 1724 statt; Visitator war Weihbischof Johann Franz Anton v. Sirgenstein. Unter zahlreicher Beteiligung der Bürgerschaft weihte er Schlosskapelle, Jesuitenkirche und Klausenkirche, aber auch Altäre in der Stiftskirche, in St. Martin und in Sülchen. In den Jahren 1725, 1726 und 1728 starben die letzten Mitglieder der freiherrlichen Familie v. Hohenberg; sie wurden in der Gruft im Chor von St. Martin beigesetzt. Die Kapuziner begingen 1729 mit großer Feierlichkeit das Fest der Heiligsprechung ihres Ordensheiligen Fidelis von Sigmaringen.

Ein Jahr später war St. Moriz mit einem großen Fest an der Reihe. Acht Tage lang wurde 1730 das vierhundertjährige Jubiläum der Stiftsgründung gefeiert, gleichzeitig die Heiligsprechung des Prager Generalvikars Johannes Nepomuk, dessen Verehrung schon 1721 von den Kirchenoberen anerkannt worden war; in St. Moriz war schon 1715 ein Johann-Nepomuk-Altar aufgestellt worden. Der Heilige galt als Patron der Chorherren – er wurde stets in Chorherrentracht abgebildet. Im Vorfeld des Festes hatte Propst Christoph Edelmann in Augsburg das silberne, teilvergoldete Brustbild des Heiligen auf eigene Kosten anfertigen lassen. Am Fest von Stiftsjubiläum und Nepomuk-Kanonisation nahm buchstäblich die ganze Stadt Anteil, es war ohne Zweifel das größte Rottenburger Fest im 18. Jahrhundert.

Festlich ging es 1738 auch bei den Kapuzinern zu: Sie konnten an drei Tagen im Frühjahr die Kanonisationsfeste von vier Angehörigen ihres Ordens „mit den gewohnten Lobreden, Ämtern etc." abhalten. Hohen, aber nur sehr kurzen Besuch bekam die Stadt im Jahr 1741: Kardinal Damian Hugo v. Schönborn, Fürstbischof von Konstanz und Speyer, der Erbauer des Schlosses in Bruchsal, traf auf der Durchreise hier ein. Am Stadteingang wurde er von den Klerikern des Stifts empfangen, dann nahm er in St. Martin an einer hl. Messe teil, nahm im „Hirsch" auf dem Marktplatz Quartier und nahm „die gebührende Aufwartung" von Klerus, Oberamtsbeamten und Magistrat entgegen; am Abend reiste der hohe Herr weiter.

Als Kaiser Karl VI. im Jahr 1740 starb, wurden in St. Martin und in St. Moriz drei Tage lang Trauerfeiern mit Trauerreden, figurierten Seelämtern und vielen Seelmessen abgehalten. Sechs Wochen lang läuteten die Glocken der Stadt zum Zeichen der Trauer. Im Chor der St. Martinskirche wurde „ein zierliches Katafalk oder Castrum doloris, mit mehreren hundert Lichtern und Ampeln beleuchtet," aufgebaut. Und es gab vor jedem Trauergottesdienst in St. Martin einen Trauerzug „unter Anführung von vier Fackelknaben mit den erbländischen Wappen von Rathhaus in die Kirche und von da nach dem Rathhaus zurück". Hier klingt etwas an von dem imperialen Totenkult, von der „schönen Leich", die in Altösterreich so eindrucksvoll zelebriert werden konnte. Etwas davon spiegelte sich stets auch im entlegenen ‚Außenposten' des Habsburgerreiches in Rottenburg.

Noch ein zweites Ereignis melden die Chronisten für 1740, nämlich eine Missionspredigt der Jesuiten in der Stadt, „ungeachtet des Widerstrebens des gesamten Klerus", der wohl eine Schmälerung seiner Kompetenzen fürchtete.

Ein feierliches Dankfest für die Befreiung Prags von einer französischen Besatzung ordnete die Regierung in Innsbruck 1743 an. „Das Fest wurde mit aller Feierlichkeit gehalten, und abends (wurde) bei den PP. Kapuzinern ein schönes Feuerwerk mit in Flammen stralendem Namen M.T., Maria Theresia, von dem geschickten Feuerwerker P. Pacificus, Kapuziner, gegeben." Weitere Dankfeste, zu denen jeweils ein feierliches Hochamt in der St. Martinskirche gehörte, aus Anlass von Siegen der kaiserlichen Armeen wurden 1743 noch dreimal abgehalten. Aber es mussten auch eine Woche lang Betstunden wegen einer in der Umgebung Rottenburgs grassierenden Viehseuche stattfinden.

Weil 1745 Prinz Franz Stephan von Lothringen, Gemahl der Kaiserin Maria Theresia, zum Römischen Kaiser gewählt wurde, fand auch in Rottenburgs Kirchen ein feierliches Dankfest statt. Zwei Jahre später, 1747, war wieder Bischöfliche Visitation; bei dieser Gelegenheit konnten von Weihbischof Franz Karl Joseph Fugger v. Kirchberg neu geweiht werden: die

Karmeliterkirche mit ihren acht Altären, die Spitalkapelle, die Hauskapelle im heutigen Jeckel'schen Haus am Marktplatz – diese Gotteshäuser waren beim Stadtbrand von 1735 zerstört bzw. stark beschädigt worden –, aber auch die Gruft der Kapuziner in Ehingen.

Dreitägige Trauerfeierlichkeiten aus Anlass des Todes von Kaiserin Elisabeth, der Witwe von Kaiser Karl VI., fanden 1751 statt. Im gleichen Jahr: „Ein 50jähriges Jubiläum wurde in der Fasten mit den vorgeschriebenen Prozessionen und Andachten gehalten." – Gemeint waren wohl die Feierlichkeiten aus Anlass eines Heiligen Jahres o. ä.

Die „Kongregation der Herren und Bürger", d. h. die Marianische Kongregation der Jesuiten, feierte 1752 ihr hundertjähriges Jubiläum. Das erste Hochamt und die Prozession am Festtag hielt der im Vorjahr neu gewählte Abt des Augustinerchorherrenstifts Beuron, Abt Rudolf II. Reichel, ein gebürtiger Rottenburger. Im Jahr 1705 ließ die Kongregation bei einem Augsburger Goldschmied ein großes silbernes Altarkreuz anfertigen, das seit 1773 in der Stadtkirche von Hechingen aufbewahrt wird. Bei den Gebrüdern Klauber in Augsburg, wohl den besten Kupferstechern ihrer Zeit, gab die Kongregation ein in Kupfer gestochenes, überaus prächtiges großformatiges Bruderschaftsbild mit einer Darstellung der Stadt Rottenburg, ihrer Schutzheiligen und der Patrone der Kongregation in Auftrag.

Als Isabella von Parma, erste Gemahlin Kaiser Josephs II., 1764 starb, wurde in der St. Martinskirche ein feierlicher Trauergottesdienst abgehalten, an dem wie bei allen derartigen Anlässen die hohenbergischen und die städtischen Beamten, aber auch Rat und Bürgerschaft teilnahmen.

Oben war erwähnt worden, dass die Mutterkirche Sülchen seit dem Bau der zweiten Liebfrauenkapelle um 1280 und erst recht seit dem Bau der Marktkirche ab 1424 nur noch Pfarrkirche für einige Dörfer der Umgebung war und dass der Pfarrer für diese Gemeinden kirchenrechtlich ein dem Stadtpfarrer der St. Martinskirche in Rottenburg unterstellter Kaplan war. Im Jahr 1762 gab es plötzlich Streit zwischen Stadtpfarrer Dr. Franz Ignaz Knecht und seinem bereits seit 1720 (!) in Sülchen tätigen Kaplan, der plötzlich die Idee hatte, als „Pfarrer" in Sülchen ranghöher zu sein als sein Chef. Das K.K. Oberamt musste nun unter Berufung auf einen Vertrag von 1518 von Amts wegen feststellen, dass der Sülchenkaplan rechtlich kein Pfarrer, sondern „ein Capellanus in Subsidium Curatus in der Statt Pfarrey ad St. Martin dahier seye". Als „simpler Capellanus" habe er sich in „hergebrachter Subordination" seinem Pfarrrektor unterzuordnen und sich aller vorgebrachten unstatthaften Ansichten zu enthalten!

Aufklärung und Josephinismus

P. Franz Kreutter, Benediktiner des Reichsstifts St. Blasien im Schwarzwald, schrieb 1790 in seiner „Geschichte der K.K. Vorderösterreichischen Staaten" über die Grafschaft Hohenberg, das Land sei „von der Güte Gottes sehr gesegnet". Allerdings: „Den Wein, der in der untern Grafschaft (d. h. auch in Rottenburg. Anm. d. Verf.) wächset, will zwar niemand loben." Dann aber: „Alle Gattungen der Feldfrüchte, besonders die Gerste, wird hier in Menge gesucht (gemeint ist: erzeugt) und (v)erkauft."

Rottenburg nun, der Hauptort Hohenbergs, hatte einst bessere Tage gesehen, das zeigen die Akten des Hohenbergischen Archivs in einem bedrückenden Bild: Die Stadt ein ärmliches Nest mit zerfallenen Mauern, dessen wenig zahlreiche Bewohnerschaft sich, ohne nennenswerte gewerbliche Betriebsamkeit, zumeist durch Acker- und Weinbau schlecht und recht fortbrachte. Die kümmerliche Enge ihres Daseins konnte nicht den Hochmut der Magistratspersonen verhindern und auch nicht erbitterte Kämpfe einzelner Vetternschaften um die Vorherrschaft im Rat. Alles in allem hatte diese räumliche und geistige Enge Apathie und ängstliche Abneigung gegen jede neue Idee, gegen jeden freieren Luftzug von außen, gegen jede Änderung des Althergebrachten zur Folge.

Ehemaliges Altarbild des Marienaltars in St. Moriz; ein Werk des Saulgauer Malers Caspar Fuchs, um 1722–25. Jetzt in der Klausenkirche.

In dieser verfahrenen, scheinbar hoffnungslosen Situation sahen es einige weitblickende Männer als ihre Aufgabe an, das Licht der Aufklärung auch nach Rottenburg zu bringen.

Das Licht der Aufklärung – was verstand man in der zweiten Hälfte des 18. Jahrhunderts darunter? Der Philosoph Immanuel Kant (1724–1804) beantwortete diese Frage so: „Aufklärung ist der Ausgang des Menschen aus seiner selbst verschuldeten Unmündigkeit. Unmündigkeit ist das Unvermögen, sich seines Verstandes ohne Leitung eines Anderen zu bedienen. ... Habe Mut, dich deines eigenen Verstandes zu bedienen! ist also der Wahlspruch der Aufklärung."

Aufklärung im Sinn des 18. Jahrhunderts kam von oben. Vor Ort, also beispielsweise in Rottenburg, äußerte sie sich durch praktisches Handeln, durch Beispielgeben. Die ‚weltliche' Seite der Aufklärung verkörperte Landeshauptmann Franz Anton v. Blanc, der als „Mann von ausgebreitetem Wissen und großer Klugheit und Tatkraft" von seinen Zeitgenossen gerühmt wurde.

Auf ihn geht u. a. die Teilregulierung des Neckars unterhalb Rottenburgs zurück, mit der die jährlichen Überschwemmungen der Talaue beseitigt wurden und rund „500 Morgen (= ca. 16 500 Ar) sonst öde gelegenes Feld" als Anbaufläche hinzugewonnen werden konnte.

Planks ‚geistliches' Pendant war Stadtpfarrer Dr. Franz Ignaz Knecht (1713 Freiburg – 1788 Rottenburg) von St. Martin. Über seine seelsorgerliche Tätigkeit ist nicht allzu viel bekannt; aus dem Wenigen lässt sich aber folgern, dass er kein Anhänger der oft sehr kirchenkritischen ‚kirchlichen' Aufklärung war. Nach seinem Amtsantritt am Jahresbeginn 1761 stellte er die Disziplin unter seinen Kaplänen wieder her, die unter seinem Vorgänger gelitten hatte, renovierte die Sülchenkirche, ließ notwendige Instandsetzungen im Weggental ausführen, nahm Stiftungen für die Rosenkranzbruderschaft entgegen, 1764 aber auch ein Reliquiar mit einer sogenannten ‚Nepomukszunge', d. h. der wächsernen Nachbildung der echten, unversehrt in Prag aufbewahrten Zunge des hl. Johannes Nepomuk. Ergänzend dazu stiftete 1765 ein bürgerliches Ehepaar aus der Stadt eine Nepomukandacht in St. Martin – Zentrum der Rottenburger Nepomukverehrung war im Übrigen das Stift St. Moriz.

Von der sonst bei den Aufklärern zu beobachtenden Distanz zu derartigen Äußerungen der Volksfrömmigkeit ist hier nichts zu spüren, Knecht berichtet in seinen Aufzeichnungen ohne jeden kritischen Unterton darüber. Dass er aber ein Aufklärer im besten Sinn des Wortes war, auf einem Gebiet, das mit seinem Beruf als Seelsorger nur bedingt in Verbindung zu bringen ist, zeigt folgende Charakteristik: „... der würdige Mann und große Wohltäter seiner Gemeinde, auch gegen ihren Willen, der Beförderer des Anbaus der Grundbirnen ... so wie bei der Anbauung des Klees, Beförderer der Stallfütterung, Verbesserer des Weinbaus durch Lager auf trockenen Mauern, und sonst in seiner Seelsorge getreu und eifrig, des Aberglaubens Feind, Freund vernünftiger Verbesserung ..." Diese Würdigung stammt von Knechts Amtsnachfolger, Stadtpfarrer Dr. Ludwig Anton Haßler (1755–1825), einem gebürtigen Wiener, der so in seiner Rottenburger Chronik von 1819 an seinen Vorgänger erinnerte.

Geblieben ist von dieser Seite des Aufklärers Knecht eine 187-seitige Schrift mit dem Titel „Vollständige Abhandlung von der zuverlässigsten Vermehrung der Futterkräuter, zur Verbesserung der Landwirtschaft, nach den neuesten Beobachtungen und eigener Erfahrung beschrieben von Franz Ignatius Knecht, D. der Gottesgel.(ehrtheit), Chor- und Pfarr Rectorn zu Rottenburg am Neckar" aus dem Jahr 1780.

Auch dem Weinbau und seiner Verbesserung galt Knechts tatkräftiges Interesse. Er legte sich einen Versuchsweinberg von 1 Morgen (= 33 Ar) Größe an und beschrieb die Erfahrungen mit seiner Methode 1778 in einer Broschüre „Anweisung mit unbewurzelten und ungestützten Reben oder Schnittlingen einen Weinberg wohlfeil anzulegen und ihn schon im dritten Jahr zu einem ergiebigen Ertrag zu bringen ...".

In die Amtszeit Knechts und seines Nachfolgers Haßler fielen einschneidende Ereignisse, die den Rottenburger Alltag der letzten Jahrzehnte vor der Wende vom 18. zum 19. Jahrhundert entscheidend prägten. Es begann mit der Aufhebung des Jesuitenordens durch Papst Clemens XIV. im Jahr 1773. Am 29. November jenes Jahres traf eine siebenköpfige, aus Vertretern der Regierung und des Konstanzer Ordinariats bestehende Kommission hier ein, hob das Kolleg auf, inventarisierte sämtliche Vermögenswerte, die sich auf insgesamt 366 896 Gulden 18 Kreuzer beliefen, und verfügte, dass die Ordensgeistlichen, die das Kolleg seinerzeit umfasste, ab dem 1. Dezember nur noch in Weltpriesterkleidung auftreten dürften.

Damit hörte auch das Jesuitengymnasium zu bestehen auf. „Durch diesen Fall der Jesuiten gienge auch dahier das Studium gewaltig ein, die obere Schule (d. h. das Gymnasium) wurde durch die weltliche Stelle (d. h. die vorderösterreichische Regierung in Freiburg) gänzlich abgethan", so Knecht. Rottenburg bekam erst wieder 1828 eine „höhere lateinische Lehranstalt", das spätere Progymnasium, das 1960 zu einer Vollanstalt, einem Gymnasium, ausgebaut wurde.

Die Obere Klause St. Anna. Federzeichnung von ca. 1712/14.

Die pensionierten Patres wurden teils auf andere Professuren, teils in die Pfarrseelsorge versetzt, sofern sie noch tauglich waren. Die Klosterkirche wurde wegen angeblicher Baufälligkeit von 1789 an allmählich ausgeräumt und in den 1790er-Jahren schließlich abgebrochen.

Die Kolleggebäude dienten bis 1806 als Sitz der K. K. Oberamtsverwaltung; die reichhaltige Bibliothek der Jesuiten wurde großenteils in die Universitätsbibliothek Freiburg überführt.

Zwei Jahre vor der Aufhebung des Ordens lieferte Landvogt Baron v. Zweyer im Regierungsauftrag eine Momentaufnahme aller Rottenburger Klöster. Sie macht ein letztes Mal das Wirken des Ordens in Rottenburg deutlich: Ein Pater versah abwechslungsweise mit den Kapuzinern die Kanzel in der Pfarrkirche, während an den „Monatssonntagen" und Festtagen der Stadtpfarrer predigte. Die Jesuiten, die auch die Wallfahrt im Weggental seelsorgerlich betreuten,

„haben einen schönen Gottesdienst in ihrer Kirche", sie gaben die Christenlehre für die reifere Jugend in der Pfarrkirche und für die Jugend beiderlei Geschlechts in ihrer Kirche. Für Krankenbesuche in der Stadt hatten sie einen eigenen Priester angestellt. Ihre Beichtstühle waren von den Stadt- und Landbewohnern sehr besucht. Die Jesuiten seien für die Religion sehr nützlich, zahlen dem Landesfürsten hohe Steuern und lassen den Handwerksmann verdienen, setzte Zweyer ergänzend hinzu. Das Kolleg hatte damals jährliche Einkünfte in Höhe von 8 250 Gulden! Das war 1771; 1773 kam das Ende.

Die Reformen Kaiser Josephs II. auf kirchlichem Gebiet machten sich in Rottenburg vor allem durch die Aufhebung des seit dem 14. Jahrhundert bestehenden Franziskanerinnenklosters St. Anna bei der ehemaligen Pfarrkirche St. Remigius bemerkbar. Im Jahr 1779 wurde der Horber Franziskanerinnenkonvent in die Obere Klause versetzt, deren nach oberamtlicher Einschätzung „sittlich verfallene" Insassinnen dadurch gebessert werden sollten. Der erhoffte Erfolg blieb aus; 1782 wurde das Kloster nach skandalösen Vorkommnissen ganz aufgehoben.

Die Nonnen, es waren durch den Horber Konvent mittlerweile 19 geworden, ließen sich pensionieren; von der Möglichkeit, in eines der „Absterbeklöster" Unlingen oder Gorheim zu gehen, wurde kein Gebrauch gemacht. Die Klostergebäude wurden von Rottenburger Bürgern erworben; es entstand darin u. a. eine viel besuchte Wirtschaft mit Brauerei.

Der Vollständigkeit halber sei noch hinzugefügt, dass 1786 auch das Paulinerkloster Rohrhalden im Rammert bei Kiebingen mit elf Mönchen aufgehoben wurde. Seine Gebäude, die an Private verkauft wurden, waren 1821 bereits restlos abgebrochen. Das Kloster besaß einen Pfleghof in Rottenburg (s. u.).

Das ausgehende 18. Jahrhundert war überhaupt eine Zeit geplanter und teilweise vollzogener Abbrüche von Kirchen und Kapellen. So sollte z. B. 1793 die Wallfahrtskirche im Weggental auf oberamtlichen Wunsch abgebrochen werden, was aber von der Stadt entschieden abgelehnt wurde. Stattdessen traf es ein anderes, kleineres Gotteshaus. Die Heiligkreuzkapelle vor dem Sülchertor, im 14. Jahrhundert von der Schuhmacherzunft gestiftet und 1380 erstmals aktenkundig, wurde 1779 wegen Baufälligkeit geschlossen. Ihr bescheidenes Inventar wurde 1798 versteigert. Die Kapelle wurde dann aber zunächst noch nicht abgebrochen, sondern in ein Haus umgebaut, das seinerseits erst 1840 beseitigt wurde und mit ihm das, was von der Kapelle noch übrig war.

An der Straße von Rottenburg nach Weiler stand an der Markungsgrenze auf Weiler Markung die 1338 gestiftete St. Jodokskapelle, in der auch der Bauernheilige und Viehpatron St. Wendelin stark

Der heutige Eugen-Bolz-Platz um 1900. An der Stelle des hohen Gebäudes in der Bildmitte, dem früheren Gasthaus „Laube", stand in der Straßengabelung die Heiligkreuzkapelle.

verehrt wurde. Diese Kapelle, das sei hier vorweggenommen, wurde 1809 abgebrochen.

Schon um 1782 geisterte ein anderer Abbruchplan durch die Rottenburger Kanzleien. Die Regierung schlug nämlich vor, die Stadtpfarrkirche St. Martin abzubrechen – als Pfarrkirche war die zu erweiternde Jesuitenkirche St. Josef vorgesehen. Dem nach dem Abbruch „auf dem Marktplatz allein noch stehen bleibenden von gotischer Arbeit sehr schön aufgebauten Turme müßte an dem Fuß durch die Baukunst eine besonders geschickte Verzierung angebracht werden, um dem Markt dasjenige Ansehen zu geben, welches die durch diesen erweiterten Marktplatz eine herrliche Aussicht erhaltende Stadt Rottenburg verdient" – ein Plan, der in der Schublade blieb, weil man stattdessen, wie erwähnt, die Jesuitenkirche abbrach.

Im selben Jahr 1782 gab es einen weiteren Plan der Regierung, der wie eine gedankliche Vorwegnahme dessen anmutet, was dann 1817 tatsächlich vollzogen wurde: Es wurde nämlich erwogen, in Rottenburg ein hohenbergisches oder, wenn der Kaiser die Pensionen der Ex-Jesuiten für diesen Zweck freigeben würde, gar ein gesamt-vorderösterreichisches Priesterhaus, d. h. ein Priesterseminar, zu errichten, dem die Ausbildung von Priesteramtskandidaten, natürlich ganz im josephinisch-staatskirchlichen Sinn, übertragen worden wäre. Auch dieses Projekt wurde nicht realisiert. Man sieht aber, was alles in das Blickfeld der K. K. Beamtenschaft geraten konnte! Dafür ein zweites Beispiel: Im Jahr 1784 wurde in beiden Pfarrkirchen eine neue Messordnung publiziert und es wurde befohlen, die angekleideten Heiligenfiguren auszukleiden und sie statt ihres „oft unanständigen Prunkes" bescheiden zu fassen. So besaß z. B. das Weggental noch 1771 zahlreiche kostbare „Mutter-Gottes-Röcklen" zur Bekleidung des Gnadenbilds, die der Wallfahrtsseelsorger verwahrte.

Von der Aufhebung der zahlreichen religiösen Bruderschaften Rottenburgs in den 1770er- und 1780er-Jahren wird im Kapitel über diese Bruderschaften die Rede sein.

Mitten in dieser kirchenpolitisch so bewegten Zeit wurde Rottenburg erneut von einem großen

Der Bildstock mit dem Gnadenbild hinter dem Aufbau des Hochaltars im Weggental, aufgenommen Ende 1990.

Brandunglück heimgesucht; diesmal traf es den Stadtteil Ehingen rechts des Neckars. Im September 1786 brannten hier 125 Häuser und Scheuern östlich von Ehinger Platz und Morizplatz ab. Darunter waren auch mehrere Gebäude des Stifts wie Propstei, Präsenzhaus, Pfarrhaus, Stiftskelter, Stiftsscheuer u. a. An ein Wunder grenzte es, dass die Stiftskirche unversehrt blieb. Ein zeitgenössischer Bericht schildert das Elend der betroffenen 186 Familien, meist Weingärtner, Kleinhandwerker und Landwirte, die Hab und Gut, samt dem kompletten Ernteertrag, verloren hatten. Stadt und Landesherrschaft halfen den Geschädigten mit Bauholz und Saatfrüchten.

Im Februar 1790 starb Kaiser Joseph II., der geistige Vater der Reformen, die mit seinem Namen als Josephinismus in die Geschichte eingingen. Die Regierung ordnete Trauerfeierlichkeiten an, die in Rottenburg mit Trauergeläut und feierlichen Exequien in der Karwoche stattfanden. In der St.-Martins-Pfarrkirche wurde ein Katafalk errichtet mit „vier Pyramiden, passenden Vorstellungen (d. h. allegorischen Darstellungen) und Inschriften". Die Trauerrede und das erste Seelamt hielt Stadtpfarrer Dr. Haßler, das zweite Seelamt Stiftspropst Johann Michael Daub, das dritte der Prior des Karmeliterklosters. Alles sei in tiefer und wahrer Trauer gewesen, „wenigstens der denkende Theil" der Bevölkerung, schränkte der Chronist Haßler seinen Bericht ein. Josephs Nachfolger Leopold II. gab zu erkennen, dass er nicht gesonnen sei, „den gemeinen Mann in seinen alten wohlhergebrachten Andachtsübungen zu stören"; er nahm viele Reformen seines Vorgängers zurück, um die erregten Gemüter seiner Untertanen zu beruhigen. Die aufgehobenen Klöster und Bruderschaften wurden jedoch nicht wiederhergestellt, ihr Vermögen nicht zurückerstattet. Nach Leopolds Wahl zum Kaiser fand in Rottenburg das übliche kirchliche Dankfest statt, wie übrigens auch am Namenstag des Kaisers.

Anfang März 1792 starb Kaiser Leopold II. nach nur zweijähriger Regierung, im Mai starb auch seine Gemahlin. Beides Mal wurden die feierlichen Exsequien in derselben Form gehalten wie beim Tod Josephs II. Den Trauerfeierlichkeiten schloss sich bald ein feierliches Dankfest an: Im August feierte Rottenburg die Krönung von Leopolds Sohn Franz II. zum Römischen Kaiser. Dass es das letzte in der jahrhundertelangen Reihe solcher Feste sein würde, mögen damals wohl nur die wenigsten Rottenburger geahnt haben.

Mit dem Sturm auf das Pariser Staatsgefängnis, die Bastille, hatte 1789 nicht nur die Französische Revolution, sondern auch ein neues Zeitalter begonnen. Schon im September 1789 reagierte das Konstanzer Ordinariat mit einem Reskript auf die „einreißenden Volksunruhen" und auch die K. K. Regierung erließ dazu ein scharfes Dekret, in dem die Seelsorger (!) für solche Unruhen verantwortlich gemacht wurden. In Rottenburg wurde eine Zensurbehörde eingerichtet, die gegen eingeschleuste „gefährliche Zeitungen und Druckschriften" vorgehen sollte, die auch schon im Hohenbergischen umliefen und das Gedankengut der Revolution verbreiteten.

Emigrantenzeit

Die Revolution kam dann aber trotzdem nach Rottenburg, jedoch nicht mit Guillotine und Jakobinermütze, sondern mit seidenem Frack und Spitzenjabot, mit gepuderter Perücke und Degen. Nicht die Kämpfer für Freiheit, Gleichheit, Brüderlichkeit machten die Stadt unsicher, sondern die vor ihnen aus der Heimat geflüchteten Adeligen, ihr Gefolge und ihre Truppen – Letztere waren größtenteils in den niederhohenbergischen Dörfern der Umgebung einquartiert. Die ersten unerwarteten Gäste trafen Ende November 1792 in Rottenburg ein, wo sie ihr Winterquartier aufschlugen. Angekündigt waren 550 Mann mit 300 Pferden – nach wenigen Tagen befanden sich bereits 1100 Mann und 500 Pferde in der Stadt, die alle untergebracht und verpflegt sein wollten. Es handelte sich um die Legion des im Vorjahr in Freiburg verstorbenen Grafen Mirabeau: Grenadiere, Jäger, Husaren, Ulanen, Kanoniere, dazu Freiwillige zu Fuß und zu Pferd. Während die Mannschaften in den Häusern der Bürger einquartiert wurden, waren im Karmeliterkloster Offiziere samt ihrem „Feldpater" untergebracht, die Kapuziner hatten einen Feldgeistlichen aufzunehmen und beim Pfarrer von St. Martin waren sechs Pferde untergestellt. Ihr Lazarett hatten sie in den Gebäuden der aufgehobenen Franziskanerinnenklause St. Anna; von den dort untergebrachten 128 Kranken starben 12.

Der ganze Trupp stand unter dem Kommando des Generals Vicomte de Viomenil, einem alten Haudegen, der 1770 in Polen gekämpft hatte, zehn Jahre später mit der französischen Hilfsarmee in Nordamerika gegen die Engländer, und der zuletzt Kommandeur der französischen Karibikinsel Martinique gewesen war.

Nach dem Urteil von Stadtpfarrer Haßler führten sich die Gäste im Ganzen gut und ruhig auf; dass es nur wenige, hauptsächlich auf sprachlichen Missverständnissen beruhende Zwischenfälle gab, war nicht zuletzt Haßlers guten Kontakten zu den französischen Offizieren zuzuschreiben, deren Sprache er als Übersetzer der Werke Chateaubriands natürlich verstand und wohl auch fließend sprach. Er war sogar an die „mit vielen Gästen versehene Tafel des Herrn Generalen geladen, woselbst noch starke Spuren der alten Herrlichkeit zu erblicken waren". Allerdings: „Was eine viermonatliche Anwesenheit von Tausend jungen ledigen nicht ungebildeten Franzosen hier für eine Revolution in den Sitten verursacht haben möge, läßt sich leicht begreifen." Haßler merkt jedoch auch an, dass es unter ihnen „viele sehr verehrungswürdige Unglückliche gab, die ein besseres Schicksal verdienten". Im Umgang mit ihren französischen Gästen erfuhren bald auch die Rottenburger die Richtigkeit des Sprichworts „Andere Länder, andere Sitten". Ein paar Beispiele, sofern sie das kirchliche Leben betreffen, mögen dies illustrieren. Stadtpfarrer Dr. Haßler hat sie in seiner Rottenburger Chronik für die Nachwelt aufbewahrt.

Am 4. Dezember 1792 feierten „die hiesigen französischen Kanoniers" das Fest ihrer Patronin, der heiligen Barbara. Sie ließen sich von einem ihrer Priester in St. Martin eine stille hl. Messe lesen und verteilten danach auf schönen Platten große Stücke mürben Kranzbrots an die anwesenden Frauen, „giengen nach ihrer Sitte die Kirchgänge auf und ab, wobei ich (Haßler) mir nur die Altäre, Beichtstühle und Kanzel feierlich verwahrte".

Nach der Hinrichtung ihres Königs Ludwig XVI. im Januar 1793 waren die Franzosen „in die äusserste Bestürzung versunken". Unter Teilnahme der hiesigen geistlichen und weltlichen Obrigkeiten hielten sie in tiefster Trauer und in feierlicher Form die Exsequien für ihren ermordeten König; „alle hiesigen Honoratioren erschienen schwarzgekleidet mit Degen". Das Seelamt hielt ihr „Grand'Aumonier Mr. l'Abbé Susanne de Montmaure". Während einer kurzen Ansprache von General Viomenil ließ man den Sohn des getöteten Königs unter dem Namen Ludwig XVII. als neuen König hochleben. „Ein bis vor die Stadt an den Neckar hörbarer Schrei ‚Vive le roi!' war die Huldigung." Vor ihrem Abzug gegen Ende März hielten sie am 11. März noch einen feierlichen Dankgottesdienst in St. Martin.

Insgesamt zog aus Stadt und Umgebung das gesamte Condé'sche Corps ab, 5 300 Mann und 3 500 Pferde. Nur Priester, einige Offiziere und Damen blieben einstweilen in der Stadt zurück. „Die dabei unvermeidliche Störung der Andacht in der Charwoche, und die geringe Anzahl der Theilnehmer läßt sich daraus erklären und auch zum Theil entschuldigen."

Doch schon am Karsamstag, dem 30. März, traf der Prinz v. Condé in Rottenburg ein, begleitet von seinem Sohn, dem Duc de Bourbon, und seinem Enkel, dem Duc d'Enghien, und einem Gefolge von 52 Personen. Ihnen folgten 200 Adelige und hohe Militärs. Für den feierlichen Gottesdienst am Ostersonntag wurde den drei Aristokraten ein Platz in den vorderen Chorstühlen bereitet. Als Haßler eben seine Predigt – wie üblich vor dem Gottesdienst – beenden wollte, „öffneten sich die Flügel der großen Kirchthüre vor dem Markt. Der Tambour die Trommel rührend trat mit der Schweizergarde voraus, die Prinzen folgten mit ihrem Stab und allem Gefolge". Tags darauf zog die ganze Truppe nach einer stillen hl. Messe weiter in ihr Hauptquartier in Heilbronn.

Ein großes Dankfest für den Sieg der Österreicher und ihrer Verbündeten vor den Festungen Condé und Valenciennes und wegen der Befreiung von Stadt und Festung Mainz von den Revolutionstruppen wurde im August in St. Martin abgehalten. „Nach einer passenden Predigt des Stadtpfarrers hielt der hier anwesende Herr Graf v. Schenk, ausgewanderter Domherr von Mainz", das feierliche Hochamt. Im „Hirsch" auf dem Marktplatz (Haus Nr. 19) war anschließend für 30 Personen festliche Tafel. Auf den Abend lud Landvogt Freiherr v. Bentzel-Sternau zu einem Souper in seinen Dienstsitz, das ehemalige Jesuitenkolleg. Als Gäste werden genannt die Gräfinnen v. Waldburg-Zeil-Wurzach und Hohenzollern-Hechingen, die freiherrlich v. Raßler'sche Familie, mehrere Professoren aus Tübingen und alle Honoratioren der Stadt. Zum Abschluss fand dann noch ein Ball auf dem Rathaus statt.

Im April des Jahres 1793 wurde von Seite Österreichs, das die Hauptlast des Kriegs gegen die französischen Revolutionstruppen, die hierzuland „Patrioten" genannt wurden, zu tragen hatte, zu freiwilligen Spenden aufgerufen. Hierzu kamen Geldspenden von zahlreichen Geistlichen der Stadt. Stadtpfarrer Dr. Haßler aber veranlasste, dass die St. Martinspfarrei mit Zustimmung des Magistrats „entbehrliches silbernes Kirchengeräthe" spendete. Darunter befanden sich u. a. vier silberne Leuchter, die Stadtpfarrer Mier wohl nach dem Stadtbrand von 1644 für den Hochaltar von St. Martin gestiftet hatte, ferner ein aus der abgebrochenen Jesuitenkirche stammendes Ciborium und anderes Silbergerät im Gesamtwert von 648 Gulden. Das Stift St. Moriz gab an, keine entbehrlichen Gegenstände zu besitzen, da alles für den Gottesdienst des Stiftsklerus benötigt werde – durch einen Diebstahl hatte St. Moriz 1660 neun Kelche, zwei Ciborien und mehrere andere Silbergegenstände verloren, die angesichts der Armut des Stifts nie mehr vollständig ersetzt werden konnten. Propst Franz Anton Bolz führte als weitere Begründung an: „um dem aufrührerischen Murren unserer Pfarrkinder vorzubeugen..." Die 1793 von verschiedenen Seiten gespendeten Gaben aber wurden in der vorderösterreichischen Münzstätte Günzburg eingeschmolzen.

Ende Januar 1794 trafen die Condéer erneut in der Stadt ein, über 1000 Personen, und blieben bis Mitte Mai. „Hier sammelte sich für diesen Winter, man kann sagen, die Blume des alten französischen Adels. In den Abendgesellschaften funkelten und blitzten die Diamanten an den Fingern der Herren ... und am Kopfputz der Damen." Unter den Gästen befanden sich u. a. die Bischöfe von Châlons-sur-Marne und Saint-Dié.

Die Feier des päpstlichen Jubelablasses im April 1795 wurde zum Fest. Als Augenzeuge und Hauptakteur berichtete Stadtpfarrer Haßler: „Das Condeische Offizierskorps nahm mit Eifer und Anstand Theil daran. Aus der Stadtpfarrkirche wurde jedesmal die Prozession über den Markt gegen das Silcherthor in einer langen Ellipse, unter Glockengeläute, gesungener Litanei, und dem Gebethe der ganzen Gemeinde intradiert, und vom Thor wieder über den Markt zurück in die Kirche geführt. Die Stadtpfarrgeistlichkeit und der oberste Feldaumonier des Prinzen in Chorrock und Soutane, der aber dem Stadtpfarrer das Amt und den Rang ließ, nebst hiesigem Magistrat und Burgerschaft nahmen öffentlichen Antheil daran. Das Stift, die Klöster, und die Gemeinde Ehingen genügten sich, den Ablaß in der Stille zu gewinnen."

Im Mai 1795 verließen die Emigranten endgültig Grafschaft und Stadt. Zurück blieben einige Priester, die durch Messgelder aus den Einkünften des Weggentals und durch monatliche Kollekten ihren Lebensunterhalt bekamen. Einige blieben in Rottenburg und starben hier – ihre Grabsteine waren in den 1920er-Jahren noch in Sülchen vorhanden –, die anderen zogen nach und nach ab.

Damit endete eine kurze, aber bewegte Periode der Stadtgeschichte. Die höfisch-gepflegten Umgangsformen der vornehmen Gäste mögen sich in gewissem Maß veredelnd auf die etwas rauen Sitten der Rottenburger ausgewirkt haben, aber lange nicht alles, was die Bürger zu sehen und zu hören bekamen, war gut. Dem Kaufmann Bellino beispielsweise hinterließen die Herrschaften Schulden von gut 3 000 Gulden ...

Was blieb von dieser Zeit? Ein paar französische Sprachbrocken im Dialekt der Einheimischen und der Grabstein einer Tochter des Grafen de Simonetti, des Hofapothekers Ludwigs XVI., der um 1926 noch in Sülchen zu sehen war – er ist längst zerstört, und was sonst noch an Erinnerungsstücken geblieben sein mag, hat im 19. und frühen 20. Jahrhundert größtenteils den Weg in den damals blühenden Rottenburger Antiquitätenhandel gefunden.

In den vorausgegangenen Abschnitten war vergleichsweise viel von der Pfarrei St. Martin die Rede. Das hat mit der Quellenlage zu tun – für die Aufzeichnungen der Stadtpfarrer Knecht und Haßler von St. Martin gibt es in der St. Morizgemeinde, der Stiftspfarrei, keine Parallele. Von den Stiftsherren ist nicht bekannt, dass sie Niederschriften über ihren seelsorgerlichen oder privaten Alltag hinterlassen hätten. Wenn es solches Material gab, so wurde es in den bewegten Zeiten, die am Horizont aufzogen, als wertlos verschleudert bzw. vernichtet. Auch die Klöster erfüllten ihre Aufgaben im Lauf und gegen Ende des 18. Jahrhunderts so, wie sie es zuvor jahrhundertelang getan hatten, ohne viel Aufhebens davon zu machen. Was Stadtpfarrer Haßler zum Jubelablass 1795 schrieb, lässt sich gut auch für das Schweigen der Quellen, speziell über Stift und Pfarrei St. Moriz verwenden, dass nämlich Stift, Klöster und Gemeinde Ehingen sich damit begnügt hätten, den Ablass „in der Stille" zu gewinnen, während die Zeit um sie herum alles andere als still war!

Letzte Jahre unter dem Doppeladler

Nein, still waren sie nicht, die Jahrzehnte von 1790 bis 1820. Alles schien sich zu drehen wie ein Karussell. Die Ereignisse der Weltgeschichte überrollten endgültig auch das abgelegene Hohenberg und bereiteten der scheinbar abseitig-beschaulichen Ruhe Rottenburgs für längere Zeit ein Ende. Die Stadt und ihre Bürger wurden in einen Wirbel hineingezogen, dem sie nicht entkommen konnten – als sie wieder zur Besinnung kamen, war nichts mehr so wie es zuvor jahrhundertelang gewesen war.

Im Juni 1796 besetzten Truppen des französischen Revolutionsgenerals Moreau die Stadt, ehe die Eindringlinge von Erzherzog Karl von Österreich geschlagen und aus Süddeutschland vertrieben wurden. Ein Jahr später kehrten die Franzosen zurück; ein Rottenburger Zeitgenosse beschrieb die Situation so: „Man hatte hier also nichts als Durchmärsche, Einquartierungen, Magazine, Fourage-Lieferungen, auch ein Lager unter dem Gutleuthaus (das einmal mit 20 000 Mann, einen Tag später mit 10 000 Mann besetzt war. Anm. d. Verf.), ein österreichisches Spital im (ehemaligen Jesuiten-) Collegium und in der (Oberen) Klause, auch im Karmeliterkloster, wo in dem zweimal und zwar 1796 und 1800 allhier gewesenen Spital (= Militärlazarett) gegen 1400 Mann starben und in dem Ringelwasen begraben wurden." Für diese Toten, Freund und Feind, wurde dort im Lauf des 19. Jahrhunderts ein Gedenkstein aufgerichtet. Nachdem der Ringelwasen beim Bau der Osttangente Anfang/Mitte der 1980er-Jahre teilweise aufgefüllt wurde, bekam der Gedenkstein einen neuen Standort nahe der Kepplerbrücke.

Nachdem sich das Kriegsglück immer mehr Frankreich zuneigte, das seit 1799 vom Ersten Konsul (seit 1804 selbstgekrönten Kaiser) Napoleon Bonaparte geführt wurde, war bald zu erkennen, dass das französische Übergewicht im deutschen Südwesten noch zunehmen würde. Deshalb kam von der österreichischen Regierung Ende Januar 1800 der Befehl zur Aufstellung einer allgemeinen Landmiliz, die Wach-, Geleits- und Territorialverteidigungsaufgaben übernehmen sollte. Im April 1800 fand auf dem Rottenburger Marktplatz die feierliche Fahnenweihe statt, doch nach dem Fall der Reichsfestung Ulm 1805 löste sich die Miliztruppe wieder auf.

Im Jahr 1802 firmte der Konstanzer Weihbischof Ferdinand Graf v. Bissingen fünf Tage lang Kinder aus Rottenburg und aus den Orten der Umgebung – für viele eine willkommene Abwechslung ihres vom Krieg geprägten Alltags. Dies und ein feierliches Dank- und Bittfest anlässlich der Ausrufung des Kaisertums Österreich im August 1804 – mit feierlichem Gottesdienst in der Marktkirche, dem die gesamte K. K. Beamtenschaft, der Stadtmagistrat, die Geistlichkeit „und alle Inwohnerschaft" beiwohnte, mit Kanonensalut, „türkischer Musik" und abendlicher Festtafel im Rathaus – waren die letzten Festlichkeiten in der Ära des Doppeladlers, die Rottenburg erleben durfte. Das Heilige Römische Reich befand sich nämlich mittlerweile in voller Auflösung: Der Reichsdeputationshauptschluss von 1803 mit Zerschlagung der geistlichen Fürstentümer und Mediatisierung fast aller Reichsstädte bildete den Auftakt. Der Preßburger Friede vom 26. Dezember 1805 brachte als Schlussakt u. a. das Ende Vorderösterreichs. Für die Grafschaft Hohenberg, für Rottenburg endete damit die 425-jährige Zugehörigkeit zum Haus Habsburg-Österreich.

Unter neuen Herren

In Artikel 8 des Friedensvertrags von Preßburg vom 26. Dezember 1805 hieß es lapidar „Der Kaiser von Deutschland und Österreich tritt an den König von Württemberg die Obere und

Niedere Grafschaft Hohenberg ab." Bereits am 6. Januar 1806, dem Dreikönigstag, rückte nach dem Gottesdienst die württembergische Besitzergreifungskommission, von Tübingen kommend, unter dem Schutz von 160 Mann Infanterie und zweier Kanonen, deren Bedienungsmannschaft als Drohgebärde brennende Lunten trug, in Rottenburg ein. Die kaiserlichen Wappen wurden allenthalben entfernt und durch das württembergische Hoheitszeichen ersetzt; Kanzleien, Registraturen und Kassen wurden beschlagnahmt. Die österreichischen Beamten, sofern sie dazu bereit waren, und der Stadtmagistrat wurden auf den neuen Landesherrn, den württembergischen König von Napoleons Gnaden, vereidigt. Auch die Geistlichen von Stift, Karmeliter- und Kapuzinerkloster hatten das „Handgelübde" abzulegen. Ein paar Tage später wurden alle Stifte und Klöster der Herrschaft Hohenberg unter Zwangsverwaltung gestellt; ihre Archive, Dokumente und Lagerbücher wurden ihnen abgenommen.

Den 19. Januar bestimmte die neue Landesherrschaft zum „Dankfest"; in den hohenbergischen Dörfern sollte es am 26. Januar abgehalten werden; stattfinden sollte dabei ein Gottesdienst und die Huldigung der Untertanen. Die Rottenburger Chronisten übergingen dieses aus Anlass der württembergischen Besitzergreifung angeordnete Fest in ihren Aufzeichnungen mit beredtem Schweigen, während ein Hailfinger Chronist schrieb, das Fest sei „nicht fröhlich, sondern traurig" gewesen, sodass es „viele Thränen gegeben hat in den Kirchen".

In seiner Predigt bei diesem befohlenen „Dankgottesdienst" – Dank wofür? – bezeichnete Stadtpfarrer Dr. Vanotti den Wechsel der Landesherrschaft als Werk und Wille Gottes; der neue Landesvater solle als Stellvertreter Gottes geliebt und geehrt werden. Dann noch dieses: „Zwar weiß ich wohl, daß einem oder dem andern aus uns dieser Schritt schwerfällt, daß er noch oft an die verflossenen Jahre, an die Zeiten, wo wir unter Österreichs mildem Zepter lebten, zurückdenken wird. Ich bin nicht im Stande, diese seine Empfindungen zu tadeln; ja, niemand wird es zu thun im Stande sein." In ähnlichem Sinn predigte auch der Pfarrer von Bühl, dessen Predigt ebenfalls überliefert ist. Wenn man diese Predigten heutzutage, 200 Jahre später, wieder einmal liest, wird man unwillkürlich doch sehr an jenen hohenzollerischen Pfarrer erinnert, der beim Übergang der hohenzollerischen Fürstentümer an Preußen 1848 seine Zuhörer in der Predigt so angeredet haben soll: „Geliebte in Christo! Ich werde heute zu euch reden erstens davon, wie sehr wir uns freuen sollen, daß wir preußisch geworden sind, und zweitens darüber, daß wir dies um unserer Sünden willen nicht besser verdient haben."

Am 26. Mai fand die offizielle Übergabe Hohenbergs durch das französische Militär an Württemberg statt. Bei den Reden anlässlich des Übergabeakts auf dem Rathaus klang ein letztes Mal die 425-jährige österreichische Vergangenheit Rottenburgs an. Dr. Vanotti sprach davon, dass manche Hohenberger „mit schwerem Herzen, mit thränendem Auge" vom angestammten Herrscherhaus Abschied nähmen. Und er brachte die ganze Vorgeschichte des Herrschaftswechsels mit einem knappen Satz auf den Punkt: „Das Glück der Waffen entschied unser Los."

Bereits am 15. Februar hatten die hohenbergisch-rottenburgisch-neuwürttembergischen Landeskinder ein Schreiben erhalten, das sie vom Wohlwollen ihres neuen Königs unterrichten sollte. Da konnten sie vernehmen, „daß es ein Gegenstand Unserer vorzüglichsten Sorgfalt seyn werde, diesen neuen Theil Unseres Königreichs durch die zweckmäßigsten Anstalten zu immer höherem Wohlstand zu erheben, wie sich überhaupt Unsere Landesväterlichen Bemühungen vorzüglich auf Unsere neuen Unterthanen erstrecken werden, um das Glück des Einzelnen wie des Ganzen vollkommen zu sichern". Das klingt ganz ähnlich dem, was von heutigen Politikern vor wichtigen Wahlen zu vernehmen ist. Wie diese „landesväterlichen Bemühungen" im Einzelnen aussahen, wird noch zur Sprache kommen.

Am 30. Oktober 1806 wurde ein „Huldigungsfest" verordnet, in dessen Verlauf der königliche Kommissär den Eid verlas, „welcher von allen

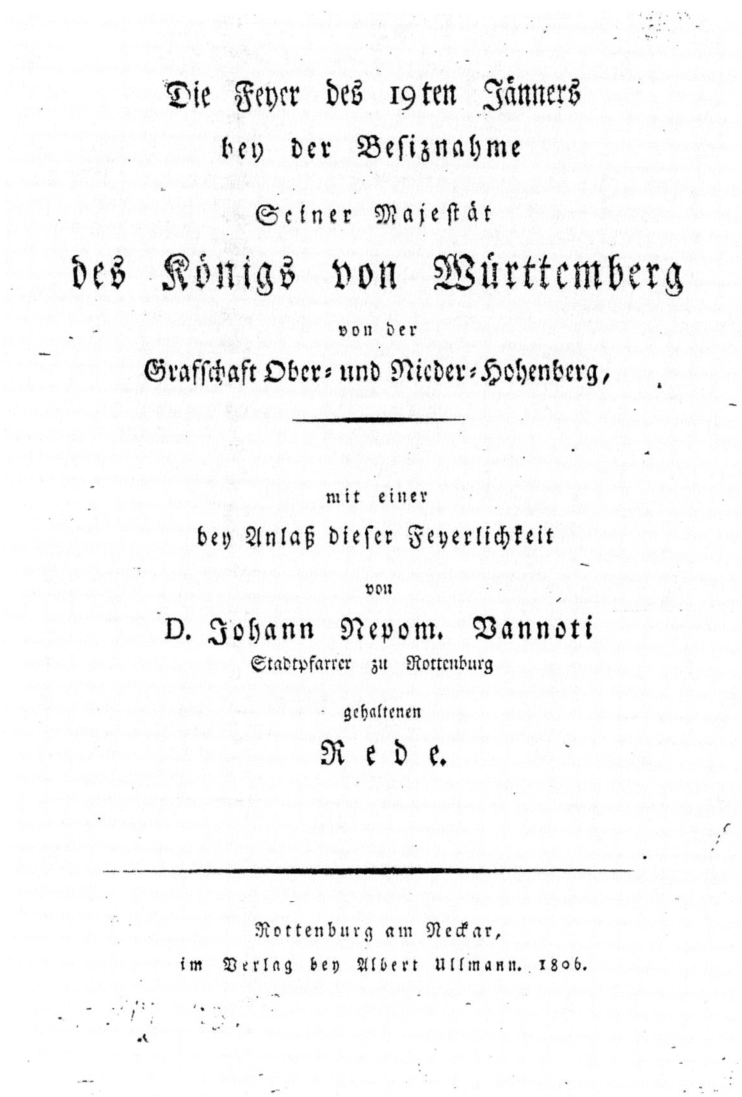

Die Feyer des 19ten Jänners

bey der Besiznahme

Seiner Majestät

des Königs von Württemberg

von der

Grafschaft Ober- und Nieder-Hohenberg,

mit einer
bey Anlaß dieser Feyerlichkeit
von
D. Johann Nepom. Vannoti
Stadtpfarrer zu Rottenburg
gehaltenen

Rede.

Rottenburg am Neckar,
im Verlag bey Albert Ullmann. 1806.

An die württembergische Besitzergreifung Rottenburgs am Dreikönigstag 1806 erinnert diese Predigt.

beschworen wurde, von den Schuldheißen (der hohenbergischen Dörfer. Anm. d. Verf.) wörtlich, von den Honoratioren durch Handtreue. Alsdann nahm H. Kommissär vom Balkon des Rathhauses dem Magistrat, Bürger- und Bauernschaft auf dem Markt den nemlichen Eid ab". Huldigungsfeste dieser Art gab es in österreichischer Zeit schon jahrhundertelang stets dann, wenn ein neuer Landeshauptmann als Vertreter des Landesfürsten eingesetzt wurde. Zuerst schwor der neue Hauptmann den Ratsherren und der Bürgerschaft für sich und im Namen des Landesfürsten, die verbrieften Rechte und Freiheiten der Stadt zu belassen wie von alters her und die Stadt in der Handhabung dieser Rechte zu schützen und zu schirmen. Im Gegenzug schworen Rat und Bürger dem Landesfürsten und seinem Vertreter Gehorsam und Treue gemäß dem alten Herkommen. Bevor also die Bürger schworen, musste der Vertreter des Landesfürsten die Rechte der Stadt bestätigen und ihre Beachtung zusichern. Ganz anders die Huldigung von 1806

– sie war eine Einbahnstraße: Beamte und Untertanen legten dem Vertreter des Königs den Treueeid ab, während der König sich den Untertanen gegenüber zu gar nichts verpflichtete – wenn man von den völlig unverbindlichen Beteuerungen „fürwährender königlicher Huld und Gnade" einmal absieht.

So war Rottenburg also durch „das Glück der Waffen" württembergisch geworden. Das neue Staatswesen, das neue Königreich Württemberg, war durch die Verträge von 1803 und 1805 nicht nur flächenmäßig größer geworden. Dieser zuvor rein protestantisch-pietistisch geprägte Staat hatte plötzlich neue Untertanen, von denen etwa 460 000 Andersgläubige, Katholiken, waren! Von da an war Württemberg kein protestantischer Staat mehr – das Religionsedikt von 1806 legte die Gleichberechtigung der Konfessionen fest.

Die neuen katholischen Untertanen waren anders als die bisherigen Landeskinder, als die Altwürttemberger – man denke nur an Fasnet oder Fronleichnamsprozession. Bis auf den heutigen Tag tun sich Altwürttemberger schwer, diese Andersartigkeit anzuerkennen. Hinzu kommt, dass trotz der 1806 verbrieften Gleichstellung der Konfessionen das Verhältnis zwischen Alt- und Neuwürttembergern, zwischen Protestanten und Katholiken, eben nicht ausgeglichen und gleichberechtigt war. Die Altwürttemberger waren die Sieger, die neuen Herren, sie gaben den Ton an und bestimmten die Richtung. Hohenberg – wie alle anderen neuwürttembergischen Gebiete auch, z. B. Oberschwaben – galt, etwas pointiert ausgedrückt, als Kolonie, die man beherrschte, die zu zivilisieren war. Man sah die eigenen, protestantisch-pietistischen Werte als überlegen an. Den neuen Untertanen suchte man die altwürttembergischen Sekundärtugenden, die ja zumindest in Teilen religiös begründet waren, mit geradezu missionarischem Eifer aufzudrängen – aus den neuen Untertanen sollten gute Landeskinder werden, ganz so, wie die Altwürttemberger sich solche vorstellten. Das umfasste die Sprache ebenso wie das Wertesystem, wie alltägliche Verhaltensformen. Und es umfasste den Schönheitskanon – alles Barocke wurde abgelehnt, der protestantisch geprägte „Finanzkammerstil", eine Spielart des Spätklassizismus, wurde recht einseitig bevorzugt. Wie das in der Praxis aussehen konnte, zeigt das Beispiel des Kirchenneubaus von 1820/21 im heutigen Rottenburger Stadtteil Wurmlingen. Die Pläne hatte der Kgl. Baurat und Landbaumeister v. Bruckmann geschaffen. Der für die Finanzierung zuständige Regierungsbeamte war Finanzrat Speidel, ein sturer, eingefleischter Altwürttemberger, dem jegliches Verständnis für ein katholisches Kirchengebäude abging. Zuerst lehnte er die Pläne ab, denn sein Ziel war, die Kosten zu drücken. Also beanstandete er die geplante Größe des Neubaus; v. Bruckmann hielt dagegen, die Größe des Bauvorhabens entspreche der Größe der Gemeinde, die 1807 stattliche 907 Einwohner hatte, und deren Finanzkraft. Speidel hielt dagegen, die Kirche müsse trotzdem kleiner werden. Dafür müsse sie an den Längsseiten geräumige Emporen bekommen „wie bei uns", d. h. wie in den Kirchen Altwürttembergs. Dann verlangte er, die Altäre müssten kleiner werden „wie wir sie haben". Nach langem Hin und Her setzten sich dann doch die Sachargumente des Planers durch, zumindest was Größe der Kirche, Maße der Altäre und Verzicht auf Längsemporen betraf. Das Beispiel Speidel zeigt den altwürttembergischen Staatsdiener sozusagen in seiner reinsten Form. Indem man den neuwürttembergischen Gebieten die altwürttembergische Verwaltungsstruktur überstülpte, schuf man zwar recht rasch ein einheitliches Staatswesen. Dadurch kamen aber auch altwürttembergische Beamte, Lehrer – sie vor allem – und Militärs ins Neuwürttembergische, mit ihrem Sendungsbewusstsein gewissermaßen als Missionare höherer, in altwürttembergischem Geist ‚aufgeklärter' Zivilisation. Eine zuvor zu keiner Zeit dagewesene Flut von Verordnungen und Reglementierungen ergoss sich von oben herab auf die neuen Untertanen, die all das widerwillig über sich ergehen lassen mussten. Auch diese bis ins Detail reichende Verordnungswut kann an einem Beispiel dargestellt werden.

Staatliche Oberbehörde für die neuen katholischen Untertanen des Königreichs, Verkörperung des staatlichen Aufsichtsrechts über die Kirche, war der „Königliche Katholische Geistliche Rath", der „Katholische Kirchenrat", der von Anfang an in vielfältiger Weise in innerkirchliche Angelegenheiten eingriff. Dabei war der Kirchenrat ausnahmslos mit Katholiken besetzt; die aber verstanden sich ausschließlich als Diener des Staates! Dieser Katholische Kirchenrat nun erließ am 2. August 1808 ein „Spezial-Dekret", „die Gottesdienstordnung an Sonn- und Werktagen betreffend", das, obwohl es mit keinem Wort gesagt wird und obwohl darin nur von den „beyden Stadtpfarreyen zu N." die Rede ist, ganz ausschließlich auf die Rottenburger Verhältnisse und deren Änderung im Sinn des Staates bedacht war. Dass das Ganze auf „des Dekans allerunterthänigsten Bericht vom 9. vorigen Monats" zurückging, macht die Sache auch nicht besser – Dekan Vanotti hätte sich eigentlich an seine geistliche Oberbehörde wenden müssen, an das Konstanzer Ordinariat. Aber vielleicht versprach er sich vom Staat eine schnellere Entscheidung in seinem Sinne?

So verfügte also „im Namen des Königs" die staatliche Oberbehörde u. a., dass die Werktagspredigten in der Fastenzeit zu unterlassen seien, „da an den Werktagen kein feyerlicher Gottesdienst statthaben kann, und das Arbeiten und die Erfüllung der Berufspflichten statt des Kirchengehens gilt". Ferner: „Die in der ersten Stadtpfarrkirche (d. h. in St. Martin. Anm. d. Verf.) bisher um 11 Uhr gewohnliche Messe ist in Zukunft um $1/2$ 11 von den 4 Cooperatoren p. turnum (im Turnus) zu lesen." Und schließlich: „Die Predigten im Wegenthal haben zu unterbleiben, und die dortigen Jahrtäge, sind so wie auch die bisher in dem Gutleuthaus gewohnlichen Messen in der Pfarrkirche zu lesen."

Im Alltag gaben in den neuwürttembergischen Oberamtsstädten, zu denen seit 1817 auch Rottenburg zählte, die neu eingesetzten altwürttembergisch-protestantischen Beamten den Ton an. Dieser Ton aber war nicht mehr der milde, verständnisvolle ihrer österreichischen Vorgänger; es war der scharfe Ton der sich allseits überlegen dünkenden Sieger. Die Schüsse, die noch 1848 von einem Unbekannten auf den württembergischen Oberamtsverweser Rottenburgs abgegeben wurden, der sich in der Zeit vor dem Attentatsversuch als das Musterbeispiel eines altwürttembergischen Hardliners erwiesen hatte, machen die Gefühlslage der Rottenburger auch noch nach vier Jahrzehnten Zugehörigkeit zu Württemberg deutlich.

Die Klöster werden aufgehoben

Wie sahen nun die Maßnahmen aus, die dem Wort von den „Landesväterlichen Bemühungen" des Königs um seine neuen Untertanen folgten und die „das Glück des Einzelnen wie des Ganzen vollkommen" sichern sollten? Nun, um April 1807 wurde Rottenburg Poststation und bekam Anschluss an das neue Postwagennetz. Im Juni 1808 wurde ein Zwangsarbeitshaus eingerichtet, ein wahrhaft königliches Geschenk, aus dem sich nach und nach das Landesgefängnis an einer der schönsten Stellen der Stadt entwickelte, das Rottenburg bis heute wie ein Klotz am Bein hängt.

Doch auch auf kirchlichem Gebiet wurde der absolutistisch regierte württembergische Staat aktiv – auch dies angeblich ein „Gegenstand Unserer vorzüglichsten Sorgfalt" für das Wohl der neuen Untertanen; die Rede ist von der Aufhebung der Klöster, von der Säkularisation. Letztlich war dies nur eine Gelegenheit zur Selbstbereicherung des Königs und des Staates mit kirchlichen Vermögenswerten, auf die sie rechtlich keinen Anspruch hatten. Gewiss, auch in den letzten Jahrzehnten der österreichischen Zeit waren unter Joseph II. Klöster aufgehoben worden, auch in Rottenburg. Während aber die österreichische Regierung das Vermögen der Klöster samt den Erlösen für verkaufte oder versteigerte Inventarstücke und Grundbesitz in den „Religions- und Studienfonds" zur Verbesserung der Seelsorge, der Priesterbesoldung und des Religionsunterrichts überführte und damit auch die Errichtung neuer Pfarreien förderte, schoben sich König und Staat Württemberg das Klostervermögen in die eigene Tasche – die große Landesausstellung zur Säkularisation 2003 in

Bad Schussenried hat dies eindrucksvoll dokumentiert.

Alles, was sich dabei andernorts abspielte, fand auch in Rottenburg statt, vom Hinauswurf der Klosterinsassen aus ihren Häusern über die Verschleuderung von Kircheninventar und Kunstschätzen zu Spottpreisen weit unter Wert, der Versteigerung des Grundbesitzes, dem Abtransport der wertvollsten Teile der Bibliotheken bis hin zur Beschlagnahme der Archive und der Überführung beider nach Stuttgart, wo auch die wertvollsten Kunstschätze aus Kirchenbesitz landeten.

Die Aufhebung der Klöster der Karmeliter und Kapuziner sowie des Chorherrenstifts St. Moriz geschah nicht auf einen Schlag, sodass die jeweils Übrigbleibenden immer vor Augen hatten, was auch ihr Los sein würde. Mit dürren Worten schildert der Chronist L. A. Haßler die Vorgänge im Spätjahr 1806: „Den 27. October wurde das hiesige Karmelitenkloster aufgehoben. Die Individuen pensioniert, mußten schon den Tag darauf in Bürgerhäuser ziehen. Kloster und Kirche wurden den 8. Oct. gesperrt, und die Bräuerei um 1600 fl. jährlich vermiethet. Den 29. Oct. wurde das Kapuzinerkloster aufgehoben und nach Riedlingen übersetzt, welches auch den 7. November vollzogen wurde. Drei (Insassen) davon blieben noch so lange, bis die Erlaubnis von Stuttgart kam, nach Elsaß in ihr Vaterland zurückkehren zu dürfen. Die Kirche aber nebst Sakristei, Chor, Krankenzimmer, Bibliothec, Provinzialat und alles was sich schließen ließ, wurde schon den 28. Oct. geschlossen." Blieb noch das Stift St. Moriz: „Den 13. Dec. wurde auch das hiesige Kollegiatstift aufgehoben. Drei Individuen pensioniert. Die übrigen, als 2ter Stadtpfarrer Herr Kanonikus Xaver Hank, Herr Kanonikus Kittele als Kooperator zu St. Moriz, Herr Kanonikus Kohlstetter als Pfarrer in Weiler, Herr Creuzkaplan Stein als Pfarrer in Niedernau angestellt."

Diese knappen Angaben Haßlers bedürfen der Vertiefung, zumal aus der offiziellen Rottenburger Oberamtsbeschreibung von 1899/1900 auch nur unwesentlich mehr zu erfahren ist – gerade so, als hätte man sich der Vorgehensweise des württembergischen Staates anno 1806 geschämt. Nach der Aufhebung des Karmeliterklosters wurde die Klosterkirche gesperrt, ihre Altäre kamen teils in die Stadtpfarrkirche St. Martin, teils wurden sie an Landpfarreien der Umgebung verkauft. Kirchengeräte wie Kelche, Ziborien, Messkännchen, Reliquienschreine, Gemälde, Figuren und selbst Paramente wurden veräußert. Die Kirche wurde profaniert und zunächst zusammen mit den Klostergebäuden als Kaserne genutzt. Um 1817 wurden dann im Langhaus Wohnungen eingebaut. Die sechs Mönche wurden zunächst pensioniert, vier von ihnen waren aber 1807 bereits wieder in der Pfarrseelsorge eingesetzt.

Über die Besitzsituation des Klosters zur Zeit der Aufhebung gibt es folgende Angaben. Das Kloster empfing die Zinsen von etwa 12 000 Gulden ausgeliehener Kapitalien, hatte bedeutende Fruchtgefälle in 22 Ortschaften, bezog aus Rottenburger und Hirschauer Weinbergen insgesamt 30 Ohm (= etwas mehr als 3260 Liter) Weinzehnten. An eigenen Gütern besaß es, überwiegend auf Rottenburger Markung, etwa 15 Morgen Fruchtäcker, 8 Morgen Wiesen, 18 Morgen Weinberge, 54 Morgen Wald (1 Morgen = ca. 33 Ar) und einen großen Garten vor dem Sülchertor. Alle diese Güter kassierte der Staat, ohne die darauf liegenden Verpflichtungen einzulösen.

Das Archiv und die wertvollsten Bände der Klosterbibliothek wurden nach Stuttgart verbracht, viele Bücher gelangten über Umwege in die spätere Bibliothek des Priesterseminars und ein Teil wurde verschleudert.

Doch dies war noch nicht alles. Das Kloster besaß einen Fonds von 120 000 Gulden, die hauptsächlich von den Geistlichen der Umgebung gestiftet worden waren, damit die Karmeliter im Bedarfsfall aushilfsweise die Seelsorge in diesen Gemeinden übernehmen würden. Württemberg strich das Geld entschädigungslos ein, die betroffenen Geistlichen mussten Aushilfen künftig aus eigener Tasche bezahlen. Im Kloster gab es Verpflichtungen für 295 verschiedene Jahrtage, für deren regelmäßige Abhaltung Kapitalien und ein Teil der oben erwähnten Grundstücke gestiftet worden waren – Geld und Grundstücke nahm der Staat, die Einhaltung der Jahrtagsverpflichtungen unterblieb.

Über die Zustände im Kapuzinerkloster schrieb der Aufhebungskommissar Dizinger in seinen Lebenserinnerungen 1833: „In diesem Kloster hatte eine Ordnung und Reinlichkeit geherrscht, wie ich sie in keinem andern Kloster angetroffen habe. Auch hat sich der damalige Pater Guardian durch feine und vielseitige Bildung ausgezeichnet." Die Klosteranlage samt Garten kaufte für 3110 Gulden der Rottenburger Amtmann und Advokat Franz Anton Engel. Er stellte Teile der Kirchenausstattung für die ausgeräumte Klausenkirche zur Verfügung; dort erinnert eine Gedenktafel an ihn und seine Gattin.

Teile der Klosterbibliothek befinden sich in der Bibliothek des Priesterseminars, sehr vieles wurde verschleudert. Über den Verbleib des Klosterarchivs gibt es keine Hinweise. Als Niederlassung eines Bettelordens verfügte das Kloster nicht über Grundbesitz, lediglich über Revenuen von etwa 900 Gulden.

Das Stift St. Moriz hatte 1806 noch sechs Kanoniker; drei von ihnen wurden pensioniert, drei und der einzige Kaplan in der Seelsorge weiterverwendet, wie bereits Haßler erwähnte. Die Stiftskirche wurde zunächst geschlossen; seit Anfang 1807 konnte wieder Gemeindegottesdienst gehalten werden. Anscheinend versammelten sich daraufhin wieder einige der früheren Chorherren zum gemeinsamen Gottesdienst und Chorgebet – daraufhin wurde am 20. Februar eigens verfügt, dass nur der Pfarrgottesdienst gestattet sei. Die Pfründhäuser der Kanoniker im Stadtteil Ehingen in der näheren und etwas weiteren Umgebung der Stiftskirche wurden teils verkauft, teils ‚verstaatlicht'. Über die Verwertung der Einkünfte, Vermögenswerte und Grundstücke – u. a. gehörten dem Stift zahlreiche Weinberge am Martinsberg und Boll sowie im Schadenweiler – und deren Wert war bis jetzt nichts zu erfahren. Das Stiftsarchiv und die besten Stücke der noch im 18. Jahrhundert ob ihrer Schätze gerühmten Stiftsbibliothek wurden nach Stuttgart verbracht. Ein beträchtlicher Teil, darunter etliche Gebrauchshandschriften des 15.

Die Reste der Kapuzinerkirche nach dem Brand von 1905.

Jahrhunderts, blieb in der Bibliothek des Priesterseminars erhalten, anderes wurde verschleudert oder vernichtet.

Das Vermögen des 1773 aufgehobenen Rottenburger Jesuitenkollegs, einschließlich der Jesuitengüter Bühl, Dotternhausen und Roßwangen, nach M. Erzberger angeblich einen Wert von rund 500 000 Gulden darstellend, wurde von Österreich seinerzeit dem Religions- und Studienfonds zugeschlagen, um gemeinnützig weiterverwendet zu werden. Württemberg dagegen kassierte die riesigen Erträge aus seinen Säkularisationen in Rottenburg und anderswo und führte sie ganz einfach dem Staatsvermögen oder der Privatschatulle des Königs zu!

Der Rottenburger Abgeordnete, Hirschwirt Florian Gerbert, brachte 1816 in der württembergischen Ständeversammlung die Forderung nach Zurückgabe des Religions- und Studienfonds vor. Die Mittel aus österreichischer Zeit wurden unter Württemberg nämlich alles andere als zweckentsprechend verwendet und so kam es, dass die jährlichen Überschüsse, d. h. die nicht ausgegebenen Kapitalzinsen, höher waren als die Summe, die die württembergische Kameralverwaltung später als jährlichen Gesamtertrag angab! Diese nicht satzungsgemäß verwendeten Überschüsse aber landeten Jahr für Jahr „in den königlichen Kassen".

Was Gerbert, dessen Antrag natürlich keinerlei Chance auf Erfolg hatte, zur Säkularisation in Rottenburg ausführte, lässt sich auf jedes andere säkularisierte Kloster und Stift anwenden – die Verhaltensweise der neuen Herren in der Säkularisation war überall gleich – nur die Summen, um die es ging, differierten.

Am Schluss dieses unerfreulichen Kapitels Rottenburger Kirchengeschichte soll Gerbert noch selbst zu Wort kommen; in der Ständeversammlung führte er aus: „Das Stift in der Vorstadt Ehingen wurde mit einem Einkommen von mindestens 20 000 Gulden eingezogen, ebenso das Karmeliterkloster, dessen Stiftungsstock in geringem Anschlag 180 000 Gulden betrug. Bei dem Ehinger Stift waren 2328 Messen und Jahrtage, deren sämtliche Kapitalien und Gülten inkameriert (d. h. dem Staatsvermögen einverleibt) wurden, ohne daß die geringste Fürsorge gedachter gestifteter Messen geschehen wäre."

So sahen sie also aus, die „landesväterlichen Bemühungen" und die „vorzüglichste Sorgfalt" für „das Glück des Einzelnen wie des Ganzen"! Was Württemberg damals an Vermögenswerten der säkularisierten Klöster und des Stifts sowie aus dem Rottenburger Anteil am ehemaligen österreichischen Religions- und Studienfonds allein aus Rottenburg abzog und „inkamerierte", wird schätzungsweise wohl mehr als eine dreiviertel Million Gulden betragen haben.

Was der bayerische Historiker Georg v. Lerchenfeld schon 1854 zur Säkularisation anmerkte, ist auch aus heutiger Sicht und für württembergische Verhältnisse noch ebenso gültig wie damals: „In einem geordneten Verfassungsstaate, in welchem die öffentliche Meinung die geeigneten Organe besitzt, um sich geltend zu machen, in welchem Regierung und Volk gelernt haben, eigene und fremde Rechte gegenseitig zu achten, wäre eine Maßregel dieser Art wenigstens in einem solchen Umfange und mit solcher Ausführung wohl niemals möglich gewesen."

Das erste Jahrzehnt unter Württembergs Herrschaft

Neben all dem, was die Zeitgenossen mit dem 1806 durch „das Glück der Waffen" erzwungenen Übergang des katholischen Rottenburg an das protestantische Königreich Württemberg an Negativem verbunden haben mögen, gab es auch einen Lichtblick, ein in eine positive Zukunft weisendes Ereignis für die Geschichte der Stadt Rottenburg. Hier stifteten die „landesväterlichen Bemühungen" des Königs tatsächlich Gutes für Rottenburg. Die Rede ist von der Verlegung des 1812 gegründeten Generalvikariats für die Katholiken Württembergs von Ellwangen nach Rottenburg im Jahr 1817, der daraus erwachsenden Gründung der Diözese Rottenburg im Jahr 1821 und der 1828 erfolgten Inthronisation des ersten Bischofs dieser neu errichteten Diözese.

Ehe auf diese Ereignisse näher eingegangen wird, ist ein Blick auf die Jahre zwischen dem Übergang der Stadt an Württemberg und der Verlegung von Generalvikariat und Priesterseminar nach Rottenburg zu werfen. Es war dies genau die Zeit der Napoleonischen Kriege und der Befreiungskriege, eine Zeit, die mit Durchmärschen, Zwangseinquartierungen und Truppenaushebungen, mit Trauer und Leid über gefangen genommene, vermisste und gefallene Familienangehörige ausgefüllt war. Württemberg hatte sich ja 1806 dem napoleonischen Rheinbund angeschlossen – als Dank für die territorialen Zugewinne im Preßburger Frieden von 1805 und für die Erhebung zum Königreich. Das Rottenburger Land, seit 1806 württembergisch, war nun Gebiet einer kriegführenden Partei, stand gezwungenermaßen auf Seite der Gegner seiner früheren österreichischen Landesherrschaft. In den Jahren 1807 ff. spiegelte sich das immer wieder in den Berichten der örtlichen Chronisten. Zeitungen im heutigen Sinn gab es im damaligen Rottenburg noch nicht, so sind unsere Gewährsleute die beiden Chronisten. Einmal ist dies der ehemalige Stadtpfarrer von St. Martin (1788/95), Dr. Ludwig Anton Haßler (1755–1825), der 1817 als Generalvikariatsrat nach Rottenburg zurückkehrte, wo er 1819 seine

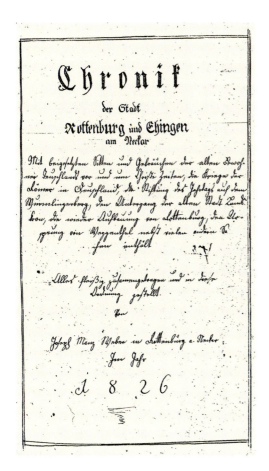

Die Rottenburger Chronik von Dr. Ludwig Anton Haßler (1755–1825) erschien 1819 im Druck.

Joseph Manz (1794–1863) schrieb seine Rottenburger Chronik zwischen 1826 und 1850.

Chronik der Stadt im Druck veröffentlichte. Zweiter Chronist ist Joseph Manz (1794–1863) aus altem Rottenburger Geschlecht, Meister und Vorsteher der Zunft der Woll- und Leineweber. Er begann 1826 mit der Niederschrift seiner Chronik, die nach seinem Tod in das Hohenzollerische Haus- und Domänenarchiv in Sigmaringen gelangte. Manz hatte also die Jahre nach 1806 im Gegensatz zu dem damals in Oberndorf a. N. wirkenden Haßler als Augenzeuge miterlebt. Die Aufzeichnungen in seiner Chronik enden 1849/50, reichen also auch hier über die 1819 abgeschlossene Chronik von Haßler hinaus.

Übereinstimmend berichten beide Chronisten, dass auch nach Aufhebung des Stifts St. Moriz der gemeinsame Gottesdienst der verbliebenen Stiftsherren weiter abgehalten wurde – gemeint war wohl das gemeinsame Chorgebet – „und dieses auf wiederholten Bischöfl. Befehl". Nachdem das von der Regierung am 20. Februar 1807 nachdrücklich verboten worden war, fanden nur noch die üblichen Gottesdienste und Andachten der Pfarrei statt.

Die folgenden Fakten aus den Berichten beider Chronisten werden gelegentlich aus anderen Quellen ergänzt, doch wird dies um der Lesbarkeit willen nicht jedes Mal eigens vermerkt.

Im Juli/August desselben Jahres wurden vier Altäre, Kanzel und Orgel der geschlossenen Karmeliterkirche für die Stadtpfarrkirche St. Martin erworben und dort aufgestellt. Die bisherige Orgel, die aus der abgebrochenen Jesuitenkirche St. Josef gestammt hatte, wurde zerlegt und 1809 verkauft – wohin, ist nicht bekannt. Auch die Ausstattung der Sakristei der Karmeliterkirche – Schränke und Tische – kam 1807 nach St. Martin. Die Konventgebäude des Karmeliterklosters waren als Kaserne vorgesehen, das Kapuzinerkloster samt Kirche und Garten wurde für 3110 fl. an einen Privatmann verkauft. Dieser gab von 1810 an Teile der Ausstattung in die Klausenkirche.

Das Kloster der Karmeliter wurde 1808 tatsächlich zur Kaserne. Nach der Rückkehr der württembergischen Truppen vom Feldzug gegen Preußen wurde im Oktober ein Teil des Jäger-Bataillons König samt dem Regimentsstab im Kloster einquartiert. Ende März 1809 zogen die Jäger wieder ab; stattdessen rückte ein Kommando des Bataillons Hohenasperg nach, das zur Bewachung einiger in Rottenburg internierter Persönlichkeiten aufgeboten worden war: des Ex-Abts von Zwiefalten und zwei seiner früheren Konventualen, die alle im früheren Kapuzinerkloster untergebracht waren, ferner des Grafen v. Königsegg und des Grafen v. Bissingen sowie des Barons v. Reischach und des Barons v. Enzberg. Sie waren interniert, weil Württemberg fürchtete, sie könnten mit den Tiroler Freiheitskämpfern Kontakt haben, die sich genau in diesem Jahr gegen die Franzosen und die mit ihnen ebenfalls verbündeten Bayern erhoben hatten, die als Besatzung in Tirol lagen. Die „Kasernenzeit" des Klosters endete wohl 1816; Genaueres ist nicht bekannt.

Die 1338 links der Straße von Rottenburg nach Weiler nahe der Markungsgrenze gestiftete Kapelle für St. Jodok, den Schutzpatron der Pilger, wurde im September 1809 entweiht, die Reliquien dem Altar entnommen, anschließend wurde die Kapelle abgebrochen. Sie stand nahe der Stelle, die durch ein mittelalterliches Sühnekreuz und einen Bildstock des 19. Jahrhunderts gekennzeichnet ist.

Eine ‚politische' Änderung im Status Rottenburgs ergab sich 1810. War die Stadt seit der Neugliederung des Landes 1807 Hauptstadt eines der vier Kreise des Königreichs gewesen, so wurde sie nun nach der neuen Einteilung des Königreichs in zwölf Landvogteien Hauptort der „Landvogtey am mittleren Neckar". Dies blieb sie aber – das sei hier vorweggenommen – nur bis zu einer abermaligen Verwaltungsreform im Jahr 1817. Von nun an war Rottenburg nur noch eine von 64 Oberamtsstädten des Landes und blieb dies bis 1938. Seither gehört die Stadt zum Landkreis Tübingen, seit 1972 als Große Kreisstadt.

Das Jahr 1811 gab dem Chronisten Manz Gelegenheit zu freudigem Lob: „In diesem Jahr wuchs ein in jeder Hinsicht vorzüglich guter Wein, welcher jenen vom Jahr 1753 noch weit übertraf." Da immer noch viele Rottenburger als Weingärtner ihr karges Brot verdienten, mag ihnen der „Elfer" wie ein Geschenk des Himmels vorgekommen sein.

Was tat sich sonst in diesem Jahr? Am 17. Oktober verbot die Regierung die Erteilung von Reisepässen für Personen, die Wallfahrten ins nichtwürttembergische Ausland machen wollten. Dies

Der Marktplatz mit Pfarrkirche und Rathaus im Jahr 1813. Aquarell von Fidel Hermann (1775–1826).

war nun keine bloße Schikane des Staates gegen seine katholischen Untertanen, sondern entsprach exakt der Haltung des Konstanzer Ordinariats. Im März 1809 hatte sich nämlich eine „Bischöfliche Verordnung (Für die Rheinischen Bundeslande des Bisthums Konstanz) In Betreff der Wallfahrts- oder sogenannten Gnaden-Oerter" des Themas angenommen und allerlei kritische Einwände gegen die Gottesdienste in Wallfahrtskirchen erhoben, aber auch Einschränkungen bisheriger Gepflogenheiten angeordnet. Da Württemberg sich als Rheinbundstaat seinerzeit in latentem Kriegszustand befand, suchte man nun seine Untertanen – und ihr Geld – im Land zu halten und so zugleich das von staatlichen und kirchlichen ‚Aufklärern' gleichermaßen ungeliebte Wallfahrtswesen möglichst einzuschränken und unter Kontrolle zu behalten. Dem nüchternen, rational denkenden Zeitgeist waren auch Dinge wie der geschichtlich gewachsene, damals wahrscheinlich bereits tausendjährige Verlauf der Grenze zwischen den Pfarreien von Rottenburg und Ehingen, zwischen St. Martin und St. Moriz, unverständlich und ein Dorn im Auge. Im Jahr 1811 versuchte man folglich, diese Grenzen neu festzulegen. Wahrscheinlich wollte man den Neckar als natürliche Grenze zur Geltung bringen. Damit wären die links des Neckars befindlichen Teile der Pfarrei von St. Moriz der Pfarrei St. Martin zugeschlagen worden. Nun, die Neufestlegung der Pfarreigrenzen „ging nicht durch; die Grenzen blieben die vorigen", zieht Haßler das Fazit. Das war nicht anders zu erwarten, denn die Neudefinition der Pfarreigrenzen wäre einseitig zulasten der „Ehgner" gegangen!

Die landwirtschaftliche Ertragslage des Jahres 1812 gab den Rottenburgern diesmal keinen Anlass zu uneingeschränktem Jubel: „Mit Ausnahme der (Getreide-)Ernte war dieses Jahr an Wein- und Obstertrag außerordentlich unglücklich. Beide Erzeugnisse wurden nicht reif, das bisschen Wein sehr sauer." Der 1811er noch besser als der gute 1753er, der 1812er wetterbedingt nicht reif geworden und daher sehr sauer – ein Wechselbad für das Gemüt der Rottenburger, die in ihrer Mehrzahl ziemlich einseitig landwirt-

Die St. Jodokskapelle. Ausschnitt aus der vor 1610 entstandenen sogenannten „Stierlin-Karte" im Staatsarchiv Sigmaringen.

schaftlich orientiert, oft genug Grund zum Seufzen über die Launen des „Petrus da droben" gehabt haben werden, 1812 ebenso wie schon oft davor und danach.

Am 4. Oktober 1812 wurde von der Regierung ein Dankfest in St. Martin – und im ganzen Land – für die Eroberung von Moskau angeordnet. Man sah dies als Sieg von Napoleon und der mit ihm Verbündeten, also auch der Württemberger. Doch die Ernüchterung ließ nicht lang auf sich warten. Bereits ein Vierteljahr später, am 4. Januar 1813, wurde der Befehl des württembergischen Königs publiziert, für die im „vorigen Feldzug nach Moskau gebliebenen vaterländischen Krieger" am 8. Januar – und in den kommenden Jahren am 8. Dezember – in den katholischen Kirchen einen feierlichen Trauergottesdienst abzuhalten.

Vielerorts wurde bei den Gottesdiensten ein kleines „Castrum doloris", ein Trauergerüst, mit einer Gedenktafel aufgestellt, die die Namen der Gefallenen der Gemeinde enthielt. Solche individuell gestalteten Gedenktafeln haben sich im Raum Rottenburg in stattlicher Zahl in den Dorfkirchen erhalten. Wo sie aufgestellt waren und wo nach dem Weihrauchopfer der Pfarrer „ein rührendes Gebet in der Muttersprache selber gerührt aussprach", berichtet der Chronist Haßler, „da konnte es nicht fehlen, daß Mütter, Gattinnen, Bräute, Schwestern in lautes Weinen, Schluchzen, Heulen ausbrachen, und das festere

Männervolk mit sich rissen", d.h. mit ihrem Weinen ansteckten. Und die Folge dieses hohen Blutzolls, den die Württemberger beim Russlandfeldzug Napoleons zu entrichten hatten? „Die Zeit der Erholung in den Winterquartieren des kleinen aus Rusland zurükgekommenen Korps wurde angewandt, neue Heere zu bilden – deswegen waren starke Aushebungen allhier und im ganzen Land" – so Joseph Manz.

Von der Obrigkeit angeordnet wurde in den Kirchen eine Kollekte zugunsten der verwundet heimkehrenden Württemberger. In Rottenburg erbrachte sie 250 fl. 31 kr., in Oberndorf a. N. 84 fl. 42 kr., in Schramberg 15 fl. 24 kr.

Wohl nicht zuletzt die hohen Menschenverluste beim Feldzug von 1812 – von 14 000 Württembergern, die mit Napoleon nach Russland mussten, „sahen nicht 1000 die Heimat wieder"! – veranlassten Württemberg, dem Beispiel Bayerns folgend, dem Rheinbund und damit Napoleon den Rücken zu kehren und sich den Alliierten Österreich, Preußen und Russland anzuschließen. Anfang November 1813 verkündete Landvogt Baron v. Stein vor versammelter Bürgerschaft vom Balkon des Rathauses aus den Anschluss Württembergs an die Alliierten. In Rottenburg hatte diese Kehrtwendung eine von niemand vorhergesehene Folge. In der Nacht, die der öffentlichen Verkündigung des Austritts aus dem Rheinbund folgte, „wurde die Liebe gegen Oestreichs Herrschaft in mehreren geweckt, man heftete einen Adler oder das österreichische Wappen ans Rathaus. Der Verdacht fiel auf Xaver Manz, Glaser und Bürger von hier, er kam ins Gefängnis". So wiederum Joseph Manz. Die Reaktion der württembergischen Obrigkeit war charakteristisch: „Ein Bataillon Scharfschützen kam als Exekution hieher. Die Sache wurde untersucht, man konnte aber sogar mit Stockstreichen (!) nichts auf ihn (Xaver Manz) bringen, der Täder blieb unentdeckt." Und dabei hatte man doch erst am 23. April in Württemberg „die Tortur als zweckwidrig abgeschafft", wie Haßler notierte. Die Rottenburger hatten eben Österreichs über Jahrhunderte hinweg mildes Regiment noch nicht vergessen – angesichts der Haltung Württembergs war das ja auch kein

Domdekan Ignaz v. Jaumann (1778–1862).
Porträtlithografie von 1855

Wunder. Dazu passt die irgendwie rührende Episode, die der Chronist Christian Baur aus dem Rottenburger Teilort Hailfingen berichtet: „Im Anfangs Juny (1809) und so fort seind auß Etlichen Fläcken (Dörfern) Kinder von 6 bis 12, 14 Jahr mit Creuzle und Fähnle ins Wekenthal mit Kreutz (d. h. als Prozession) gegangen an allen Samstägen ... Nach dem haben sie einen lautten Rosenkrantz gebetet, das ist geschehen, weil wir wider wären gerne kaiserlich geworden." Aber es half nichts, man war nun einmal „durch das Glück der Waffen" württembergisch geworden und hatte es zu bleiben.

Wenn sich jedoch Gelegenheit bot, ihre Anhänglichkeit an Kaiserstaat und Kaiserhaus zu zeigen, waren die Rottenburger dabei. Am 22. November des Jahres 1813 kam zum ersten Mal seit 1805 wieder K. K. Militär in Rottenburg an, das Liechtenstein'sche Kürassierregiment. „Wie diese aufgenommen und bewirtet wurden, ist jedem, der (einen Soldaten) im Quartier hatte, am besten bewußt", fügte Manz hinzu. Am nächsten Tag gab es nochmals kaiserliche Uniformen zu bejubeln, nämlich die des hier kantonierenden K.K. Kürassierregiments „Kaiser". Am 14. Dezember aber wurde in Stuttgart eine geänderte, der neuen Situation angepasste Formel für das obligatorische Kriegsgebet in den Kirchen bekannt gegeben …

Im folgenden Jahr 1814 ergab sich eine Veränderung beim Posten des Rottenburger Stadtpfarrers. Dekan Dr. Joh. Nep. Vanotti, der seit 1804 amtiert hatte, wurde vom König (!) nach Ehingen/Donau versetzt. Für ihn kam aufgrund eines königlichen Reskripts Pfarrer Ign. Jaumann von Großschafhausen bei Laupheim als Stadtpfarrer und Dekan des Landkapitels nach Rottenburg – ein Mann, der sich im Lauf seiner Rottenburger Jahre viele Verdienste um die Stadt erwerben sollte.

Auf dem Weg zur Bischofsstadt

Andernorts, von den Rottenburgern kaum bemerkt, kamen Dinge in Bewegung, die bald auch ihre Stadt in einer Weise tangieren sollten, die sich zuvor niemand auch nur hätte träumen lassen.

Nach den letzten Gebietserweiterungen von 1806 zählte Württemberg, zuvor ein rein protestantischer Staat mit stark pietistischer Prägung, auf einen Schlag über 400 000 Katholiken unter seinen nunmehr 1,25 Millionen Einwohnern; 1830 sollen es bereits 450 000 gewesen sein. Diese Katholiken hatten bisher zu fünf Diözesen gehört, deren Bischofssitz jeweils außerhalb der württembergischen Landesgrenzen lag, nämlich zu Konstanz, Augsburg, Würzburg, Speyer und Worms. Der württembergische König war nun bestrebt, seinen neuen Staat nicht nur in politischer, sondern auch in kirchlicher Hinsicht zu vereinheitlichen. Dazu musste die Verbindung seiner katholischen Untertanen mit ihren bisherigen kirchlichen Obrigkeiten unterbrochen werden, um – als Fernziel – ein eigenes katholisches Landesbistum schaffen zu können. Zur Erreichung dieses Zieles musste der König aber mit Rom in Verhandlungen treten, das jedoch brauchte Zeit.

Als ‚Zwischenlösung' schuf er deshalb neue kirchliche Verwaltungsbehörden. Zunächst wurde 1806 als Staatsbehörde mit Sitz in Stuttgart der „Katholische Geistliche Rat" eingerichtet, der zehn Jahre später in „Katholischer Kirchenrat" umbenannt wurde. Zwar war diese Behörde nur mit Katholiken besetzt, diese fühlten sich aber ausschließlich als Diener des Staates; alle waren sie stark vom Gedankengut der Aufklärung beeinflusst. Der Geistliche Rat und später der Kirchenrat übte bis gegen Mitte des 19. Jahrhunderts faktisch so gut wie allein das eigentliche Kirchenregiment ganz im Sinne des Staates aus.

Im Jahr 1807 hielt sich der Päpstliche Nuntius della Genga zu Konkordatsverhandlungen in München auf. Rom ließ nun den König von Württemberg wissen, dass der Nuntius gern auch mit seinem Staat ein Sonderkonkordat abschließen würde. Friedrich, der Protestant, fühlte sich ob des päpstlichen Wohlwollens geschmeichelt. Um die Bedeutung seines neu gebildeten Staates zu unterstreichen, ließ er nun dessen Katholikenzahl mit 591 000 – statt mit 400 000 – nach Rom melden. Dabei dachte der König, für so viele Katholiken sei eine Diözese zu wenig, es sollten wenigstens zwei sein: Ellwangen und Rottweil. Später wurde sogar an drei Bistümer gedacht, an ein Erzbistum in Ellwangen und an Bistümer in Rottweil und Weingarten! Von einem Bischofssitz in Rottenburg war beim König beides Mal jedoch nicht die Rede.

Doch die Verhandlungen mit Rom wegen eines Konkordats scheiterten und der König richtete 1812 ein Generalvikariat in Ellwangen ein, dem nicht nur die Katholiken des zu Württemberg gehörenden Teils der Diözese Augsburg, sondern nach und nach auch die Angehörigen der anderen oben genannten Diözesen im Land unterstellt wurden. Ellwangen bekam ferner ein Priesterseminar und eine theologische Lehranstalt, die sogenannte „Friedrichs-Universität". Generalvikar war der Augsburger Weihbischof Franz Karl Fürst v. Hohenlohe. Der Geistliche Rat

Johann Bapt. Keller aus Stuttgart wurde 1816 zum Koadjutor des Generalvikars mit dem Recht zur Nachfolge ernannt. Im August 1816 erhielt Keller, der sich bereits 1815 in kirchlichen Angelegenheiten in Rom aufgehalten hatte, von Papst Pius VII. in Rom die Bischofsweihe. Nach dem Tod des letzten Konstanzer Bischofs Karl Theodor v. Dalberg im Februar 1817 bestätigte der Papst im März 1817 die neu geschaffene Sprengelordnung für Württemberg.

Zuvor war Ende Oktober 1816 der württembergische König Friedrich gestorben, ein Trauergottesdienst fand in Rottenburg am 23. Dezember statt. Die Nachfolge trat sein Sohn Wilhelm an. Nun kam wieder Bewegung in die kirchlichen Angelegenheiten der Katholiken des Landes. Schon im Januar 1817 sprach sich der Kath. Kirchenrat in Stuttgart für ein Landesbistum mit Sitz in Rottenburg aus und im Herbst jenes Jahres wurden Generalvikariat und Priesterseminar in die Stadt am Neckar verlegt. Die „Friedrichs-Universität" wurde als Kath. Theologische Fakultät mit der alten württembergischen Landesuniversität im 12 Kilometer von Rottenburg entfernten Tübingen verschmolzen.

Am 10. Dezember 1817 erschien im württembergischen Regierungsblatt der „Erlaß des Kön. Ministeriums des Kirchen- und Schulwesens, die Verlegung des innländischen General-Vikariats und des Priester-Seminars nach Rottenburg betreffend". Der erste Satz zeigt, dass Fakten geschaffen waren: „Seine Königl. Majestät haben den Sitz des innländischen General-Vikariats und des Priester-Seminars von Ellwangen nach Rottenburg zu verlegen geruht." Gleich im Anschluss daran erfährt man, dass diese Anordnung „im Einverständniß des General-Vikariats bereits vollzogen" war.

Bevor auf die Auswirkung der Pro-Rottenburg-Entscheidung, Generalvikariat und Priesterseminar in die Stadt am Neckar zu verlegen, näher eingegangen wird, muss ein Naturereignis erwähnt werden, das die Rottenburger – wie ihre Zeitgenossen andernorts – weit mehr beschäftigt haben wird als die Verlegung zweier geistlicher Institutionen, von deren Existenz die meisten Rottenburger zuvor wahrscheinlich kaum eine Ahnung gehabt hatten, in ihre Stadt. Das Jahr 1817 war nämlich nicht nur das Jahr, in dem eine entscheidende Weichenstellung für die Zukunft Rottenburgs erfolgte. In die Geschichte eingegangen ist 1817 als das große Hungerjahr. Was steckt hinter diesem auch uns Heutige noch recht eigentümlich berührenden Begriff, der eine Naturkatastrophe bezeichnet, die vor allem auf der ganzen nördlichen Erdhalbkugel in ihren Auswirkungen zu spüren war?

Bereits im Jahr 1815 war der Mount Tambora, ein Vulkan auf der heute zu Indonesien gehörenden Insel Sambowa (Sumbawa), förmlich explodiert und hatte in einer gewaltigen Eruption riesige Mengen feinster Ascheteilchen hoch in die oberen Luftschichten gestoßen. Der Vulkanausbruch war in 2000 km Umkreis durch erdbebenartige Erschütterungen zu spüren. Eine neuere Untersuchung beschreibt den Vorgang so: „50 Kubikkilometer Asche wurden, einem riesigen Sektkorken gleich, in die Stratosphäre geschleudert und durch Strahlströme immer wieder um den Erdball getragen, eine blasse, fast nicht sichtbare Isolierung bildend, die immerhin einen gewissen Prozentsatz der Sonneneinstrahlung filterte." Dieser minimale Verlust an Sonnenenergie aber reichte bereits aus, um die Erwärmung der Meerestemperatur derart negativ zu beeinflussen, dass die sonst nur für den April charakteristischen Wetterschwankungen sich den ganzen Sommer 1816 hinzogen. Der immer wieder zurückkehrende Frost vernichtete nahezu die gesamten Ernten des Jahres 1816.

Das war natürlich auch in Rottenburg zu spüren. Als Augenzeuge schilderte Joseph Manz es so: „... am 2. May (1816) fieng es an zu regnen am Mittags 1 Uhr und regnete den ganzen Sommer und Herbst bis zu Ende des Jahres, so zu sagen, daß diesen ganzen Sommer nicht 10 Tage ungeregnet vorüber giengen, an vielen Orten konnten die Früchte nicht reif werden. An andern Orten erschlug der Hagel vieles, auch wurde vieles durch Überschwemmung zu Grund gerichtet, denn man mußte an vielen Orten auf Schifflein oder Flözen (= Flößen) in die Fruchtfelder fahren. Den Juni hat es auch geschnien, so der Schnee im Rottenburger Stadtwald 1 Schuh

Der ehemalige Pfleghof des Klosters Kreuzlingen, 1740 erbaut nach Plänen von Joseph Schmutzer.

(= ca. 30 cm) hoch gelegen, der aber gleich diesen Tag wieder gieng ... Im J. 1817 fieng das große Hungerjahr an, welches mehr mit Thränen als mit der Feder sollte beschrieben werden. Die Noth der Armen war so groß, daß man an vielen Orten aus Wurzeln, Baumrinden und Kräutern Brod gebaken und grüne Waldkräuter gekocht hatte, ja man hatte sogar Weizen aus Rusland kommen lassen."

Die reiche Getreideernte, die infolge der günstigeren Witterung 1817 möglich war, machte der Not ein Ende. Dementsprechend feierlich wurde auf Betreiben von Stadtpfarrer Jaumann am 8. September 1817 ein Erntedankfest in der Stadtpfarrkirche St. Martin begangen. „Nach der Predig hielt man die gewöhnliche Prozession der Rosenkranz-Bruderschaft, mit Absingen eines Danklieds, nach diesem war das Hochamt, dann sang man das ‚Herr Gott dich loben wir', wo man während desselben in einer Korngarbe das Opfer ablegte, welches gerade von (d. h. vor) dem Hochaltar bei den Stapflen stand. Bey den Stapflen stand ein Tisch, wo 6 weiß gekleidete Mädchen auf Platten Früchte darauf opferten, und also wurde dieses Dankfest beschlossen."

Einige Tage zuvor, am 3. September, besuchte König Wilhelm mit seiner Frau, Königin Katharina, die Stadt Rottenburg. Im Lauf der Visite „giengen Ihre Majestäten in die Stadtpfarrkirche, und von da in das ehemalige Karmeliterkloster, welches zum Seminarium bestimmt war".

Die neue Bestimmung Rottenburgs als Sitz des Generalvikariats wird bei diesem Besuch wohl erstmals zur Sprache gekommen sein – viel früher kann die Kunde davon wohl kaum in die Stadt gelangt sein, sonst hätte man vermutlich frühzeitiger mit den Arbeiten begonnen, die Manz so beschreibt: „Im Monat Octob. wurde der Chor (gemeint ist eine Art Empore oder hölzerner ‚Lettner' am Choreingang. Anm. d. Verf.) und die ehemalige Karmeliter-Orgel in der St. Martins-Kirche abgebrochen, welche vornen in der Kirche stunde (wahrscheinlich auf dem eben erwähnten „Chor". Anm. d. Verf.), und dagegen hinden ein andere aus dem ehemaligen Kloster Schöntal von Johann Eberhard Walkher, Orgelmacher zu Kanstatt, aufgericht worden, sie hat 1500 fl. gekostet."

Zeitgleich wurden in aller Eile in das Langhaus der ehemaligen Klosterkirche der Karmeliter mehrere Wohnungen für die neu ankommenden Generalvikariatsräte eingebaut. In aller Eile: Man nahm sich nicht einmal die Zeit, darauf zu achten, dass die Deckenbalken richtig auf dem

Mauerwerk auflagen; sie endeten teilweise bis zu 20 cm vor den Außenwänden, dafür lagen die Balken von ca. 20 cm Durchmesser im Abstand von höchstens etwa 70 cm in den Decken. An einigen Stellen liefen Deckenbalken quer durch die ab dem ersten Obergeschoss auf dicke Steinplatten aufgesetzten Kamine. Als diese Kamine in den 1960er-Jahren abgetragen wurden, kamen darin die angekokelten Balken zum Vorschein und auch die vor den Außenwänden endenden Deckenbalken hat der Verfasser seinerzeit mit eigenen Augen gesehen ... Der ehemalige Kreuzlinger Pfleghof Königstraße 9 wurde zur Wohnung für zwei Generalvikariatsräte bestimmt, war aber auch als Wohnung des künftigen Diözesanbischofs in Betracht gezogen worden; dieser Plan wurde aber nicht weiter verfolgt. Das stattliche Barockpalais diente dann von 1826/27 an bis 1938 als Sitz der Verwaltung des Oberamts Rottenburg.

Im Dezember 1817 „kam das Hochwürdigste General-Vikariat hier an", d. h. dessen geistliche und weltliche Beamte, am 12. Dezember schließlich „Seine Bischöfl. Gnaden Herr General-Provikar und Bischof von Evara" Joh. Bapt. Keller. Im selben Monat trafen auch die Alumnen des Priesterseminars, neun an der Zahl, in Rottenburg ein und bezogen mit Regens, Subregens und zwei Repetenten das ehemalige Karmeliterkloster als künftiges Domizil des Priesterseminars.

Die Beseitigung der Chorempore und die Aufstellung einer neuen Orgel im Oktober 1817 war der Anfang einer völligen Umgestaltung des Inneren der Stadtpfarrkirche St. Martin, die von nun an bereits Bischofskirche für den (Titular-)Bischof von Evara war!

Als die Geistlichkeit des Generalvikariats zum ersten Mal den Chor des nunmehrigen Doms betrat, fand sie darin einen weit ausladenden, alle drei Chorfenster verdeckenden barocken Baldachin- oder Säulenaltar. Dieser und das schwerfällige Chorgestühl von 1678 machten eine feierliche Entfaltung der Liturgie unmöglich. Auch die graue Schablonenmalerei des 17. Jahrhunderts im Innenraum des Gotteshauses entsprach nicht mehr dem klassizistischen Schönheitsempfinden; sie wurde zugestrichen. Bei der Domrenovierung von 1977/78 entdeckte man Fragmente davon und malte nach ihnen den Kirchenraum neu aus; 2001/03 wurde die düstere Malerei wieder zugedeckt.

1818 bekam die künftige Kathedrale „durch die Güte des Königs einen schönen antik-modernen gebauten Hochaltar mit Tabernakel, Säulen, Kuppel von weißem Gypsmarmor, die Ornamente matt und hell vergoldet, das Antependium ebenso mit porphyrener Auflage", ferner ein prächtiges Altarblatt aus der Mergentheimer Schlosskirche, die Geburt Christi darstellend und von einem italienischen Meister (N. Bambini?) stammend, sowie ein Seitenaltarblatt, „die Abnahme Jesu vom Kreuz vorstellend, mit prächtig vergoldeten Rahmen". Aus säkularisierten Klöstern des Landes fanden weitere Gemälde den Weg nach Rottenburg in die St. Martinskirche, von deren alter Ausstattung nur die zwölf Apostelfiguren übrig blieben und ein Gemälde mit der Auferweckung des Lazarus, das sogenannte „Hohenbergische Familiengemälde" mit Porträts der Freiherren v. Hohenberg, die im 17./18. Jahrhundert in der Gruft am Choreingang von St. Martin beigesetzt worden waren. Dieses Tafelbild kam 1955 irrtümlicherweise in die Konviktskirche von Ehingen/Donau, es gehört jedoch absolut zweifelsfrei nach Rottenburg und sollte endlich wieder zurückgeholt werden!

Ferner gehörten zur Ausstattung der St. Martinskirche sechs äußerst qualitätvolle Barock-Beichtstühle aus der Klosterkirche Zwiefalten. Im Jahr 1817 kam durch Bemühungen von Stadtpfarrer Jaumann ein Teil des Gestühls aus der königlichen Ordenskapelle im Ludwigsburger Schloss als ‚Chorgestühl' in die neu ausgestattete Domkirche. Teile dieses eigenartigen Gestühls im Empirestil – weiß gefasst, reich vergoldet, mit Namen und Wappen damaliger europäischer Fürsten – konnte man noch gegen Ende der 1920er-Jahre in vielen Rottenburger Häusern antreffen.

Am 24. Juni 1818 wurde im neuen Priesterseminar der Namenstag von Johann Bapt. Keller, dem Generalvikar und Bischof von Evara, „auf eine vorzügliche Art" gefeiert. Es wurde „unter Anleitung von Herrn Obersten v. Cammerer von

Zweigen ein Tempel erbaut, und mit lebendigen Blumen und Inschriften geschmückt, die Schuljugend und ihre Lehrer sangen einen Glückwunschchor etc.". Vom 9. bis 12. August firmte Keller das erste Mal in Rottenburg, „es wurde aber kein Kind unter 12 Jahre gefirmt".

Am 24. Januar 1819 veranstaltete das Generalvikariat einen aufwendigen Trauergottesdienst für die am 9. Januar unerwartet verstorbene Königin Katharina. Die seit 1806 entstandene, noch kleine evangelische Gemeinde hielt diese Trauerfeier am 7. März ab. Dazu „wurde auch das Generalvikariat und die kathol. Geistlichkeit geladen, welche auch dabei erschienen", notierte der nunmehrige Generalvikariatsrat Haßler in einem der letzten Einträge seiner Chronik. Dieser Vorgang mag als Beispiel für das früh einsetzende Zusammengehen der beiden großen Konfessionen in Rottenburg gelten.

Diözesangründung und Bischofsinthronisation

An dieser Stelle muss erneut ein Blick auf die hohe (Kirchen-)Politik jener Jahre geworfen werden. Nachdem in Frankfurt langwierige zwischenstaatliche Verhandlungen über die Neuordnung der kirchlichen Verhältnisse Südwestdeutschlands geführt worden waren, deren Ergebnisse von Rom nur gegen Erfüllung einiger eigener Rechtsgrundsätze akzeptiert werden konnten, einigten sich die Vertreter der beteiligten Staaten im Januar 1821 auf zwei Dokumente. Dies waren die „Kirchenpragmatik", die das Verhältnis zwischen Kirche und Staat ordnen sollte, und das „Fundationsinstrument", das als eine Art Dotationsinstrument angelegt war und Bischöfen und Domkapiteln als Grundgesetz der jeweiligen Diözesanstiftung dienen sollte.

Diese Dokumente erleichterten die Zustimmung des Papstes zur notwendig gewordenen Neuregelung. Am 16. August 1821 gab er die Bulle „Providia solersque" heraus, mit der die „Oberrheinische Kirchenprovinz" mit dem neuen Erzbistum Freiburg und den neuen Diözesen Rottenburg, Mainz, Limburg und Fulda errichtet wurde.

Der Kernsatz der Rottenburg betreffenden Teile der päpstlichen Bulle lautet: „Mit gleicher Erkenntniß, Ueberlegung und Gewalt, zur Ehre des Allmächtigen Gottes, zur Erhöhung des wahren Glaubens und zur Beförderung der katholischen Religion errichten und bestimmen Wir für alle Zeit ... Rottenburg am Neckar, ehemals die Hauptstadt des Herzogthums Hohenberg, mitten im Königreiche Württemberg, mit einem Provinzial-Justiz-Collegium, und 5500 Einwohnern, zur bischöflichen Stadt, und den dort befindlichen sehr ansehnlichen Tempel („eaque peramplum Templum") unter Anrufung des heiligen Martin, Bischofs und Beichtigers, zur bischöflichen Kirche." (Nach zeitgenössischer Übersetzung).

Alle im Königreich Württemberg gelegenen Pfarreien nach dem Stand von 1816 wurden dem Bistum Rottenburg unterstellt. Das Domkapitel sollte aus dem Dekan, sechs Kanonikaten (Stellen für Domkapitulare) und sechs Präbenden (Stellen für Präbendare, d.h. für Domkapläne) bestehen.

Davon abgesehen, dass Rottenburg nie Hauptstadt eines nie existierenden Herzogtums, sondern einer Grafschaft war, und abgesehen davon, dass die angesichts ihres damaligen Zustands doch recht euphemistische Bezeichnung der St. Martinspfarrkirche immer wieder bekrittelt wurde – zumindest von damaligen Zeitgenossen und von späteren Befürwortern einer Verlegung des Bischofssitzes nach Ellwangen oder Weingarten – war durch die Bulle Klarheit in die kirchlichen Verhältnisse des Landes gebracht: Rottenburg „für alle Zeit" Bischofsstadt und die St. Martinskirche bischöfliche Kirche, Kathedrale – von jetzt an war es offiziell.

Für Rottenburg, die neue Bischofsstadt, waren noch einige andere Sätze in „Providia solersque" von Bedeutung: „Außerdem verordnen Wir, daß zur Wohnung des Bischofs und zur bischöflichen Curie ein in der Stadt Rottenburg gegen das Neckarthal hin gelegenes, vormals für die Königliche Landvogtei bestimmtes Haus mit anstoßendem Garten und Zubehörungen, zur Wohnung des Dekans, der sechs Capitularen und der sechs Präpendaten andere in vorbesagter Urkunde

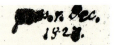

Titelseite der Druckausgabe der päpstlichen Bulle „Providia solersque". Rottenburger Druck von 1828.

IO. BAPTISTA Dei et Apostolicae Sedis Gratia Episcopus Evariensis, Vicarius Apostol. Generalis etc. ad infra scripta a Sanctissimo Domino Nostro **P. PIO VII.** beatissimae memoriae specialiter delegatus.	**Johann Baptist** durch Gottes und des apostol. Stuhles Gnade Bischof von Evara, apostolischer General=Vicar ꝛc. Zur Vollziehung des untenstehenden von Sr. Heiligkeit **Pabst Pius VII.** seligsten Andenkens besonders Bevollmächtigter.
Universis, qui Dioecesi Rottenburgensi adscripti sunt, Fidelibus salutem in Domino!	Allen Gläubigen, welche dem bischöflichen Sprengel Rottenburg angehören, unsern Gruß in dem Herrn!
Quum Sanctissimus Dominus Noster Pius P. VII. felicissimae memoriae ad instaurandum ac probe stabiliendum rerum ecclesiasticarum ordinem in quinque unitis, qui Dominationi Serenissimorum Principum, nimirum Potentissimi Regis Wurtembergiae, magni Ducis Badensis, Electoris Hassiae, Magni Ducis Hassiae ac Ducis Nassoviae aeque ac magni Ducis Megapolitani sive Meclenburgio-Sverinensis, Ducum Saxoniae, ac Holsatiae-Oldenburgiae, Principum ab Hohenzollern Sigmaringen et Hechingen, Principis in Waldeck ac liberarum civitatum Lubeccae, Francofordiae et Bremae, Germaniae statibus actu subsunt — praevia conventione Sedem apostolicam inter et eosdem Status inita, per apostolicas sub plumbo litteras incipientes: „provida solersque" sub datum Romae apud Sanctam Mariam majorem anno incarnationis Do-	Da unser heiliger Vater Pabst Pius VII. seligsten Andenkens zu Wiederherstellung und Festsetzung der Kirchenordnung in den fünf vereinten deutschen Staaten, welche in dem Gebiete der Durchlauchtigsten Fürsten, nemlich Seiner Majestät des Königs von Würtemberg, des Großherzogs von Baden, des Kurfürsten von Hessen, des Großherzogs von Hessen, des Herzogs von Nassau, so wie des Großherzogs von Meklenburg-Schwerin, der Herzoge von Sachsen und Holstein Oldenburg, der Fürsten von Hohenzollern Sigmaringen und Hechingen, des Fürsten von Waldeck und der freien Städte Lübeck, Frankfurt und Bremen gegenwärtig gelegen sind, nach vorläufig getroffener Uebereinkunft zwischen dem apostolischen Stuhl und denselben Staaten mittelst der Bulle, welche mit den Worten: „Provida solersque„ be-

Westseite des Priesterseminars mit dem vom späteren Bischof J. B. v. Keller angelegten Ziergarten. Kolorierte Lithografie um 1828/29.

(gemeint ist damit das staatliche „Fundationsinstrument". Anm. d. Verf.) gleichfalls beschriebene Häuser; weniger nicht zum bischöflichen Seminar, nach vorgängiger Aufhebung des vormals von den Geistlichen des Ordens der heiligen Jungfrau vom Berge Carmel bewohnten Klosters, dieses nemlichen vormaligen Klosters am Neckar gelegenes Gebäude zum Behuf eines Priester-Seminars angewiesen werde." (Nach zeitgenössischer Übersetzung.)

Schon im Vorfeld der Verlegung des Generalvikariats nach Rottenburg 1817 war infolge der Säkularisation von 1806 die an der Karmeliterstraße gelegene Klosterkirche der Karmeliter ausgeräumt worden. In das Langhaus der Kirche – der Chor war als Hauskapelle für das künftige Priesterseminar vorgesehen – waren, wie erwähnt, in aller Eile Wohnungen für das geistliche Personal des Generalvikariats eingebaut worden. Generalvikar Keller und zwei seiner Räte nutzten diese Wohnungen für sich, in den drei anderen Flügeln der Klosteranlage war hauptsächlich das Priesterseminar untergebracht. Zum Verfügungsbereich des Generalvikars gehörte damals auch der „ungefähr ½ Morgen (große) Garten, zwischen dem vormaligen Karmeliten-Kloster und der Neckarbrücke gelegen, wie solchen der bisherige General-Vikar als Bewohner des zunächstanstoßenden Gebäudes neu angelegt, innegehabt und benutzt hat". Dieser Garten wurde nun als „Erholungsplatz für die Seminaristen neben dem inneren Hofraum des Seminargebäudes" bestimmt.

Der Garten, den Generalvikar Keller angelegt hatte – einer Lithographie von 1828/29 zufolge mit geometrisch gestalteten Beeten – befand sich ausschließlich auf der Westseite der einstigen Klosteranlage, im Bereich des ehemaligen „Karmeliter-Kirchhofs". Den Park entlang der Südfront gab es in den 1820er-Jahren noch nicht, denn Neckar und Großer Mühlkanal grenzten seit dem Mittelalter unmittelbar an die Grundmauern des südlichen Klosterflügels. Erst zu Beginn der 1830er-Jahre wurde das heutige Parkgelände geschaffen – nachdem zuvor das alte Streichwehr an einen Platz unterhalb der Stadt verlegt und der Große Mühlkanal durch gleichzeitige Verlegung der Mühle ebenfalls entbehrlich geworden war und aufgefüllt werden konnte. Die Wohnungen im Langhaus der früheren Klosterkirche teilten sich künftig mehrere Domkapitulare, einer wurde im nunmehrigen Dompfarrhaus einquartiert, indem man dem jeweils rangjüngsten Domkapitular zusätzlich das Amt des Dompfarrers übertrug. Diese Regelung bestand übrigens, von einer Ausnahme abgesehen, noch bis in die Zeit des Zweiten Weltkriegs.

Dem höheren geistlichen Personal des Bistums, nämlich Bischof, Domdekan und neu ernanntem Generalvikar, wurden Wohnungen in den Flügeln des ehemaligen Jesuitenkollegs angewiesen, dessen Gebäude nach Aufhebung des Ordens zunächst österreichischer, dann württembergischer Verwaltungssitz mit Wohnung des Landeshauptmanns bzw. des württembergischen Landvogts gewesen war. Wie die landvogteilichen Kanzleien waren nun auch „die bischöfliche Kanzlei, die Bisthumspflege, das bischöfliche Archiv" und das für die „Collegiat-Verhandlungen des Domkapitels benöthigte Local" in den Erdgeschossräumen des ehemaligen Jesuitenkollegs untergebracht.

Die Domkapläne aber wurden teils ebenfalls im Erdgeschoss des „Bischöflichen Palais" – so der neue Name für Jesuitenkolleg bzw. Landvogtei – untergebracht, teils im ehemaligen Karmeliterkloster/Priesterseminar. Eine Wohnung kam in die gewesene Stiftsprädikatur von St. Moriz, die seit dem Ehinger Brand von 1786 bis zur Aufhebung des Stifts 1806 als Propstei gedient hatte, d. h. ins Haus St. Morizplatz 17, dessen Erdgeschoss außerdem als „Korrektionshaus" für Geistliche dienen sollte.

Die Errichtung der neuen Diözese Rottenburg war damit abgeschlossen. Nun ging es darum, den ersten Bischof von Rottenburg zu benennen. Württemberg schlug in Rom zunächst seinen Wunschkandidaten vor, den bisherigen Konstanzer Bistumsverweser Ignaz Heinrich v. Wessenberg; er wurde von Rom auf das Bestimmteste abgelehnt. Nun brachte Württemberg den Tübinger Theologieprofessor Sebastian Drey ins Gespräch, das Haupt der Tübinger katholisch-theologischen Schule. Er fand nicht die Zustimmung des neuen Papstes Leo XII., des früheren Nuntius della Genga. Auch drei weitere Versuche Württembergs, Drey als seinen Kandidaten durchzusetzen, scheiterten am entschiedenen Widerstand Roms. Daraufhin bemühte sich der König in direktem Kontakt mit dem Heiligen Stuhl um eine Lösung und erhielt durch seinen Gesandten die Antwort, „daß Seine Heiligkeit den Bischof Keller ohne weitere Schwierigkeiten als Bischof von Rottenburg instituieren werde, wenn dieser hier vorteilhaft bekannte Prälat sich in guten Gesundheitsumständen befände und die Gnade Sr. Majestät des Königs genießt".

Beides war der Fall und so konnte am 11. April 1827 die päpstliche Bulle „Ad dominici gregis custodiam" über die endgültige kirchliche Neuordnung in den beteiligten Staaten erlassen werden. Bischof Keller als Vollzieher der Bulle „Providia solersque" von 1821 gab am 25. Oktober 1827 einen Erlass an „alle Gläubigen, welche dem Sprengel Rottenburg angehören" heraus, in dem die künftige Rolle Rottenburgs noch einmal nachhaltig bestätigt wurde: „Was nun die Errichtung des bischöflichen Sitzes in Rottenburg insbesondere betrifft, so wollen Wir ... die Haupt- oder erste Stadtpfarrkirche unter den Titel zum heil. Martin dem Bischof für den Gottesdienst ge-

Das neugotische Chorgestühl des Doms von 1867 mit bischöflicher Kathedra im Hintergrund. Aufnahme um 1900/10.

bührend und schicklich hergestellt, zur Kathedralkirche erheben, errichten und verkünden, und bestimmen diese Stadt für nun und allezeit oder immerwährend zur bischöflichen Stadt mit allen Rechten, Gerichtsbarkeit, Vorzügen, Ehren und Freiheiten, welche dem bischöflichen Sitze und der Kathedralkirche gesezmäßig gebühren." Auch das Priesterseminar wird in seiner Bedeutung nochmals eigens hervorgehoben: „ ... so wollen Wir auch für den bischöflichen Sitz in Rottenburg ein eigenes Seminarium (höhere Bildungsanstalt) errichten, da Wir es zu den hochwichtigsten und edelsten Instituten für die Erhaltung der Religion zählen und über welchem dem Bischof nichts höher stehen kann, unserem Herzen unbeschreiblich nahe liegt und rühmen das Priester-Seminarium von Rottenburg, welches in dem längst erloschenen Carmelitenkloster daselbst schon seit zehn Jahren besteht, als die vortrefflichste geistliche Erziehungs-Anstalt."

Damit hatte Rottenburg endgültig Würde und Status einer „bischöflichen Stadt" erhalten, den Rang der Diözesanhauptstadt – und zwar „für nun und allezeit oder immerwährend"! Die bescheidene ehemalige Marktkirche wurde, unabhängig von ihrem kunsthistorischen Wert, zur Kathedralkirche, zur Domkirche der neuen Diözese, denn sie enthielt künftig die Kathedra, den Lehr-Stuhl des Bischofs. Der Rang des Priesterseminars wird mit bewegenden Worten bezeugt.

So ist, 22 Jahre nachdem es ausgesprochen worden war, ein Wort des württembergischen Königs Friedrich – vielleicht entgegen seiner Absicht, denn er bevorzugte andere Städte des Landes als Bischofssitz – unter seinem Sohn zu guter Letzt doch noch in Erfüllung gegangen, jenes Wort von der „fürwährenden königlichen Huld und Gnade" und von den „landesherrlichen Bemühungen" für seine neuen Rottenburger Untertanen, „um das Glück des Einzelnen wie des Ganzen vollkommen zu sichern".

Das Vorhandensein von Bischof, Ordinariat und Seminar ist in unseren Tagen selbstverständlich geworden, wird als Teil der Stadt kaum noch richtig wahrgenommen. Es ist daher sicher nicht falsch, sich die Vorgeschichte der ‚Bischofsstadt-Werdung' einmal gründlich zu vergegenwärtigen, um die Besonderheit dieses Status' neu zu erkennen. Immerhin hat Rottenburg damit fast nahtlos an die zurückliegenden Zeiten seines Glanzes anknüpfen können, an seine Zeit als Hauptstadt der Grafschaft Hohenberg.

Diese Form der Kontinuität über Jahrhunderte hinweg, von nur etwas mehr als dem Jahrzehnt von 1806 bis 1817 unterbrochen, ist in der Tat ein königliches Geschenk, wie es nicht jede Stadt Neuwürttembergs entgegennehmen durfte. Was wäre schon Rottenburg ohne seinen Bischofssitz? Wer über ihre engere Umgebung hinaus würde den Namen der Stadt ohne ihren Bischofssitz überhaupt kennen? Es ist gewiss nicht falsch, auch darüber gelegentlich nachzudenken. Die Geschichte der von Rottenburg aus geführten Diözese und ihrer Bischöfe gehört nicht zu unserem Thema. Nur die feierliche Inthronisation des ersten Bischofs und die ihr vorangehenden und folgenden Ereignisse sollen uns nun noch beschäftigen.

Die 1820er-Jahre

Was bewegte die Rottenburger, nachdem sie seit 1817 einen Generalvikar und Titularbischof mit seiner Behörde in ihrer Stadt beherbergten? Dass ihre Stadt Diözesanhauptstadt werden würde und dass folglich irgendwann ein ‚richtiger' Bischof mit seinem Domkapitel den Namen Rottenburgs im Land bekannt machen würde, könnte ihnen von 1817 bzw. 1821 an allmählich gedämmert haben, wenn sie auch nicht allzu viele Details der geschilderten Entwicklung gekannt haben werden.

Ihre Sorgen bewegten sich in anderen Sphären. In ihrer Mehrzahl waren sie bestenfalls Handwerker, häufiger jedoch Ackerbürger oder kleine Weingärtner. Sie alle hatten mit Existenzsorgen aller Art zu kämpfen, vom notorischen Geldmangel und dem stets drohenden Absturz in die Armut bis zu den häufigen Todesfällen bei ihren Kindern.

Typisch für die Interessenlage der Zeitgenossen sind Notizen, die Joseph Manz in jenen Jahren aufzeichnete. So 1821: „Den 21. Juni, am Fest Corporis Christi, gab es einen Reifen, es erfrohren die Reben, Bohnen, Grundbirnen." Aber auch dies: „1822 war ein truckener Jahrgang, denn es regnete nicht vom 15. März bis zur Ernte, welche schon 5 Tage nach S. Johann des Täufers (24. Juni) war. Das Erdreich hatte Spälte 2–3 Schuh (= ca. 60–90 cm) tief. Am Fest Jakobi (25. Juli) gab es schon reife Trauben. Es gab aber auch so viele Mäuse, daß sie beinahe ganze Äcker abfraßen, sonderheitlich im Kalchweilerfeld." Das darauffolgende Jahr 1824 hielt eine neue Überraschung bereit: „Auch war in diesem Jahr ein großer Mangel an Wasser in den Bronnen, der Markt- und Silcherthor-Röhrbronn hatten kein Wasser, ersterer nicht einmal zu einem Rohr, letzterer gar keins." Ein Hagelunwetter am 30. Juli vernichtete große Teile der Ernte, taubeneigroße Hagelkörner bedeckten den Boden 30 cm hoch. Am 20. Oktober überflutete ein Neckar-Hochwasser Unterwässer und Schänzle rund 60 cm hoch. Dies sind nur ein paar Naturereignisse, die nicht nur den Ackerbau treibenden Rottenburgern zusetzten und ihre Gedanken beschäftigten.

Aber es gab auch anderes zu berichten, so z. B. von Renovierungsmaßnahmen am künftigen Dom. Die Kanzel wurde 1825 um eine Säule weiter nach vorn versetzt, „die Bilder davon abgenommen, und weiß gefaßt", ebenso die Emporenbrüstung. Auch das Äußere wurde renoviert –

Die Stadt vom Gelben Kreidebusen aus.
Gouache von Fidel Hermann aus dem Jahr 1817.

dabei wurde das bisherige „Wächterhäusle", das städtische Wachtlokal, das rechts vom Haupteingang an den Dom angebaut war, abgebrochen; das Wachtlokal wurde in das Rathaus verlegt.
Der Sülchenfriedhof wurde vergrößert, das alte Beinhaus abgebrochen, die neue Kanzel in der Klausenkirche gefasst und vergoldet. Im September wurde „das Spital renoviert und die kupferne Drachen an der Dachrinne weggebrochen", d. h. die als Drachen geformten Wasserspeier.
Im Jahr 1826 konnte zwischen dem 3. und dem 17. September ein von Papst Leo XII. verkündeter Jubiläumsablass gewonnen werden. Zur Eröffnung gab es eine Predigt von Generalvikar Keller, eine Prozession um die Kirche, dann die Marktgasse hinab, am Priesterseminar vorbei, die Klostergasse hinauf und zurück in den Dom; dabei wurde die Allerheiligenlitanei gebetet. Im Anschluss daran hielt Keller das Hochamt. An vier Altären der Kirche konnte der Ablass während der beiden Wochen gewonnen werden, zum Abschluss fand wieder Prozession und Hochamt statt.

Bald danach, am 25. September, wurden Skapulier-, Josefs-, Anna- und Sebastiansaltar aus der künftigen Bischofskirche – sie stammten aus der ehemaligen Karmeliterkirche – an Rottenburger verkauft, ebenso die von der Kanzel abgenommenen Bilder.
Im selben Jahr wurden die Figuren samt der schadhaft gewordenen Mittelsäule des Marktbrunnens ausgebessert und Stadtpfarrer Jaumann erhielt für seine Verdienste um das Rottenburger Schulwesen „von Seiten der Stadt zur Dankbarkeit" einen silbernen Becher überreicht.
Ebenfalls 1826 erhielt die künftige Bischofsstadt mit dem „Neckar-Boten" ihre erste eigene Lokalzeitung. Zuvor hatte das 1819 gegründete „Intelligenzblatt für Tübingen und Rottenburg" dazu beigetragen, die Neugierde der Rottenburger mit amtlichen Bekanntmachungen, Personenstandsmeldungen, ‚bildenden' Aufsätzchen, Anekdoten u. Ä. zu befriedigen. Der „Neckar-Bote" brachte ein ähnliches Programm, dazu Anzeigen der Rottenburger Geschäftswelt, sofern sie bereit war, das neue Medium für sich zu nutzen. Bis zu

Votivbild von 1827 zu Ehren des hl. Wendelin als Dank für die Rettung einer ins Neckareis eingebrochenen Kuh. Aquarellierte Federzeichnung von Sebastian Hermann (1778–1844).

seinem von den Nationalsozialisten erzwungenen Erlöschen in den 1930er-Jahren hatte der „Neckar-Bote", der nach 1900 in der „Rottenburger Zeitung" aufging, seine katholische Grundtendenz beibehalten; im Land galt das Blatt als ausgesprochenes Organ der Zentrumspartei. Als die Oberamtsverwaltung aus dem ehemaligen Jesuitenkolleg auszog, um Platz zu machen für Bischof, Domkapitel und Diözesanverwaltung, musste sie das loswerden, was noch an Relikten aus österreichischer Zeit im Gebäude lagerte. So konnten die Leser des „Neckar-Boten" staunend erfahren, dass das württembergische Kameralamt „altes Papier und Rechnungen aus dem ausgeschiedenen hohenbergischen Archiv" zum Kauf anbot. Bei der Besitzergreifung 1806 hatte man das Archiv nicht schnell genug versiegeln und Teile davon nach Stuttgart abtransportieren können und nun, rund 20 Jahre später, lagen immer noch Papierberge herum, die man schleunigst loswerden wollte – die Akten wurden als so unwert angesehen, dass man sie als Einwickelpapier empfahl. Was mag da wohl alles an Geschichtsquellen aus amtlichem Unverstand vernichtet worden sein?

Im März 1827 wurde der Wartturm auf dem Heuberg renoviert; statt seines bisherigen ziegelgedeckten Kegeldachs erhielt er die jetzige Plattform mit Brüstung und der Eingang, der sich zuvor nach mittelalterlichem Brauch auf halber Höhe befunden hatte, wurde nach unten verlegt. Nachdem die bereits im Vorjahr verkauften vier Altäre der St. Martinskirche abgebrochen worden waren, wurden im März 1827 „vier neue mit schönen Altartafeln" aufgerichtet und weil im Sommer am „S. Martins Kirchen Thurm" ein „Stein von dem Laubwerk aus dem runden Loch gegen den Markt" heruntergefallen war, wurden die Fugen des ganzen Turmhelms mit Mörtel ausgestrichen und gesichert.

Das Nötigste war nun getan; wo es erforderlich war, hatte man verschönert und verbessert, in und außerhalb der künftigen Kathedralkirche, in der Stadt und in der Umgebung. Man war bereit für das Kommende. Die Bulle „Providia solersque" wurde nach ihrer Bekanntgabe in Form eines Königlichen Reskripts vom 24. Oktober 1827 am 4. November von den Kanzeln der beiden Rottenburger Pfarrkirchen verlesen und wurde damit öffentlich. „Rottenburg soll als die erste nach der Metropolitan Kirche für jetzt und immer angesehen werden" – so formulierte der Chronist die für die Stadt wichtigste Aussage des Dokuments.

Als weitere ‚Verschönerungsmaßnahme' wurden auf Anordnung des Generalvikariats gleich zu Beginn des folgenden Jahres 1828 „alle in den Kirchen angekleideten Bilder entkleidet" – „welcher Befehl auch schon bey Regierung Kaiser Jos(ephs) II. ergangen". Alle in der Barockzeit bekleideten Heiligenfiguren sollten also ihre teils sehr kostbaren, meist gestifteten Gewänder verlieren. Die Bekleidung beispielsweise des Gnadenbilds im Weggental mit kostbaren Brokat-, Damast- oder Seidengewändern ist auf alten Abbildungen gut zu erkennen. Das Inventar des Weggentals von 1777 erwähnt zwar das Vorhandensein verschiedener „Muttergottes-Kleidle", berichtet aber, sie seien in der Obhut des Wallfahrtsseelsorgers, deshalb könnten sie nicht einzeln aufgezählt werden. In diesem Inventar werden ferner erwähnt vier in Damastgewänder gekleidete Jesuskindfiguren. Dass hier ein bereits unter Kaiser Joseph II. († 1790) ergangenes Verbot wiederholt werden musste, zeigt, dass man im Befolgen solcher Anordnungen nicht immer sehr eifrig und tatkräftig war.

Die Inthronisation des ersten Rottenburger Bischofs

Die Ereignisse der Jahre 1817 und 1821, d. h. die Verlegung des Generalvikariats nach Rottenburg und die Errichtung der gleichnamigen Diözese, fanden im Mai 1828 mit der Inthronisation des ersten Rottenburger Bischofs ihren Höhepunkt. Eine Bischofsweihe brauchte ja nicht stattzufinden, da Johann Bapt. Keller seit seiner Weihe durch Papst Pius VII. in Rom 1816 bereits Bischof war.

Es wurde ein viertägiges Fest, wieder einmal ein richtiges Fest nach dem Herzen der Rottenburger, die so etwas lange Jahre hatten entbehren müssen. Über den Verlauf der festlichen Tage unterrichtet die Schrift „Die hohe Feyer der kirchlichen Inthronisation des Hochwürdigsten Bischofs von Rottenburg Joh. Bapt. v. Keller und der Installation des gesamten Domkapitels in kurzer Skizze entworfen von einigen Augenzeugen, Rottenburg am Neckar bey Franz Joseph Betz 1828" sehr ausführlich. Die folgenden Zitate sind dieser Quelle entnommen. Auf diese halboffizielle Beschreibung der festlichen Tage, die unter Federführung des schreibgewandten Dom- und Pfarrkaplans Dr. Lorenz Lang entstand, stützte sich der Chronist Joseph Manz in seinem Bericht, der knapper und straffer von den Geschehnissen erzählt. Auf die Texte dieser Augenzeugen, zu denen eben auch Manz gehörte,

Rottenburgs Lokalzeitung im 19. Jahrhundert, der „Neckarbote".

Domkaplan Lorenz Langs Bericht über die Bischofsinthronisation von 1828.

stützt sich die folgende Schilderung der Ereignisse. Da diese Berichte in der Literatur bisher noch nirgends richtig ausgewertet wurden, dürfen sie an dieser Stelle mit etwas mehr Aufmerksamkeit betrachtet werden. Der Verlauf der Festtage stellt sich so dar:
Der 18. Mai, Sonntag
„Und was thut denn heute Rottenburg, welches schon so lange Jahre den ehrwürdigen Oberhirten vorher in seiner Mitte ehrte und schätzte?" Die Rottenburger warteten gespannt, „Fröhlichkeit, Munterkeit und freudige Erwartung leuchtete aus den Augen aller hervor." Ganz Rottenburg zeigte sich in festlichem Schmuck, Triumphbögen waren errichtet worden, der Dom trug sein erneuertes Gewand, präsentierte seine neue Ausstattung. Die beiden Kompanien der Bürgerwache, an ihrer Spitze als Kommandant Stadtschultheiß Friedrich Erath, standen beim Triumphbogen auf dem Ehinger Platz, oben an der heutigen Ehinger Straße bereit „und auch das schwere Geschütz (war) auf den angränzenden Hügeln zum würdigen Empfange aufgestellt". Rottenburg erwartete nämlich eine ranghohe Stuttgarter Regierungsdelegation: den Innenminister v. Schmidlin als persönlichen Vertreter des Königs sowie Direktor v. Camerer, Vorstand des Kath. Kirchenrats, und Regierungsrat v. Roth.

Eine Abordnung des Domkapitels und der Stadt war nach Tübingen gereist, um dort die Vertreter des Staates in Empfang zu nehmen und nach Rottenburg zu geleiten. Nach 15 Uhr traf die Gruppe in Rottenburg ein, begrüßt vom Geläut aller Glocken und vom Donner der Geschütze, aber auch von den Bürgern der Stadt „und einer zahlreichen Schaar des aus den nahe gelegenen Dörfern herbeygeströmten Volkes". Stadtschultheiß Erath sprach Begrüßungsworte, flankiert von den Mitgliedern des Stadtrats und des Bürgerausschusses. Danach begaben sich die Delegationsmitglieder, begleitet von der Bürgerwache mit Türkischer Musik „in ihr Quartier auf der Post" (Manz), d. h. in den Gasthof „Krone" in der Königstraße (Haus Nr. 45), in dem sich seit 1807 die Posthalterei befand. Dort wurden sie sofort nach ihrem Eintreffen von Bischof Keller begrüßt, der ihnen die Mitglieder des Domkapitels und die Domkapläne vorstellte. Danach wurde die Regierungsdelegation auch vom übrigen Klerus aus Stadt und Land begrüßt, aber auch von den Beamten des Oberamts und den städtischen Behörden. Daraufhin machten die hohen Gäste ihren Gegenbesuch im Bischöflichen Palais, dem ehemaligen Jesuitenkolleg.

Abends war „die ganze Straße vom Silcher bis zum Oberthor" (Manz) mit einer festlichen Illumination geschmückt, besonders die Domkirche, das Bischöfliche Palais und das Rathaus, auf der Anhöhe über Ehingen aber auch das ehemalige Franziskanerinnenkloster und nunmehrige Wirtshaus zur Oberen Klause. Die Illumination bestand aus unzähligen Lichtern, Schrift- und Symboltransparenten, „welche seine Exzellenz der Herr Minister mit dem Hochwürdigsten Bischof, sammt der übrigen hohen Commission und allen Geistlichen und weltlichen Behörden unter Paradiren des Bürgermilitärs in Augenschein zu nehmen geruhten".

Spätabends um 22 Uhr bewegte sich die Gesellschaft in das außen und innen festlich beleuchtete und geschmückte Rathaus, „wo eine Tafel von 80 Gedecken für die hohen Abgeordneten vom löblichen Magistrate angeordnet war. Fröhlich und heiter, wie die lieblichen Sterne, welche auf die allmählig verglimenden Illuminationsflämmlein ruhig herabfunkelten, unterhielt sich die würdige Gesellschaft".

Um Mitternacht, nach einem dreimaligen „Lebe hoch" auf König Wilhelm, wurde „die hohe Versammlung aufgelöst, unter der höchsten Freude aller wegen der Bedeutsamkeit kommender Tage".

Der 19. Mai, Montag

„Schon zur Zeit der Betglocke, und noch vorher, Morgens also um 4 ein halb Uhr, bereitete der frohe Schall türkischer Musik und das Exerciren des Bürgermilitärs die Festlichkeit vor, welche am heutigen Tage begangen werden sollte."

„Noch in der Morgenstunde begab sich die hohe Regierungs-Commission in die bischöfliche Curie, wo sie von dem Hochwürdigsten Bischofe im versammelten Domkapitel empfangen wurde."

Minister v. Schmidlin händigte dem Bischof die päpstlichen Bullen und Breven aus, die über Errichtung und erstmalige Besetzung der Rottenburger Diözese erlassen worden waren, dazu das Königliche Fundationsinstrument für das Bistum sowie „die übrigen hierauf sich beziehenden Urkunden, mit der landesherrlichen Ermächtigung, die bischöflichen Funktionen nunmehr wirklich anzutreten".

Nun legten die Mitglieder des Domkapitels den Eid auf den Landesherrn und ihre ihm gegenüber bestehenden Pflichten ab; im Anschluss daran erhielten sie vom Bischof die neuen Kapitelskreuze überreicht; Domdekan Jaumann trug bei dieser Gelegenheit das ihm vom König verliehene Ritterkreuz des württembergischen Kronenordens. Die Ansprache, die der Minister bei diesem Akt hielt, wurde durch Bischof Keller und Domdekan Jaumann beantwortet.

Während sich dieser zentrale Akt in feierlicher Form in der „bischöflichen Curie" abspielte, trafen als weitere Staatsgäste der Justizminister Freiherr v. Maucler und der Kriegsminister Graf v. Franquemont in Rottenburg ein.

Neben den Staatsgästen sowie Bischof, Domdekan und Domkapitel nahmen auch die zu diesem Einsetzungsakt einberufenen Dekane der neuen Diözese sowie die Orts- und Bezirksbeamten an einem Festessen teil, das vom Innenminister gegeben wurde – wo, geht aus den zeitgenössischen Berichten nicht hervor.

Die Zeit bis zum Abend „ward einer sehr gelungenen Probe der musikalischen Talente und Fertigkeiten der Zöglinge des Priester-Seminars und des (Tübinger) Wilhelms-Stiftes in der bischöflichen Wohnung gewidmet". Am Abend dann wurden durch einstündiges (!) Glockengeläut – „mit geeigneter dreimaliger Unterbrechung" – von den Türmen von Dom und St. Moriz-Pfarrkirche die Feierlichkeiten des kommenden Tages angekündigt. Den Abschluss des Tages bildete um 21 Uhr „ein großes orientalisches Feuerwerk", das „der Kunstfeuerwerker Hornung zur allgemeinen Zufriedenheit" abbrannte.

Der 20. Mai, Dienstag

Über das Programm dieses Tages, nämlich „Besitznahme des Bisthumssitzes durch den Hochwürdigsten Bischof" und „Installation der Domkapitulare etc. und auch andere Feierlichkeiten" informiert ein in Rottenburg auf gutes, kräftiges Papier der hiesigen Papiermühle gedrucktes Festprogramm, das durch die Broschüre des schon öfters zitierten Domkaplans Dr. Lorenz Lang ergänzt und an einzelnen Stellen auch korrigiert wird.

Frühmorgens wurden die Rottenburger auf traditionelle Weise mit türkischer Musik und „durch die Uebungen des Bürger-Militärs zur freudigen Feyer" dieses denk- und merkwürdigen Tages geweckt. Um 7 Uhr ertönte von beiden Pfarrkirchen ein viertelstündiges Geläut aller Glocken,

Das festlich illuminierte Bischöfliche Palais am Abend des 18. Mai 1828. Lithografie in der Schrift von Domkaplan Lang.

Prospect des Bischöflichen Palais bei der Beleuchtung am 18 Mai 1828.

die Angehörigen beider Pfarreien begaben sich in ihre Pfarrkirchen. Um ½ 8 Uhr feierte im Dom der jüngste Domkaplan im Beisein einer großen Zahl von Gemeindemitgliedern die Votivmesse vom Hl. Geist. Bischof Keller begab sich in der Zwischenzeit nach St. Moriz und feierte dort eine stille Messe.

Gegen 8 Uhr versammelten sich die Zünfte der Stadt mit ihren Fahnen und Insignien, Stadtrat und Bürgerausschuss, die Bezirksbeamten, Domkapitel und Landdekane, der Klerus von Stadt und Umgebung, Vorsteher und Zöglinge des Priesterseminars, die Schüler der damals acht Rottenburger Schulen mit ihren Lehrern und andere Gruppierungen auf dem Marktplatz.

Das Festprogramm
von 1828...

II. D. 1.   No 13.

Programm
zur
kirchlichen Einsetzung
des
Hochwürdigsten
HERRN JOHANN BAPTIST
Von
KELLER,
BISCHOFS
von
Rottenburg,
Staatsraths und Commandeurs des Königlichen Ordens
der Württembergischen Krone ⁊c.
und des
Hochwürdigen Domkapitels der Cathedralkirche
daselbst.

———

Die
Schuljugend Rottenburgs
ihrem
HOCHWÜRDIGSTEN
LANDES-BISCHOFE
am Tage der Installation,
den 20. April 1828.

1.

Ach, wenn je in Freudenthränen
Unser Aug' zum Himmel blickt,
Ist es heut', wo unser Sehnen,
Hoffnung, deine Rosen pflückt!
Heut — (O Kinderherz erglühe!) —
Drückt sich nach der Weisheit Lauf'
Unserm Bischof zwar der Mühe,
Doch der Ehre Kranz auch auf.

Chor. Darum laßt in frohen Weisen
Uns den Schöpfer aller Welt,
Gott, den Vater, loben, preisen,
Blickt mit Dank zum Himmelszelt!

2.

Ach, wenn unter Wilhelms Kränzen
Auf dem Throne und im Krieg'
Einer je wird strahlend glänzen,
Ist es heut' in diesem Sieg',
Wo die Kirche ihren Vater,
Dich, o treuer Oberhirt,
Dich, des Guten nur Berather,
Jubelnd in den Tempel führt!

Chor. Darum soll Ihm von uns allen
In Begeist'rung hochergluht,
Wie aus Einem Herzen schallen
Unsers Dankes Jubellied.

3.

Ach, wenn je an Petrus Grabe
Uns ein Vaterherz geliebt,
Das zur hoffnungsvollen Gabe,
Was wir längstens suchten, giebt:
O so wird uns Leos Name
Heilig, wie ein Pius, seyn,
Und, was sie gestreut, der Saame
Wird zur Erndte reich gedeih'n!

... und eines der Festgedichte aus Anlass der Inthronisationsfeier von 1828. Verfasser ist wahrscheinlich Domkaplan Lang.

Rottenburgs erster Bischof Dr. Johann Bapt. v. Keller (1774–1845), inthronisiert 1828. Lithografie von 1828.

Unter Begleitung der Bürgerwache begaben sich die Gruppen nach St. Moriz, um dort den Bischof, der inzwischen seine Pontifikalgewänder angelegt hatte, abzuholen und in feierlicher Prozession in den Dom zu geleiten. Der Zug setzte sich vom Marktplatz aus in folgender Ordnung in Bewegung: 1) Die Schuljugend klassenweise, davor Kreuz und Fahnen. 2) Die erste Abteilung der Zünfte mit Fahnen und Insignien. 3) Die Seminaristen mit ihren Vorstehern. 4) Landgeistliche und Dekane. 5) Der Klerus der beiden Stadtpfarreien. 6) Der Sänger-Chor. 7) Die Domkapläne. 8) Die Domkapitulare. 9) Die Orts- und Bezirksbeamten, die Mitglieder von Stadtrat und Bürgerausschuss. 10) Die zweite Abteilung der Zünfte mit Fahnen und Insignien.

Der Zug nahm seinen Weg durch die Königstraße, über die Obere Brücke, über den Ehinger Platz zur St. Morizkirche. Vor der Kirche stellten sich die Teilnehmer neu auf, während der Bischof von den Mitgliedern des Domkapitels in der Kirche abgeholt wurde. Der Bischof nahm seinen Platz unter dem von vier Stadträten getragenen Baldachin ein und reihte sich, geleitet von drei Domkaplänen, zwischen Domkapitel und weltlichen Beamten in die Prozession ein, die auf dem gleichen Weg in gleicher Ordnung zum Marktplatz zurückkehrte.

Während die Prozession auf dem Weg war, wurde der Dom von allen Anwesenden geräumt, der Zutritt vor Eintreffen der Prozession war nur noch gegen Vorzeigen einer Eintrittskarte gestattet. Am Hauptportal reichte der Domdekan dem Bischof das Aspersorium, den Weihwasserwedel, und incensierte, d. h. beweihräucherte ihn. Dann betrat der Bischof unter dem Schall von Trompeten und Pauken, unter dem Donner der Kanonen seine Kathedralkirche und begab sich vor den Sakramentsaltar, um ein Gebet zu verrichten.

Unmittelbar hinter den Teilnehmern der Prozession betrat auch der Regierungs-Commissar, Minister v. Schmidlin, mit seinen Begleitern den Dom, am Eingang begrüßt von Domdekan, Dompfarrer, Domklerus und einer Deputation des Stadtrats. Anschließend wurde v. Schmidlin mit seiner Begleitung auf eine eigens errichtete Tribüne geführt.

Nach geendigtem Gebet begab sich der Bischof mit seinem Domkapitel vor den Hochaltar, während der Chor den Hymnus „Veni creator spiritus" anstimmte. Nach dem Gesang und anschließendem Gebet nahm der Bischof auf seinem Thron, der Kathedra, Platz und überreichte dem ersten Domkaplan die päpstlichen Bullen zur öffentlichen Verlesung, „welche seine Lossagung vom Bisthume Evara und seine Erhebung auf den neugegründeten Bisthumssitz Rottenburg aussprachen".

Nach dieser offiziellen Publikation der Bullen setzte der Bischof nach kurzer lateinischer Ansprache feierlich das Domkapital ein, indem er dessen Mitgliedern einschließlich dem Dekan die Kapitels-Insignien um den Hals legte und jeden einzelnen Kapitular an den für ihn bestimmten Platz im Chorgestühl führte.

Nun wandte sich Bischof Keller mit einer Rede in deutscher Sprache an die Anwesenden, in der er die Bedeutung der Stunde betonte. „Nach dieser Anrede gieng der Hochwürdigste Bischof zu einem feierlichen Hochamt über, wobey der neue Herr Dompfarrer und zwey Vorsteher des hiesigen Priester-Seminars assistirten, nach dessen Beendigung er für unsern glorreichen Monarchen das ‚Salvum fac regem' mit gefühlvollem Herzen anstimmte", ein Gebet für den König also. Dann stimmte der Domdekan das „Te Deum" an; während dieses Dankeshymnus' begaben sich alle anwesenden Geistlichen der Reihe nach zum Thron des Bischofs, um ihm „den gewöhnlichen Handkuß zu geben und ihre schuldige Obedienz-Bezeugung zu ertheilen".

„Nachdem Vers und Oration (des Te Deum) abgesungen waren, trat der Bischof zum Schluß nochmals vor den Hochaltar, und ertheilte sämmtlichen Anwesenden den bischöflichen Segen."

Damit war der Vormittag dieses für Rottenburg besonders denkwürdigen und weit in die Zukunft weisenden Tages vorüber. Für das Mittagessen der Gäste stand im Bischöflichen Palais eine Tafel mit 60 Gedecken bereit. Während des Festmahls erhöhte die „treffliche Musik der hiesigen Seminaristen und der Zöglinge des Wilhelms-Stiftes zur allgemeinen Zufriedenheit die Freude der hohen Versammlung".

„Die hohen bedeutungsvollen Toasts der würdigen Gesellschaft wurden überdies zur freudigen Ueberraschung mit Salven von zwey im künstlich angelegten bischöflichen Garten aufgestellten Bürger-Militärs-Compagnien und mit grobem Geschütz donnernd beantwortet."

Die Festtafel, die noch durch die Anwesenheit der Fürstin Colloredo aus Sindlingen, der Baronin v. Ow und anderer Damen „verherrlicht wurde", wie der Berichterstatter Lang sich ausdrückte, wurde schließlich aufgehoben und weißgekleidete Mädchen luden die Anwesenden ein, „einem ländlichen Opfer in dem bischöflichen Garten beizuwohnen". Es wurde dies ein typisch biedermeierlicher Teil des großen Festes,

mit Deklamationen, Überreichung von Blumengebinden und mit Musikstücken, aufgeführt teils von der „türkischen Militär-Musik", teils, etwas zarter, von den Seminaristen und Konviktoren.
So verging der Nachmittag, der Bischof geleitete seine Gäste zu ihren Wohnungen und am Abend waren nochmals zahlreiche Häuser der Stadt

Morgendliches Salutschießen der Bürgerwache vom Gelben Kreidebusen aus. Aufgenommen am Fronleichnamstag 1972.

festlich illuminiert; auch der bischöfliche Garten war in feenhaftes Licht getaucht. „Noch spät in der Nacht wurde der Garten der harrenden Menge hiesiger Bewohner geöffnet, welche seiner Bischöflichen Gnaden den Tribut der Hochachtung und Liebe durch herzliche Theilnahme und strenge Ordnung darbrachten."
Der 21. Mai, Mittwoch
Morgens um 6 Uhr machte der Bischof den Mitgliedern der Regierungsdelegation nochmals seine Aufwartung, danach reisten die hohen Gäste nach Stuttgart zurück. Bei ihrer Abreise paradierte das Bürgermilitär und während der Rückfahrt der Delegation durchs Neckartal nach Tübingen „schallte das grobe Geschütz noch weit in die Ferne das herzlichste Lebe-Wohl", wie es der Chronist Manz ausdrückte. Mittags gab Domdekan v. Jaumann „glänzende Tafel", worauf sich auch „die Herren Dekane und andere Geistliche wieder in ihre Heimat begaben".
Rottenburgs größtes Fest im 19. Jahrhundert war damit zu Ende, die Stadt kehrte wieder zu einem Alltag zurück, der durch die ständige Anwesenheit von Bischof, Domkapitel und Priesterseminar zwar nicht entscheidend verändert, aber doch merklich gehoben wurde. Denn die Stadt war jetzt mehr als nur eine von 64 Oberamtsstädten im Land, die vielfach über die Oberamtsgrenzen hinaus kaum bekannt, kaum beachtet und kaum besucht waren. Sie war jetzt Bischofsstadt, Hauptstadt des katholischen Landesbistums Württembergs – eine Würde, die ihr von ihrer Geschichte vorgezeichnet worden war. Es waren einerseits die kirchlichen Traditionen der Stadt und deren bauliche Hinterlassenschaften, ihre Lage unweit des geografischen Zentrums des Landes, das sich auf Tübinger Markung befindet, und es waren ihre jahrhundertealten zentralörtlichen Funktionen, die sie zur Bischofsstadt für die Katholiken Württembergs prädestinierten. Jahrhundertelang war Rottenburg Hauptstadt der Grafschaft Hohenberg gewesen, zuerst unter den Hohenberger Grafen, einem der mächtigsten mittelalterlichen Dynastengeschlechter Südwestdeutschlands, dann unter den Landesfürsten aus dem Haus Habsburg-Österreich. Und Rottenburg war stets eine „fromme Stadt", ungeachtet aller nicht unbeträchtlichen Turbulenzen des 16. Jahrhunderts – die folgenden Kapitel werden das verdeutlichen. Die würdige und stilvolle Form, in der Rottenburg die Inthronisation seines ersten Bischofs feierte, stand ganz in der Nachfolge all der großen und kleinen Festlichkeiten, die seit dem Mittelalter in seinen Mauern stattgefunden hatten. Den geordneten Ablauf des Festes von 1828 und seine Begleitumstände würdigte bereits Domkaplan Dr. Lorenz Lang in seiner schon mehrfach zitierten Broschüre – lassen wir ihn ein letztes Mal zu Wort kommen: „Man muß hier öffentlich bekennen, daß, des großen Zusammenflusses von Fremden aller Stände ungeachtet, die Feyer dieser festlichen Tage nicht durch den mindesten widrigen Zufall gestört wurde. In zahlreichen Schaaren wälzten sich Haufen von Menschen durch die Haupt- und Nebenstraßen der Stadt, aber die feyerliche Stille, nicht nur bey der Prozession bemerkbar, sondern auch während der ganzen Dauer des mehr als dreystündigen Gottesdienstes herrschend, die Bescheiden-

heit und der Anstand, wozu die Bürger Rottenburgs, wie alle übrigen Anwesenden, durchdrungen von des Festes hoher Bedeutung, sich verpflichtet fühlten, bekunden den religiösen Sinn aller Gegenwärtigen deutlich und sichtbar. Ganze Schaaren stürzten sich nieder, während der Prozession den bischöflichen Segen zu empfangen, und man hätte, selbst unter anders Denkenden, auch nicht einen finden können, welcher diesen rührenden Akt hätte bekrittelt, oder gar zu etwas anderem deuten wollen. Der ruhige, immer heitere Himmel schien selbst die Freude dieser seligen Zeit erhöhen gewollt zu haben!"

Was wäre Tübingen ohne seine Universität, Sigmaringen ohne sein Fürstenhaus, Sindelfingen ohne „den Daimler"? Was wäre Rottenburg, wenn es nicht Bischofsstadt wäre? Die Antwort liegt auf der Hand. Sein landesweites, in den letzten Jahrzehnten allmählich aber in alle Welt reichendes Ansehen verdankt Rottenburg der Tatsache, dass es 1821/28 Sitz der Diözese, Bischofsstadt wurde. Die Stadt war sich dessen immer mehr oder weniger bewusst, wie umgekehrt auch Bischof, Domkapitel und Diözesanverwaltung sich ihrer Verantwortung für Wohl und Wehe des Stadtganzen bewusst sind. Wenn man so will, ist auch dieses Buch, die Geschichte der „frommen Stadt" Rottenburg, ein deutliches Zeichen dafür, dass diese Verantwortung erkannt und wahrgenommen wird.

Neubauprojekte für den Dom

Der Alltag kehrte nach den festlichen Maitagen 1828 wieder zurück. Neues wurde nach und nach zur Routine, wie überall und zu allen Zeiten. Bald empfand man die Raumverhältnisse im St. Martinsdom, der wichtigsten Kirche der Diözese, als unbefriedigend, als zu eng und zu klein für die Entfaltung feierlicher Liturgie. Und deshalb entstanden im Lauf der Zeit mehrere Neubauprojekte für den Dom.

Schon 1817 hatte der damalige Provikar Keller, der spätere Bischof, der württembergischen Regierung vorgeschlagen, die „Erbauung einer neuen Cathedralkirche" solle in Erwägung ge-

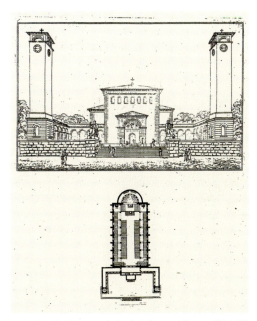

Das Heigelin/Jaumann'sche Dombauprojekt von 1828/30 bzw. 1832, ein Musterbeispiel spätklassizistischen Kirchenbaus.

Das Dombauprojekt von 1834. Lithografie nach dem Entwurf von Baudirektor H. Hübsch, Karlsruhe.

zogen werden. Von staatlicher Seite wurde dieser Vorschlag als „Zeichen bischöflicher Eitelkeit und Herrschsucht" diskreditiert und folglich nicht bewilligt.

Das gleiche Schicksal widerfuhr den Plänen, die der Tübinger Architekt Karl Marzell Heigelin 1828/30 und, in modifizierter Form, 1832 vorgestellt hatte, befürwortet und mit einem Finanzierungsvorschlag versehen von Domdekan Ignaz v. Jaumann. Einen Spendenaufruf von Bischof Keller tadelte der Kath. Kirchenrat 1830 in scharfer Form – das Projekt war damit gescheitert.

Nachdem Heigelin 1833 verstorben war, beauftragte der Bischof 1834 den Karlsruher Architekten Heinrich Hübsch, einen Schüler Weinbrenners, mit einer neuen Planung. Auch sie wurde vom Kath. Kirchenrat mehrmals abgelehnt, zuletzt 1842.

Das dritte Neubauprojekt entstand, nachdem 1900 die Stadt Rottenburg Bischof P. W. v. Keppler anlässlich seines 25-jährigen Priesterjubiläums einen Dombauplatz im „Graibel" geschenkt hatte. Kepplers ‚Lieblingsarchitekt' Josef Cades aus Stuttgart wurde nun mit der Planung eines neuen Doms beauftragt, doch auch seine Entwürfe von 1903 ff. kamen nicht zur Ausführung. Erster Weltkrieg, Inflation, ein radikaler Bruch in der Tradition des Kirchenbaus ließen auch dieses Projekt scheitern. Nach dem Zweiten Weltkrieg hatte der Bau neuer Kirchen für die vielen im Land angesiedelten heimatvertriebenen Katholiken Vorrang. Mittlerweile hat man die als Pfarrkirche gebaute und immer noch als solche dienende Domkirche als höchst bedeutsam so akzeptiert wie sie ist: Bischofskirche als Gemeindekirche. Die jüngste Renovierung von 2001/03, die sechste übrigens seit 1828, hat dem Dom ein neues, helles Gesicht gegeben, sie hat seine geschichtlich gewachsene Architektur akzeptiert und hat den Innenraum, Chor und Langhaus, zum ersten Mal in seiner langen Geschichte zu optischer Einheit zusammengeführt.

Auf ein wenig bekanntes Detail zur älteren Ausstattungsgeschichte der Domkirche sei in diesem Zusammenhang noch hingewiesen. Bald nach 1830 bemühte sich der kunstverständige Domdekan v. Jaumann, Besitzer einer recht bedeutenden Gemäldesammlung, zur Verbesserung der Ausstattung des Doms um den damals noch kaum bekannten und geschätzten, von Tilman Riemenschneider 1495/99 geschaffenen Hochaltar der Creglinger Herrgottskirche, heute ein Kunstwerk von Weltrang, als Hochaltar für den Rottenburger Dom. Die Regierung nahm das Kaufangebot des Ordinariats über 3500 fl. an! Stadtrat und Mühlenbesitzer Joseph Pfeifer war bereit, die 700 fl. zu tragen, die für Abbruch, Transport, Neuaufbau und Restaurierung des Altarwerks veranschlagt waren. Der Altar wäre also nach Rottenburg gekommen – wenn nicht

Mitgliedskarte des Dombauvereins mit Ansicht des von Kirchenbaumeister J. Cades entworfenen dritten Dombauprojekts (links); um 1900.

Die Schütte: Westgrenze von Sumelocenna und hohenbergischer Gründungsstadt, bis heute Pfarreigrenze zwischen St. Martin rechts und St. Moriz links.

der damalige Dompfarrer, Domkapitular Ströbele, die Erwerbung dieses Kleinods mittelalterlicher Kunst mit der Bemerkung torpediert hätte, Reichtum und Pracht dieses Altars passten nicht in die Armseligkeit der Kathedrale. Dabei wäre diese ‚Armseligkeit' doch gerade durch ein Kunstwerk wie diesen Hochaltar auf einen Schlag beseitigt gewesen!

Die Rottenburger Pfarreien

Die kirchliche Geschichte Rottenburgs in den nunmehr 200 bzw. 180 Jahren seit dem Übergang an Württemberg bzw. seit der Inthronisation des ersten Bischofs spiegelt sich in den Pfarreien. Einige wichtige Fakten dazu sollen das Bild der „Urbs pia" abrunden helfen, wenn auch die Pfarreigeschichte aus Platzgründen nicht detailliert nachgezeichnet werden kann.

Seit der Christianisierungszeit des 6./7. Jahrhunderts gehört das Gebiet der heutigen Stadt Rottenburg zu zwei verschiedenen Pfarreien. St. Martin in Sülchen, Vorgängerkirche von St. Martin/Dom, liegt links des Neckars, St. Remigius, Vorgänger von St. Moriz, aber liegt in Ehingen rechts des Neckars. Die beiden ursprünglichen Pfarrkirchen- und Pfarreipatrone, St. Martin und St. Remigius, sind fränkische Heilige und verweisen auf das hohe Alter beider Pfarreien, auf ihre Entstehung in der christlichen Frühzeit unseres Landes. Beide Pfarrkirchen, auch das ist ihnen gemeinsam, lagen außerhalb der Mauern der späteren Doppelstadt Rottenburg-Ehingen. Das hatte nach der Stadtwerdung im letzten Drittel des 13. Jahrhunderts zur Folge, dass die ursprüngliche Liebfrauenkapelle auf dem Marktplatz im ersten Drittel des 15. Jahrhunderts durch einen Neubau ersetzt und zur Pfarrkirche gemacht wurde, auf die das Martinspatrozinium der alten Mutterkirche in Sülchen übertragen wurde; Patron in Sülchen wurde Johannes der Täufer. Als die St. Martins-Pfarrkirche im ersten Drittel des 19. Jahrhunderts zusätzlich zur bischöflichen Kathedrale, zur Domkirche wurde, blieb St. Martin ihr Patron. Folgerichtig wurde der Heilige so auch zum Patron der neu errichteten Diözese Rottenburg!

Bei der Ehinger Urpfarrei St. Remigius, deren Pfarrkirche im Bereich des Klausenfriedhofs liegt, verlief die Entwicklung anders. Ihre Pfarrrechte wurden im Lauf des 14. Jahrhunderts auf die innerhalb der Stadtmauern von Ehingen am rechten Neckarufer gelegene St. Morizkirche übertragen, die wohl seit dem 10. Jahrhundert eine Wallfahrtskirche zu Reliquien des heiligen Mauritius und seiner Gefährten war; die Pfarrei ist bis heute nach St. Moriz benannt.

Ein Unterschied zwischen beiden Pfarreien besteht also darin, dass bei der Rottenburger St. Martinspfarrei aus der ursprünglichen St. Martinspfarrkirche in Sülchen eine Johanneskirche wurde und aus der Liebfrauenkapelle am Markt die Martinspfarrkirche. Bei der St. Morizpfarrei behielt sowohl die alte Remigiuskirche als auch die Wallfahrtskirche St. Moriz ihren Patron, dagegen änderte die Pfarrei ihren Namen von St. Remigius in St. Moriz ab.

Eine Rottenburger Besonderheit verdient eigens hervorgehoben zu werden. Grenze zwischen den beiden Pfarreien St. Martin und St. Moriz ist nämlich nicht, wie jedermann annehmen würde, der Neckar, der die beiden Stadtteile Rottenburg links von Ehingen rechts des Neckars trennt. Der Grenzverlauf – unverändert zumindest seit dem hohen Mittelalter – ist nämlich weitaus komplizierter, ist dadurch aber zugleich ein bedeutsames Dokument ältester Stadtgeschichte.

Die rechtsufrige Pfarrei St. Moriz greift nämlich an zwei Stellen auf das linke Neckarufer über! Pfarreigrenze im Westen des Stadtkerns von Rottenburg ist der Straßenzug der „Schütte" bei dem markanten Engpass der Königstraße, an dem sich bis 1395/96 ein Tor befand und dessen gegen den Neckar gerichtete Fortsetzung, die ehemalige Zufahrt zur Spitalkelter. Diese Linie geht auf den Verlauf der Stadtmauer des römischen Sumelocenna zurück, die in der Christianisierungszeit nicht nur in diesem Bereich in Resten noch erkennbar war. „Schütte" meint nicht den im Mittelalter hier in Richtung Neckar verlaufenden Abflussgraben des Ausgusses, des „Schüttsteins" der Schlossküche, sondern den an dieser Stelle vor dem römischen Stadtgraben liegenden Wall, die Erdaufschüttung, den Aushub, der bei der Anlage des Grabens anfiel und dort als Wall gelagert wurde. Die Schütte bezeichnet bis heute auch die Grenze zwischen der um 1270/80 angelegten sogenannten „Gründungsstadt" der Grafen v. Hohenberg und der westlich daran anschließenden, um 1300 entstandenen Spitalvorstadt. Diese gehört also komplett zur Pfarrei St. Moriz! Die Pfarreigrenze in diesem Bereich verlief dann nördlich der Schütte quer durch den Garten des hohenbergischen Schlosses und mündete in den alten Fußweg ins Weggental, der bis heute beide Pfarreien scheidet. Das Wohngebiet „Burgäcker/Äuble" links des Weges gehört zu St. Moriz, der Bereich „Hinter dem Schloss" hangabwärts zu St. Martin. Noch an einer zweiten Stelle greift die Pfarrei St. Moriz auf das linke Neckarufer über. Pfarreigrenze in diesem Bereich bildet der nördliche der beiden zu Beginn der 1830er-Jahre aufgefüllten Mühlkanäle, der auch „Gerberbach" genannt wurde und mit der heutigen Gasse „Mühlgraben" identisch ist. Er zweigte direkt an der Südostecke des Priesterseminars vom Neckar ab und umschloss das damalige Wohn- und Gewerbegebiet „Unterwässer", das bis heute Teil der Pfarrei St. Moriz geblieben ist. Ob die Grenzziehung in diesem Bereich ebenfalls ins frühe Mittelalter zurückgeht oder ob sie dort erst im 9. oder gar erst im 12. Jahrhundert erfolgte, konnte von der Forschung bis jetzt nicht geklärt werden.

Sülchen als Sitz des Dekans des nach ihm benannten Landkapitels und Ehingen als Pfarrei werden im „Liber decimationis" des Bistums Konstanz von 1275 erwähnt, einem Zehntabgabeverzeichnis, das im Zusammenhang mit der Finanzierung eines Kreuzzugs entstand, der 1274 beschlossen, aber letztlich nicht durchgeführt wurde. Der „Liber decimationis" ist das älteste und ausführlichste Verzeichnis der Pfarreien des Bistums Konstanz; die beiden Rottenburger Pfarreien gehörten schon dazu.

Die erste urkundliche Nennung von Kirche und Pfarrei Sülchen datiert allerdings bereits von 1213. St. Martin als Patron der Sülchenkirche wird erstmals 1293 erwähnt. Als Patron der Marktkirche, des heutigen Doms, erscheint der Heilige 1425 und 1426 noch zusammen mit Maria, der Patronin der alten Liebfrauenkapelle, 1436 aber als alleiniger Patron des Gotteshauses. Bei der Neuweihe der Pfarrkirche nach dem Stadtbrand von 1644 im Jahr 1655 erhielt die Kirche Maria – an erster Stelle – und Martin

St. Katharina am Dompfarrhaus bezeugt bis heute die frühere Zugehörigkeit der Pfarrei St. Martin zur Universität Freiburg.

als Patrone, wobei das Marienpatrozinium als eine Art Ehrenpatrozinium anzusehen ist; im Jahrtagskalender von 1675 wird die Kirche als „Pfarrkirche St. Martin" bezeichnet.

Die Erstnennung der Pfarrei Ehingen im „Liber decimationis" 1275 wurde bereits erwähnt, das alte Remigiuspatrozinium der Pfarrkirche tritt 1339 zum ersten Mal auf, während St. Mauritius als Patron der ab etwa 1300 neu erbauten St. Morizkirche 1323 zum ersten Mal genannt ist.

Zu erwähnen bleibt bei diesem knappen geschichtlichen Überblick über die ältere Geschichte der beiden Rottenburger Pfarreien noch die Rolle, die die Universität Freiburg in der Pfarrei St. Martin und im Chorherrenstift St. Moriz spielte.

Zur Gründungsausstattung der 1456 von Erzherzog Albrecht VI., dem vorderösterreichischen Landesfürsten, als Landesuniversität Vorderösterreichs gegründeten Universität Freiburg im Breisgau, gehörte u.a. auch die Rottenburger Pfarrei St. Martin, die der Universität 1456 inkorporiert wurde. Die Inkorporation wurde 1457 vom Konstanzer Bischof und 1468 vom Papst bestätigt.

Da die Rechtslage nicht ganz durchsichtig war – Albrecht VI. hatte seiner Gattin Mechthild nämlich schon vor der Universitätsgründung das Verfügungsrecht über alle geistlichen Lehen in Hohenberg verschrieben –, gab es erst 1470 einen Vergleich zwischen der in Rottenburg residierenden Mechthild und der Universität, in dessen Folge der Konstanzer Bischof die Rottenburger Pfarrei 1472 nochmals in aller Form der Universität inkorporierte. Die päpstliche Bestätigung der Übereignung des Kirchensatzes und der Inkorporation erfolgte 1477. Mit dem Tod Mechthilds 1482 gingen die Einkünfte der Pfarrei an die Universität über; sie hatte dafür den von ihr Pfarrvikar oder Pfarr-Rektor benannten Stadtpfarrer von Rottenburg zu besolden. Dieser Pflicht scheint sie häufig nicht in erforderlichem Maß nachgekommen zu sein, denn seither rissen die Klagen der Pfarrvikare über unzureichende Besoldung durch die Universität nicht ab.

Die Rottenburger Einkünfte der Universität verwaltete ein aus den Reihen der Bürger genommener Universitätsschaffner. Die wirtschaftlichen Rechte der Universität erloschen erst bei der allgemeinen Ablösung der Zehnten und Grundrechte um die Mitte des 19. Jahrhunderts endgültig. Das Patronatsrecht der Pfarrei aber war schon 1814 von der Universität an den württembergischen König übergegangen, der es 1828 dem neuen Rottenburger Bischof überließ.

Auch in St. Moriz besaß die Universität Freiburg ein altes Recht, allerdings nicht in der Pfarrei, sondern im gleichnamigen Chorherrenstift. Dabei handelte es sich um das Recht, auf eine freiwerdende Chorherrenpfründe des Stifts einen Chorherren vorschlagen, präsentieren, zu dürfen. Dieses Präsentationsrecht war der Universität 1468 von ihrem Gründer verliehen und 1477 von Papst Sixtus IV. und 1502 von Kaiser Maximilian I. bestätigt worden; es erlosch mit der Aufhebung des Stifts 1806.

Chorpartie von St. Moriz mit angebauter Ulrichskapelle von 1489/92 (im Vordergrund).

St. Martin und St. Moriz heute

Beiden Pfarreien ist gemeinsam, dass sie je einen eigenen Seelsorger, einen eigenen Kirchengemeinderat und eine eigene Kirchenpflege besitzen, dass sie also seit dem frühen Mittelalter selbstständige Pfarreien geblieben sind. Größere der beiden Pfarreien mit derzeit etwa 5000 Katholiken ist die *Dompfarrei St. Martin*. Die Pfarrkirche auf dem Marktplatz ist zugleich Kathedrale, Domkirche der Diözese Rottenburg-Stuttgart.

Für die Gemeindeseelsorge sind neben dem Dompfarrer weitere 1,25 Personalstellen vorgesehen. Daneben stehen für die Gottesdienste Dompräbendare und Pfarrpensionäre zur Verfügung. Die Verwaltungsarbeit im Pfarrbüro wird von mehreren Mitarbeiterinnen, teilweise in Teilzeit, geleistet; weitere haupt- und ehrenamtliche Mitarbeiter/-innen sind in der Gemeindearbeit tätig.

Im Eigentum der Pfarrei befinden sich außer den bereits erwähnten Kapellen das Pfarrhaus, das Gemeindehaus St. Martin (erbaut 1988), das ehemalige Pfarrmesnerhaus neben dem Pfarrhaus sowie das ehemalige Mesnerhaus in Sülchen. In Trägerschaft der Pfarrei werden die vier Kindergärten St. Michael, St. Meinrad, Gut-Betha und St. Raphael (Kindertagesstätte) geführt.

Zur musikalischen Gestaltung der Domliturgie auf hohem Niveau gibt es die Domsingschule – eine Einrichtung der Diözese –, den gemischten Domchor, die Mädchenkantorei, die Domsingknaben sowie eine Choralschola. An der Gestaltung der pfarrlichen Gottesdienste wirken mit ein Familiengottesdienst-, Jugendgottesdienst- und Kindergottesdienst-Team. Es gibt Teams für Tauf-, Erstkommunion- und Firmkatechese, für Seniorenarbeit und Besuchsdienste; die Arbeit in all diesen Teams wird von Ehrenamtlichen ge-

Gemeindehaus von St. Martin, erbaut 1988.

leistet, in der Regel aber von Fachkräften begleitet. Zahlreiche Gruppen mit religiöser Zielsetzung, von einer Gruppe für das Bibelteilen bis zur Schönstattfamilie, von Fokolare-Bewegung bis zur Sant'Egidio-Gruppe, Marianische Kongregation und Pax-Christi-Gruppe fehlen ebenso wenig wie Mutter-Kind-Gruppen und eine Peru-Gruppe usw. Jugendliche sind in der Gruppe der Domministranten und in der Band „Dornbusch" engagiert. Unter dem Dach der Dompfarrei angesiedelt ist die „Rottenburger Tafel", aber auch die „Oase", eine therapeutische Wohngemeinschaft.
Zu erwähnen ist schließlich noch die „Dombücherei", eine öffentliche Bücherei in kirchlicher Trägerschaft, die ihre umfangreichen Bestände im Saal des Dompfarrhauses zur Ausleihe bereithält.
Von der Pfarrei aus werden seit 1981 bzw. seit 1998 die beiden Pfarreien St. Jakobus in Rottenburg-Seebronn und St. Laurentius in Rottenburg-Hailfingen seelsorgerlich mitbetreut.

Die *Pfarrei St. Moriz* mit ca. 4400 Katholiken wird von einem Pfarrer geleitet, dem eine Gemeindereferentin assistiert; innerhalb der Seelsorgeeinheit (s.u.) steht eine weitere Priesterstelle zur Verfügung. Das Pfarrbüro wird von einer hauptamtlichen Sekretärin betreut.
Die Pfarrei besitzt folgende Gebäude: außer Pfarrkirche und Kapellen das Pfarrhaus und das Gemeindehaus St. Moriz (erbaut 1994), das ehemalige Kaplaneihaus St. Anna mit Jugendräumen, das Gebäude des Kindergartens St. Remigius im Kreuzerfeld, die Geschäftsstelle der Sozialstation in der Eberhardstraße. Der Pfarrei gehören ferner zwei Kindergärten: St. Moriz im Gemeindehaus am Morizplatz und St. Remigius im Neubaugebiet Kreuzerfeld.

Gemeindehaus von St. Moriz, erbaut 1992/93.

Zur Gestaltung der Kirchenmusik gibt es neben dem gemischten Kirchenchor einen Jugendchor, einen Kinderchor, eine Choralschola und eine Vorschola, alles geleitet von einem hauptamtlichen Kirchenmusikdirektor.

Jugendarbeit wird in der Gruppe der „Momis" (Moriz-Ministranten) und der KJG (Kath. Junge Gemeinde) betrieben. Die pfarrliche Seniorenarbeit wird geleistet in den beiden Gruppen „Moriz-Treff 60 plus" und „Moriz-Treff Goldener Herbst". Zu den Aktivitäten der Gemeinde gehört die Pfarrbücherei (Öffentl. kath. Bücherei) im ehemaligen Prädikaturgebäude des Stifts mit ihrem Buch- und Medienbestand, aber auch die Sozialstation und „Morizles Kleiderkiste", ein Second-Hand-Laden für Kinderkleidung. Missionspartnerschaften bestehen zu Cali in Kolumbien und Ashankur in Indien.

Eine bemerkenswerte Initiative, die aus dem Umfeld der KJG St. Moriz herauswuchs, war die von Jugendlichen mit Unterstützung fachkundiger Senioren bewerkstelligte grundlegende Sanierung des ehemaligen, 1522 erbauten Schafhauses der Kalkweiler Maierschaft. Nach dreizehnjähriger Renovierungs- und Umbauzeit konnte das nunmehrige „Jugendfreizeitheim Haus Kalkweil" 2005 eröffnet werden, erfolgreich geführt vom „Trägerverein Haus Kalkweil", in dem sich viele Aktive der ‚ersten Stunde' zusammengefunden haben.

Informationen und Zahlenmaterial für diesen Abschnitt wurde dankenswerterweise von den beiden Pfarrämtern zur Verfügung gestellt.

Zu den überpfarrlich tätigen kirchlichen Organisationen der Stadt zählt neben der Sozialstation und der Rottenburger Tafel auch der Kath. Frauenbund, die Kolpingsfamilie (gegr. 1859), Jugendgruppen wie solche der Pfadfinder usw. Auch die anderen Gruppen rekrutieren ihre Mitglieder häufig über die Pfarreigrenzen hinweg.

Insgesamt wird in den kirchlich orientierten Vereinigungen der Stadt ein beträchtliches Maß an ehrenamtlicher sozialer Arbeit geleistet, deren Stellenwert nicht hoch genug angesetzt werden kann.

Pfarrei heute – das ist immer auch Einsatz für den Menschen, sein körperliches und seelisches Wohlergehen. Das wird in der evangelischen Gemeinde der Bischofsstadt nicht anders gesehen – auch auf sie soll an dieser Stelle ein kurzer Blick geworfen werden.

Die evangelische Gemeinde

Die nahezu zweihundertjährige Geschichte der evangelischen Gemeinde Rottenburgs ist Thema des umfangreichen, 345 Seiten umfassenden Doppelbandes 2005/2006 des Jahrbuchs „Der Sülchgau". Sie braucht an dieser Stelle nicht detailliert ausgeführt zu werden. Ein paar Hinweise zu den Anfängen und der weiteren Entwicklung der Gemeinde mögen hier genügen.

Dass es in der Reformationszeit im vorderösterreichisch-katholischen Rottenburg leichter war, evangelisch zu sein als in der württembergisch-evangelischen Nachbarstadt Tübingen katholisch, wurde bereits oben ausgeführt. Erste Ansätze zu einer evangelischen Gemeinde waren im 16. Jahrhundert wohl vorhanden, jedoch ohne, dass es zu einer abgeschlossenen Gemeindeorganisation gekommen wäre. Die oben beschriebenen gegenreformatorischen Maßnahmen der habsburgischen Landesfürsten führten letztlich dazu, dass die Stadt dem ‚alten Glauben' erhalten blieb und seit etwa 1610 wieder eine rein katholische Stadt wurde.

Nachdem die Grafschaft Hohenberg mit ihrer Hauptstadt Rottenburg dann 1806 gezwungenermaßen – „das Glück der Waffen entschied unser Los" – Teil des protestantisch-pietistisch geprägten Königreichs Württemberg geworden war, kamen evangelische Beamte, Lehrer, Soldaten und Dienstboten, teils mit ihren Familien, in das katholische Rottenburg. Sie besuchten zunächst wohl die evangelischen Gottesdienste im benachbarten altwürttembergischen Remmingsheim. Im Jahr 1811 ordnete König Friedrich an, dass für sie in der jetzigen Stadtpfarrkirche St. Moriz Gottesdienst zu halten sei. Seelsorger der neuen evangelischen Gemeinde wurde in Personalunion der Pfarrer von Remmingsheim. Er hielt einmal im Monat und an den hohen Festtagen in St. Moriz Gottesdienst und anschließend Religionsunterricht für die Jugend. Zweimal im Jahr fand eine Abendmahlfeier statt. Die junge Pfarrei Rottenburg wurde zwar 1818 zur Stadtpfarrei erhoben, Pfarrer blieb aber weiterhin in Personalunion der Pfarrer von Remmingsheim. Im selben Jahr wurde die neue Rottenburger Stadtpfarrei dem Dekanat Tübingen zugeordnet.

Evangelische Kirche mit Pfarrhaus rechts, Lehrerwohnhaus und Schule links. Zustand in den 1920er-Jahren.

Die seelsorgerliche Betreuung der Gemeinde verbesserte sich entscheidend, nachdem sie 1831 einen in Rottenburg wohnenden Pfarrverweser erhielt. Von nun an war es möglich, jeden Sonntag Gottesdienst und Christenlehre abzuhalten. Zehn Jahre später zog der erste selbstständige Rottenburger Stadtpfarrer auf.

Der Umfang des Sprengels dieser Stadtpfarrei war beträchtlich, nicht zuletzt wegen der Diasporasituation der Gemeinde im katholischen Hohenberg. Seit 1818 gehörten zur Pfarrei neben den evangelischen Bewohnern Rottenburgs auch die evangelischen Bewohner des Schadenweiler Hofs und die des Heuberger Hofs sowie die der Obermühle, ferner die evangelischen Bewohner von Niedernau, Schwalldorf, Frommenhausen und Weiler, von Kiebingen, Wurmlingen und Wendelsheim. Wachendorf im Oberamt Horb zählte zunächst zur Pfarrei Mühlen, wurde nun aber ebenfalls von Rottenburg aus betreut. Später kamen noch die evangelischen Einwohner von Bühl und Hirschau sowie 1895 die von Dettingen zur Rottenburger Stadtpfarrei. Dagegen schieden die heutigen Tübinger Stadtteile Bühl und Hirschau wegen ihrer Nähe zu den evangelischen Pfarreien in Kilchberg und Tübingen wieder aus dem Verband der Großpfarrei Rottenburg aus.

Wegen der Vermehrung der evangelischen Gottesdienste seit 1831 kam es nun immer wieder zu Reibereien mit dem Stadtpfarrer von St. Moriz, denn die Zeiten für katholische und evangelische Gottesdienste überschnitten sich jetzt immer wieder. Diese Reibereien störten das anfangs durchaus gute Verhältnis zwischen den beiden Konfessionen immer mehr. Die von 1841 an geführten Verhandlungen zum Zweck der Beschaffung eines eigenen Gottesdienstraumes für die evangelische Gemeinde brachten kein befriedigendes Ergebnis. Deshalb gab der württembergische Staat 1853 die Planung eines eigenen evangelischen Kirchengebäudes für Rottenburg in Auftrag. Der Grundstein wurde 1854 gelegt und 1856 konnte es geweiht werden. Die Kirche war am Neckarufer unterhalb der St. Morizkirche errichtet worden; an ihrer Stelle befand sich ein an den Staat gefallenes ehemaliges Pfründhaus des Stifts St. Moriz.

Ein daneben liegendes weiteres ehemaliges Pfründhaus diente als Wohnung des Stadtpfarrers. Es wurde dann abgebrochen, an seiner Stelle entstand 1866 das neue Pfarrhaus für die evangelische Gemeinde. Östlich der Kirche wurde ein Schulhaus mit Lehrerwohnung und Kindergarten erbaut. Seit 2005 dient das mittlerweile umgestaltete und um einen Anbau erweiterte Gebäude als evangelisches Gemeindezentrum. Das alte Gemeindehaus, das die Gemeinde 1928 erworben und 2004 verkauft hatte, war nach einem Brand 1905 am Platz des früheren, 1806 aufgehobenen Kapuzinerklosters als Wohnhaus errichtet worden.

Das Wachstum der evangelischen Gemeinde, in dem sich auch das Wachstum der Stadt spiegelt, sei anhand einiger Zahlen belegt. 1814 zählte die Gemeinde 55 Erwachsene, 1818 schon 101 und von da an bis zum Ende ihres ersten halben Jahrhunderts durchschnittlich 250. Im Jahr 1874 waren es 500, zehn Jahre später 900. Zwischen 1900 und 1940 blieb die Zahl der Gemeindemitglieder mit rund 1000 ziemlich konstant, um dann bis 1955 auf 2500 und 2007, zweihundert Jahre nach der württembergischen Besitzergreifung, auf rund 6200 anzusteigen. Dies machte zwingend eine Teilung der Gemeinde in zwei Pfarreien erforderlich. Auch Wurmlingen mit derzeit etwas über 600 Gemeindemitgliedern erhielt einen eigenen Seelsorger.

Das Verhältnis der beiden großen Konfessionen in der Bischofsstadt ist traditionell entspannt. Die Kontakte auf Gemeindeebene sind vielfältig und häufig, für ökumenische Begegnungen und Initiativen gibt es Jahr für Jahr zahlreiche Anlässe und Gelegenheiten.

Rottenburg als Pilgerziel im 16. Jahrhundert.
Phantasiebild von 1894.

II. Menschen in der Kirche

Die Rottenburger

Schon immer gehörte es zu den Merkmalen Rottenburgs, dass es seine bewegte Geschichte und auch seine inneren Qualitäten mit äußerer Zurückhaltung und Bescheidenheit verbindet. Dem oberflächlichen Betrachter, dem eiligen Reisenden mag es wie eine der vielen anderen kleineren schwäbischen Landstädte vorkommen, ausgezeichnet allenfalls durch Lage und Umgebung.

Eines aber fällt bereits dem nur oberflächlich Betrachtenden am Stadtbild Rottenburgs auf: Die kirchlichen Bauten überragen die profanen, die Denkmäler weltlicher Macht treten den Kirchen, Kapellen, Klosteranlagen und Klosterhöfen gegenüber recht zurückhaltend in Erscheinung. Allerdings: Urbs pia, das ist längst nicht nur die Summe kirchlicher Bauwerke – dazu gehören auch die Menschen, die Rottenburger. Sie sind weitaus schwieriger zu fassen als beispielsweise die Kirchenbauten, die sie errichteten, als die Altäre, die sie darin stifteten und bepfründeten! Die Zahl der Kirchen, Kapellen und Altäre, die Zahl der in der Stadt tätigen Priester, beispielsweise im Spätmittelalter oder in der Barockzeit, die große Zahl von Jahrtags- und Seelgerätstiftungen, die mitgliederstarken religiösen Bruderschaften – das alles sind Indizien für ein blühendes religiöses Leben in der Stadt, sowohl im 14./15. als auch wieder ab dem letzten Drittel des 16. Jahrhunderts.

Natürlich weiß man – das ist angesichts der unbefriedigenden Quellenlage auch nicht weiter verwunderlich – kaum etwas über die Religiosität, die persönliche Frömmigkeit der einzelnen Bürger, weder aus der Oberschicht noch aus den mittleren und unteren Teilen der Stadtbevölkerung früherer Zeiten.

Doch gerade Pfründ- und Seelgerätstiftungen oder die Mitgliedschaft in einer der zahlreichen religiösen Bruderschaften, nicht zuletzt aber auch die stattliche Zahl von Priestern, Mönchen und Nonnen, die im Lauf der Jahrhunderte aus den Familien der Stadt hervorgingen, bezeugen nachhaltig die Verankerung des religiösen Elements in der mittelalterlichen und nachmittelalterlichen Bevölkerung Rottenburgs. Und auch noch für das 19. und 20. Jahrhundert fehlt es nicht an Belegen für diese Verankerung im Religiösen, wenngleich Frömmigkeit und religiöser Sinn des Einzelnen sich meist weniger deutlich nach außen zeigten als in früheren Jahrhunderten und sich stattdessen mehr in die private und die innerkirchliche Sphäre zurückgezogen haben.

Die ersten Hinweise auf den religiösen Sinn der Rottenburger sind dem Chronisten Chr. Lutz v. Lutzenhardt im ersten Jahrzehnt des 17. Jahrhunderts zu verdanken. Sein Fazit lautet: „Die Oberkhaitt und die Bürger, lieben sehr die Religion, thun der Priesterschafft sondere Ehr, gehen all zur Meß, unnd besuchen die Kürchen fleissig." Wie weit sich hier die tatsächliche Rottenburger Situation am Beginn des 17. Jahrhunderts widerspiegelt, ist angesichts dessen, was über die Turbulenzen der Reformationszeit und besonders über die Zeit um 1580/1600 im ersten Kapitel gesagt werden musste, nicht ganz eindeutig. Für das spätmittelalterliche, vorreformatorische Rottenburg gilt die Aussage ganz zweifellos. Für seine eigene Zeit mag sie eher als Ermahnung des Chronisten an seine Mitbürger zu entsprechendem Verhalten gedacht gewesen sein. Für die folgenden Jahrhunderte aber, vom Dreißigjährigen Krieg bis zum Josephinismus, ist die

Gültigkeit des Satzes von Lutz wieder uneingeschränkt zu bejahen. Daran änderten auch die Schicksalsschläge des 17. und 18. Jahrhunderts, von denen oben die Rede war, nicht allzu viel, auch wenn sie den Charakter der Rottenburger, von ihnen selbst meist nur unbewusst wahrgenommen, bis heute nachhaltig prägten.

Die amtliche Rottenburger Oberamtsbeschreibung von 1828 nahm den ‚Volkscharakter' der Rottenburger als gegeben hin, ohne nach den Ursachen seines Werdens und seines So-Seins zu fragen: „Strenge Arbeitsamkeit und wahrhaft unermüdete Thätigkeit, verbunden mit Härte gegen sich selbst, und Sparsamkeit, sind sehr gute Eigenschaften an den diesseitigen Städtern, die überhaupt ein zwar etwas derber, aber offener und biederer Schlag Menschen sind."

Sehr viel tiefer schürfte da die neue Oberamtsbeschreibung (Bd. 1/1899): „Seit dem 30jährigen Kriege, der allein der Stadt über eine Million Gulden Schaden brachte, dreimal zum großen Teil eingeäschert, in den nachfolgenden Kriegen zum öfteren schwer heimgesucht, konnte sich die einst blühende Stadt nie mehr ganz erholen. So schwere Schicksale mußten auch Spuren in der Sinnesart der Bewohner zurücklassen. Reges Gemeingefühl, Teilnahme an Freud und Leid, Verwandten und den weiteren Nachbarn gegenüber – Hochzeiten werden von weiten Kreisen der Bevölkerung mitgefeiert, bei Leichenbegängnissen, besonders an Sonntagen, giebt ein großer Teil der Einwohner, insbesondere der weiblichen, das Geleite –, lebendiger Lokalpatriotismus, der auch unter Rottenburgern, die sich draußen begegnen, zu Tage tritt, streng religiöser Sinn, in regelmäßigem Kirchenbesuch, auch an Werktagen, und Theilnahme an den

Zeugnis des Auferstehungsglaubens der alten Rottenburger: Grabstein von 1695 in Sülchen.

Sakramenten sich bethätigend – dies sind Eigenschaften, die im Charakterbild der Rottenburger nicht fehlen dürfen." So die Oberamtsbeschreibung von 1899, die noch eine andere Facette rottenburgischer Eigenschaften registriert hat: „Als ein Erbteil aus hohenbergischer und vorderösterreichischer Zeit liegt dem Rottenburger die Rich-

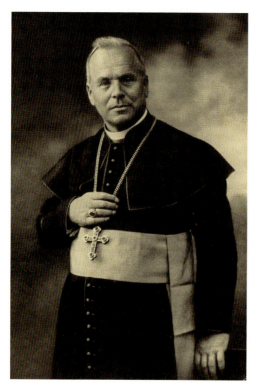

Bischof Dr. Joannes Baptista Sproll (1870–1949), Rottenburgs großer Bekennerbischof. Aufgenommen um 1930.

tung zu heiterem, behaglichem Lebensgenuß im Blute, wie denn auch bis nach der Mitte unseres Jahrhunderts (gemeint ist das 19.; Anm. d. Verf.) die Neigungen und Wünsche nach der fröhlichen Kaiserstadt an der Donau gravitierten." Die hier attestierte Fähigkeit der Rottenburger, trotz herber Schicksale Feste feiern zu können, bewährte sich im Lauf der Stadtgeschichte in vielfältiger Weise, nicht zuletzt auch bei kirchlichen Feierlichkeiten – hier sei beispielhaft nur an das jährlich wiederkehrende Fronleichnamsfest erinnert. Ein gewisses Indiz für die religiöse Grundhaltung der ‚alten Rottenburger' ist die Zahl der Altäre, die zwischen dem Mittelalter und dem 18. Jahrhundert in den Gotteshäusern der Stadt vorhanden waren. Nachgewiesen werden können in 13 Kirchen und Kapellen insgesamt 42 Altäre, die zum weitaus überwiegenden Teil von Rottenburgern, Klerikern und Laien, gestiftet und bepfründet, d. h. von eigenen Kaplänen betreut worden waren. In acht Kirchen und Kapellen gab es zusammen 30 bepfründete Altäre; vier davon in drei Gotteshäusern waren doppelt bepfründet. Ihnen standen zwölf unbepfründete Altäre in sieben Kirchen und Kapellen gegenüber. Dies ist insgesamt eine nicht ungünstige Bilanz, die Frömmigkeit und Opfersinn der alten Rottenburger belegen kann. Dabei sind aber noch gar nicht mitgerechnet die stets unbepfründeten Altäre der Klosterkirchen der Karmeliter, Kapuziner und Jesuiten sowie die in der Wallfahrtskirche Weggental. Das waren in der Karmeliterkirche neun, in der Kapuzinerkirche drei – Kapuzinerkirchen hatten stets drei Altäre – und bei den Jesuiten fünf Altäre. Die Weggentalkirche besaß noch 1769 neun Altäre, die wie die 17 Klosterkirchen zu den oben genannten 42 Altären hinzugerechnet werden müssen. Insgesamt waren also in der Pfarr-, Kloster- und Wallfahrtskirchen sowie in den Kapellen der urbs pia 68 Altäre vorhanden – für eine relativ kleine Stadt wie Rottenburg eine gewiss nicht unbeträchtliche Anzahl!

Was aber den „streng religiösen Sinn" der Rottenburger angeht, so bestand dieser seine große Bewährungsprobe in den gegen Bischof J. B. Sproll gerichteten Demonstrationen des Jahres 1938 vor dem Bischöflichen Palais. Anlass für diese von der NSDAP veranstalteten Missfallenskundgebungen gegen Bischof Sproll war dessen Fernbleiben bei der Volksabstimmung zum Anschluss Österreichs an das Deutsche Reich und der damit gekoppelten Wahl zum Großdeutschen Reichstag am 10. April 1938. Zwei Tage nach der von den Nazis angeordneten „Protestdemonstration" vom 18. Juli mit 2000 bis 2500 auswärtigen Teilnehmern schrieb der berüchtigte Chef der Sicherheitspolizei R. Heydrich an den Chef der Reichskanzlei: „Eine Beteiligung der Rottenburger Bevölkerung an dieser Demonstration konnte nicht wahrgenommen werden." Landrat Chormann meinte am 28. Juli, es seien an dieser Demonstration „ungefähr 500 Personen beteiligt (gewesen), m. E. in der Hauptsache von Tübingen".

Bischof Sproll bei einem Geburtstagsständchen der Stadtkapelle in den 1930er-Jahren.

Einerseits die mit Omnibussen, mit der Bahn usw. herangekarrten „Demonstranten", die bei der Abfahrt daheim oft nicht einmal wussten, was Ziel und Zweck der Fahrt war, andererseits die Rottenburger: „Die Rottenburger Bevölkerung beteiligte sich wieder nicht an der Demonstration, nahm diesmal vielmehr eine feindliche Haltung gegenüber den Demonstranten ein." Dies teilte die Gestapostelle Stuttgart per Fernschreiben dem Geheimen Staatspolizeiamt Berlin am 24. Juli über die „Demonstration" vom Vortag mit. Im Fernschreiben ist auch von den „heute einsetzenden Huldigungen der Rottenburger Bevölkerung für den Bischof" die Rede; man sei im Begriff, „die Gegenkundgebungen zu unterbinden". Die passive Rolle der Rottenburger bei der Kundgebung der Nazis ist auch in den vom 25. Juli datierten Aufzeichnungen eines Ministerialdirektors bei der Reichskanzlei festgehalten: „Es ist nach dem Bericht des Chefs der Sicherheitspolizei nicht so, daß die Bevölkerung Rottenburgs demonstrierte – sondern – abgesehen von der HJ – auswärtige Parteigenossen." Dann kommentiert er das Eindringen der Demonstranten ins bischöfliche Palais und die dort von ihnen verursachten Verwüstungen: „Die Vorgänge in Rottenburg werden strafrechtlich als schwerer Landfriedensbruch zu werten sein."
Es wird im Nachhinein wohl kaum gelingen, Namen derer ausfindig zu machen, die 1938 in Rottenburg als ‚Demonstranten' zum Einsatz kamen. Eine seltene Ausnahme gibt es: Als sein Vater „das braune Hemd anzog, als er an der Spitze seines Sturms durch die Straßen marschierte, als er das bischöfliche Palais in Rottenburg ausräumte, die Möbel auf die Straße schmiß", habe sein Sohn Andreas längst das Elternhaus verlassen gehabt. So berichtet es Margarete Hannsmann in ihrem Buch „Pfauenschrei" von 1986 über den Vater – evangelisch, von Beruf Geometer – des Holzschneiders Helmut Andreas Paul (HAP) Grieshaber...
Am selben Tag, dem 25. Juli, meldete die Gestapo Stuttgart an das Geheime Staatspolizeiamt Berlin u.a.: „Die Rottenburger Bevölkerung nahm diesmal eine durchaus feindselige Haltung gegenüber den Demonstranten ein. Dem Landrat von Rottenburg wurde von der Bevölkerung auf offener Straße Pflichtvergessenheit vorgeworfen. ... Die Omnibusse, welche die Teilnehmer an der Demonstration nach Hause brachten, wurden in den umliegenden Dörfern mit Steinen beworfen."
Am Tag nach der Demonstration des 23. Juli – das ist dem eben erwähnten Schreiben der Gestapo Stuttgart zusätzlich zu entnehmen – versammelten sich nach dem Frühgottesdienst im Dom „ungefähr 300–500 Kirchenbesucher vor dem bischöflichen Palais, um dem Bischof zu huldigen". Weitere Sympathiekundgebungen für den Bischof am 25. Juli wurden von der Schutzpolizei verhindert.
Am 26. Juli schrieb der Tübinger Oberstaatsanwalt an den Stuttgarter Generalstaatsanwalt u. a. dies: „Die Einwohnerschaft von Rottenburg, die nach der Wahl ganz gegen den Bischof eingestellt gewesen war", trete nunmehr offen für ihn ein. Blumensträuße seien auf der Treppe des Palais' niedergelegt worden, Hoch- und Heilrufe auf den Bischof seien ausgebracht worden. „Es werde gesprochen, daß man, wenn die Behörden nicht einschreiten, den Schutz des Bischofs selbst übernehmen müsse; und dies bei den nächsten Kundgebungen auch tun werde."
Die letzte ‚von oben' veranstaltete Kundgebung gegen Bischof Sproll fand am 31. Juli auf dem Marktplatz mit nur noch 600 bis 700 auswärtigen und hiesigen Parteimitgliedern statt. Hierzu gibt es einen zeitgleich entstandenen anonymen

Begrüßung von Bischof Sproll am Bischöflichen Palais bei seiner Rückkehr aus der Verbannung am 14. Juni 1945.

Bericht. Die Rede des Tübinger Kreisleiters erhielt demnach „nur an ganz wenigen Stellen und aus einem kleinen Kreis heraus Zustimmung und auch am Schluß nichts weniger als ‚stürmischen' Beifall. ... Sie wurde zudem durch den Gesang und das Gebet der im anstoßenden Dom zu einer Andacht für den Bischof zahlreich versammelten Gläubigen empfindlich beeinträchtigt."

Am Schluss seiner Niederschrift zieht ihr unbekannter Verfasser ein Fazit: „Als letztes Ergebnis der ganzen Aktion kann unzweifelhaft festgestellt werden, daß sie dem Bischof von Rottenburg nicht nur die tiefe Ergebenheit seiner Diözesanen, sondern auch die Sympathie anderer Kreise in weitem Maße eingetragen hat."

Übrigens verließen die Teilnehmer dieser letzten Anti-Sproll-Demonstration Rottenburg wieder, ohne das Bischöfliche Palais auch nur gesehen zu haben. Dass im Verlauf dieser Kundgebungen zahlreiche Rottenburger nach Tübingen in „Schutzhaft" verbracht wurden, gehört mit ins Bild dieser Ereignisse.

Die hier zitierten Stellen aus offiziellen Schriftstücken sind dem Dokumentenwerk „Die Vertreibung von Bischof Joannes Baptista Sproll von Rottenburg 1939–1945" (Mainz 1971) entnommen. Die Haltung der Rottenburger in diesen kritischen Wochen wird durch diese Zitate aus authentischen Dokumenten, die von ganz gewiss nicht im Verdacht der Kirchenfreundlichkeit stehenden Stellen zu Papier gebracht wurden, sehr deutlich für die Nachwelt festgehalten.

Doch ungeachtet des doch recht ernüchternden Fazits des unbekannten Verfassers der Niederschrift vom 31. Juli ging das Kesseltreiben gegen den „Nichtwähler Sproll" weiter – am 24. August 1938 gipfelte es in der Ausweisung des Bischofs aus seiner Diözese.

Die Verehrung der Rottenburger für „ihren" Bekenner-Bischof zeigte sich nochmals, als der von Last und Mühsal siebenjähriger Verbannung gezeichnete, körperlich geschwächte, aber geistig ungebrochene Bischof am 14. Juni 1945 in seiner Stadt Rottenburg festlich empfangen wurde. Im Bericht eines Augenzeugen, des Domkapitulars Dr. Emil Kaim, liest sich das so: „Nach trüben, regnerischen Tagen schenkte der Himmel zum Feste seinen schönsten Sonnenschein. Die Stadt hatte ihren Schmuck angelegt. Wieder einmal wehten die gelb-weißen päpstlichen Fahnen vom hohen Giebel des Palais und vor der Domkirche. Fahnen und Fähnchen, Blumen und Pflanzengrün belebten das Alltagsbild mit festlichem Glanze. Lange bevor der Dom geöffnet wurde, war der Marktplatz schwarz von Menschen ... Um 9 Uhr erschallte frohes Festgeläute. Der Bischof wird im Palais abgeholt und in seine Kathedrale geleitet. Die Bürgerwehr mit ihren alten, schmucken Uniformen zieht auf und eröffnet mit ihrer Musikkapelle den Zug." Nach dem Gottesdienst nahm der Bischof von der Freitreppe des Palais aus „die Huldigungen der Rottenburger Bevölkerung und des ganzen gläubigen Volkes" entgegen, das Kopf an Kopf gedrängt den Platz füllte.

„Wo sind sie nun geblieben, jene Schreckensnächte vom Jahre 1938 mit ihren befohlenen Zusammenrottungen und ihren kommandierten Demonstrationen? Wer heute auf demselben Platz vor dem Bischof angetreten ist, ist freiwillig gekommen, um ihm seine Liebe und Verehrung zu bezeigen."

Für alle Rottenburger aber, die in den unseligen Jahren von 1933 bis 1945 in irgendeiner Weise Widerstand geleistet haben und ihre Haltung mit Repressalien, Schutzhaft und anderem zu büßen hatten, steht stellvertretend der Name eines Mannes, der auch über 60 Jahre nach seinem Tod nichts von seinem Vorbildcharakter eingebüßt hat.

Gemeint ist Eugen Bolz, der letzte Staatspräsident Württembergs vor der Machtergreifung durch die Nationalsozialisten.

Geboren 1881 als zwölftes Kind des Kaufmanns Josef Bolz aus altem Rottenburger Küfer- und Metzgergeschlecht, besuchte er zunächst Volks- und Lateinschule seiner Vaterstadt, danach das Stuttgarter Karlsgymnasium. Sein anschließendes Jurastudium führte ihn zunächst nach Tübingen, dann nach Bonn, Berlin und wieder nach Tübingen. Sein erstes juristisches Staatsexamen legte er 1905 ab, sein zweites 1909. In Berlin hielt er sich nochmals von Mitte Oktober 1910 bis Ende Februar 1911 auf; dort hörte er volkswirtschaftliche und philosophische Vorlesungen. Bis zum Ausbruch des Ersten Weltkriegs war er dann Assessor bei der Staatsanwaltschaft Stuttgart.

Zum Reichstagsmitglied für den Wahlkreis Ellwangen wurde er 1912 gewählt; als Mitglied des württembergischen Landtags vertrat er seit 1913 den Wahlkreis Rottenburg. Während des Kriegs diente er z.T. als Leutnant im Elsaß. Von November 1916 bis Januar 1917 arbeitete er beim Reichsentschädigungsamt in Brüssel. Kriegsende und Revolutionstage erlebte er 1918 in Berlin und im Februar 1919 wurde er Mitglied

Gedenktafel für Staatspräsident Dr. Eugen Bolz (1881–1945) am Turm der St. Morizkirche, geschaffen 1957 von B. Müller-Oerlinghausen.

der Weimarer Nationalversammlung. Als württembergischer Justizminister amtierte er von 1919 bis 1923. Während dieser Zeit, 1920, heiratete er in Beuron die Oberlehrerin Maria Hoeneß aus Ulm. Württembergischer Innenminister wurde er 1923; bis 1933 blieb er in diesem Amt. Während dieser Zeit erfolgte im Juni 1928 seine provisorische Wahl zum württembergischen Staatspräsidenten. Als geschäftsführende Regierung blieb das Kabinett Bolz auch nach 1932 im Amt, bis 1933 die infolge der Reichstagswahlen an die Macht gekommenen Nationalsozialisten das Amt des Staatspräsidenten übernahmen. Im Juni 1933 legte Bolz sein Landtagsmandat nieder und gehörte fortan dem geschäftsführenden Vorstand der Zentrumspartei an, deren Mitglied er seit Langem war. Im selben Monat wurde er in „Schutzhaft" genommen – vorausgegangen waren inszenierte Ausschreitungen gegen seine Person. Nach der Haftentlassung hielt Bolz sich zunächst in Beuron auf und beteiligte sich 1935 an einem Wirtschaftsunternehmen. Die Zeit erzwungener politischer Abstinenz nutzte er zu ausgedehnter Lektüre, zu Reisen, zu – durchaus auch politischen – Kontakten mit Freunden. Im Mai 1944 erklärte Bolz – nach seit 1941 bestehenden Verbindungen zu Carl Goerdeler – sich bereit, in einer neuen Reichsregierung das Kultusministerium zu übernehmen.

Nach dem fehlgeschlagenen Stauffenberg'schen Hitler-Attentat vom 20. Juli 1944 blieb Bolz zunächst unbehelligt, doch am 12. August wurde er in Stuttgart verhaftet und am 27. August nach Berlin überführt. Im Gefängnis des Reichssicherheitshauptamtes wurde er nur wenige Tage festgehalten, doch nun erfolgte seine Verlegung in den berüchtigten Zellenbau des Frauenkonzentrationslagers Ravensbrück; von dort aus wurde er in der Sicherheitspolizeischule verhört und gefoltert. Am 2. November kam er wieder zurück in ein Berliner Gefängnis. Am 21. Dezember wurde er vom sogenannten „Volksgerichtshof" zum Tod verurteilt. Frau und Tochter konnten ihn am 31. Dezember und am 2. Januar 1945 noch besuchen, am 23. Januar starb er in Berlin-Plötzensee unter dem Fallbeil des Henkers – als Märtyrer seines katholischen Glaubens und seiner politischen Überzeugung.

Dass ihn der Gemeinderat seiner Vaterstadt 1931 zum Ehrenbürger ernannte, darf bei dieser Aufzeichnung der wichtigsten Lebensstationen von Eugen Bolz nicht unerwähnt bleiben. Die NS-Rathausfraktion versuchte zwar 1933, ihm dieses Ehrenbürgerrecht zu entziehen; entgegen anderslautenden Gerüchten kam es jedoch nie zu einem entsprechenden Beschluss – Bolz blieb bis zu seinem Tod Ehrenbürger Rottenburgs.

Es ist hier nicht der Ort, das Lebenswerk von Eugen Bolz zu würdigen; das haben Berufenere längst an anderer Stelle getan. Als Fingerzeig mögen Andeutungen aus Arbeiten des Tübinger Kirchenhistorikers Prof. Dr. J. Köhler zu Eugen Bolz genügen. „Eugen Bolz war Zentrumspolitiker. Die Politik, die er betrieben hat, war christliche Politik. Was er darunter verstand, hat er immer wieder in seinen Reden zum Ausdruck gebracht." Nun zitiert Köhler seinerseits Bolz: „Die Zusammenstellung der Lehren der katholischen Kirche über den Staat, über Kultur-, Sozial- und Wirtschaftspolitik, über das Verhältnis der Völker, ergibt ein politisches Programm." Und nun, an anderer Stelle, wieder J. Köhler: „Der Kern des Widerstandes gegen die Machthaber des Dritten Reiches war im politischen Denken und Handeln von Eugen Bolz zu suchen. Als die Freiheit eines Volkes und das Gewissen des Einzelnen bedroht wurden, wurde aus dem Politiker der Märtyrer. Die religiöse Grundhaltung des Politikers Eugen Bolz machte diese Wandlung notwendig."

Rottenburg hält die Erinnerung an seinen großen Sohn in vielfältiger Form aufrecht. Bereits 1957 wurde für ihn am Turm der St. Morizkirche – das Eltern- und Geburtshaus von Eugen Bolz an der Schütte liegt im Bereich der Pfarrei St. Moriz – ein von Bildhauer B. Müller-Oerlinghausen geschaffenes steinernes Denkmal mit dem Bild des heiligen Märtyrers Mauritius enthüllt, vor dem die jährliche Gedenkfeier der Stadt am Todestag von Eugen Bolz stattfindet. Sein Geburtshaus bekam aus Anlass seines hundertsten Geburtstages ebenfalls eine Gedenktafel, die Bildhauer G. Tagwerker aus Echterdingen gestaltet hat. Der alte „Sülchertorplatz", auch „Ochsenplatz" (benannt nach dem Gasthof „Ochsen", dem heutigen Hotel Martinshof), in den Dreißigerjahren in „Hindenburgplatz" umgetauft, wurde nach dem Krieg zum „Eugen-

Primizbildchen eines Rottenburger Priesters des 19. Jahrhunderts.

Bolz-Platz". Das erste Gymnasium Rottenburgs, Nachfolger der von Bolz besuchten Lateinschule, trägt seit 1962 seinen Namen. Eng mit Rottenburg verbunden ist auch der Eugen-Bolz-Verein und die Eugen-Bolz-Stiftung – beider Zweck ist die Wahrung des Andenkens von Eugen Bolz.

Zusammen mit dem Rottenburger Bekennerbischof Joannes Baptista Sproll ist der gebürtige Rottenburger Eugen Bolz Symbol christlichen Widerstandes gegen ein totalitäres Regime und Vorbild für verantwortungsbewusstes Handeln in bedrängender Zeit.

Wer mehr über „Rottenburg im Nationalsozialismus", genauer: in den Jahren 1933–1939, erfahren möchte, der nehme den Band 2008/2009 des Jahrbuchs „Der Sülchgau" zur Hand, der in Kooperation von Stadt- und Diözesanarchiv erarbeitet wurde und im Herbst 2009 erschienen ist.

Die junge Generation aber mag sich der Worte des Chronisten Chr. Lutz v. Lutzenhardt vom Beginn des 17. Jahrhunderts erinnern, der seinen Zeitgenossen die Rückbesinnung auf die Taten der früheren Generationen anriet, damit – um es in heutiger Schreibweise auszudrücken – „die Jugend der löblichen, weitberühmten alten hohenbergischen, nunmehr aber österreichischen Stadt Rottenburg am Neckar und alle ihre Nachkommen Grund dazu haben, sich des ehrlichen Wesens und Wandels ihrer Eltern zu rühmen, und Grund, in ihre Fußstapfen zu treten und sich selber all der Tugenden und der Ehrbarkeit zu befleißigen, mit der ihre Eltern zu Ansehen und zu allen Ehren gekommen waren". Dem ist nichts hinzuzufügen.

Die Berufenen

„Urbs pia" ist, wir sagten es schon, mehr als die Summe mehr oder weniger hochwertiger Bauwerke oder irgendwie bewegender Tage. Die innere Gesinnung der Stadtbürger, ihre Bereitschaft, offen zu sein für ihre Berufung, Berufung zuzulassen, das zählt nicht weniger als das Stadtbild prägende Bauten. Nimmt man die Zahl dieser „Berufenen", der in Rottenburg geborenen Welt- und Ordenspriester, auch der Ordensfrauen, als Indikator für den Zustand des religiösen Lebens innerhalb einer Stadt, so trägt das alte Rottenburg mit seinen in früheren Jahrhunderten durchschnittlich rund 3000 Einwohnern sein Attribut „Urbs pia" allein davon mit vollem Recht. Über 850 sind es, nach dem Stand vom August 2008, die vom 14. bis zum 20. Jahrhundert als Welt- oder Ordenspriester Gott und ihren Mitmenschen zu dienen versuchten. Hinzu kommen mindestens 160 Ordensfrauen. Bei Ordenspriestern und Nonnen sind die Zahlen sicher noch nicht vollständig, aber auch bei den Weltpriestern kann das Auftauchen neuer Namen nicht ausgeschlossen werden. So waren z.B. in den Rottenburger Niederlassungen der Karmeliter und Kapuziner sicher mehr Rottenburger als bis jetzt namhaft geworden sind und auch die Zahl Rottenburger Ordenspriester in auswärtigen Klöstern wird höher sein als bis jetzt bekannt. Hier werden Zufallsfunde auch in Zukunft sicher neues Material, neue Namen bringen.

Dass natürlich nicht alle „Berufenen" echte Berufungen waren, dass manche auch nur die Sicherheit einer wohldotierten Pfründe für ihren Lebensunterhalt suchten, kann durchaus angenommen werden – gute Seelsorger können sie trotzdem gewesen sein.

Über 850 Welt- und Ordenspriester gingen also seit dem 14. Jahrhundert aus den Familien der Stadt hervor! – Vergleichszahlen aus anderen Städten scheinen kaum vorzuliegen: einziges bekanntes Vergleichsbeispiel: Waldshut am Hochrhein brachte es bis ins 18. Jahrhundert auf 80 in der Stadt geborene Kleriker – aber auch so wird man sagen dürfen, dass dies eine sehr beträchtliche Zahl ist. Unter den Rottenburger Priestern waren Söhne von Adeligen und von herrschaftlichen Beamten ebenso wie Söhne aus Handwerker- und vereinzelt sogar aus Weingärtnerfamilien, natürlich auch aus Familien der städtischen Oberschicht.

Folgende Alt-Rottenburger Familien weisen bis um die Wende zum 20. Jahrhundert jeweils fünf oder mehr Welt- und Ordenspriester in ihren Reihen auf – dabei wurden auch ausgestorbene, aber teils über mehrere Jahrhunderte hinweg in der Stadt ansässige Familien berücksichtigt: Abt 5, Adis 5, Bader 7, Beck 7, Biesinger 17, Bolz 8, Daub 8, Edelmann 19, Ergazing/Ergenzinger 10, Gerber/Gerbert 12, Gugel 5, Herter 6, Hipp 7, Hofmeister 25, Holzapfel 6, Keller 6, Laux 11, Letzgus 6, Manz 11, Märheld/Merhilt 8, Möhrle/Mehrle/Mährle 16, Müller/Miller/Molitor 12, Neff 5, Pfeifer 7, Ruckgaber 7, Ruof/Ruf 6, Schiebel 6, Schnell 5, Schuh 8, Stein/Steim 14, Walch 9, Wendelstein 16, Wiedmaier 5, Wölflin 6.

Verwunderlich dabei ist, dass Familien, die bis heute zahlenmäßig stark in Rottenburg vertreten waren bzw. sind, in dieser Aufstellung fehlen, so z. B. die Heberle, Neu, Ulmer, Vollmer, Wiech u. a. Bei diesen Geschlechtern blieb die Zahl jeweils unterhalb von fünf Priestern. Dies mag seine Ursache zum Teil darin haben, dass die Mittel für das teure Studium in diesen Familien, deren Mitglieder vielfach dem Weingärtnerstand angehörten, nur sehr viel schwieriger aufzubringen waren als in Beamten- oder Handwerkerfamilien, die sehr häufig neben ihrem Beruf noch Nebenerwerbslandwirte waren. Aber auch viele Oberschicht- und Handwerkerfamilien des Spätmittelalters und der Barockzeit wie z. B. die Amann, Engelfried, Henibain, v. Hohenberg, Lipp, Lutz, Münsinger v. Frundeck, Neupp, Precht v. Hohenwart, Reichel, Rock, Seidenfaden, Stahler, Unger usw. fehlen in der Liste, weil sie ‚nur' maximal vier Geistliche in ihren Reihen aufweisen können.

Der überwiegende Teil der Rottenburger Priester war in der Pfarr- und Gemeindeseelsorge tätig, die einen mit häufigem Stellenwechsel, die anderen jahrzehntelang in derselben Gemeinde – wie heute auch noch. Viele verbrachten ihr Priesterleben als Inhaber einer Altarpfründe in einer Pfarr- oder Stiftskirche, gaben wohl auch ein paar Stunden Religionsunterricht, halfen anderswo in der Seelsorge und beim Predigen aus. Die meisten von ihnen blieben im Bereich ihrer großräumigen Heimatdiözesen Konstanz bzw. seit 1821 Rottenburg, nur wenige waren bis jetzt außerhalb dieser Grenzen anzutreffen. Die Ordenspriester werden in der Regel in Klöstern ihres Ordens gewirkt haben oder in Klosterpfarreien.

Einige hoben sich durch die Stationen ihrer Laufbahn aus dem hier skizzierten Durchschnittsbild heraus; sie haben etwas genauere Betrachtung verdient, denn sie können dazu beitragen, dass der Blick der Forschung, durchaus nicht nur der Familiengeschichtsforschung, auf diese bislang generell stark vernachlässigte Personengruppe gelenkt wird. Die Kurzbiographien bedeutender, in Rottenburg geborener Welt- und Ordenspriester mögen die Spannweite dessen andeuten, was der geistliche Beruf seinerzeit an Entfaltungsmöglichkeiten bot.

Den ersten Platz in dieser „Ehrentafel des Rottenburger Klerus" hat die ‚ranghöchste' und zugleich früheste Priesterpersönlichkeit verdient, die aus Rottenburger Wurzeln hervorging, nämlich der heilige *Meinrad von Sülchen*. Er wurde um das Jahr 797 als Sohn eines alemannischen Adligen geboren und kam zur Erziehung in das Inselkloster der Reichenau, damals neben St. Gallen die bedeutendste (Benediktiner-)Abtei

Südwestdeutschlands. Als 25-jähriger wurde er zum Diakon geweiht, bald danach zum Priester; kurz nach 826 trat er als Mönch ins Kloster Reichenau ein, wo sein Verwandter (Onkel?) und Erzieher Erlebald inzwischen Abt geworden war. Erlebald übertrug Meinrad die Kirche von Benken im heutigen Kanton Zürich, eine der Niederlassungen des Klosters, und machte ihn zum Vorsteher der dortigen Schule. Von dort aus ging er mit Erlaubnis des Abtes um 828 als Einsiedler in den Finsteren Wald. Nachdem er seine erste Klause am Etzelpass um 835 zugunsten noch größerer Einsamkeit verlassen hatte, zog Meinrad sich an jenen Ort zurück, an dem ihn zwei Landstreicher am 21. Januar 861 ermordeten. Seine Reichenauer Mitbrüder übertrugen später seinen Leichnam ins Inselkloster und setzten ihn dort bei. Etwa hundert Jahre danach, 1039, wurden die Überreste Meinrads wieder in den Finsteren Wald zurückgebracht und dort in der inzwischen anstelle der Meinradszelle errichteten Kirche beigesetzt.

Schon bald wurde Meinrad als Heiliger verehrt – „offizielle" Heiligsprechungen gab es damals noch nicht. Kaiser Heinrich II. schenkte bereits 1019 einige Meinradsreliquien für den Bau des Basler Münsters. Das Haupt Meinrads wurde 1039 zu Füßen des Mariengnadenbildes niedergelegt, das sich in der zwischenzeitlich zu einem Benediktinerkloster gewordenen ehemaligen Meinradszelle befand. Seit 1984 ruht das Meinradshaupt in einem neu geschaffenen silbernen Kopfreliquiar im Zentrum der Mensa des Hauptaltars der Einsiedler Basilika. Meinradszelle und Marienwallfahrt verschmolzen immer mehr und bis auf den heutigen Tag werden Marienverehrung und Meinradsgedächtnis gleichermaßen gepflegt in dem Kloster, das seinen Namen nach dem Einsiedler aus dem Sülchgau bekam: „ad heremum", zum Einsiedler: Maria Einsiedeln in der Schweiz.

So ist St. Meinrad auch der Heilige Rottenburgs geworden, wo der St.-Meinrad-Weg nach ihm benannt ist, aber auch eines der drei Gymnasien der Schulstadt Rottenburg. Das St. Meinradheim, 1927/28 als Jugendheim erbaut und seit 1950 Sitz der damaligen Bischöflichen Musikschule,

St. Meinrad. Standbild in der Pfarrkirche von Rottenburg-Bad Niedernau, eine Arbeit von Bildhauer Joh. Martin Staiger (1732–1769).

wurde 2006 abgebrochen, um Platz für ein neues Gebäude für die Ganztagesbetreuung des St.-Meinrad-Gymnasiums zu machen; es enthält auch einen Festsaal der nunmehrigen Hochschule für Kirchenmusik. Dass St. Meinrad auch Namenspatron mancher Rottenburger wurde, soll nicht unerwähnt bleiben.

Adis, P. Bernhard OFSP (1747–1794). Letzter Prior des 1786 aufgehobenen Paulinerklosters Rohrhalden im Rammert bei Kiebingen.

Aich, Adolf (1824–1919). War Kaplan in Tettnang, dann Pfarrer in Wilhelmskirch. Gründer der St. Galluspflege in Liebenau bei Tettnang (Stiftung Liebenau), einer Anstalt für unheilbar Kranke.

Amann, Johannes (aus der bekannten Rottenburger Oberschichtfamilie). 1362/63 Kirchherr in Sülchen, 1386/92 Mönch und Großkeller im Zisterzienserkloster Bebenhausen bei Tübingen.

Graf Albrecht V. v. Hohenberg, Bischof von Freising († 1359). Grabmal in St. Moriz.

Ein Verwandter war 1304/1338 Kirchherr in Sülchen und stiftete und bepfründete dort einen Marienaltar.

Bader, P. Joseph Benedikt OSB (1751–1819). Letzter Prior der Reichsabtei Oberelchingen. Geschichtsschreiber seines Klosters.

Beck, P. Johann Caspar SJ (1640–1684). Jesuit in der norddeutschen Ordensprovinz, ging 1678 als Missionar nach Neugranada/Venezuela und wurde „nach unsagbar großen Mühen" schließlich „von karibischen Barbaren aus Haß gegen Christus mit einer großen Eisenstange getötet". Martyrer.

de Benedictis, P. Franziscus SJ (1721–1800). Sohn des K. K. Oberamtsrats Johann Ferdinand de Benedictis v. Loverberg. Jesuit, Professor der Moraltheologie und des Kirchenrechts in Freiburg, nach 1773 dort als Weltpriester Professor der römischen und deutschen Geschichte sowie Professor der Kirchengeschichte. 1793 Rektor der Universität.

Boller, Rudolf. 1474 als Pfarrer in Denkingen eingesetzt. 1497 und noch 1508 Kaplan des St. Martinsaltars in der Rottenburger Marktkirche (Dom). War Kaiserlicher Notar und Geschworener Generalkommissar für Eheangelegenheiten in der Diözese Konstanz.

Bolz, Dr. Joseph Florian (1710–1770). War 1741/43 und 1767/70 Pfarrer in (Ro.-)Bieringen, 1744/48 in Rottenburg St. Martin, 1748/65 in Obernheim (OA Spaichingen), 1765/67 Kaiserlicher Hofpfarrer in Laxenburg bei Wien, Erzbischöflich Görzischer und Wienerischer Konsistorialrat.

v. Brentano, Franz Ernst Heinrich (1768–1831). Vikar in Seebronn, Pfarrer in Poltringen, Hirrlingen und in Kirchen (bei Ehingen D.), 1805 Prediger und Militärgeistlicher in Stuttgart, 1806 Geistl. Rat, Referent für das Kath. Volksschulwesen, Stadtpfarrer in Stuttgart. 1806/16 Stadtpfarrer und Kommissär in Radolfzell, 1816/28 Pfarrer in Löffingen, 1828/30 in Klein-Laufenburg. Gestorben in Freiburg als Großherzogl. Badischer Geistlicher Rat.

Desaller, Karl (1815–1867). War 1842/46 Pfarrer in Kolbingen, 1846 bis zu seinem Tod in Oberkochen. ‚Gewiefter' Publizist, 1849/51 Landtagsabgeordneter für den Bezirk Neresheim.

Donfried, Mag. Johann Georg. Sohn des Latein-Schulmeisters und Musikers Johann Donfried. War um 1657 Kaplan und Organist im Domstift zu Konstanz, 1657 war er Pfarrer in St. Georg in Reichenau-Oberzell.

Dorm, P. Georg Ernst SJ (1643–1711). Um 1660 im Jesuiten-Noviziat Landsberg, dann in Ingolstadt, Luzern und Solothurn tätig. Wurde 1689 Beichtvater des Markgrafen Ludwig Wilhelm von Baden, des „Türkenlouis". Später Rektor in Eichstätt (1696), Augsburg (1699), Freiburg (1703), Rottenburg (1707) und Innsbruck (1709).

Dornsperger, P. Johann Bapt. SJ (1634–1681). Theologiestudium in Ingolstadt, 1664 Priesterweihe in Eichstätt als Jesuit. Weitere Stationen: 1664/65 Ebersberg, 1665/68 Dillingen, 1668/69 Feldkirch/Vorarlberg, 1669/70 Innsbruck, 1670/72 Rottenburg (Logikprofessor, Studienpräfekt und Prediger), 1672/76 Fribourg, 1676/77 Luzern, 1677/78 Porrentruy im Schweizer Jura; von 1678 an Wallfahrtsprediger auf dem Oelenberg im Elsass und Pfarrer im nahen Reiningen.

Schrieb als Barockdramatiker zahlreiche Schuldramen zur Aufführung in den Kollegien des Ordens.

Edelmann, P. Jakob CSA. 1571/76 Propst im Augustiner-Chorherrenstift Beuron. Stürzte 1576 oberhalb von Beuron von einem Felsen in die Donau und ertrank.

Edelmann, Markus (P. Marco OCap.) (1876–1956). Trat 1892 in den Kapuzinerorden ein, erhielt 1899 in Trient die Priesterweihe, starb 1956 im Kapuzinerkloster bei der Wallfahrtskirche Madonna del Sasso oberhalb von Locarno im Tessin.

Gerbert, Joseph Ignaz (1719–nach 1760). War verheiratet und Vater einer Tochter. Nach dem Tod seiner Frau Theologiestudium, 1756/60 Muttergotteskaplan in Hirrlingen, danach Kaplan in Frommenhausen.

Gugel, P. Vitus Hilarius SJ (1741–1794). Ex-Jesuit, Pfarrer und Dekan in Waldkirch/Brsg. Seit 1785 Kanoniker im dortigen Stift. „In den geistlichen und weltlichen Wissenschaften gleicherweise hochgebildet und zudem ein ausgezeichneter Musiker und darüber hinaus ein geschickter und unglaublich geduldiger Musiklehrer." (Chronik des Jesuitenkollegs Rottweil).

Hallmaier, Dr. iur. utr. Johann Ulrich (um 1528–1602). Studium in Ingolstadt und Padua. Seit 1552 Kanonikus des Domstifts in Augsburg, 1558–1602 Domscholaster, dazu 1580 Kirchherr in Löpsingen (Lkr. Donau-Ries), 1587/99 Propst von St. Gertrudis in Augsburg. Alchemist. Stiftete seinen Jahrtag in die Rottenburger Klausenkirche.

Haug, P. Aemilian OSB (1784–1844). Zunächst Benediktinerfrater in St. Blasien, wanderte 1807 mit dem dortigen Konvent nach St. Paul in Kärnten aus. Wurde dort zum Priester geweiht, war Professor in Klagenfurt sowie Hof- und Kellermeister des Stifts St. Paul.

Hofmeister, Johann Bonifaz (1727–1787). Von 1760 bis 1762 Kaplan an der katholischen Hofkapelle in Stuttgart; seit 1777 „Stadtkaplan" (Dreifaltigkeitskaplan) an der Stadtpfarrkirche St. Martin in Rottenburg.

v. Hohenberg, P. Franz Anton OCap. Sohn des hohenbergischen Landeshauptmanns Freiherr

Wappen des Freisinger Bischofs Albrecht v. Hohenberg in St. Moriz mit dem „Freisinger Mohr", der sich auch im Wappen von Papst Benedikt XVI. findet, der ebenfalls Bischof von (München-)Freising gewesen war.

Karl Sigmund v. Hohenberg, Urenkel des Markgrafen Karl v. Burgau. Trat 1664 in das Kapuzinerkloster Rottenburg ein und starb dort vor 1717.

v. Hohenberg, Albert V. Sohn des Grafen Rudolf I. v. Hohenberg († 1336) und seiner ersten Gemahlin Agnes v. Werdenberg. War bis 1344 Pfarrer in Überlingen, dann Kanonikus in Konstanz. Von 1349 an bis zu seinem Tod 1359 Bischof von Freising, auch kaiserlicher Hofkanzler. Sein Grabdenkmal neben dem seines Vaters und seiner Stiefmutter Irmengart v. Württemberg in der Rottenburger St. Morizkirche.

Hohenschilt, P. Alois OFSP (1681–1723). Trat in das Paulinerkloster Rohrhalden ein, war 1702 bis 1706 Pfarrer in Kiebingen und seit 1709 Prior in Rohrhalden. Als Prior in Langenau wirkte er von 1721 bis zu seinem Tod 1723. Er wurde gelobt wegen seiner bedeutenden theologischen Kenntnisse, seiner Sittenstrenge und seinem Eifer zur Förderung brüderlicher Liebe und Eintracht unter den Konventualen.

Holzherr, Dr. Karl (1822–nach 1894). Repetent am Wilhelmstift in Tübingen, Professoratsverweser in Ellwangen, Professor in Rastatt und Heidelberg. Schriftsteller und Historiker („Geschichte der Reichsfreiherrn v. Ehingen").

Horner, Kaspar. Sohn des Rottenburger Schultheißen Hans Horner. War 1467 St. Martinskaplan an der Rottenburger Marktkirche, ließ sich 1468 beurlauben und wurde auf den Katharinenaltar in Eutingen im Gäu investiert. 1470 schrieb er sich an der Universität Basel ein und ist von 1479 bis 1501 als Kaiserlicher Notar und Stadtschreiber von Wimpfen a. N. nachweisbar.

Keller, Andreas (1503–1562). Seit 1523 in Rottenburg und in den hohenbergischen Orten einer der Hauptverbreiter der neuen Lehren Luthers. Drei seiner in Rottenburg gehaltenen Predigten blieben erhalten. 1524 „Helfer" (Vikar) bei Alt St. Peter in Straßburg; wurde im gleichen Jahr Pfarrer im elsässischen Wasselnheim, wo er 1530 einen Katechismus herausgab. Von 1536 bis zu seinem Tod „Spezial" (Pfarrer) in Wildberg bei Nagold.

Keller, Mag. Wolfgang († um 1533/34). War 1518 Chorherr im Stift St. Moriz und um 1522/23 letzter Schaffner („Quæstor") von „Haus und Spital" des Antoniterordens in Rottenburg, einer Niederlassung des Freiburger Antoniterhauses. Keller erscheint dann 1526 als „Vikar" der zum Stift St. Moriz gehörenden Pfarrei Remmingsheim.

Kirchberger v. Kirchberg, P. Andreas SJ († 1627). Hofprediger des Erzbischofs und Kurfürsten von Mainz, dann Prediger und Superior in Fritzlar und Bruchsal. Verwalter der Jesuitenkollegien in Würzburg und Molsheim/Elsass.

Koller v. Bochingen, Mag. Andreas († 1588). Wird 1578 als Hofkaplan Erzherzog Ferdinands II. von Tirol nach Innsbruck berufen und kehrte 1585 nach Rottenburg zurück, „der Vernunft beraubt". Mit drei anderen Geistesgestörten wurde er von einer Rottenburger Familie betreut. Scheint geheilt worden zu sein und ist in seinem Todesjahr 1588 als Chorherr in St. Moriz nachweisbar.

Laux, P. Dr. iur. utr. Johannes Werner OCap (1651–1730). Guardian der Kapuziner in Ravensburg und Wangen, später in Breisach. 1707 Visitator, 1711/14 und 1717/20 Provinzial der schwäbisch-österreichischen Ordensprovinz, fünfmal Ordensdefinitor. Machte vier (!) Fußreisen nach Rom, eine nach Wien.

Letzgus, Laurentius. Ist seit November 1712 als Hofkaplan der Gräfin Wilhelmine v. Grävenitz (1686–1744) in Stuttgart, der als „Frau Landhofmeisterin" berühmt-berüchtigten Mätresse des Herzogs Eberhard Ludwig von Württemberg.

Lipp, P. Laurentius OCap. (1595–1676). Kapuziner. War 1626/28 Zeuge im Seligsprechungsprozess des hl. Fidelis von Sigmaringen. 1635

Weihbischof Georg Sigismund Müller († 1686) von Konstanz. Porträt auf einem von ihm gestifteten Tafelbild im Weggental.

Wappen der Eltern von P. Columban Precht OCap. mit später hinzugefügter Jahreszahl am Dompfarrhaus.

Abt Rudolf Reichel (1717–1790) von Beuron. Augsburger Schabkunstblatt um 1760.

Vikar im Ravensburger Kapuzinerkloster, 1636/42 Vikar in Rottenburg, danach Vikar in Offenburg, Engen und Rottweil, war aber nie irgendwo Guardian. Starb im Riedlinger Kloster seines Ordens.

Manz, Mag. Andreas (1640–1679). War 1666 „Coadjutor" am Freiburger Münster; seine Bitte um die Pfarrei Rottenburg wurde von deren Patronatsherrn, der Universität Freiburg, abgelehnt. Von 1668 bis etwa 1673 amtierte er als Pfarrer im hohenzollerischen Grosselfingen. Starb als Pfarrer von Bornhaupt im Sundgau (Oberelsass).

Menloch, Johannes. Als Kleriker 1390/93 Lateinischer Schulmeister in Rottenburg, 1417 Chorherr in St. Moriz, amtete 1418/22 als solcher zeitgleich als Stadtschreiber in seiner Vaterstadt.

Müller, Georg Sigismund (1616–1686). Propst des Konstanzer Chorherrenstifts St. Johann, seit 1656 Weihbischof von Konstanz und Titularbischof von Heliopolis. Großer Wohltäter seiner Vaterstadt. Starb im Ruf der Heiligkeit.

Müller, Dr. Martin. Chorherr im Konstanzer Stift St. Stephan, bereits 1623 Rat und Fiskal des Bischofs von Konstanz. Onkel des Weihbischofs Georg Sigismund Müller. Sein Bruder war Kaiserlicher Rat und Amtmann in Rottenburg.

Münsinger v. Frundeck, P. Georg OCist (1538–1602). Letzter Mönch von Bebenhausen. Nach 1564 Administrator der Prälatur Münster im St. Georgental im Elsass. Starb in Colmar.

Münsinger v. Frundeck, P. Johann Joachim OSB (um 1510–1585). Regularkanoniker vom Hl. Grab in Denkendorf, 1555 Eintritt in das Benediktinerkloster St. Peter im Schwarzwald; dort später Prior und seit 1580 dessen vierzigster Abt. In der Klosterchronik bezeichnet als „ein der Abstammung, dem Mönchsleben und einer umfassenden Bildung nach sehr berühmter Mann, dessen Lob dieses Buch nicht zu fassen vermag".

Precht, Johann Christoph (P. Columban OCap.) (1588-1643). Sohn des hohenbergischen Hofschreibers Andreas Precht. War viermal Provinzial der schweizerischen Kapuzinerprovinz; starb in Sursee/Lu. auf dem Weg zu einer Kapitelsversammlung. Begnadeter Prediger (gen. „der zweite Chrysostomus"), besaß die Gaben der Weissagung und der Krankenheilung. Heiligmäßiger Ordensmann (Bekenner), Gedenktag am 6. Oktober.

Raiblin, Wilhelm (um 1480/90-nach 1559). 1521 Prediger zu St. Alban in Basel. 1522 Leutpriester in Laufenburg am Hochrhein, seit Herbst 1522 stellenlos in Zürich und Umgebung, 1523 in Wiedikon Kt. Zürich als Prediger; dort verheiratete er sich. Einer der eifrigsten Wiedertäufer in der Schweiz. Im Frühjahr 1526 kurzzeitig in Straßburg und in seiner Vaterstadt Rottenburg, wo er wie im benachbarten Horb Anhänger sammelte. Als Gefährte des Wiedertäufers Michael Sattler wurde er in Rottenburg gefangen gesetzt, konnte entfliehen, taucht dann in Reutlingen, Esslingen und Ulm auf und starb nach 1559 wahrscheinlich zu Znaim in Mähren, der letzten Zuflucht des Täufertums.

Raidt, Fidel (P. Paternus OCap.) (1857-1904). Studierte zuerst in Würzburg Medizin, trat in Laufen a. d. Salzach in den Kapuzinerorden ein, studierte dann Theologie und wurde 1896 in Dillingen zum Priester geweiht – seine Primiz feierte er im Weggental. War als Volksmissionar in Mindelheim, Aschaffenburg und Neuötting eingesetzt und starb in Altötting.

Reichel, Johann Chrysostomus Andreas (P. Rudolf) CSA (1717-1790). Seit 1751 als Rudolf II. Abt des Augustinerklosters Beuron, für das er 1755 die Reichsunmittelbarkeit erreichte. Einer der bedeutendsten Äbte dieses Klosters.

Reihing, Franz Xaver (1804-1888). Seit 1836 Pfarrer in Schmiechen (Dek. Ehingen). Bedeutender kirchenmusikalischer Schriftsteller. Hauptmitarbeiter bei der Herausgabe des Rottenburger Diözesangesangbuchs von 1865.

Rock, P. Johannes OCarth. († 1480). Ist bereits 1446 Kartäusermönch in Güterstein bei Urach – der Klosterchronik zufolge „ein großer Wohltäter unseres Hauses, wie das Buch unserer Wohltäter ausweist". Stellt 1451 sein Vermögen für die Errichtung einer Predigerpfründe am Rottenburger Stift St. Moriz zur Verfügung. Sein Bruder Konrad war Arzt, stiftete 1450/53 das „Rocken-Almosen", eine Armenstiftung, die im 19. Jahrhundert mit der Spitalstiftung vereinigt wurde, und war Wohltäter der Kartause Buxheim.

Ruf (Ruff), Mag. Jakob († 1497). Schüler der Universität Paris, 1465 Chorherr und Prediger im Stift St. Moriz, 1487 bis zu seinem Tod der 15. Propst des Stifts.

Sack, P. Hermann OFM (um 1375-1440). Ist 1414 Guardian des Münchener Franziskanerklosters, 1432 Beichtvater der Klarissen in Regensburg. Seine Büchersammlung in der Bayerischen Staatsbibliothek München zeugt von umfassender Bildung und wissenschaftlichem Interesse.

Sack, P. Johannes OFM (1396-1439). Bruder des vorigen. Franziskaner in München; 1428 wegen seiner hohen Bildung Lektor in Speyer, 1433 in Regensburg. Vor seinem Tod Oberer der bayerischen Custodie, eines Teils der Oberdeutschen Franziskanerprovinz.

Sautermeister, Franz Ludwig (1835-1913). War nach der Priesterweihe 1850 Präzeptoratsverweser in Riedlingen, 1860 Pfarrverweser in Oberzell/Ravensburg, 1863 Pfarrer in Hausen am Tann, 1874/77 Pfarrer in Weilen u. d. R., seit 1877 in Schörzingen. Lebte seit 1902 im Ruhestand in Sigmaringen, wo er auch starb. Er war „wohl der allseitigste Botaniker des Landes" und Schöpfer eines berühmten Herbariums. „Die vortreffliche Zusammenstellung der Kryptogamen (Sporenpflanzen) verdanken wir beinahe ausschließlich dem Herrn Pfarrer Sautermeister in Weilen u. d. R." Seinen naturwissenschaftlichen Nachlass einschließlich wertvoller Fachbücher erbte das Kloster Beuron.

Spenlin, Dr. Johannes (kurz vor 1380-1459). Ist 1428 Propst in Stuttgart, Doktor der Medizin, Magister der Freien Künste, Bakkalaureus der Heiligen Schrift. Später Propst in Sindelfingen, 1437/39 Kirchherr in Haiterbach, 1446 Propst in Herrenberg. Taufte 1445 in der Uracher

Schlosskirche den späteren Grafen Eberhard „im Bart". Leibarzt der württembergischen Grafen in Stuttgart, Vertrauter des württ. Grafenhauses.

Schmid, P. Sebastian SJ (1665–um 1727). Jesuit. Missionar in Peru unter den Moxos-Indianern, Oberer der dortigen Reduktion St. Anna, „segnete mit Zurücklassung eines überaus großen Lobes dieses Zeitliche".

Schorer, P. Christoph SJ (1603–1678). Jesuit seit 1623. Lehrer an der Universität Dillingen, 1643 Rektor in Luzern. Seit 1647 Beichtvater des Herzogs Sigmund Albrecht, Bischofs von Freising und Regensburg. 1650/52 Provinzial der Oberdeutschen Ordensprovinz mit Sitz in Rom. Stellvertretender Ordensgeneral und Generalvikar des Ordens. 1661 Visitator der Oberdeutschen Provinz. 1665/68 und 1671/74 Rektor des Kollegs in München. Verfasser mehrerer Bücher über das geistliche Leben.

Schwarz, Karl. War seit 1763 Kaplan in Weitingen. „Ein gelehrter und sonderbarer Mann. Er war mehrere Jahre auf Reisen, auch Feldpater, war in der Türkei und Palästina, besuchte die heiligen Stätten zu Bethlehem, das Grab Christi und das Grab Mariä im Thale Josaphat, reiste durch Italien, Spanien, Frankreich und wurde zuletzt allhier Kaplan." Schwarz verzichtete später auf seine Stelle in Weitingen und ging nach Ungarn, wo er starb – unbekannt wo und wann.

Stein, P. Ignaz OPraem. (1721–1772). Von 1768 bis zu seinem Tod Abt des Prämonstratenserstifts Obermarchtal. Beherbergte als solcher 1772 Marie Antoinette, Tochter der Kaiserin Maria Theresia, auf der Durchreise zu ihrer Hochzeit in Paris mit dem französischen König Ludwig XVI.

v. Strachwitz, P. Johann Rudolf CSA (1678–1738). Sohn eines aus Schlesien stammenden österreichischen Beamten in Rottenburg und einer Rottenburgerin. Im Jahr 1724 als Rudolf I. Abt des Augustinerklosters Beuron, ließ die dortige neue Klosterkirche erbauen und starb infolge eines Bau-Unfalls.

v. Sülchen, Siegfried. 1127 bis 1146 als Siegfried II. Bischof von Speyer. Angehöriger des alten Ortsadels von Sülchen. Gab dem Kloster Hirsau um 1138/46, wahrscheinlich als Seelgerät für

Reichsprälat Ignaz Stein (1721–1772) von Obermarchtal. Nach einem um 1770 entstandenen Porträt.

seinen Bruder Gottfried, eine Mühle bei Sülchen („pro fratre suo Gotfrido dedit molendinum ad Sulichin") – wahrscheinlich die spätere Distelmühle am Neckar nahe der Markungsgrenze zu Kiebingen, die im Gebiet der Pfarrei Sülchen lag. Seinen Besitz in Sülchen stiftete er 1146 als Seelgerät für sich an das Kloster Hirsau.

Wagner, P. Ignaz SJ (1642–1683). Sohn des hohenbergischen Statthalters Dr. Johann Wagner. 1660 Jesuitennoviziat in Landsberg, 1674 Priesterweihe in Eichstätt. Hervorragende Laufbahn als Kanzelredner: 1678/79 Domprediger in Augsburg, 1679/80 Hofprediger in Innsbruck, 1680/83 Stiftsprediger in Altötting, 1683 Feldprediger im bayerischen Heer während des Türkenfeldzugs. Stirbt im Feldlager bei Brünn im Dienst an seuchenkranken Soldaten.

Weittenauer, Dr. Johann Evang. (1640–1703). 27. Propst des Chorherrenstifts St. Moriz seit 1687.

Dr. Johann Ev. Weittenauer (1640–1703), Stiftspropst und Geschichtsschreiber von St. Moriz.

Das sind etwas mehr als ein halbes Hundert Namen, ausgewählt aus einer Sammlung von weit mehr als 850 Namen aus sechs Jahrhunderten: hohe Würdenträger und kirchliche Beamte, Gemeindepfarrer und Mönche, Wissenschaftler wie Theologen, Historiker und Botaniker, Musiker und Schriftsteller, weltliche Beamte und Anhänger der Reformation, Hofprediger und Kaiserliche Notare, Jesuitenmissionare und Märtyrer, Heilige und Heiligmäßige – all dies findet sich unter den Welt- und Ordenspriestern, die aus Rottenburg hervorgingen. In diesen Männern hat die „Urbs pia" Gestalt angenommen, getragen vom Opfersinn zahlloser Elternpaare und wohl auch Geschwister; sie alle haben finanzielle Opfer gebracht, damit die Söhne, die Brüder, studieren konnten.

Doch zum Ruf der „frommen Stadt" haben auch die Frauen, die Ordensfrauen, beigetragen – in den Rottenburger Frauenklöstern und in Klöstern in- und außerhalb der Grafschaft Hohenberg. Hier ist noch längst nicht alles an Namen erforscht und erfasst, es wurde bereits erwähnt, aber einige herausgehobene Persönlichkeiten sollen auch hier beispielhaft für all die vielen Frauen aus Rottenburg stehen, die im Lauf der Jahrhunderte ihr Leben in den Dienst für Gott und für ihre Mitmenschen gestellt haben.

a) Rottenburg, Obere Klause. Franziskaner-Terziarinnen

Amrein, Maria Victoria (1680 oder 1682–1749). Profess 1699, war zwischen 1720 und 1744 viermal Vorsteherin, viermal Helfmutter. Ihre leibliche Schwester Anna Theresia (1684–1748) legte 1702 in der Oberen Klause Profess ab. Beide waren Töchter des namhaften Bildhauers Heinrich Carl Amrein.

Beck, M. Angela († 1767). Profess 1712, bis 1762 dreimal Vorsteherin, zweimal Helfmutter. Tochter des aus Nördlingen zugewanderten Lebküchlers Joh. Bernhard Beck (Prestinari).

Wendelstein, Elisabeth (gen. „Distlin") (geb. um 1485, lebte noch 1590!). Ehemalige Vorsteherin, war 1590 als 105-jährige (!) noch am Leben und geistig voll präsent. Verbrachte über 90 Jahre ihres langen Lebens in der Oberen Klause. Enkelin des „Distelmüllers" Hans Wendelstein.

Geschichtsforscher, Geschichtsschreiber von Stift und Stadt. Verfasser mehrerer theologischer Werke, u. a. eines mehrfach neu aufgelegten Katechismus.

Wendelstein, Dr. iur. utr. Andreas († 1611). Studiert 1559 in Tübingen, 1562 in Freiburg, 1568 in Ingolstadt. Promoviert 1575 zum Dr. iur. utr. in Bologna. Bereits 1573 als Konstanzer Generalvikar genannt, amtierte gleichzeitig als Offizial. 1584 auch Domkanoniker in Basel. 1592 verzichtete er auf seine Konstanzer Ämter, war seit 1602 Domkantor. 1595 stiftete er den St.-Anna-Altar im Konstanzer Münster, 1608 den Konradsaltar in der Konradskapelle der Bischofskirche.

Wyßhor (Weißhaar), Johann. Studierte in Tübingen und Basel, lehrte um 1508 in Basel Theologie, wurde dort Leutpriester zu St. Theodor in Kleinbasel und Rektor der Universität.

b) Horb, Franziskaner-Terziarinnen

Manz, Johanna. War 1690 und 1693 Oberin in der „Mittleren Sammlung".

Rebstock, Johanna. Starb 1666 als Oberin.

c) Kirchberg (Gde. Renfrizhausen/Sulz a. N.), Dominikanerinnen

Amann, Katharina. War 1393 Priorin. Aus der bekannten Rottenburger Oberschichtfamilie.

Dornsperger, M. Cecilia Barbara (1636–1705). Profess 1653, von 1671 bis 1702 Priorin. Tochter des hohenbergischen Marschalls Hans Adam Dornsperger, Schwester von P. Johann Bapt. Dornsperger SJ.

Herter, Agnes. War 1452 Priorin. Aus einer Rottenburger Oberschichtfamilie.

Hipp, Agnes. 1479 und 1482 als Priorin erwähnt. Aus einer im 16. Jahrhundert geadelten Rottenburger Oberschichtfamilie.

Hipp, Regina Ottilia († 1719). Priorin 1711, Novizenmeisterin 1705, 1707/08, 1713. Aus dem bürgerlichen Zweig obiger Familie.

Staiger, M. Theresia († 1750). Profess 1696. Novizenmeisterin 1721, Priorin 1729, 1736. Sie war die letzte Rottenburgerin, die in Kirchberg ihre Profess ablegte.

d) Im 14./15. Jahrhundert finden sich insgesamt 19, vielfach untereinander verwandte Töchter aus Familien der Rottenburger Oberschicht als Nonnen im Dominikanerinnenkloster Reutin bei Wildberg/Calw, das nach 1575 erlosch. Details aus ihrem Ordensleben sind allerdings kaum bekannt.

e) Mariaberg (Gde. Bronnen/Gammertingen), Benediktinerinnen

Dorm, M. Regina († 1662). Profess 1653, bereits 1654 Priorin. Sie stand im Ruf, besessen zu sein, und wurde 1659 abgesetzt.

Schellhammer, M. Martina († 1742). Profess 1685, wurde 1696 Priorin und blieb es bis etwa 1708.

f) Stetten bei Hechingen, Dominikanerinnen

Rhein, Ursula. War 1620 Schaffnerin und 1626 Priorin. Sie stammte aus der Rottenburger Papiermacherfamilie R(h)ein.

Rich, Haila (lebte noch 1429). Sie ist seit 1387 als Nonne in Stetten genannt und war 1425 dort Priorin. Aus vermögender Familie der Rottenburger Oberschicht.

Schuh, M. Anna. Erscheint 1668 und 1670 als Subpriorin und war danach 18 Jahre lang Priorin.

g) Verschiedene Klöster

1. Friedenweiler (Lkr. Breisgau-Hochschwarzwald), Zisterzienserinnen

Gugel, Ursula (ca. 1682–1736). Von 1723 bis 1736 war sie die 7. Äbtissin des Klosters, das während ihrer Amtszeit samt der Kirche durch einen Großbrand vernichtet und wieder aufgebaut wurde.

2. Pfullendorf, Franziskaner-Terziarinnen

v. Muschgay, M. Aloysia (geb. ca. 1747). Profess 1767, Helfmutter 1800, letzte Vorsteherin des Klosters 1803. Tochter des 1738/48 amtierenden Rottenburger Schultheißen Joh. Franz v. Muschgay.

3. Rangendingen/Hohenzollern, Dominikanerinnen

Laux, Anna Maria († 1704). Legte 1646 ihre Profess ab und war von 1690 bis 1702 Priorin des kleinen Konvents.

4. Wald (Krs. Sigmaringen), Zisterzienserinnen

v. Hohenberg, Mechthild. 1283 resignierte Äbtissin. Schwester des Rottenburger Stadtgründers, des Grafen Albert II. v. Hohenberg, und der deutschen Königin Gertrud-Anna, der Gemahlin König Rudolfs v. Habsburg.

5. Wannental (Gde. Zillhausen/Balingen), Augustiner-Chorfrauen

Frey, Anna. War 1544 eine der drei letzten Chorfrauen vor Einführung der Reformation in dem kleinen Kloster am Fuße der Schalksburg.

Natürlich wurden auch im 19. und 20. Jahrhundert zahlreiche Rottenburgerinnen Ordensfrauen, traten in Klöster verschiedener Orden und Kongregationen in und außerhalb der Diözese ein. Ihre Namen sind jedoch bis jetzt wohl nirgends erfasst worden, sodass auf sie hier nicht näher eingegangen werden kann.

Auch bei den Männern gibt es eine Gruppe, über die in Ermanglung von Quellen und Literatur bislang nur sehr wenig Material zusammengetragen werden kann. Gemeint sind die aus Rottenburg stammenden, in verschiedenen Orden tätigen Laienbrüder, die es in allen Jahrhunderten neben den Ordenspriestern gab. Stellvertretend für diese in der Stille ihrer Klöster dienenden Männer seien ein paar Namen genannt.

Brack, Balthasar (Br. Christoph). Geboren 1662 als Sohn des Kunstschreiners und Altarbauers Balthasar Brack. Erlernte den Beruf seines Vaters und trat ins Rottenburger Jesuitenkolleg ein. Von seinem Orden wurde er in das Kolleg von Solothurn/Schweiz versetzt. Er schuf 1687 die Kanzel der dortigen Jesuitenkirche und 1688/89 deren Ignatiusaltar. Im Jahr 1692 reiste er im Auftrag des Ordens nach China zu den dort wirkenden Jesuitenmissionaren, starb aber auf der Reise.

Riedlinger, Bernardus (Br. Joseph) (1668 oder 1669–1738). Franziskanerterziar im Bruderhaus Bernstein bei Sulz a. N. Eintritt 1695, Profess 1696, war dreimal (1718, 1728, 1730) Altvater (= Vorsteher). In diesem Amt gab es weitere Rottenburger; einer davon, Joseph Schnell (1666–1728) war Rebmeister des Bruderhauses.

Strobel, Jakob († 1633). War Laienbruder im Paulinerkloster Rohrhalden bei Kiebingen im Rammert. Zusammen mit seinem Prior P. Heinrich Theiss 1633 von schwedischen Truppen, die damals Rottenburg belagerten, ermordet: „Da die beiden durch keine Versprechungen, Drohungen und Schreckungen zum Abfall vom Glauben gebracht werden konnten, wurden sie von den Schweden unmenschlich hingeschlachtet und starben den Märtyrertod." (Ordenschronik im Ungar. Staatsarchiv Budapest).

Diese wenigen Beispiele zeigen, dass es selbst bei der noch kaum erforschten Gruppe der Ordensbrüder überraschende Entdeckungen zu machen gibt. In Bernstein beispielsweise sind bis jetzt die Namen von sieben Rottenburgern bekannt geworden!

Zu guter Letzt soll noch auf die Laien aus Rottenburg hingewiesen werden – bis jetzt kennt man acht Namen –, die als Eremiten lebten, in den Einsiedeleien bei der St. Theodorskapelle, in Sülchen und bei der abgebrochenen St. Jodokskapelle auf Markung Weiler, aber auch außerhalb der Stadt. Beim Eintritt in den Eremitenstand hatten sie Armut, Keuschheit und Gehorsam geloben müssen, ganz wie die ‚richtigen' Ordensleute. Vielfach verdienten sie durch Mesnerdienste einen Teil ihres knapp bemessenen Lebensunterhalts. Erster der Einsiedler war der heilige Meinrad, der im Jahr 861 in seiner Klause ermordet wurde. Das gleiche Schicksal widerfuhr auch einem anderen Rottenburger Einsiedler, Karl Magnus Sigmund Hohenschild, der 1709 in seiner Einsiedelei bei Degernau im Wutachtal von Unbekannten ermordet wurde.

Als Beispiel führen wir die vier Rottenburger an, die der Personalkatalog des Bistums Konstanz aus dem Jahr 1779 unter insgesamt rund 175 Einsiedlern in der gesamten Diözese Konstanz nennt.

Fischer, F. Michael (geb. 1751), seit 2 Jahren Einsiedler bei der St. Wendelinskapelle in Trillfingen/Hohenzollern.

Schnell, F. Laurentius (geb. 1702), seit 24 Jahren Einsiedler in Rottenburg, unbekannt wo. War zuvor verheiratet.

Schnell, F. Paulus (geb. 1707), seit 34 Jahren Einsiedler in Rottenburg bei der St. Theodorskapelle. Kein naher Verwandter des Vorigen.

Türk, F. Martin (geb. 1713), seit 39 Jahren Eremit in Rottenburg, zunächst bei St. Theodor als Vorgänger von F. Paulus Schnell, dann als Sakristan in Sülchen.

Urbs pia – in all diesen Menschen, den genannten und den ungenannten, hat sie Gestalt angenommen. Ihr Beispiel strahlte in die Stadt hinein und verschaffte z. B. den von Laien getragenen Bruderschaften über die Jahrhunderte hinweg großen Zulauf.

Die Bruderschaften

In heute kaum mehr vorstellbarem Maß war das Alltagsleben im späten Mittelalter, in der frühen Neuzeit und bis zum Spätbarock von der Religion geprägt. Religiosität konnte sich u. a. in der Zugehörigkeit zu einer Bruderschaft äußern. Wie die Religion das alltägliche Leben durchdrang, so beschränkten sich auch die Bruderschaften in ihrer Wirksamkeit nicht auf die Kirchenmauern, auf das innerkirchliche Leben, vielmehr trugen sie darüber hinaus zur Hebung der sittlich-sozialen Verhältnisse ihrer Zeit bei.

Die St. Theodorskapelle mit angebauter Einsiedlerwohnung. Federzeichnung in einem handgeschriebenen Gebetbuch von 1855.

Was sind, was waren die Bruderschaften? Der Begriff, einst allgegenwärtig und allgemein verständlich, bedarf heutzutage der Erklärung. Knapp gesagt handelte es sich bei ihnen um kirchliche Vereinigungen, die durch Werke der Gottesverehrung und der christlichen Nächstenliebe vor allem das geistliche Wohl ihrer Mitglieder fördern wollten. Oder, anders gesagt: Bruderschaften waren in der Vergangenheit freiwillige, häufig von der kirchlichen Autorität errichtete, unter ihrer Aufsicht stehende Vereinigungen von Gläubigen zur Ausübung von nicht allgemein gebotenen Werken der Frömmigkeit und Nächstenliebe. Schon im ersten nachchristlichen Jahrtausend gab es Bruderschaften zur Krankenpflege, es gab Gebetsverbrüderungen, Bruderschaften zu gottesdienstlichen Zwecken usw. Die Bruderschaften des Mittelalters waren vielfach berufsständisch organisiert, besaßen große Ähnlichkeit mit den Zünften bzw. Gilden und versahen manchenorts sogar die Aufgaben der Zünfte.

Zu den Hauptzielen der seit dem Mittelalter weit verbreiteten und im Zeitalter des Barock im 17. und 18. Jahrhundert zu höchster Blüte gelangten Bruderschaften gehörten Gebetsfrömmigkeit, Glaubensverteidigung und praktizierte Nächstenliebe. Fast alle Bruderschaften wurden in der Zeit von Josephinismus und Aufklärung im letzten Drittel des 18. Jahrhunderts aufgehoben. Im 19. Jahrhundert entstanden dann im Zug des Wiedererstarkens des kirchlichen Lebens vielerorts, so auch in Rottenburg, neue Vereinigungen, die zwar den Titel von Bruderschaften führten, die aber ganz den Charakter religiöser Devotionsvereine mit rein innerkirchlicher Wirkung hatten und mit den ‚alten' Bruderschaften nicht vergleichbar sind und uns hier nicht interessieren. Das Ende der mittelalterlichen Bruderschaften, soweit sie noch bestanden, und auch das der erst vom 16. bis zum 18. Jahrhundert gegründeten ‚barocken' Bruderschaften, sofern sie nicht vorher erloschen waren, kam im Zeitalter des Josephinismus. Ein ganz unverfänglich mit „Nachricht" überschriebenes Edikt von Kaiser Joseph II. vom 9. August 1783 leitete das Ende der noch bestehenden Bruderschaften in den K. K. Erblanden und damit auch in Rottenburg ein. Die Bruderschaften sollten aufgehoben, ihr Vermögen einer neuen Einheitsbruderschaft unter dem Titel „Bruderschaft zur thätigen Liebe zum Nächsten" zugeführt werden. Die Mitglieder der bisherigen Bruderschaften hatten innerhalb einer gewissen Frist ihrem Ortspfarrer schriftlich zu erklären, „ob sie zu der neuen zu einer geistlichen Bruderschaft erhobenen Liebesversammlung sich einverleiben lassen und an derselben gemeinnützlichen und bey Gott so verdienstlichen Handlungen und Ausübung der von dem Evangelium vorgeschriebenen Werke der Barmherzigkeit Theil nehmen wolle(n)". Diese typisch josephinische Schöpfung einer Bruderschaft der tätigen Nächstenliebe wurde nun auch in Rottenburg installiert – mit wenig Erfolg, wie man sehen wird.

Bei den alten, vorjosephinischen Bruderschaften lassen sich zwei Arten unterscheiden. Die einen führten zwar den Namen von Bruderschaften, waren aber trotz ihres stets vorhandenen religiösen Hintergrunds eher weltlich-berufsständische Organisationen. Bei den anderen ist ihre eingangs erwähnte religiöse Prägung ausschließliches Wesenselement.

a) Standes- und Berufs-Bruderschaften

1. Die Priesterbruderschaft des Landkapitels Rottenburg-Tübingen

Sie wurde wohl 1404 gegründet; Veranlassung zu ihrer Gründung gab der Wurmlinger Pfarrer Andreas Bettminger, Augustiner-Chorherr von Kreuzlingen. Bettminger wird zwar erst 1415 als Pfarrer in Wurmlingen erwähnt, war damals aber bereits längere Zeit im Amt. An der Spitze der Sodalität stand zunächst der Lustnauer Pfarrer Johann Kammerer. Die Mitglieder dieser Kleriker-Bruderschaft sind vielleicht gemeint, wenn in der Niederschrift von 1468 über den Ablauf des berühmten Wurmlinger Jahrtags von den „Notbrüdern der Capitel zu Tübingen und Rottenburg" die Rede ist. Wie lang diese Bruderschaft bestand, ist nicht bekannt; sie wird wohl während der josephinischen Aufhebungen von 1784 – oder gar schon während der Wirren der Reformation – erloschen sein.

2. Die Bruderschaften der Woll- und Leinenweber

Die Kerzenmeister beider Bruderschaften ersuchten 1670 das Stift St. Moriz, ihren Jahrtag von der Spitalkapelle in die Stiftskirche zu verlegen, weil die Kapelle, in der der Jahrtag „von unerdenklichen Zeiten hero" gehalten wurde, wegen der Zahl der Meister zu eng geworden war.

Da die Rottenburger Zunftakten bei den Stadtbränden von 1644 und 1735 vernichtet wurden, ist nicht bekannt, ob es weitere Bruderschaften mit zünftischem Hintergrund gab. Die Existenz eines Seelbuchs der Bäcker, angelegt 1675 mit Namen, die bis ins 16. Jahrhundert zurückreichen, deutet auf eine Bäcker-Bruderschaft. Die Hl.-Kreuz-Kapelle vor dem Sülcher Tor wird 1380 erstmals erwähnt, als der Kirchherr von Sülchen der Schuhmacherzunft erlaubte, in der Kapelle einen Opferstock aufzustellen. Die Zunft hatte die Kapelle erbauen lassen und an ihrem Altar eine – gering dotierte – Pfründe gestiftet. Die Büchsenschützen feierten ihren Jahrtag am Sonntag nach dem Fest Johannes des Täufers (24. Juni), der ihr Patron war, in St. Moriz. Wie weit bei Bäckern, Schuhmachern, Schützen und anderen Vereinigungen bruderschaftliche Strukturen vorhanden waren, ist nicht eindeutig belegbar.

3. Die Bruderschaft der Rebleute

Als „der Reebleuth Bruderschaft" wurde sie 1696 neu formiert und erhielt neue Statuten. Sie bestand aber als ‚Berufsorganisation' der Weingärtner wohl bereits im Spätmittelalter, der Blütezeit des Rottenburger Weinbaus. Ihre Tradition lebt im heutigen Weingärtnerverein weiter.

4. Die St. Urbansbruderschaft

Gegründet um 1400/1401, besteht sie seither ununterbrochen bis in unsere Zeit, umfasst nicht mehr als 24 jeweils einstimmig zu wählende Mitglieder und lebt noch getreu ihren alten Satzungen, die seit 1438 immer wieder behutsam an die jeweiligen Zeitverhältnisse angepasst wurden.

Ihre Wurzeln sind eindeutig religiös, wie schon der Name ihres Patrons, des heiligen Papstes Urban I., des Patrons des heimischen Weinbaus, klar erkennen lässt. Auch ihre Mitgliederzahl erinnert an diese Wurzeln; zweimal die Zahl der 12 Apostel; die 24 Ältesten der Geheimen Offenbarung des Johannes. Aber auch der Innere Rat der Stadt Rottenburg hatte 24 Mitglieder.

Die Bruderschaft besaß bis ins 19. Jahrhundert einen von ihren Mitgliedern im 3. Jahrzehnt des 15. Jahrhunderts gestifteten und bepfründeten, ihrem Patron geweihten Altar in der St. Martinspfarrkirche. Noch heute nimmt sie mit dem von diesem Altar stammenden Standbild ihres Patrons (von H. C. Amrein, 1688) an der Rottenburger Fronleichnamsprozession teil.

Ihre Aufgabenstellung reiht die St. Urbansbruderschaft aber eindeutig in die Reihe der Standes- und Berufsbruderschaften ein. Ihr Ansehen im alten Rottenburg – ihre Mitglieder gehörten seit 1438 quasi automatisch zur städtischen Ehrbarkeit, zur Oberschicht – beruhte darauf, dass sie das von der Landesherrschaft eingesetzte Aufsichtsorgan über den damals in höchster Blüte stehenden Weinbau war – 50 bis 60 Prozent der Bürgerschaft lebte damals direkt oder indirekt vom Weinbau. Sie hatte Strafbefugnis bei Weinbergfreveln und das Recht öffentlicher Rügung dieser Delikte, u. a. am Nachmittag des Fronleichnamsfestes. Dieser ‚hoheitlichen' profanen Aufgabenstellung verdankt es die Bruderschaft, dass sie als landesweit einzige Bruderschaft während des Josephinismus nicht aufgehoben wurde und seit ihrer Gründung ununterbrochen fortbesteht, seit dem 19. Jahrhundert im eigenen Weinberg noch immer Weinbau betreibend. Öffentlicher Ausschank ihres Weines in einer Besenwirtschaft, Jahrtagsfeier am Fest ihres Patrons (25. Mai) mit Totengedenken und Teilnahme an der Fronleichnamsprozession sorgen dafür, dass die Bruderschaft im Bewusstsein der Öffentlichkeit bleibt.

Aufnahmediplom der St. Urbansbruderschaft aus dem Jahr 1834/35, noch heute bei der Bruderschaft in Gebrauch. Lithografie von Johann Abt.

b) Die religiösen Bruderschaften (geordnet nach ihren Patronaten)

1. Die Bruderschaft „zur Verehrung der heiligen Namen Jesus, Maria, Joseph"

Von den Rottenburger Jesuiten in der seit 1653 ihrer seelsorgerlichen Obhut anvertrauten Wallfahrtskirche zur Schmerzhaften Muttergottes im Weggental 1669 gegründet, erlosch die Bruderschaft 1773 mit der Aufhebung des Jesuitenordens und seines Rottenburger Kollegs. Das im Rottenburger Jahrbuch für Kirchengeschichte 1/1982 angegebene Gründungsjahr 1688 ist lt. dem Weggentaler Mirakelbüchlein von 1731 unzutreffend. Im Jahr 1688 erteilte lediglich der Konstanzer Generalvikar seine Zustimmung zur erfolgten Gründung und bestimmte vier Festtage zur Erlangung eines Ablasses für die Mitglieder der Bruderschaft. Laut einem Bruderschaftsformular vom Anfang des 18. Jahrhunderts handelte es sich bei ihr wie bei den meisten religiösen Bruderschaften um eine reine Gebetsverbrüderung. Zeitweise zählte sie rund 9000 Mitglieder.

Heute erinnern an die Bruderschaft nur noch zwei gedruckte Formulare von Anfang und Mitte des 18. Jahrhunderts sowie ein Votivbild aus den 1690er-Jahren im Chor der Weggentalkirche, das einen vor der Heiligen Familie knienden Priester mit Chorrock zeigt.

2. Die Bruderschaft „Unser Lieben Frauen Verkündigung"

Sie wurde von den Jesuiten 1652 als Marianische Kongregation gegründet, musste 1657 wegen der großen Zahl ihrer Mitglieder geteilt werden (vgl. Nr. 3) und lief fortan unter der Bezeichnung „Kongregation der Herren und Bürger" oder „Bürgerkongregation". Ihre Versammlungen hielt

Ein Zeugnis der Jesuitenbruderschaft „Zur Verehrung der heiligen Namen Jesus, Maria, Joseph": Votivbild im Weggental aus den 1690er-Jahren.

sie, zumindest im 17. Jahrhundert, meist in der Stiftskirche St. Moriz ab. Mit der Aufhebung des Jesuitenordens und seines Rottenburger Kollegs 1773 ‚ruhte' sie zunächst und wurde im darauffolgenden Jahr in die Nachbarstadt Hechingen transferiert, da nach dem Beitritt der Fürstenfamilie von Hohenzollern-Hechingen im 2. Viertel des 18. Jahrhunderts ein großer Teil ihrer Mitglieder aus hohenzollerischen Gemeinden kam. In Hechingen bestand die Bruderschaft noch am Ende des 19. Jahrhunderts weiter.

Im Jahr 1727 zählte die Bürgerkongregation 1500 Mitglieder. 1753 waren bereits rund 5000 Mitglieder aus der näheren und weiteren Umgebung Rottenburgs bei ihr eingeschrieben, die jedes Jahr mit gedruckten Totenlisten zum fürbittenden Gebet für die namentlich und mit Wohnort aufgeführten Verstorbenen des Vorjahrs aufgefordert wurden.

Der Augsburger Goldschmied Joh. Georg Atzwanger fertigte 1705 für die Bruderschaft ein silbernes Altarkreuz an, mit Sockel 1,55 m hoch und mit 36 cm hohem, aus Silber gegossenem Christuskorpus. Das Kreuz wird in der Hechinger Pfarrkirche St. Jakobus aufbewahrt; durch seine Sockelinschrift erinnert es an die Rottenburger Jesuitenkongregation.

Letztere ließ anlässlich ihrer Hundertjahrfeier 1752 bei den Gebrüdern Klauber in Augsburg, den besten Augsburger Kupferstechern ihrer Zeit, ein großformatiges Jubiläumsblatt mit einer Stadtansicht Rottenburgs anfertigen.

Bei ihrer Stilllegung in Rottenburg besaß die Bruderschaft ein Vermögen von 1075 fl. 32 kr.

Silberkreuz (Höhe 1,55 m) der Rottenburger Bürgerkongregation „Unser Lieben Frauen Verkündigung" aus dem Jahr 1705, seit 1774 in Hechingen.

Jubiläumsblatt zum 100-jährigen Bestehen der Bruderschaft „Unser Lieben Frauen Verkündigung". Kupferstich der Gebr. Klauber, Augsburg, 1752.

RENOVATIO
Der
Satzungen / oder Regeln
Einer
Alten Löblichen unser lieben
FRAUEN
Bruderschafft
Mariæ siben Schmertzen
in der
Gnadenreichen / durch viel Miracul weitberühmten Walfarth-Kirchen Weggen-Thal nechst Rottenburg am Necker.
Auffgericht
Im Jahr Christi 1589.
Wie auch
Ablaß und Gebet deroselben zu mehrerem Bericht / und Trost der einverleibten Herren Brüder und Schwestern / auch Antrib anderer Liebhabern MARIÆ.

Cum licentia Superiorum.

Gedruckt im Jahr 1701.

Titelblatt des Bruderschaftsbüchleins der Weggentaler Sieben-Schmerzen-Bruderschaft aus dem Jahr 1701.

3. Die Studentenkongregation „Zur Unbefleckten Empfängnis"

Die Zöglinge des Rottenburger Jesuitengymnasiums erhielten 1657 bei der Teilung der großen Jesuitenbruderschaft (Nr. 2) ihre eigene Kongregation. Vom Jahr 1727 ist die Zahl von 58 Mitgliedern überliefert – das Gymnasium zählte maximal 80 bis 100 Schüler. Die Kongregation hatte im Ostflügel des Jesuitenkollegs einen eigenen Versammlungsraum, das „Oratorium Marianum". Mit dem Ende des Jesuitenkollegs und seines Gymnasiums 1773 erlosch auch die Marianische Schüler- und Studentenkongregation.

4. Die Sieben-Schmerzen-Bruderschaft

Um das Jahr 1589 gründete das Stift St. Moriz in der damals noch von ihm seelsorgerlich betreuten Wallfahrtskirche im Weggental die Bruderschaft „Zu den sieben Schmerzen Mariens". 1590 wurde sie vom Konstanzer Bischof bestätigt und der Landesfürst, Erzherzog Ferdinand II. von Tirol, nahm sie im selben Jahr unter seinen persönlichen Schutz. Sechs Jahre später gab es einen päpstlichen Ablass für ihre Mitglieder.
Die Bruderschaft wurde einem zeitgenössischen Vermerk zufolge 1788 – nicht schon, wie vielfach zu lesen, 1784 – aufgehoben. Damals besaß sie ein Vermögen von 1354 fl., Mitgliederzahlen sind nicht bekannt. Die Bruderschaft ließ im Jahr 1701 ein Statuten- und Gebetbüchlein für ihre Mitglieder drucken; die Reihe ihrer Rechnungen ist bis 1787 nahezu vollständig erhalten geblieben.

5. Die Rosenkranz-Bruderschaft

Der Prior des Rottweiler Dominikanerklosters setzte 1654 – nicht 1652 oder 1657, wie gelegentlich zu lesen ist – die Rosenkranz-Bruderschaft in der Stadtpfarrkirche St. Martin ein; die bischöfliche Konfirmierung erhielt sie 1657. Aufgehoben wurde diese Bruderschaft 1784; damals besaß sie ein Vermögen von 331 fl. 8 $\frac{1}{4}$ kr., davon waren 200 fl. bares Geld.
Die Bruderschaft hatte in St. Martin einen eigenen Altar, den Rosenkranzaltar, über dessen Stiftung bis jetzt keine Angaben vorliegen. Der Altar war der Jungfrau Maria, dem hl. Dominikus, der hl. Katharina von Siena und anderen Heiligen geweiht. Dominikus und Katharina sind eng mit der Rosenkranzverehrung verbunden.
Dass das Rosenkranzfest in St. Martin besonders feierlich begangen wurde, zeigt folgender Vorgang: Propst und Kapitel des Stifts St. Moriz beschlossen 1657, am Rosenkranzfest, dem 1. Oktobersonntag, den Gottesdienst in der Stiftskirche ohne Predigt abzuhalten, damit die Stiftsherren und ihre Pfarrkinder am Festgottesdienst in St. Martin und an der dortigen Prozession ebenfalls teilnehmen konnten.
Im Sommer 1753 schlug ein Blitz in Domturm und Kirche. Dabei wurde ein Schrank in der Sakristei getroffen; die darin aufbewahrten Kleider für die Muttergottesfigur der Rosenkranz-Bruderschaft verbrannten. Für 1763 ist belegt, dass die Gattin des damaligen hohenbergischen Landeshauptmanns Baron Karl Joseph v. Ulm, eine geborene Gräfin v. Waldburg-Wolfegg, der Rosenkranzmadonna ein kostbares neues Kleid stiftete. Die Gattin des städtischen Deputaten Salwürk stiftete im darauffolgenden Jahr einen schönen Stoff zur Anfertigung eines weiteren Kleides für diese Madonnenfigur. Gleichzeitig schenkte sie der Rosenkranz-Bruderschaft einen silbernen Rosenkranz. Im 19. Jahrhundert wurde die Bruderschaft neu gegründet; sie erreichte aber nicht mehr ihre frühere Bedeutung.

6. Die Skapulierbruderschaft

Im Jahr 1752 wird sie als an der Rottenburger Karmeliterkirche bestehend erwähnt. Zwei Jahre später ließ die Bruderschaft ein großformatiges Informationsblatt drucken. Vermutlich bestand die Bruderschaft bereits seit der Frühzeit des im letzten Viertel des 13. Jahrhunderts gegründeten Karmeliterklosters. Über den Zeitpunkt ihres Erlöschens ist nichts bekannt; bei den Bruderschaftsaufhebungen von 1784 erscheint ihr Name nicht.

7. Die Anna-Bruderschaft der Karmeliter

Dem Karmeliterkloster angeschlossen war noch eine zweite Bruderschaft. Sie war der hl. Anna gewidmet, der Mutter Marias. Die hl. Anna hatte in der Karmeliterkirche schon vor dem Stadt-

Informationsblatt von 1754, einziges Erinnerungsstück an die Skapulierbruderschaft der Karmeliter.

brand von 1644 einen eigenen Altar gehabt; vor ihm befand sich die Grablege der Herren v. Ehingen.

Die Anna-Bruderschaft erscheint erstmals 1690 als an der Karmeliterkirche bestehend, 1698 verlieh ihr Papst Innozenz XII. reiche Ablässe.

Auch bei ihr ist der Zeitpunkt des Erlöschens nicht bekannt; bei den Aufhebungen von 1784 erscheint ihr Name nicht.

8. Die Anna-Bruderschaft in St. Moriz

Sie wurde 1698 in der Stiftskirche gegründet; über ihr Ende liegen keine Angaben vor. Stifterinnen waren die Ehefrauen von Landeshauptmann Baron Dionys v. Rost und Stadtschreiber Johann Michael Ehren(t)reich. Letztere gab 100 fl. für die Zwecke der Bruderschaft.

Die Verehrung der hl. Anna in St. Moriz hatte bereits Tradition: Anna-Altäre wurden 1507, 1695 und 1727 aufgestellt bzw. gestiftet. Am Ostende des südlichen Seitenschiffes der Stiftskirche wurde 1701/02 die Anna-Kapelle angebaut, in der der Altar von 1695 aufgestellt wurde – die Gründung der Bruderschaft 1698 hängt sicher mit der Errichtung des Altars von 1695 zusammen.

9. Die Sebastiansbruderschaft in Sülchen

Ihre einzige Erwähnung datiert von 1491. Damals ersuchten die Mitglieder der Sebastiansbruderschaft den Konstanzer Generalvikar um Übertragung ihrer Bruderschaft von der Sülchenkirche in die St. Martinskirche in Rottenburg. Ob das Gesuch bewilligt wurde und wie lang die Bruderschaft existierte, blieb bislang ungeklärt.

10. Die Sebastiansbruderschaft in St. Moriz

Sie ist 1480, 1515 und noch 1725 erwähnt, gehörte also zu den mittelalterlichen Gründungen; bei den Aufhebungen von 1784 erscheint sie nicht mehr.

St. Sebastian hatte in der St. Morizkirche zeitweise einen eigenen Altar. Sein Bild findet sich in einem der Fresken des frühen 15. Jahrhunderts an der südlichen Säulenreihe der Stiftskirche, begleitet vom Wappen des seit 1413 nachgewiesenen und 1432 verstorbenen Chorherrn Johann Gut.

In beiden Bruderschaften wurde St. Sebastian nicht als Patron der Schützen, sondern als Schutzheiliger gegen Pest und Seuchen verehrt. Das zeigt der folgende Beleg ganz deutlich. Das K. K. Oberamt Rottenburg ordnete 1687 an, das Fest des hl. Sebastian (20. Januar) feierlich zu begehen, da der Heilige als Schutzpatron „vor Pestilenz und anderen dergleichen erblichen (= ansteckenden) und tödlichen Übeln" besonders verehrt zu werden verdiene. In St. Moriz wurde das Sebastiansfest bereits um die Mitte des 17. Jahrhunderts feierlich begangen, u. a. mit einer Prozession in der Kirche.

11. Die Totenbruderschaft
Vom Bestehen einer Bruderschaft an der Totenkapelle im Friedhof außerhalb der Mauern der Stadt Rottenburg ist 1482 die Rede – gemeint ist wohl das Beinhaus auf dem Friedhof bei der Sülchenkirche. Weitere Nachrichten über diese Bruderschaft scheint es nicht mehr zu geben.

12. Die „Bruderschaft zum guten Tod"
Gegründet wurde sie 1732 von den Jesuiten. Vier Jahre später hatte sie nicht, wie gelegentlich zu lesen ist, 300 Mitglieder; vielmehr stieg ihre Mitgliederzahl 1736 um weitere 300 Mitglieder an! In den Jahren 1745 und 1748 wird von einem nochmaligen Ansteigen der Mitgliederzahlen berichtet (200 neue Mitglieder allein 1748!). Nach der Aufhebung des Jesuitenordens 1773 bestand sie weiter, doch 1784 wurde auch sie von der josephinischen Aufhebungswelle erfasst. Ihre Vermögen betrug damals 347 fl. 21 kr.

13. „Todesangst-Christi-Bruderschaft"
Eine „Sodalitas Christi Agoniæ et dolorosæ Virgini devota" der Jesuiten wird 1733 in deren Chronik erwähnt; ihre Mitglieder trafen sich jeden Monat zu einer Versammlung. Sie erlosch wohl ebenfalls mit der Aufhebung des Ordens 1773. Angaben zu Vermögen und Mitgliederzahl liegen nicht vor.

14. Die „Bruderschaft zur tätigen Liebe zum Nächsten"
Sie wurde 1783 durch kaiserlichen Erlass in den K. K. Staaten als Ersatz für die aufzuhebenden älteren Bruderschaften als „Einheits-Bruderschaft" quasi ‚von oben' gegründet. Ihr fehlte allgemein jede Verwurzelung im Volk; in Rottenburg gab es sie um 1800 bloß noch auf dem Papier und wenig später verschwand sie völlig.

15. Bruderschaften des 19. Jahrhunderts
Um die Mitte des 19. Jahrhunderts entstanden im Zug der Renaissance des kirchlichen Lebens nicht nur katholische Vereine mit gegenwartszugewandter Zielsetzung, sondern auch einige „Bruderschaften", die schon von ihren Namen her als bloße religiöse Devotionsvereine zu erkennen sind. In Rottenburg lassen sich nachweisen: Corporis-Christi-Bruderschaft, Bruderschaft zur Ewigen Anbetung, Herz-Jesu-Bruderschaft, Bruderschaft der christlichen Mütter. Sie alle waren nach einem von außen kaum wahrnehmbaren Schattendasein um die Mitte des 20. Jahrhunderts bereits wieder erloschen. Dieses Schicksal war auch der wiedergegründeten Rosenkranz-Bruderschaft beschieden.

Mit den Bruderschaften alten Stils, ob schon im Mittelalter oder erst in der Barockzeit gegründet, lassen sich diese blassen Geschöpfe der etwas blutleeren Frömmigkeit der Zeit nach 1850 trotz ihrer Bezeichnung als „Bruderschaften" jedenfalls nicht vergleichen.

Leider sind die Angaben über die alten Bruderschaften infolge der ungünstigen Quellenlage meist nur sehr knapp ausgefallen. Vor allem vermissen wird man in den meisten Fällen Angaben zu Vermögen und Mitgliederzahlen. Letztere wird man, wie etwa das Beispiel der „Bruderschaft zum guten Tod" zeigt, nicht generell zu gering ansetzen dürfen. Wenn die Jesuitenbruderschaft im Weggental (Nr. 1) mit 9000 oder die Marianische Kongregation der Jesuiten (Nr. 2) mit 5000 Mitgliedern aufwarten konnte, so darf man etwa bei der ungleich älteren Sieben-Schmerzen-Bruderschaft des Stifts St. Moriz getrost ebenfalls von einer größeren vierstelligen Mitgliederzahl ausgehen. Dass es natürlich auch wesentlich kleinere Bruderschaften in Rottenburg gab, mit kaum an das volle Hundert heranreichenden Mitgliederzahlen, vor allem bei den Handwerker-Bruderschaften, versteht sich von selbst. Größer war hier nach Ausweis ihres Seelbuchs wohl nur die Bruderschaft der Rebleute. Kleinste Bruderschaft aber war stets die noch immer bestehende St. Urbansbruderschaft, deren Mitgliederzahl bereits in ihren Statuten von 1438 auf 24 begrenzt ist, diese Zahl gilt bis heute.

Was das Alter der Rottenburger Bruderschaften angeht, so lassen sich Gründungen vom 14. (Schuhmacher) bis zum 18. Jahrhundert belegen. Dabei gibt es neben eindeutig mittelalterlichen Gründungen (14./15. Jhdt.) auch solche, deren

Gründungszeitpunkt nicht bekannt ist, die aber wahrscheinlich ebenfalls auf mittelalterliche Ursprünge zurückgehen. Bruderschaften mit eindeutig mittelalterlicher Gründung sind es sechs, bei vier ist die Entstehung im Mittelalter sehr wahrscheinlich. Eine Bruderschaft entstand im 16., sechs im 17. Jahrhundert. Auffallend ist, dass das 18. Jahrhundert, sonst ein Schwerpunkt von Bruderschaftsgründungen, in Rottenburg nur drei neue Bruderschaften hervorbrachte – eine davon als josephinische ‚Einheitsbruderschaft'. Bis auf eine mittelalterliche Gründung, die schon mehrfach erwähnte Urbansbruderschaft, sind alle alten Bruderschaften untergegangen.

Unklar ist, wie weit Frauen Mitglieder in Bruderschaften werden konnten. Zwar treten sie als Stifterinnen in Erscheinung (Nr. 5), bei der St. Anna-Bruderschaft in der Stiftskirche (Nr. 8) sogar als Gründerinnen. Andererseits enthalten die gedruckten, über mehrere Jahre hinweg vorhandenen jährlichen Totenlisten der großen Marianischen Kongregation der Jesuiten mit jeweils über hundert Namen von Verstorbenen eines Jahres ausschließlich die Namen verstorbener männlicher Mitglieder.

Über die Zusammensetzung der allermeisten Rottenburger Bruderschaften ist also nichts bekannt, aber in der Regel wird die Bezeichnung „Bruderschaft" in früheren Jahrhunderten wörtlich zu nehmen sein. Konstruktionen wie die „Bruderschaft der christlichen Mütter" des 19. Jahrhunderts sind in der alten Zeit jedenfalls nicht vorstellbar.

Das Bruderschaftsleben entwickelte sich im Schoß der Pfarreien, in den Pfarrkirchen, dort gelegentlich sogar an eigenen Bruderschaftsaltären. Es konnte aber in Konkurrenz dazu auch in Kloster- und Wallfahrtskirchen angesiedelt sein, in Rottenburg beispielsweise in der Karmeliterkirche oder im Weggental. In den Bruderschaften konnte sich eine spezielle Laienfrömmigkeit mit durchaus demokratischen Zügen ausbilden; es gab z. B. keine Aufnahmebeschränkungen wegen Stand oder Herkunft. Die Mitgliedschaft in einer Bruderschaft war stets sehr anziehend – Doppel- oder Mehrfach-Mitgliedschaften waren möglich –, nicht zuletzt auch deshalb, weil die Bruderschaftsgottesdienste in deutscher Sprache gehalten wurden, während bei den Pfarrgottesdiensten die lateinische Sprache üblich war. Gemeinsames Beten und Singen förderte den Zusammenhalt der Bruderschaftsmitglieder, wirkte damit letztlich aber auch nach außen. Außenwirkung entstand auch, weil Satzungen und Bräuche der Bruderschaften zu allen Zeiten gute Sitten, Zucht, Ordnung, rechtes Handeln und Verhalten förderten. Nicht vergessen werden darf schließlich, dass die Bruderschaften als Auftraggeber für Künstler und Kunsthandwerker zur Förderung der Künste in ‚ihrer' Stadt beitrugen!

Die beiden mächtigen Bruderschaftsaltäre am Choreingang der Weggentalkirche, 1895/96 abgebrochen. Postkarte um 1890.

Rottenburger Künstler und Kunsthandwerker im Dienst der Kirche

Zu den noch kaum ausreichend bekannten Aspekten der Stadtgeschichte Rottenburgs gehört die Tatsache, dass die Stadt vom 14. bis zum 19. Jahrhundert, ja noch bis über die Mitte des 20. Jahrhunderts hinaus überörtliche Bedeutung als regionales Zentrum für das Schaffen von Künstlern und Kunsthandwerkern besaß.

Dass Rottenburg mit seinen Kirchen, Kapellen, Klöstern und Klosterhöfen, mit all den Hunderten aus ihm hervorgegangenen Priestern und Ordensleuten, mit den ungezählten Rottenburgern, die als Seelsorger in vielen Gemeinden der großen Diözese Konstanz und seit 1821 der Diözese Rottenburg tätig waren, als religiöses Zentrum über Jahrhunderte hinweg bezeichnet werden muss, ist in den vorausgegangenen Kapiteln deutlich geworden.

So erscheint es fast selbstverständlich, dass in Rottenburger Werkstätten jahrhundertelang auch sehr viel religiöse Kunst geschaffen wurde – in allen Jahrhunderten, nicht erst seitdem die Stadt Bischofssitz wurde. Künstler und Kunsthandwerker aller Art hatten ihre Werkstätten in Rottenburg und wohl das meiste, was in ihnen geschaffen wurde, war religiöse Kunst, bei den Glockengießern, Altar- und Orgelbauern sowieso, aber auch bei den Malern, Bildhauern und Goldschmieden. Vieles davon hat die Zeiten von Bränden und Kriegen, von Säkularisation, Historismus und ‚modernem Bildersturm' nach dem Ende des Zweiten Weltkriegs nicht überdauert. Fehlende Restaurierungs- und Konservierungsmöglichkeiten in früheren Jahrhunderten beschleunigten den Untergang zahlloser Kunstwerke. Die Moden des rasch wechselnden Zeitgeschmacks, vor allem im 19. und 20. Jahrhundert, trugen das Ihrige dazu bei, den Bestand erhalten gebliebener Schöpfungen der Rottenburger Meister nochmals beträchtlich zu dezimieren.

Das ist der Grund dafür, dass man von vielen Rottenburger Meistern wohl noch den Namen kennt, aber kein erhalten gebliebenes Werk, dass zwar archivalische Nachweise gelieferter Arbeiten vorhanden sind, nicht aber diese Arbeiten selbst.

Rottenburgs Einwohnerzahl schwankte zwischen 3900 um 1400 und 2800 um 1680, stieg bis Ende des 18. Jahrhunderts auf über 4000. Die 6000er-Marke war 1830 überschritten; von da an erhöhte sich die Einwohnerzahl kontinuierlich – im Jahr 2000 lag sie bei rund 18500. Diese vor dem 19. Jahrhundert, mit heutigen Maßstäben gemessen, verhältnismäßig kleine Stadt beherbergte im Lauf der Jahrhunderte 63 Maler (Tafel-, Fresko-, Kirchen-, Glas- und Fassmaler, Graphiker), 37 Holz- und Steinbildhauer, 62 Goldschmiede und Gürtler, 12 Altarbauer, 7 Orgelbauer, 8 Glockengießer, 9 Bau- oder Werkmeister, dazu 2 Seidensticker; mehrheitlich waren es geborene Rottenburger.

Hinzukommen als aus Rottenburg gebürtige, außerhalb ihrer Vaterstadt lebende und wirkende Künstler 8 Maler, 2 Bildhauer, 3 Goldschmiede, 2 Orgelbauer, 1 Altarbauer sowie 2 Bau- und Werkmeister. (Alle obigen Zahlen nach dem Stand von Ende August 2008.)

Seit nunmehr 180 Jahren ist Rottenburg Bischofsstadt – eine befruchtende Wirkung dieser Tatsache auf das Betätigungsfeld der Rottenburger Künstler und Kunsthandwerker vor allem des 19. Jahrhunderts darf angenommen werden. Man sollte darüber aber nicht vergessen, dass es bereits seit dem 14. Jahrhundert all diese Kunsthandwerke in der Stadt gab, deren Meister vielfach für kirchliche Auftraggeber tätig waren: in Orten, die mit der Stadt in kirchlicher Verbindung waren, beispielsweise inkorporierte Pfarreien, dann in Orten, in denen gebürtige Rottenburger als Seelsorger wirkten, aber auch in Orten ohne irgendwelche nachweisbaren Verbindungen zu Rottenburg. Das Arbeitsgebiet der Rottenburger Meister beschränkte sich also keineswegs nur auf die Stadt und ihre schwäbisch-österreichische Umgebung, d. h. auf die Grafschaft Hohenberg, auf angrenzende reichsritterschaftliche Gebiete oder auf die katholische Grafschaft Hohenzollern. Werke Rottenburger Meister finden sich im mittleren Neckarraum in der Umgebung Stuttgarts ebenso wie im Raum Göppingen-Geislingen, an der oberen Donau und

auf der Südwestalb, im Vorland des Nordschwarzwalds in der Gegend von Pforzheim, in Oberschwaben, im 19. Jahrhundert dann auch in den Gebieten um Bad Mergentheim, Schwäbisch Gmünd, Ellwangen, ja sogar im Elsass!
Hier nun ausgewählte Beispiele für das kirchlich orientierte Schaffen verschiedener Rottenburger Künstler und Kunsthandwerker, geordnet nach ihrer Lebens- und Schaffenszeit.

Maler
Rebmann, Albrecht. Ein gebürtiger Nürnberger, wohl Schüler des Niederländers Dirk Bouts, Bürger von Rottenburg. Zusammen mit seinem Schwager, dem Ulmer Maler Hans Schüchlin, fasste er 1474 den neuen Hochaltar der Rottenburger Pfarrkirche St. Martin. Er ist höchstwahrscheinlich auch der Schöpfer des berühmten „Ehninger Altars" in der Staatsgalerie Stuttgart. „*Der Maler von Rottenburg*" arbeitete 1492 an der Ausmalung des Gewölbes der Stiftskirche in Herrenberg. Die Maler Hans und Caspar von Rottenburg sind 1498 als Schöpfer einer Tafel mit Darstellung der Himmelfahrt Christi für die Rottenburger Klausenkirche St. Remigius belegt. Wie sie sind auch die älteren Rottenburger Maler des 14. und 15. Jahrhunderts in den Quellen nur mit ihren Vornamen bezeichnet.
Ziegler, Jerg (um 1510/15–um 1574/75). Ließ sich, aus Augsburg kommend, um 1545/47 in Rottenburg nieder; er wurde früher gelegentlich fälschlicherweise als der bekannte „Meister von Meßkirch" angesehen. Neben Epitaphien für Rottenburger und mehrere auswärtige Kirchen malte er u. a. 1571 ein Fahnenblatt für St. Moriz, eine Darstellung der Erasmusmarter für die Altstadtkapelle (1560, jetzt in der Klausenkirche), eine Altartafel für die Klausenkirche (1574) sowie in der ersten Hälfte der 1570er-Jahre zwei Altarflügel für den Hochaltar der Kapelle (jetzt Pfarrkirche) von Rottenburg-Bad Niedernau.
Ziegler, Andreas (um 1555–um 1635). Sohn des Vorigen, ist 1607 bis 1635 mehrfach als Rottenburger Bürgermeister belegt. Fasste 1587 die Orgel in der St.-Martins-Pfarrkirche, schuf 1590/91 das Fresko mit der Darstellung der Stigmatisation des hl. Franziskus im Chor von

Der Patron der St. Urbansbruderschaft. Standbild von 1688 (Meister Heinrich Carl Amrein) aus dem ehemaligen Bruderschaftsaltar in der St. Martinskirche.

St. Moriz und illuminierte 1608 u. a. ein Messbuch für die Spitalkapelle.
Ziegler, Joachim II (1588–1630), ein Sohn von Andreas, fertigte und bemalte 1623/24 drei Engel mit den Arma Christi für das Heilige Grab in St. Moriz.

Rebmann, Jakob I (um 1572–1634) und sein Sohn Alexander (1607–1638) malten 1629/30 Chor und Langhaus von St. Moriz mit figürlicher und ornamentaler Secco-Malerei aus. Jakob schuf 1625 einen Teil der Wandmalereien in der Kirche von Eutingen im Gäu und 1627 ein Wandepitaph (Fresko) in der Kirche von Rottenburg-Wendelsheim.

Vetter, Hans Jerg (1652–1686), ein jung verstorbener Maler, lieferte Anfang der 1680er-Jahre Bildnisse von Jesus und Maria für die Stadtkirche in Weil der Stadt. Für die St. Morizkirche schuf er 1681 Altarblatt und Auszugbild des St. Silvesteraltars.

Örtle (Ertle), Bartholomäus (um 1652/53–1723) aus Munderkingen erhielt 1678 das Rottenburger Bürgerrecht. Zu seinen Werken zählt u. a. ein Antependium in Rottenburg-Obernau (1683/86), das Hochaltarbild in Empfingen (1683/84), ein Altarretabel in einem Weiler bei Bad Schussenried, ein Altarblatt in Obereisenbach bei Tettnang (1709). Als Fassmaler war Örtle mehrfach für die Altarbauwerkstätte der Brüder Amrein (s. u.) tätig, arbeitete aber auch eigenständig als solcher, u. a. in Rottenburg St. Moriz, Reichenbach/Saulgau und Bad Schussenried.

Kopp, Johann Martin († um 1734). Schuf zwei Altarblätter für die Klausenkirche (1724), das Blatt des Bruderschaftsaltars in St. Moriz, ferner die Emporenbilder in Ammerbuch-Altingen (1714) und führte nicht näher bezeichnete Arbeiten in der Dominikanerinnenkirche Binsdorf aus (1731). Als Fassmaler erscheint er in den beiden Rottenburger Pfarrkirchen und im Weggental, wo er auch als Altarbildmaler tätig war.

Hermann, Franz Xaver (1722–1787) führte 1747/48 zahlreiche Arbeiten für die Pfarrkirche von Spaichingen aus. Die Hauptbilder der beiden Seitenaltäre (1750) in Weildorf/Hohenzollern gehen auf ihn zurück, ebenso die Auszugbilder der beiden Seitenaltäre (1752) in Salmendingen/Hohenzollern – die dortigen Altarblätter malte der bekannte Franz Joseph Spiegler aus Riedlingen. Auch das Hochaltarblatt der Pfarrkirche in Bietenhausen (1772) ist eine Arbeit Hermanns.

Der Evangelist Lukas. Deckenmedaillon in der Pfarrkirche Eutingen im Gäu, 1791; Selbstbildnis des Malers Johann Hermann.

Hermann, Johann (1749–1807), Franz Xavers Sohn, ist der Schöpfer des Hochaltarblatts (1777) für die Kirche in Steinach/Kinzigtal; genau zehn Jahre später kamen zwei Altarblätter Hermanns in die Kirche von Hausach/Kinzigtal. Das Hochaltarblatt für Hirrlingen entstand 1790. Im darauffolgenden Jahr schuf er Deckenmalereien in der Pfarrkirche Eutingen im Gäu – dabei sein Selbstbildnis als Evangelist Lukas. Ebenfalls 1791 entstanden für dieselbe Kirche zwei Seitenaltarblätter und die Kreuzwegstationen (seit 1937 in der Kirche von Rottenburg-Schwalldorf). Ebenfalls von Johann Hermann stammt die älteste erhaltene Papierkrippe Rottenburgs (um 1800).

Hermann, Fidel (1775–1826), Johanns Sohn, ein geschätzter Vedutenmaler, lieferte 1815 zwei Altarblätter für die Kirche in Ammerbuch-Altingen und 1820 das Hochaltarblatt für Beuren bei Hechingen.

Kaltenmark, Joseph (1808–1876). Zum Kirchenmaler ausgebildet in München, zuvor zum Grafiker und Lithografen in Wien, war für die Ausmalung zahlreicher Kirchen in der Umgebung Rottenburgs verantwortlich, so für Weiler, Wurmlingen, Wendelsheim, Oberndorf, Pfäffingen (evangelische Kirche) und Baisingen, aber auch für Lautlingen, Dätzingen, Schwäbisch Hall-Steinbach. Für Rottenburg St. Moriz schuf er 1856 zwei Altarblätter, nachdem er dorthin bereits zuvor ein großformatiges Hochaltarbild geliefert hatte. Schon 1832 war ein Hochaltarbild für Rottenburg-Weiler entstanden. Kaltenmark war auch als Restaurator und Vergolder tätig; so restaurierte er z. B. 1847 den spätgotischen Hochaltar in Rottenburg-Oberndorf und rettete ihn vor dem Zerfall.

Schraivogel, Clemens (1831–1905), das wichtigste Mitglied einer Familie von Kirchenmalern. Arbeitete als Tafel- und als Dekorationsmaler außer in Rottenburg und Umgebung u. a. in den Kirchen von Ailringen/Künzelsau, Heidenheim, Deubach und Igersheim bei Bad Mergentheim, Neckarsulm, Seedorf und Waldmössingen/Oberndorf a. N., Deißlingen/Rottweil, Westhausen/Ellwangen. Aber auch in Rohrweiler/Unterelsass war Schraivogel anzutreffen; auch er arbeitete gelegentlich als Restaurator.

Dehner, Carl (1846–1928). War zunächst Lehrling und Schüler von Joseph Kaltenmark und bildete sich dann zwischen 1864 und 1872 in München weiter, u. a. bei Ferdinand und Karl v. Piloty. Seine eigene Kirchenmalerwerkstätte eröffnete er 1873 in Rottenburg. Von da an stattete er Dutzende von Stadt- und Landkirchen im Gebiet der Diözese aus: natürlich im Raum Rottenburg-Horb-Freudenstadt, im Raum Aalen-Schwäbisch Gmünd-Ellwangen, in der Heilbronner Gegend, im Umland von Rottweil und Tuttlingen, im oberschwäbischen Aulendorf usw. In diesen Kirchen schuf er Wand- und Deckengemälde, teils figürlich, teils ornamental; er ist aber auch als Fassmaler und Restaurator nachweisbar.

Stehle, Eugen (1882–1968) war ebenfalls Schüler der Münchener Akademie, u. a. bei Prof. M. Feuerstein. Die handwerklichen Grundlagen seines Berufs hatte er zuvor bei Carl Dehner erlernt. Als Kirchen- und Bühnenbildmaler eröffnete er um 1909 seine Werkstatt in Rottenburg. Auf ihn geht u. a. die Ausmalung folgender Kirchen zurück: Rottenburg-Seebronn, Rottenburg-Oberndorf, Rottenburg-Schwalldorf, Rottenburg-Dettingen, Starzach-Wachendorf und Starzach-Bierlingen, Ahldorf bei Horb, Harthausen bei Epfendorf, Ammerbuch-Poltringen, Unterwaldhausen, Blaubeuren, Zogenweiler/Ravensburg usw. Von ihm stammt auch das Grablegungsfresko auf der Außenseite der St. Morizkirche (1931). Stehle war als Restaurator tätig, so in Rottenburg St. Moriz, Hemmendorf, Hirrlingen und Eutingen im Gäu.

Wohlfart, Johannes (1900–1975). Der in Graz geborene und verstorbene Kunstmaler lebte und arbeitete von 1936 bis 1969 in Rottenburg; ein Großteil seines vielseitigen künstlerischen Schaffens entstand für kirchliche Auftraggeber. Bereits 1933 malte er einen Kreuzweg für Stuttgart-Botnang, dem noch zahlreiche weitere folgten, z. B. 1945 für Rottenburg-Baisingen, 1958 für den Rottenburger Dom, 1965 für die Kapelle des Rottenburger Martinihauses. Wohlfart malte Chor-, Wand- und Deckenfresken in Kirchen, schuf Entwürfe für Kirchenfenster, aber auch Außenfresken und Sgraffiti an Kirchen, z. B. an der Chorwand des Rottenburger Priesterseminars (1938) oder an der Rottenburger Gutleuthauskapelle (1955). Zahlreiche Holzschnitte, überwiegend mit religiöser Thematik, zeugen von seinen Fähigkeiten als Grafiker.

Bildhauer

Meister Heinrich fertigte 1488 für das Gespreng des neuen Katharinenaltars in St. Moriz eine Figur des hl. Christophorus. 1495 lieferte er drei Figuren – zwei davon in St. Moriz erhalten – für den Schrein des Hochaltars der Altstadtkapelle. In der Klausenkirche führte er 1498 nicht näher bezeichnete Arbeiten aus.

Wegmann, Caspar (um 1550–1612/14). Einer der bedeutendsten Rottenburger Bildhauer überhaupt. Er arbeitete hauptsächlich als Steinbildhauer, schuf zahlreiche Grabdenkmäler, vor allem für Familien des ritterschaftlichen Adels, in einem Gebiet, das von Rottenburg bis in den mittleren Neckarraum und über das südwestliche Albvorland bis an die obere Donau reicht. Nachgewiesen werden können bis jetzt annähernd 100 Arbeiten, darunter auch einige Holzplastiken. Erhalten blieb u. a. eine Wegmann'sche Steinkanzel in Wachendorf (1598) sowie Taufsteine in Erbstetten/Ehingen (1591) und Mühringen/Horb (1595).

Amrein, Heinrich Carl (1651-1731) stammte aus Beromünster im Schweizer Kanton Luzern; seit 1671 oder 1672 lebte und arbeitete er in Rottenburg, dessen Bürgerrecht er 1675 erhielt, als Holz- und Steinbildhauer. Zusammen mit seinem Bruder Hieronymus (s. u.) betrieb er eine Altarbauwerkstätte, aus der zahlreiche Altäre und Einzelfiguren für Kirchen und Kapellen in und um Rottenburg hervorgingen. Arbeiten der Amrein-Werkstatt finden sich aber auch im Raum Pforzheim und in Weil der Stadt sowie im Hohenzollerischen, auf der Südwestalb und im oberen Donautal, in Rottweil und in der Gegend von St. Blasien im Südschwarzwald.

Staiger, Johann Martin (1732-1769). Er ist der qualitativ herausragendste Rottenburger Bildhauer des 18. Jahrhunderts. Kanzel und Orgelprospekt der evangelischen Kirche von Bondorf/Herrenberg schuf er 1751 und 1768, 1762 den Orgelprospekt im ebenfalls altwürttembergisch-evangelischen Gärtringen bei Böblingen. Arbeiten Staigers finden sich in Rottenburger Gotteshäusern und in Kirchen der Stadtteile Wendelsheim, Dettingen, Bad Niedernau sowie in Ammerbuch-Altingen u. a.

Vollmer, Fidel (1824-1883) repräsentiert als Bildhauer und Altarbauer den Historismus des 19. Jahrhunderts unter den Rottenburger Künstlern. Er war Schüler des Horber Altarbauers und Bildhauers Joh. Nep. Meintel und arbeitete seit etwa 1856 in eigener Rottenburger Werkstätte. Hier schuf er Altäre und Figuren für die beiden großen Rottenburger Kirchen St. Martin (Dom) und St. Moriz, für die Sülchenkirche sowie für Kirchen und Kapellen der Umgebung, aber auch für Tübingen, Heidenheim, Metzingen, Denkingen – ja, selbst für die Kirche im unterelsässischen Rohrweiler – hier in Zusammenarbeit mit dem Maler Clemens Schraivogel (s. o.).

Vollmer, Franz (1851-1907) führte die väterliche Werkstatt weiter. Altäre entstanden u. a. für Kerkingen/Bopfingen (1885, samt Kanzel) und für Rottenburg-Weiler (1888). Im selben Jahr schuf er vier Heiligenfiguren für Rottenburg-Oberndorf und bereits 1885 ein Chorgestühl für Reutlingen.

Dorner, Matthäus (1852-1913). Lebte anfangs als „Bildschnitzer" in München, so noch 1884; dort war er wohl auch ausgebildet worden. Bereits 1882 schnitzte er für den Rottenburger Dom ein „Krippenbild", ein Relief als weihnachtlichen Schmuck eines Seitenaltars. Zwei Figuren entstanden 1886 für Kösingen/Neresheim, im selben Jahr ein Hochrelief, zwei Figuren und ein Kreuzweg für Schramberg-Heiligenbronn. 1887 entstand eine Statue mit Sockel für das Tübinger Wilhelmsstift. Für 1888 sind ein Hl. Grab für den Rottenburger Dom und zwei Figuren für Rottenburg-Weiler belegt, ferner eine Pietà für Rottenburg-Frommenhausen. Eine weitere Statue für Weiler schuf Dorner 1893. Die Rottenburger St. Theodorichskapelle bekam 1898 zwei Figuren Dorners und das Weggental besitzt eine Dorner'sche Pietà (o. D.).

Lott, Moriz (1853-1912). Arbeiten (Figuren) sind hauptsächlich aus den 1880er-Jahren nachweisbar, u. a. für Tübingen-Hirschau, Lauchheim, Westhausen/Aalen, Schramberg-Heiligenbronn, Schussenried, Ziegelbach/Waldsee. Lott soll auch die 1911 abgebrochene Kirche von Rottenburg-Dettingen ausgestattet haben. Für Rottenburg-Wendelsheim lieferte er 1885 einen neuen Hochaltar, für das Weggental 1907 ein neues Chorgestühl.

Lott, Roman (1885-1955). Sohn und Werkstattnachfolger des Vorigen. Lieferte 1909 den Marienaltar samt den beiden Assistenzfiguren für St. Moriz in Rottenburg (sign.). Die Marienfigur im Zentrum war von Bildhauer Hans Häffner, Würzburg. Die drei Figuren stehen jetzt in den Altären der Altstadtkapelle Rottenburg. Für die Patriziuskapelle in Siglershofen (Gde. Stimpfach Krs. Schwäbisch Hall) fertigte Lott 1913/14 zwei Figuren und für die Kirche von Rottenburg-Schwalldorf 1923 ein Denkmal für die Gefallenen des 1. Weltkriegs.

Mesmer, Walter (1898-1990) und

Schneider, Heinrich (1909–1994). Die beiden Holz und Steinbildhauer arbeiteten vor allem in der Zeit nach dem Zweiten Weltkrieg für zahlreiche Kirchen und Kapellen der Diözese: Bauplastik, Altäre, Kreuzwege, Kruzifixe, Reliefs und Einzelfiguren. Beider Lebenswerk ist noch nicht gründlich erforscht, deshalb müssen hier diese knappen Hinweise genügen.

Goldschmiede und Gürtler

Wohl der größte Teil der Arbeiten von Goldschmieden und Gürtlern Rottenburgs wurde für kirchliche Auftraggeber geschaffen. Kelche und Ciborien, Monstranzen und Reliquiare, Rauchfässer und Schiffchen, Messkännchen mit Platten, Wettersegenkreuze und Hostienbehälter, Altarleuchter und Ewiglicht-Ampeln: All das stellten die Rottenburger Meister her.

Der Anteil an profanen Erzeugnissen ihrer Werkstätten, sofern er durch schriftliche Quellen oder ganz wenige erhaltene Stücke belegt ist, erscheint der Zahl kirchlicher Geräte gegenüber vergleichsweise unbedeutend. Man darf dabei aber nicht vergessen, dass Rottenburg bis ins 17. Jahrhundert hinein eine reiche, selbstbewusste Stadt war, in der es nicht an vermögenden privaten Auftraggebern für Pokale, Becher und Schmuckstücke aller Art gemangelt hatte.

Von den frühesten Rottenburger Goldschmieden des 14. und 15. Jahrhunderts lassen sich bislang weder erhalten gebliebene noch auch nur dokumentarisch belegte Werke nachweisen. Von ihnen gibt es lediglich Hinweise auf ihr ‚bürgerliches' Dasein, auf Hausbesitz, Steuerleistungen o. Ä. Ab dem 16. Jahrhundert finden sich sowohl Belege für ausgeführte Arbeiten als auch erhalten gebliebene Werke. Dass einige der Rottenburger Goldschmiede, vor allem in der Barockzeit, gelegentlich durchaus das Niveau gleichzeitiger Augsburger Arbeiten erreichten, sei nur der Vollständigkeit halber erwähnt. Wären ihre Produkte nicht wenigstens von mittlerer bis guter Qualität gewesen, so hätten die Rottenburger Meister sich kaum gegen übermächtige Konkurrenten halten können! Und überdies ist die Qualität von Kunstwerken immer auch abhängig vom Geldbeutel des Auftraggebers.

Kelch des Goldschmieds Simon Andreas Clauss († 1751) von 1714 im Stiftsmuseum St. Moriz.

Wohl die meisten Erzeugnisse der Rottenburger Goldschmiede- und Gürtlerwerkstätten gingen im Lauf der Jahrhunderte verloren, durch Kriege und Diebstähle, durch Einschmelzungsaktionen wie die von 1793 und bedingt durch die Wandlungen des Zeitgeschmacks. Übrig geblieben ist nur ein bescheidener Rest. Auf einiges davon sei hier anhand ausgewählter Beispiele hingewiesen, geordnet nach der Lebenszeit der Meister.

Ruess, Salomon II (um 1591–1635). Goldschmied. Kelch von 1627 in Hirrlingen. Ciborium 1627/28 in Orsingen/Hegau, je ein Kelch für Orsingen und Schloss Langenstein/Hegau, undatierte Hostienbüchse für den Rottenburger Sülchenkaplan Konrad Ruoff († 1635).

Dizinger, Johann (1638–1683). Goldschmied. Ciborium und Kelch für St. Moriz, Rottenburg, 1661. Ebenfalls für St. Moriz Gefäß für die Letzte Ölung 1666/67. Zwei Gefäße für die hl. Öle für Rottenburg-Seebronn (o. D.). Restaurierung von Kelchen und Monstranzen für St. Moriz.

Gerber(t), Jacob Wilhelm (1657–1704). Goldschmied. Kelch für Hl. Kreuz, Horb, von 1684. Ciborium für Starzach-Wachendorf 1685, Guss eines silbernen St.-Mauritius-Bildes für St. Moriz 1688/89, Monstranz für Rottenburg-Wurmlingen 1695, Ciborium für Lautlingen 1699.

Claus(s), Simon Andreas († 1751). Goldschmied. Zwei nahezu identische Kelche für St. Moriz 1714, Wettersegenkreuz für Weil der Stadt 1737, dasselbe für Schloss Weitenburg/Starzach o. D.

Schuh, Johann I (nachweisbar noch 1731). Goldschmied. Undatierte Arbeiten, die um 1710 und im 1./2. Jahrzehnt des 18. Jahrhunderts entstanden, u. a. zwei Ölgefäße für Rottenburg-Obernau, Ciborium in Rottenburg-Kiebingen, Versehciborium sowie Rauchfass und Schiffchen für St. Martin, Rottenburg.

Holzapfel, Johann Adam (1728–1787). Gürtler. Kelch für Kloster Rohrhalden (jetzt in Rottenburg-Kiebingen) um 1760. Etwa zeitgleich St.-Georgs-Reliquiar für die Kalkweiler Kapelle, Rottenburg (jetzt in St. Moriz).

Schlaier (Schlayer), Ignaz (1736–1804). Gürtler. Zwei Opferkännchen für Tübingen-Bühl 1766. Zwei dto. sowie Wettersegenkreuz für Starzach-Bierlingen 1767/69. Monstranz in Rottenburg-Obernau und Rottenburg-Niedernau, beide um 1777.

Schlaier, Christian (1741–1812). Gürtler. Kirchenampel für Tübingen-Bühl 1796 (nicht erhalten).

Schuh, Johann II (1758–1835). Goldschmied. Kelch in Rottenburg-Kiebingen um 1783. Kelch in Billafingen/Hohenzollern Ende 18. Jh., Wettersegenkreuz in Langenenslingen/Hohenzollern um 1800.

Schlaier, Martin (1767–1842). Gürtler. Kelch und Monstranz für Rottenburg-Kiebingen 1795, Kelch in Tübingen St. Johannes 1797. Rauchfass und Schiffchen für Rottenburg-Bad Niedernau. Monstranz für Starzach-Felldorf um 1800.

Entreß, Ferdinand (1790–1864). Gürtler, später Goldarbeiter. Leuchter für Rottenburg-Hemmendorf 1821, Rauchfass und Schiffchen für Wiesenstetten/Empfingen 1839, 10 Altarleuchter für den Rottenburger Dom um 1840, Wettersegenkreuz für Eutingen im Gäu 1840er-Jahre, Kelch für Ziegelbach/Bad Waldsee ohne Datum.

Letzgus, Joh. Bapt. Constantin (1801–1858). Gold- und Silberarbeiter. Arbeitete in den 1840er-Jahren sehr viel für Kirchen in Schramberg und Umgebung (Kanontafeln, Altarleuchter, Monstranzen, Ciborium, Kreuzpartikel, Opferkännchen mit Platten usw.). Ferner: Wettersegenkreuz für Starzach-Sulzau 1843, Kelch für Rottenburg-Baisingen 1845. Leuchterpaar für Margrethausen/Ebingen 1846. Folgende undatierte Arbeiten entstanden wohl in den 1840er-Jahren und um 1850: Kelch für Tübingen-Hirschau, Versehkreuz für Starzach-Bierlingen, Kelch für den Rottenburger Dom. Wettersegenkreuz und Lavabokännchen im Rottenburger Diözesanmuseum aus derselben Zeit.

Schlaier, Heinrich (1801–1843). Gürtler. Rauchfass für Schramberg 1837, Platte mit Kännchen für Aichhalden und Mariazell je 1838. Undatierte Wettersegenkreuze für Rottenburg-Seebronn und die Wallfahrtskirche Weggental.

Entreß, Karl (1815–1847). Goldarbeiter. Sohn von Ferdinand (s. o.). Kelch für den Rottenburger Dom um 1840, Ciborium für Kirchhausen/Heilbronn, 1840er-Jahre.

Entreß, Gebrüder. So firmierten Ferdinands Söhne Adolf (1830–1908) und Gustav (1834–1891), die 1861 die väterliche Werkstatt übernahmen und gemeinsam fortführten. Turmmonstranz für Rottenburg-Dettingen 1872, Kelch für Tübingen-Bühl 1873, Ciborium für Königsheim/Spaichingen 1883, zwei Ölgefäße für Rottenburg-Oberndorf 1884, Kelch für das Weggental 1889. Undatierte Arbeiten: Kelche für Starzach-Börstingen, Rottenburg-Bieringen (um 1886?), Wolpertswende/Ravensburg, Wolfegg.

Orgelbauer

Ausschließlich für kirchliche Auftraggeber arbeiteten die Orgelbauer. Orgeln gab es in Rottenburg bereits sehr früh: In der Stiftskirche St. Moriz ist erstmals 1364 eine Orgel erwähnt, in der Pfarrkirche St. Martin erfolgte die erste dokumentierte Stiftung einer Orgel 1473. Unbekannt ist, wer diese Orgeln baute. In der Zeit der Renaissance traten für Reparaturen und Neubauten Rottenburger Orgeln immer wieder auswärtige „Orgelmacher" auf; seit der Zeit nach dem Ende des Dreißigjährigen Krieges 1648 gab es dann ‚eigene' Rottenburger Orgelbauer.

Freund, Franz († 1695). Zog aus Passau nach Rottenburg; 1670 erhielt er das Bürgerrecht. In den 1670er- und 1680er-Jahren sind Reparaturen an der Stiftsorgel in St. Moriz und an der Orgel im Weggental belegt. Im Jahr 1674 erneuerte er die Orgel der Stiftskirche im benachbarten Hechingen im Auftrag der Fürstin von Hohenzollern. Für die Stiftskirche in Wiesensteig ist der Neubau der Orgel mit 12 Registern durch Freund für 1680 belegt.

Ruef, Hans Jakob (um 1675/80–1736), ein Rottenburger, baute 1705 die Orgel im Dominikanerinnenkloster Kirchberg bei Sulz um. In Gruol/Hohenzollern stellte er 1707 die Orgel des Dominikanerinnenklosters Stetten im Gnadental/Hechingen auf. Für die Pfarr- und Klosterkirche Binsdorf baute er 1727 eine kleine Orgel mit 4 Registern. Größer war die Orgel, die er 1728 für die Pfarrkirche in Spaichingen fertigstellte.

Spiegel, Hieronymus (1699–1781) kam aus Fridingen/Donau und erhielt 1736 das Rottenburger Bürgerrecht. Nach dem Tod seiner Frau zog er 1772 nach Waldsee. In seiner Rottenburger Zeit entstanden 1741 die Orgel für die Klosterkirche Beuron, 1747 die für Heiligkreuz in Rottweil, 1755 die für die Klosterkirche Mariaberg/Gammertingen (Brüstungsorgel), 1756 die für die Wallfahrtskirche St. Anna in Haigerloch und, ebenfalls in den 1750er-Jahren, auch die für die Haigerlocher Unterstadtkirche. Die Orgel für Böttingen Krs. Tuttlingen baute er 1757, im selben Jahr auch die für die Friedhofkirche in Mühlheim/Donau. Für Spaichingen lieferte er 1760/61 eine neue Orgel als Ersatz für die Ruef'sche von 1728. Eine weitere Orgel baute Spiegel 1762/64 für Reichenbach/Heuberg.

Engelfried, Franz Anton (1794–1863), Sohn eines Lehrers und Orgelmachers aus Mühringen/Horb, eröffnete 1829 seine Werkstatt in Rottenburg. Neben Orgeln für die evangelischen Kirchen in den altwürttembergischen Orten Loßburg, Lombach, Gomaringen und Bodelshausen, Pfäffingen und Rübgarten, baute er Orgeln u. a. für die katholischen Kirchen in Rottenburg-Hemmendorf (1842), Rottenburg-Schwalldorf mit 7 Registern (1845/46), Steinhausen bei Bad Schussenried („die schönste Dorfkirche der Welt") mit 27 Registern (1849) sowie für die Friedhofkapelle in Neuhausen a. d. Fildern und für eine bislang nicht identifizierte Kirche in der Schweiz (ohne Datum).

Die Orgel in der St.-Anna-Kirche in Haigerloch/Hohenz. baute 1756 Orgelmacher Hieronymus Spiegel.

Engelfried, Franz (1837–1923). Sohn des Vorigen, übernahm die väterliche Werkstatt. In den 1880er-Jahren baute er kleinere Orgeln für die beiden Rottenburger Friedhofkirchen, 1864 eine Orgel für die ev. Kirche in Böffingen/Freudenstadt. Orgeln aus seiner Werkstatt gab es in folgenden kath. Kirchen: Bittelbronn/Horb 1876, Wetzgau/Schwäbisch Gmünd 1878, Wallfahrtskirche Weggental Rottenburg 1880, Rottenburg-Oberndorf 1894 und, undatiert, Oberallershausen bei Freising/Oberbayern. Hinzu kamen zahlreiche Orgelreparaturen.

Rebmann, Hubert (geb. 1951) repräsentiert den Rottenburger Orgelbau im 20./21. Jahrhundert. Seit 1972 hat er über 16 Orgeln gebaut, darunter in Starzach-Börstingen, Saulgau, Waldenbuch im Schönbuch und Cleebronn. Aus seiner Werkstatt kommt auch die Demonstrationsorgel der Rottenburger Hochschule für Kirchenmusik.

Glockengießer

Der erste Rottenburger Glockengießer erscheint bereits in einer Urkunde des Jahres 1354 – genannt wird hier „des gloggners wingarten" im Bereich des abgegangenen Dorfes Schadenweiler. Zu den Einwohnern Rottenburgs gehörte der Steuerliste von 1394 zufolge auch

„Der Glockner", der in der Spitalvorstadt wohnte und seine Gießhütte vor der westlichen Stadtmauer betrieb. Auf ihn geht vielleicht – Belege dazu fehlen – die große Glocke der Stiftskirche St. Moriz von 1419 zurück, möglicherweise auch eine undatierte kleine aus dem 14. Jahrhundert, ebenfalls in St. Moriz. Enge formale Zusammenhänge bestehen zwischen der Glocke von 1419 und zwei ebenfalls unsignierten Glocken von 1409 und 1436 in Poltringen sowie mit der unsignierten, 1430 datierten Glocke im Oberen Stadtturm („Römerturm") von Haigerloch.

Die Rosier. Im 17. Jahrhundert machten wandernde Glockengießer aus Lothringen den einheimischen Gießern starke Konkurrenz. So konnte die aus Levécourt in Lothringen stammende Familie Rosier das Satzbürgerrecht in Rottenburg erwerben, vermutlich im Zusammenhang mit dem Neuguss des im Stadtbrand von 1644 zerstörten Geläuts der Rottenburger St. Martinskirche (Dom) 1645/49. Das Satzbürgerrecht ermöglichte ihnen die dauerhafte Niederlassung, befreite sie von städtischen Lasten und Abgaben, gestattete ihnen aber nicht die Inanspruchnahme der Vorteile des vollen Bürgerrechts, z.B. den kostenlosen Holzbezug aus den städtischen Wäldern.

Ihre Gießhütte mit Schmelzofen und Dammgrube hatten die Rosier vor dem Sülcher Tor im Bereich des heutigen Eugen-Bolz-Platzes, etwa vor dem Hotel Martinshof. Model für den Glockenzierrat der Rosier lieferte u.a. der Bildhauer H.C. Amrein (vgl. S. 140).

Obwohl sie als Satzbürger quasi Rottenburger geworden waren, spielte sich ihr Familienleben doch meist in Lothringen ab; nur ganz selten wurden ihre Kinder in Rottenburg getauft, einer der Rosier heiratete sogar eine Rottenburgerin.

Das Betätigungsfeld der Rosier erstreckte sich weit über Rottenburg hinaus bis nach Oberschwaben und weit hinein ins Altwürttembergische. Um das Transportproblem zu umgehen, wurden die Glocken häufig ‚vor Ort' gegossen. Das war z.B. 1697 beim Guss eines neuen Geläuts für die Rottweiler Heiligkreuzkirche der Fall. Das Werkzeug wurde in der Rottenburger Gießhütte abgeholt, der Guss der Glocken erfolgte im Rottweiler Stadtgraben!

Die letzten Aktivitäten der Rosier in Rottenburg datieren von 1737; damals gossen sie zwei kleine Glocken für die Dachreiter der Rottenburger St. Martinskirche und der Wurmlinger Kapelle. Ihr Rottenburger Satzbürgerrecht besaßen sie damals noch; es endete wohl 1755 mit dem Übergang ihrer Gießrechte an die ebenfalls aus Lothringen stammende Familie Arnaud/Arnoldt, die ihre Gießhütte in Dinkelsbühl hatte.

Die folgende, längst nicht vollständige Zusammenstellung Rosier'scher Glocken kann den Umfang der von Rottenburg ausgehenden Produktionstätigkeit nur andeuten.

Außer fünf Glocken für das Geläut des heutigen Rottenburger Doms von 1645/49 gossen die Rosier für St. Moriz drei Glocken (1659, 1683). Zwei Glocken von 1655 und 1656 hängen im Türmchen der Wallfahrtskirche Weggental – sie stammen aus dem Vorgängerbau des heutigen Gotteshauses von 1682/95.

Rosier-Glocken gibt es in Bühl, Lustnau, Unterjesingen und Weilheim, Stadtteilen von Tübingen, sowie im Turm der ev. Stiftskirche von Tübingen, in Starzach-Bierlingen, Horb und in einigen Horber Teilorten. In Hohenzollern gibt es Rosier-Glocken u.a. in Bechtoldsweiler, Haigerloch (4), Trochtelfingen (3), Ringingen und Inneringen. Weitere Rosier-Glocken und Geläute gibt es in den ehemaligen Klosterkirchen von Ursberg (Bayer. Schwaben), Obermarchtal (9!), Gutenzell und Ochsenhausen (2), ferner in Nellingen/Ulm, Unlingen/Riedlingen, Riedlingen, Engstlatt und Heselwangen in der Balinger Gegend. In Kirchheim/Teck hängen 3, in Dietenheim/Iller 3, in Donzdorf ebenfalls 3 und in Calw 1 Rosier-Glocke.

Weitere Rosier-Glocken gibt es in vielen Orten Altwürttembergs, vor allem im Raum nördlich von Stuttgart; ihre Auflistung würde den gegebenen Rahmen sprengen.

Altarbauer

Der erste, der als Angehöriger dieses Kunsthandwerks in Rottenburg nachweisbar ist, *„Meister Hans, Tischmacher, gen. Herter"*, erscheint erstmals 1481 in einer Schiedsurkunde über eine Grundstücksangelegenheit. Den Altarschrein des Katharinenaltars in St. Moriz lieferte er 1488, im Jahr 1494 wurde ihm die Anfertigung des Schreins des neuen Hochaltars der Altstadtkapelle verdingt und 1498 erhielt er die Entlohnung für eine ungenannte Arbeit in der Klausenkirche St. Remigius. Meister Hans, der vielleicht ein Angehöriger der Rottenburger Oberschichtfamilie der Herter war, fertigte also Schreine für Flügel- und Kastenaltäre, wohl auch die Tafeln für die Altarbilder. Von Haus aus wird er Schreiner gewesen sein wie seine späteren Kollegen, die sich auf Altarbau spezialisiert hatten, bei fehlenden Aufträgen aber leicht ins Schreinerhandwerk („Bau- und Möbelschreiner") wechseln konnten. Als holzverarbeitende Berufe waren Schreiner und Altarbauer eng verwandt, aber längst nicht jeder Schreiner war in der Lage, auch als Altarbauer tätig zu werden. Dass Altarbauer gelegentlich als Fassmaler bei ihren eigenen Schöpfungen tätig wurden, sei der Vollständigkeit halber hinzugefügt.

Brack, Balthasar I (lebt noch 1684). Schreiner und Altarbauer. Belegt ist 1658 die Anfertigung des Hochaltars für Spaichingen, zehn Jahre später liefert er im Auftrag von Albrecht Graf Fugger den Altaraufbau für den Hochaltar in Dietenheim/Iller; das Altarblatt fertigte ein Maler aus Landsberg/Lech.

Hammerbacher, Daniel I (1624–1688). Lieferte 1664/65 einen Reliquienschrein für die Stiftskirche St. Moriz und 1676 ein „Altärle" für die Ulrichskapelle in St. Moriz.

Brack, Christoph (geb. 1652). Sohn von Balthasar I. Ausgebildet bei seinem Vater, trat später als Laienbruder in den Jesuitenorden ein. Im Auftrag des Ordens schuf er 1687 die Kanzel und 1688/89 den Ignatiusaltar der neuen Jesuitenkirche in Solothurn/Schweiz. 1692 reiste er für den Orden nach China zu den dortigen Jesuiten-Missionaren, starb aber unterwegs.

Amrein, Hieronymus (1657–1712) aus Beromünster/Kt. Luzern/Schweiz. Als jüngerer Bruder des Bildhauers Heinrich Carl Amrein (s.o.) erhielt er 1679 das Rottenburger Bürgerrecht. Aus seiner Werkstatt, die er zusammen mit seinem Bruder betrieb, gingen u. a. 2 Seitenaltäre (1684, 1695) sowie der Hochaltar (1692/93) für St. Moriz hervor, ferner Hochaltar und 2 Nebenaltäre in der Wurmlinger Kapelle (1683/85), Hochaltar und 2 Nebenaltäre für Gammertingen/Hohenzollern (1679/81), Hochaltar und Sakramentshaus für St. Martin in Rottenburg (1693), 2 Nebenaltäre für die Wallfahrtskirche auf dem Dreifaltigkeitsberg bei Spaichingen (1692, 1700), der Hochaltar für die Stadtkirche in Weil der Stadt – dieser das Hauptwerk von Hieronymus. Kanzeln aus der Amrein-Werkstatt entstanden für die Wallfahrtskirche im Weggental in Rottenburg, für die Wurmlinger Kapelle und für Rottenburg-Oberndorf (jetzt in Bodnegg/Ravensburg).

Agger, Franz Anton (1683–nach 1732). Wohl in der Amrein-Werkstatt ausgebildet. Altäre Aggers aus seiner eigenen Werkstatt: 1722 Hochaltar der St. Wolfgangkapelle (jetzt Pfarrkirche) in Rottenburg-Weiler, 1727 Altar für die Annakapelle in Rottenburg St. Moriz, 1728/29 Hochaltar und 2 Nebenaltäre für die Altstadtkapelle in Rottenburg, 1732 Hochaltar für die Klausenkirche Rottenburg.

Hammerbacher, Daniel III (geb. 1700), Sohn des Schreiners Daniel II Hammerbacher. Schuf 1740 einen Altar für die Hauskapelle des Rottenburger Spitals, 1747/48 einen neuen Hochaltar für Spaichingen, 1757/58 den Hochaltar für Rottenburg-Hailfingen. Hammerbacher wird gelegentlich auch als „Bildhauer" bezeichnet.

Fidel Vollmer, der wichtigste Rottenburger Altarbauer des 19. Jahrhunderts, wurde bereits bei den Bildhauern (vgl. S. 140) behandelt, ebenso sein Sohn Franz Vollmer. Bei den Bildhauern finden sich auch Moriz Lott und sein Sohn Roman, die in der Regel zwar als Bildhauer arbeiteten, aber doch gelegentlich auch den einen oder anderen Altar bauten, da sie ursprünglich vom Schreinerhandwerk herkamen.

Dies zu den Menschen, zu solchen Rottenburgern, deren Leben und berufliches Wirken von der Kirche, von kirchlichen Auftraggebern geprägt war. Häufig war hier bereits von den Gotteshäusern der Stadt die Rede; im nächsten Kapitel werden sie eingehender betrachtet.

III. Gebaute Frömmigkeit

„Je näher wir Rottenburg kommen, um so freundlicher und schöner gestaltet sich die Gegend, um so mehr aber überzeugen wir uns auch, daß wir keinem gewöhnlichen Landstädtchen, wie wir schon so viele gesehen, entgegengehen. Was nämlich den ersteren Punkt – ich meine die Schönheit der Gegend – anbelangt, so verleiht fließendes Wasser einem jeden Orte einen gewissen Reiz, und dieser Reiz fehlt auch Rottenburg nicht, da es an den Ufern des Neckars liegt. Ja noch mehr – der besagte Fluß, welcher kurz oberhalb der Stadt zwischen mächtigen Felsenklüften hervortritt und nun hier, wo Rottenburg liegt, ein breites Thalbecken bildet, fließt mitten zwischen der Stadt hindurch und gibt dieser hiedurch viel Aehnlichkeit mit einem Hafenplatz, während er sie zum Mittelpunkt einer malerischen Landschaft macht."

So schildert Theodor Griesinger (1809–1884), Altwürttemberger, Theologe, Reise- und Romanschriftsteller, in seinem 1866 erschienenen Werk „Württemberg. Nach seiner Vergangenheit und Gegenwart in Land und Leuten" die Landschaft um Rottenburg mit nicht zu übersehendem Wohlwollen. Und er bemerkt weiter, nicht bloß die reizende Lage sei es, durch die sich Rottenburg auszeichne, „sondern seine hohen Thürme und seine hervorragenden palastartigen Gebäude verleihen ihm etwas Großstädtisches, oder wenn man so will Residenzliches, so daß man recht ordentlich Respekt vor ihm bekommt".

Ganz ähnlich empfand es ein Zeitgenosse Griesingers, der ungenannte Verfasser des „Universal-Lexicon von Württemberg, Hechingen und Sigmaringen" aus dem Jahr 1841. Er drückt es so aus: „Die Stadt gehört überhaupt ihrer Lage wegen zu den freundlichsten des Landes. Der Neckar tritt nämlich kurz oberhalb Rottenburgs zwischen Felsenklüften in eine breite Thalebene hervor, in deren Anfang Rottenburg zum Teil noch zwischen Hügeln eingezwängt liegt, und den Mittelpunkt einer wahrhaft malerischen Landschaft bildet. So schön aber auch die Umgebung, so merkwürdig ist die Stadt durch ihre öffentlichen Anstalten und Gebäude."

Beide Autoren rühmen also die landschaftlich reizvolle Umgebung, die Lage Rottenburgs, beide auch ihre herausragenden „palastartigen" Gebäude. Nimmt man noch die „hohen Thürme" Griesingers hinzu, vor allem die Türme von Dom, St. Moriz und Priesterseminar, aber auch die Dachreiter der Kirchen und Kapellen, des Spitals, ihre Dächer, die bis heute die Dächer der Häuser der Bürger an Höhe übertreffen, dann ist zu erkennen, dass die bauliche Hinterlassenschaft der alten urbs pia immer noch das Bild der Bischofsstadt prägt. Zum äußeren Bild Rottenburgs gehört ja als wesentliches Element, dass die baulichen Denkmäler weltlicher Macht den Kirchen, Kapellen und Klosteranlagen gegenüber sehr zurückhaltend in Erscheinung treten. So ist hier die städtebaulich formende Kraft der Kirche sehr eindrücklich erfahrbar. In ganz besonderer Weise gilt dies natürlich, seitdem im Lauf des 19. Jahrhunderts das hohenbergische Schloss auf seiner beherrschenden Anhöhe über der Stadt restlos verschwand und sein ‚Ersatz', der spätklassizistische Altbau der Justizvollzugsanstalt, das Stadtbild nicht wirklich zu dominieren vermag. Und auch die wenigen erhaltenen Türme der mittelalterlichen Stadtbefestigung vermögen nicht mit den Türmen der großen Kirchen zu konkurrieren, so sehr sie ihre unmittelbare Umgebung überragen. Der neugotische Turm der evangelischen Stadtpfarrkirche von 1854/56 ordnet sich den gotischen und barocken Türmen des Stadtkerns unauffällig unter.

Dass dies alles gewissermaßen so sein muss, begründet Griesinger so: „Hier in der Stadt Rottenburg residiert der hochwürdigste Herr und Priester, der mit Unterstützung seines geistlichen Ministeriums, das aus einem Domdekan, sechs Domkapitularen und sechs Domkaplanen bestehenden ‚Ordinariats', die inneren Angelegenheiten der katholischen Kirche in Württemberg zu leiten hat, und dieser Herr und Priester, welcher mit dem Rang und der Würde eines wirklichen ausübenden Bischoffs bekleidet ist, kann natürlich nicht umhin, sich wenigstens mit einem kleinen geistlichen Hofstaat zu umgeben." Griesingers gespreizt-gedrechselte Formulierungen an dieser Stelle zeigen, dass er doch sehr ‚von außen' auf die ihm wesensfremde Einrichtung eines Bischöflichen Ordinariats blickte, das ja alles andere ist als der „Hofstaat" des Bischofs. All die Kirchen und Kapellen der Stadt, all diese „hervorragenden palastartigen Gebäude", waren schon vorhanden, als 1828 Rottenburgs erster Bischof inthronisiert wurde. Sie alle sind bauliches Erbe aus hohenbergisch-österreichischer Zeit, sind bauliches Erbe der urbs pia Rottenburg. Diesen Bauten wollen wir uns nun zuwenden.

Die Pfarrkirchen

Die Dom- und Pfarrkirche St. Martin

Die heutige St. Martinskirche wurde im 12. Jahrhundert als Liebfrauenkapelle gegründet und um 1280 durch einen Neubau ersetzt. Er war dazu bestimmt, Pfarrkirche für die „neue Stadt Rottenburg" zu werden. Die bisherige St. Martinspfarrkirche in Sülchen lag weit außerhalb der Stadtmauern Rottenburgs im freien Feld; ursprünglich war sie Teil einer Siedlung, die um 1280/1300 von ihren Bewohnern zugunsten der neuen Stadt geräumt wurde. Letztere wuchs rasch, ihre Bewohner kamen durch Weinbau und Weinhandel, Tuchfabrikation und Tuchhandel zu Reichtum; die Liebfrauenkapelle genügte bald nicht mehr den Bedürfnissen und Ansprüchen der Bürgerschaft. Deshalb wurde von 1424 an damit begonnen, die Liebfrauenkapelle schrittweise von Ost nach West abzubrechen und an ihrer Stelle einen größeren Neubau zu errichten. Es war eine gotische Basilika mit satteldachgedecktem Mittelschiff und Pultdächern auf den Seitenschiffen. Der Chor bekam im Innern ein Netzgewölbe; das hohe Mittelschiff war mit einer flachen Holzdecke nach oben abgeschlossen. Die Obergadenwände ruhten auf fünf schlanken, achteckigen Pfeilerpaaren, die Obergadenfenster waren spitzbogig wie die Langhausfenster, die ihrerseits wie die Chorfenster Maßwerkfüllungen aufwiesen.

Der Neubau war 1436 so weit fertiggestellt, dass darin die ersten Altäre bepfründet werden konnten. In der selben Zeit wurde der Wechsel des Patroziniums von Maria zu Martin vollzogen; die Sülchenkirche erhielt als neuen Patron Johannes den Täufer. Im Lauf des 15. Jahrhunderts erhöhte sich die Zahl der bepfründeten Altäre auf acht. Als neuen Hochaltar bekam die Kirche um 1474 einen mächtigen Flügelaltar, der das Wappen des damaligen Stadtpfarrers Anton v. Pforr als Auftraggeber oder Stifter trug. Es muss ein Altarwerk von imponierender Größe gewesen sein, denn allein die Kosten für seine Fassung beliefen sich auf 425 fl.; diese Kosten trugen Erzherzogin Mechthild und die Kirchenpflege von St. Martin je zur Hälfte. Was die Anfertigung des gesamten Choraltars kostete und wie er aussah, ist leider nicht überliefert.

Die Dom- und Pfarrkirche St. Martin: Chor und Turm von Osten.

Als Turm verwendete man den romanischen Liebfrauenkapellenturm weiter; er erhielt in der Bauphase von 1424/36 eine erste Aufstockung, das heutige untere Glockengeschoss. Oberes Glockengeschoss und durchbrochene Turmpyramide wurden 1486/91 hinzugefügt. Der markante Turm, einer der wenigen in der Zeit der Gotik fertiggestellten Türme mit durchbrochener Pyramide, wurde zum Wahrzeichen der Stadt Rottenburg.

Der Stadtbrand von 1644, dem 556 Gebäude zum Opfer fielen, zerstörte auch die gotische St. Martinskirche weitgehend; nur die Außenmauern und der Chor hielten den Flammen stand. Die gesamte Ausstattung, alle Altäre, gemalte Glasfenster, ungezählte Kunstwerke, Grabdenkmäler und Totenschilde wurden zerstört. Die Glocken des Turms stürzten teils ab und zerschellten, teils schmolzen sie in der Hitze des Brandes.

Im Lauf der 1670er-, 1680er-Jahre wurde der Innenraum im Stil des Hochbarock neu ausgestattet. Restaurierungen fanden ab dem Ende des 18. und 19. Jahrhunderts statt. Weitere Umgestaltungen des Innenraums erfolgten 1927/28, 1955/56, 1977/78 und 2001/03. Sie alle sind in der 2007 erschienenen vierten Auflage des Domführers ausführlich beschrieben. Der jüngsten Renovierung gelang es, den wegen des romanischen Turmteils asymmetrisch nach Norden versetzten Chor und das Langhaus zur Einheit zu verbinden. Die zweifache Funktion des Bauwerks als bischöfliche Kathedrale und als Pfarrkirche einer großen Gemeinde verbinden sich jetzt in überzeugender Weise. Völlig zu Recht wurde der neu gestaltete St. Martinsdom im Jahr 2004 von der Architektenkammer Baden-Württemberg für „Beispielhaftes Bauen" ausgezeichnet.

St. Moriz in Ehingen

Die älteste baulich nachweisbare Anlage am Platz des heutigen Gotteshauses entstand im 1. Viertel des 13. Jahrhunderts; Chronisten des 17. Jahrhunderts nennen dafür das Gründungsjahr 1209. Doch die Wurzeln der St. Morizkirche reichen tiefer, ins 10. Jahrhundert. Seinerzeit schenkte der heilige Bischof Ulrich von Augsburg aus dem Hause der Grafen von Dillingen seinen Verwandten, den Ortsherren von Rottenburg und Ehingen, Reliquien des heiligen Mauritius und seiner Gefährten. Sie wurden rasch Ziel einer Wallfahrt, die letztlich den Bau des Gotteshauses von 1209 erforderlich machte. Bauherr war der Abt des Augustinerklosters Kreuzlingen bei Konstanz, der damals zugleich Patronatsherr der Pfarrei Ehingen war. Dazu gehörte auch die Mauritius-Wallfahrtskirche, die zuvor wohl eine Eigenkirche der Ortsherren, einer Seitenlinie des Dillinger Grafenhauses, gewesen war. Bischof Ulrich I. von Konstanz, ebenfalls ein Dillinger, hatte dieses Patronatsrecht (Kirchensatz) 1127 an Kreuzlingen übertragen, sein Nachfolger Ulrich II. vollzog den Willen seines im August 1127 verstorbenen Vorgängers im September desselben Jahres.

Pfarrkirche war damals noch die St. Remigiuskirche auf der Klause; 1275 wird die Pfarrei Ehingen erstmals genannt.

Kurz vor oder um 1300 lösten die Grafen v. Hohenberg Kreuzlingen als Ortsherr in Ehingen ab. Sie errichteten die heutige Pfarrkirche St. Moriz im Stil oberrheinischer Bettelordenskirchen – die Hohenberger hatten zahlreiche Verbindungen zum Elsass, waren dort u. a. Reichslandvögte. Mit dem Bau begannen sie um 1300 und bestimmten das neue Gotteshaus zu

Festbeleuchtung 1925 anlässlich des 25-jährigen Amtsjubiläums von Bischof Dr. Paul Wilhelm v. Keppler (1853–1926).

ihrer Grablege. Die erste Beisetzung in der Gruft fand bereits 1308 statt.

Im Jahr 1330 gründeten die Hohenberger an der St. Morizkirche ein Chorherrenstift, das bis zu seiner Säkularisierung 1806 bestand.

Das Patronatsrecht über die Pfarrei, das ebenfalls von Kreuzlingen an die Hohenberger übergegangen war, schenkten diese 1339 dem Stift. Die Remigiuspfarrei wurde 1362 vom Konstanzer Bischof dem Stift inkorporiert und 1364 übertrug das Stift die Pfarrrechte eigenmächtig, d. h. ohne bischöfliche Genehmigung, auf die St. Morizkirche, die seither, auch nach der Aufhebung des Stifts, Pfarrkirche von Ehingen blieb.

Der Innenraum der St. Morizkirche: ein Dokument oberrheinischer Bettelordensarchitektur, sehenswert wegen seines reichen Freskenschmucks.

Das Kirchengebäude, um 1300 unter den Hohenbergern begonnen, musste 1412/13 „von wegen so grossen zue lauff der wahlfart leuthen zu dieser stüffts kürch" vergrößert werden – die Stiftskirche wurde wegen der zunehmenden Zahl von Wallfahrern um ein Joch nach Westen verlängert. In der Folgezeit entstand der reiche Freskenschmuck an den Säulen des Langhauses (1909 aufgedeckt) und am Obergaden (1971 ff. aufgedeckt). Die St. Ulrichskapelle an der Nordseite des Chors ersetzte 1489/92 einen kleineren Vorgängerbau an derselben Stelle – das alte Wissen um die Bedeutung des heiligen Ulrich für die Anfänge der St. Morizkirche spiegelt sich in dieser doppelstöckigen Kapelle, deren Erdgeschoss heute als Sakristei dient, während im Obergeschoss – dem ehemaligen Archiv- und Bibliotheksraum des Stifts – seit 1986 das Stiftsmuseum St. Moriz mit Kunstwerken und Dokumenten an die Geschichte von Stift, Pfarrei und Mauritiuswallfahrt erinnert.

Der schlanke, in ziegelgedeckter Spitze endende Turm an der Nordwestecke des Gotteshauses entstand in zwei Etappen. Sein Erdgeschoss wurde im Zusammenhang mit den Bauarbeiten der Zeit um 1300 errichtet, vom zweiten Jahrzehnt des 15. Jahrhunderts an wurde daran weitergebaut und 1433 war er vollendet.

Der Versuch einer Barockisierung der Stiftskirche am Beginn des 18. Jahrhunderts fiel wegen der Armut von Stift und Pfarrei sehr bescheiden aus. An der Südseite des Chors wurde zunächst anstelle der alten Sakristei die Annakapelle angebaut; die eigentlichen Umbauarbeiten fanden dann 1706/09 statt. An die Stelle der flachen, bemalten Decke der Gotik im Mittelschiff trat ein hölzernes Tonnengewölbe, das lediglich weiß verputzt wurde. Das Fußboden-

Die Sülchenkirche mit Friedhof und abgebrochenem Beinhaus (links vorne). Im Hintergrund rechts die Stadt. Ölgemälde von Fidel Hermann um 1815/20.

niveau wurde durch Auffüllen um etwa 40 cm angehoben. Die Seitenschiffwände trug man ab und führte sie auf den alten Fundamenten mit größeren Fensteröffnungen neu auf. Bei der Renovierung von 1969/74 wurden diese Veränderungen wieder rückgängig gemacht; die gotischen Raumverhältnisse konnten dadurch wiederhergestellt werden.

Die Zahl der Altäre in der Stiftskirche schwankte in den verschiedenen Jahrhunderten stark. Insgesamt lassen sich elf Altarpatrozinien nachweisen, weniger als acht waren es zu keiner Zeit. Ein Altar war zweimal bepfründet.

Ausführlich werden Baugeschichte, Ausstattung und Pfarreigeschichte von St. Moriz in der 2008 erschienenen, stark erweiterten dritten Auflage des Kirchenführers beschrieben.

Nebenkirchen und Kapellen

Sieben Kapellen umgeben Rottenburg wie ein Kranz – diese Aussage wurde erstmals in jener Zeit formuliert, als die Stadt in den Jahren 1850/1900 ganz allmählich begonnen hatte, über den Ring ihrer mittelalterlichen Befestigungsmauern hinauszuwachsen. Die rings um die Stadt liegenden Gotteshäuser boten damals tatsächlich noch das Bild eines „Kapellenkranzes". Die unregelmäßig ausufernde Zersiedlung der Landschaft in der Zeit nach dem Ende des Zweiten Weltkriegs hat die meisten dieser Gotteshäuser inzwischen längst eingeholt, sogar überholt, und so ist das Bild vom „Kapellenkranz" für viele, die heute in Rottenburg leben oder die Stadt besuchen, nur noch mit Mühe zu verstehen.

Welches sind nun die Kapellen, die der Rottenburger zu diesem „Kranz" zählt? Beginnen wir den Rundgang mit der größten und schönsten, „dem Weggental", und umrunden wir von da aus im Uhrzeigersinn die Stadt, dann folgt als nächstes die St. Theodorskapelle, von den Rottenburgern nur „Doderes" genannt, nahe der Straßengabelung nach Seebronn und Wendelsheim, weiter Sülchen an der Straße nach Wurmlingen, die Gutleuthauskapelle am Neckarufer, ferner „die Klause" über dem Bahnhof, die Altstadtkapelle über der „Porta Suevica" genannten Engstelle des Neckartals und schließlich, ihr fast gegenüber auf der anderen Neckarseite, die Kalkweiler Kapelle. Weggental, Altstadt und Kalkweil liegen noch immer außerhalb der Stadt, die teilweise schon in Sichtweite herangerückt ist, St. Theodor und Sülchen sind durch die Bebauung ganz in die Nähe der Stadt geraten und über Gutleuthaus und Klause ist die Stadt längst hinausgewachsen. So unterschiedlich wie ihre Nähe zur heutigen Stadt sind auch Alter, Rang und geschichtliche Bedeutung der sieben Gotteshäuser. Sülchen und Klause sind ehemalige Pfarrkirchen – der Rottenburger nennt sie deshalb noch immer unbewusst „Sülchenkirche" und „Klausenkirche". „Das Weggental", größtes dieser Gotteshäuser, ist

Die spätgotische Sülchenkirche – einst Mutterkirche von Rottenburg, jetzt Friedhofskirche und Grablege der Bischöfe von Rottenburg.

Chorraum der Sülchenkirche mit Denkmälern der Rottenburger Bischöfe.

Die historistischen Altäre der Sülchenkirche von 1862 und 1883. Aufnahme um 1900.

Gutleuthauskapelle gehört sie zur Pfarrei St. Martin, während Klause, Altstadt und Kalkweil im Sprengel der St. Morizpfarrei liegen. Die Weggentaler Wallfahrtskirche lag ursprünglich am Rand der ausgedehnten Markung des ehemaligen Dorfes Kalkweil und somit letztlich im Gebiet der Pfarrei St. Moriz. Zu Anfang des 17. Jahrhunderts aber kam sie infolge einer geringfügigen Verschiebung der Pfarreigrenze an dieser Stelle zur Pfarrei St. Martin.

Betrachten wir nun den „Kranz" etwas eingehender.

Die Sülchenkirche St. Johannes Bapt.

eine Wallfahrtskirche; der Gebrauch des Wortes „Kapelle" verbietet sich angesichts ihrer Größe, Architektur und Bedeutung von selbst. Die Gutleuthauskapelle war die Hauskapelle von Rottenburgs mittelalterlichem Leprosenhaus; die Altstadtkapelle mit dem danebenliegenden ehemaligen Pfründhaus gilt als der Rest eines im Ansatz steckengebliebenen Versuchs der Herren v. Ehingen zur Gründung einer Stadt und die Kalkweiler Kapelle ist der Rest eines im Spätmittelalter abgegangenen Dorfes. Während die Altstadtkapelle aber zwei bepfründete Altäre hatte, wurde die ehemalige Dorfkapelle von Kalkweil stets von St. Moriz aus betreut, hatte keinen bepfründeten Altar. St. Theodor schließlich war eine reine Feldkapelle. Wie Sülchen und

Sie war die Mutterkirche für den bedeutenden Marktort Sülchen, für die erste, vor-städtische Siedlung Rotenburg und für mehrere Dörfer der Umgebung. In Sülchen befand sich in der Missionierungszeit des 6./7. Jahrhunderts das Missionszentrum für den Sülchgau. Auch der Name der ersten Patrons der Kirche, des fränkischen Reichsheiligen St. Martin, verweist auf die Gründungszeit von Sülchen.

Im heutigen Kirchenbau, der außen und innen geprägt ist von einem spätgotischen Umbau in der Mitte des 15. Jahrhunderts, sollen sowohl in der nördlichen Langhauswand, am Westgiebel sowie im Mauerwerk des Chorbereichs die Reste des romanischen Vorgängerbaus stecken, der späterer Überlieferung zufolge 1118 errichtet worden sein soll.

Die Bischofsgruft von 1868 in Sülchen.

153

Innenansicht der Klausenkirche vor dem Umbau von 1933; die Seitenaltäre stammen aus der Kapuzinerkirche.

Ihre Funktion als Pfarrkirche für Rottenburg verlor die Sülchenkirche faktisch spätestens mit der Erbauung der heutigen Domkirche St. Martin im ersten Drittel des 15. Jahrhunderts; bereits damals erfolgte wohl auch der Wechsel des Sülcher Kirchenpatroziniums von St. Martin zu St. Johannes dem Täufer. Für Kiebingen, Seebronn und Wendelsheim blieb Sülchen aber noch bis ins letzte Viertel des 18. Jahrhunderts Pfarrkirche. An diese Funktion als ehemalige Pfarrkirche erinnert bis heute der Taufstein, eine mächtige, 16-eckige Steinkufe mit frühgotischem Maßwerkfries an der Außenseite.

Seit dem frühen Mittelalter dient die Sülchenkirche als eine der beiden Rottenburger Friedhofkirchen; im Kircheninnern hat sich ein kleiner Bestand von Grabsteinen und Epitaphien des 16. bis 19. Jahrhunderts erhalten. Im nördlichen Friedhofbereich befand sich bis 1643 eine kleine Franziskanerinnenklause, von der unten nochmals die Rede sein wird.

Ihre bedeutendste Funktion erhielt die Sülchenkirche 1868 durch den Bau der Gruft für die verstorbenen Bischöfe von Rottenburg unter ihrem Chorraum. Dieser wird von einem monumentalen steinernen Hochaltar im Stil des Frühbarock aus dem Jahr 1935 beherrscht. Eine ausführliche Beschreibung des Gotteshauses findet sich im oben erwähnten Domführer von 2007.

Innenraum der Klausenkirche mit Ausstattung des 18./19. Jahrhunderts.

Die Klausenkirche St. Remigius

Auch das Patrozinium der Mutterkirche von Ehingen verweist auf eine Gründung im 6./7. Jahrhundert; von Anfang an war sie vom Ehinger Friedhof umgeben. Östlich der Kirche befand sich im hohen Mittelalter der Sitz der Ehinger Ortsherren, der späteren Freiherren v. Ehingen. Ein Chronist des 17. Jahrhunderts berichtet von einem Neubau der Kirche um das Jahr 1023/24; ein romanischer Vorgängerbau unbekannter Entstehungszeit wurde jedenfalls 1714/15 durch den heutigen, in schlichten Barockformen errichteten Neubau ersetzt, der jetzt als zweite Rottenburger Friedhofskirche dient.

Nachdem das Gotteshaus im 14. Jahrhundert seine Aufgabe als Pfarrkirche verlor, ließen sich im ehemaligen Pfarrhaus neben der Kirche Beginen nieder, die 1381 die Franziskanerregel annahmen. Ihr Kloster wurde 1782 unter Kaiser Joseph II. aufgehoben. Vor dem Eingang zum Chor der Kirche, die bis 1782 als Klosterkirche gedient hatte, befindet sich der Eingang zur nicht zugänglichen Nonnengruft, der mit einer 1720 datierten Steinplatte verschlossen ist.

Eine ausführliche Beschreibung des Gotteshauses enthält der bereits erwähnte Kirchenführer von St. Moriz aus dem Jahr 2008.

Die Wallfahrtskirche im Weggental

Mit der Bezeichnung „Weggental" meint der Rottenburger in der Regel nicht nur das gleichnamige enge Tal des Weggentaler Bachs, sondern auch die am nördlichen Talhang stehende Wallfahrtskirche zur Schmerzhaften Muttergottes.

Das große frühbarocke Gotteshaus, „wichtig für das Aufleben der schwäbischen Architektur nach dem Dreißigjährigen Krieg, noch sehr im Charakter der Renaissance" (Georg Dehio), erhebt sich an der Stelle eines spätgotischen Bildstocks, der bei der Entstehung der Wallfahrt eine wichtige Rolle spielte – sein Gehäuse ist übrigens im heutigen Hochaltar noch erhalten und birgt dort das Gnadenbild.

Die Entstehung der Wallfahrt, in deren Zentrum eine bäuerlich-derb geschnitzte Pietà aus dem dritten Viertel des 15. Jahrhunderts steht, fällt in die religiös aufgewühlte Zeit um 1517, dem Jahr von Luthers Thesenanschlag in Wittenberg. Der erste sichere Beleg für die „mirakulosen" Ereignisse, die rasch zur Entstehung der Wallfahrt führten, datiert von 1518; 1520 durfte mit bischöflicher Erlaubnis in einer kleinen Holzkapelle die hl. Messe gelesen werden; von 1521 an wurde die Kapelle nach und nach aus Stein neu erbaut, 1591 war ein Anbau erforderlich, um die wachsende Zahl von Wallfahrern aufnehmen zu können.

Damals wurde die Wallfahrt noch vom Stift St. Moriz betreut; die Chorherren gründeten eine Bruderschaft und ließen eine Wohnung für den Mesner samt Unterkunft für auswärtige Pilger

St. Antonius der Einsiedler, Rottenburg um 1400. Rest des 1401 bepfründeten Antoniusaltars der Klausenkirche; jetzt in St. Moriz.

Die Wallfahrtskirche im Weggental (1682/95)
in unberührter Landschaft nahe der Stadt.

erbauen. Zu Beginn des 17. Jahrhunderts ging die Kapelle und mit ihr die Wallfahrtsseelsorge durch eine kleine Korrektur der Pfarreigrenze an dieser Stelle an die Pfarrei St. Martin über, die fortan zusammen mit dem Magistrat der Stadt auch die Aufsichtsrechte und die Verwaltung der Wallfahrtseinkünfte übernahm. Beide, Pfarrei und Stadt, galten vom 17. Jahrhundert an als Rechtsträger des Wallfahrtsortes. Die seelsorgerliche Betreuung der Wallfahrer übernahmen 1653 die Rottenburger Jesuiten, die die Wallfahrt zu höchster Blüte brachten; die eben erwähnten Rechtsverhältnisse wurden davon aber nicht berührt. Deshalb waren auch nicht, wie immer wieder fälschlicherweise behauptet wird, die Jesuiten, sondern die Pfarrei St. Martin im Einvernehmen mit der Stadt der Bauherr für den Neubau der Kirche. Er wurde 1682 begonnen und erhielt 1695 seine Weihe; Grund für die Erbauung einer großen Kirche war die immer noch steigende Zahl der Wallfahrer, die in der alten Kapelle längst keinen Platz mehr fanden. Die neue Wallfahrtskirche wurde nach Plänen des Vorarlberger Michael Thumb erbaut. Die Fertigstellung ihrer Ausstattung, vor allem der Altäre, zog sich noch bis in die 1730er-Jahre hin.

Die barocke Wallfahrtskirche und überhaupt das ganze Wallfahrtswesen war den „Josephinern" und „Aufklärern" ebenso ein Dorn im Auge wie überhaupt die gesamte Volksfrömmigkeit. Nur dem energischen Widerspruch des Rottenburger Rats war es 1793 zu verdanken, dass die Kirche damals nicht abgebrochen wurde. Sie blieb intakt; nur der auf der Nordwestecke der Kirche aufgesetzte, in Fachwerkkonstruktion 1714 errichtete Turm musste wegen Baufälligkeit abgebrochen und 1799/1800 durch den heutigen Dachreiter über dem Chor ersetzt werden. Die

Ehemaliges Mesner- und Pilgerhaus von 1773 neben der Weggentalkirche mit 1978 freigelegter und erneuerter Fassadenbemalung.

St. Theodorskapelle, erbaut um 1480/1510.

erste Innenrenovierung seit der Erbauung erfolgte 1894/97 im Geist des Historismus; die Renovierung von 1962/66 gab dem Kirchenraum sein ursprüngliches Aussehen weitgehend zurück. Stilwidrig ist allerdings die damalige Schwarzfärbung der zuvor marmorierten, aus den 1720er- und 1730er-Jahren stammenden Seitenaltäre.

Das zu Ende des 16. Jahrhunderts vom Stift St. Moriz erbaute Mesnerhaus wurde 1773 durch den heutigen Bau ersetzt; er konnte 1974 durch die Atriumanlage des neuen Konventsgebäudes ergänzt werden.

Mehr zu Baugeschichte und Ausstattung der Wallfahrtskirche ist im Kirchenführer nachzulesen, der 2007 in sechster Auflage erschien. Zur Wallfahrtsgeschichte vgl. Kapitel IV, Kulturgeschichte und Volksfrömmigkeit – S. in diesem Buch.

Die St. Theodorskapelle („Doderes")

Weithin sichtbar liegt sie auf einer Anhöhe im Nordwesten der Stadt. Sie ist ein einfacher gotischer Saalbau ohne Strebepfeiler mit dreiseitigem Chorschluss, zweibahnigen, größtenteils mit neugotischem Maßwerk geschmückten Fenstern und kleinem Dachreiter über der Westfassade. Ihre Bauformen verweisen die Entstehung der Kapelle in die Zeit um 1480/1510.

An der Südwestecke war bis um die Mitte des 19. Jahrhunderts eine Einsiedlerwohnung angebaut; Einsiedler in St. Theodor sind vor allem im 18. Jahrhundert belegt.

Die Kapelle besaß keine dotierte Altarpfründe; sie wurde von St. Martin aus betreut.

Die Ausstattung des 19. Jahrhunderts im flachgedeckten Innenraum ist historistisch-neugotisch, stammt von 1898 und wurde von Rottenburger Kunsthandwerkern geschaffen. Aus der Er-

Gutleuthauskapelle aus dem 14. Jahrhundert mit Christophorusbild von 1955 an einer früher viel benutzten Neckarfurt.

bauungszeit stammt ein Ölberg in einer Wandnische im Langhaus, mit Wappen (Hausmarke) des unbekannten Stifters.

Zur Geschichte der Kapelle ist kaum etwas bekannt. Das Patrozinium weist auf den heiligen Theodor/Theodul, der um 380/390 als Bischof von Sitten/Sion im Wallis amtierte und die Gebeine des heiligen Mauritius und seiner Gefährten am Ort ihres Martyriums in Agaunum/ St. Maurice auffand und dort dem Heiligen die erste Kirche erbaute, in der er nach seinem Tod selbst beigesetzt wurde. Die Kapelle in Rottenburg, annähernd zeitgleich mit der St. Ulrichskapelle in St. Moriz, deutet auf Zusammenhänge mit der dortigen Mauritiuswallfahrt: St. Theodor fand die Mauritiusreliquien; St. Ulrich, der Bischof von Augsburg, besuchte sie um 940 und überbrachte einen Teil dieser Reliquien seinen Rottenburger Verwandten. St. Theodor stand also am Beginn der Mauritiusverehrung überhaupt, St. Ulrich „begründete" die Rottenburger Mauritiuswallfahrt ...

Die Gutleuthauskapelle

Sie war Teil des mittelalterlichen „Feldsiechenhauses" (Leprosorium) und liegt unterhalb der Stadt am linken Neckarufer. In der Nähe befand sich eine schon in römischer Zeit genutzte Neckarfurt, die beim Bau des in der Nähe befindlichen Flusskraftwerks in den 1960er-Jahren zerstört wurde. Auf diesen uralten Neckarübergang bezieht sich das überlebensgroße Sgraffitobild des heiligen Christophorus an der südlichen Außenwand der Kapelle. Es wurde im Jahr 1955 durch den Rottenburger Kunstmaler Prof. Johannes Wohlfart geschaffen und ersetzte ein stark schadhaft gewordenes Bild gleicher Thematik, das in den 1860er-Jahren angebracht worden war.

Die Kapelle ist der heiligen Katharina von Alexandrien geweiht; ihr Bau stammt aus der zweiten Hälfte des 14. Jahrhunderts. Es ist ein schlichtes Bauwerk im Stil der Gotik, ohne Strebepfeiler, mit zweibahnigen Maßwerkfenstern, mit Dachreiter über dem Westgiebel. Das Innere erscheint als einfacher, im Osten dreiseitig geschlossener Saal mit durchgehender Holzdecke und ohne hervorgehobenen Chorraum.

Ihr Katharinen-Patrozinium ist seit 1380 belegt, doch ihr Hochaltar, ebenfalls St. Katharina geweiht, und dessen Kaplan werden schon 1352 erwähnt; die Kapelle besaß stets nur diesen einen bepfründeten Altar.

Die romanische, 1688 vergrößerte Altstadtkapelle mit ehemaliger Kaplanswohnung und Scheuer.

Das „Feldsiechenhaus", in dem Aussätzige untergebracht waren, stand neben der Kapelle in einem ummauerten Hofraum; es brannte 1929 ab. Seine erste urkundliche Erwähnung datiert von 1348, vermutlich war es aber eine Gründung noch des späten 13. Jahrhunderts. Vom 16. Jahrhundert an wurde das nun „Gutleuthaus" genannte Anwesen zu einer Art Elendsherberge, zu einem dem städtischen Spital angegliederten Armenhaus. Letzte Erinnerung an diese mittelalterliche Sozialeinrichtung ist die Gutleuthauskapelle.

Die Altstadtkapelle

Die Flur „Altstadt", in Spornlage auf dem rechten Hochufer des Neckars über der „Porta Suevica" auf einem Hochplateau gelegen, ist eine alte Siedlungsstätte. Die Vermutung des 19. Jahrhunderts, dass sich hier das Kastell des römischen Sumelocenna befunden habe, hat sich jedoch nicht bestätigt. Die heutige Forschung vermutet, dass es sich bei der mit einem Wall umgebenen Anlage um den im Ansatz steckengebliebenen Versuch einer Siedlungsgründung durch das Rittergeschlecht der Herren v. Ehingen aus dem 13./14. Jahrhundert handeln wird.

Einzige bauliche Zeugnisse dieser projektierten Siedlung sind die Altstadtkapelle, eine Scheune und ein Wohnhaus, dessen Erdgeschoss mit buckelquaderverstärkten Ecken darauf hindeutet, dass das Bauwerk vor dem 18. Jahrhundert „wie ein Turm" gewesen sei – so eine Quelle aus dem späten 17. Jahrhundert. Vielleicht war es kurzzeitig der Wohnturm der Ehinger, die sich nach 1280 in ihre Burg auf dem „Schlossberg" über dem Katzenbachtal hinter Bad Niedernau zurückzogen.

Kurz zuvor, 1268, weihte der heilige Albertus Magnus, ehemaliger Bischof von Regensburg, die damals noch kleinere Kapelle und ihren Hochaltar. In den Urkunden und Akten wird das Gotteshaus als „Kapelle Unserer Lieben Frau", als „Liebfrauenkapelle auf der Altstadt" oder einfach als „Altstadtkapelle" bezeichnet – diesen Namen hat sie bei den Rottenburgern bis heute behalten. Das Marienpatrozinium der Kapelle ist seit 1361 belegt; der linke Seitenaltar wurde 1404 von Propst und Kapitel des Stifts St. Moriz bepfründet, sein rechtsseitiges Pendant blieb unbepfründet. Die auf den Hochaltar gestiftete Kaplaneipfründe kann seit 1458 nachgewiesen werden.

Das Langhaus der heutigen Kapelle ist der vollständig erhaltene rechteckige romanische Saal aus dem 13. Jahrhundert. Reste rundbogiger Fenster und Türen sind unter dem Verputz noch erkennbar. Der 1268 geweihte Hochaltar befand sich vor dem heutigen Choreingang. Die Kapelle wurde im Dreißigjährigen Krieg verwüstet und konnte 1655 neu geweiht werden. Ihr heutiger halbrunder Chor, gleich breit wie das Langhaus, wurde 1688 angebaut; gleichzeitig erfolgte eine Erhöhung der Langhausmauern.

Der außen ungegliederte Putzbau besitzt einen Dachreiter über dem Westgiebel, hat innen im romanischen Langhaus eine flache barockzeitliche Felderdecke und im barocken Chor ein verputztes Stichkappengewölbe. Die großen rundbogigen Fenster sind barockzeitlich.

Die Neuweihe der vergrößerten Kapelle und ihrer drei Altäre nach den Baumaßnahmen von 1688 erfolgte 1695. Nachdem sie 1983/84 archäologisch untersucht und gründlich renoviert worden war, konnte sie 1985 erneut geweiht werden.

St. Georg in Kalkweil, erbaut im 14. Jahrhundert, letzter Rest eines um 1400/1410 abgegangenen Dorfes.

Die Kalkweiler Kapelle

Der Altstadtkapelle schräg gegenüber liegt auf dem linken Hochufer des Neckars die kleine Kalkweiler Kapelle. In der zweiten Silbe „-weil" steckt das lateinische Wort „villa", das „Landhaus", „Landgut", „Meierei" bedeutet und auf römische Siedlungsspuren verweist. In Kalkweil sind sie vorhanden; so ruht beispielsweise die Südwand der Kapelle auf römischem Fundament und in der Umgebung der Kapelle wurden schon im 19. Jahrhundert Mauerwerkspuren einer römischen „villa rustica" aufgedeckt.

Gräberfunde östlich von Kapelle und Schafhaus belegen eine dörfliche Siedlung der Merowingerzeit des 7. Jahrhunderts. Urkundlich belegbar ist das Dorf Kalkweil seit 1275; um 1410 hatte es als Dorf bereits zu existieren aufgehört, weil seine Bewohner in die nahe Stadt Rottenburg gezogen waren und von dort aus ihre Kalkweiler Grundstücke anbauten. Die große Markungsfläche des ehemaligen Dorfes blieb als selbstständige Einheit bis ins letzte Drittel des 18. Jahrhunderts erhalten und verschmolz erst dann mit der Rottenburger Stadtmarkung. Die Kalkweiler Markung wurde von acht bis zehn Rottenburger Bürgern bewirtschaftet, die in der „Kalkweiler Maierschaft" zusammengeschlossen waren, die die alten Dorfrechte wahrte und stets auch für den Unterhalt der Kalkweiler Kapelle verantwortlich war.

Diese Kapelle ist ein schmuckloser Bau mit rechteckigem Chorschluss und mit Dachreiter über der fensterlosen Westfassade – an Letztere war bis ins frühe 18. Jahrhundert eine Mesnerwohnung angebaut. Die Ausmaße des Chors sind nur auf der südlichen Außenseite durch einen schmalen Wandeinzug ablesbar. Spitzbogige Türöffnungen auf Nord- und Südseite, die spitzbogigen Gewände der kleinen Fenster und das Dreipassfensterchen im Ostgiebel verweisen auf die Erbauung der Kapelle im 14. Jahrhundert. An dessen Ende erscheinen auch die ersten urkundlichen Erwähnungen der Kapelle und ihres Patrons St. Georg. Im Dreißigjährigen Krieg, 1644, brannte die Kapelle aus und wurde in der

Folgezeit wieder instand gesetzt. Unter der damals entstandenen, derzeit überstrichenen derben barocken Ausmalung gibt es Spuren gotischer Fresken.

Die Kalkweiler Kapelle besaß nie eine eigene Altarpfründe; sie gehörte stets als Filiale zur St. Morizkirche und wurde von dort aus excurrent versehen. Von besonderer Bedeutung in der Reihe der dortigen regelmäßigen Gottesdienste war der sogenannte Maierschaftsjahrtag am Patroziniumstag der Kapelle am 23. April, dem Festtag des heiligen Georg.

Das Kapellenpatrozinium wird noch heute festlich begangen. Da St. Georg auch Patron eines der beiden Geschütze der Rottenburger Bürgerwache ist, nimmt daran seit einigen Jahren auch eine uniformierte Abteilung des Artilleriezugs der Bürgerwache teil. Die Öschprozession der St. Morizgemeinde am Fest Christi Himmelfahrt geht schon seit Jahrhunderten über die Kalkweiler Fluren; Höhepunkt ist stets ein Gottesdienst vor oder – bei schlechter Witterung – in der Kapelle.

Schlosskapellen, Hauskapellen

Außer den eben beschriebenen Bauten des „Kapellenkranzes" gab und gibt es in der Stadt aber noch weitere Kapellen, an die man meist nicht denkt, wenn von den Gotteshäusern der Bischofsstadt die Rede ist.

Die Kapelle des Stadtschlosses
An erster Stelle zu nennen ist die Kapelle der hohenbergisch-österreichischen Burg bzw. des Stadtschlosses, die in archivalischen Quellen über mehrere Jahrhunderte hinweg bescheidene Spuren hinterließ.

Ihre erste, allerdings nur indirekte Erwähnung findet sich in der hohenbergischen Jahresrechnung von 1392/94. Darin ist u.a. davon die Rede, dass „dem kapellan auf die burg gen Rotemburg" $\frac{1}{2}$ Fuder (= ca. 540 Liter) Wein abgegeben wurden. Daraus darf gefolgert werden, dass es in der Kapelle der Burg einen bepfründeten Altar gab.

Im Testament der Erzherzogin Mechthild, die von 1454 bis zu ihrem Tod 1482 im Rottenburger Schloss residierte, aus dem Jahr 1481 wird u.a. mehrfach von „unnserem altar" gesprochen, dessen Ausstattung mit Kelchen, Messkännchen bis hin zum Altarbild, Messgewändern, Vorhängen usw. in die Kartause Güterstein bei Urach gegeben werden sollte, wo Mechthild auch begraben werden wollte. Diese Ausstattungsteile der Schlosskapelle waren also wohl von Mechthild gestiftet worden.

Dass mit „unnserem altar" der Altar der Rottenburger Schlosskapelle gemeint war, ergibt sich aus einer Urkunde, die nach Mechthilds Tod von je drei österreichischen und württembergischen Räten ausgestellt wurde, die mit dieser Urkunde die Entscheidung wegen der Übertragung der Altarausstattung nach Güterstein dem hohenbergischen Landeshauptmann, Graf Jos Niklaus v. Zollern, überließen – wie dieser entschied, ist leider nicht bekannt geworden.

Ob die Schlosskapelle jener Zeit sich innerhalb eines Schlossgebäudes befand oder ob sie ein eigenes Bauwerk innerhalb des Schlossareals war, geht aus diesen wenigen Belegen nicht hervor. Ein nicht realisiertes Neubauprojekt für das Schloss aus den Jahren 1516/17 zeigt die Kapelle als selbstständiges Bauwerk neben dem Hauptgebäude. Ob diese Kapelle jedoch Teil der Neubauplanung war oder ob sie als vorhandener Bestand in die Pläne eingetragen wurde, ist nicht bekannt.

Im Verlassenschaftsinventar der im Februar 1661 verstorbenen Gattin des Landeshauptmanns Ferdinand v. Hohenberg vom März desselben Jahres erscheint die Kapelle als Bestandteil des Hauptgebäudes. In ihr befanden sich u.a. ein Kruzifix und ein Ecce-Homo-Bild. Messgewänder und Messutensilien wie Kelche u.a. waren in einem Schrank aufbewahrt, der zum Schloss gehörte, sehr alt war und im Flur vor der Kapelle stand.

Anlässlich einer Generalvisitation weihte im Jahr 1724 der Konstanzer Weihbischof Franz Johann Anton v. Sirgenstein Schlosskapelle, Jesuiten- und Klausenkirche sowie Altäre in St. Martin, St. Moriz und Sülchen. Warum bei der Schlosskapelle eine Neuweihe erforderlich war, ist nicht bekannt – vielleicht ging eine größere Renovierung voraus.

In den ebenfalls aus Kostengründen nicht verwirklichten Neubauplänen für das Schloss, die der Innsbrucker Hofbaumeister Georg Anton Gumpp 1728 entwarf, war als Standort der Kapelle der vierte Stock des geplanten Neubaus vorgesehen.

Außer diesen Belegen, die hier erstmals im Zusammenhang publiziert werden, gibt es nichts, was baulich an die Rottenburger Schlosskapelle erinnert. Sie verschwand spätestens beim Brand der letzten Reste des Schlosses im Jahr 1887, von dem Teile bereits im letzten Drittel des 18. Jahrhunderts abgebrochen worden waren.

Die Schlosskapelle von Schadenweiler

Sie war bis vor rund fünfzehn Jahren noch völlig unbekannt und auch sie gibt es nicht mehr. Als der ehemalige adelige Ansitz Schadenweiler am Fuß des Rammert – jetzt Hochschule für Forstwirtschaft – im Jahr 1707 während eines Gewitters vom Blitz getroffen wurde und niederbrannte, fiel auch die Schlosskapelle den Flammen zum Opfer. Der Ansitz Schadenweiler, anstelle eines nach der Mitte des 14. Jahrhunderts von seinen Bewohnern aufgegebenen Dorfes in der Zeit um 1500 erbaut von der Rottenburger Oberschichtfamilie Hipp, war 1536 durch Kauf an die Münsinger v. Frundeck und um 1550 durch Heirat an die v. Themar übergegangen.

Adam III v. Themar, Jurist und Rottenburger Bürgermeister, war in zweiter Ehe mit Margaretha v. Ehingen verheiratet. Ihr Testament von 1616 gibt einen ersten Hinweis auf die Schlosskapelle, denn es erwähnt mehrere „al dort", d. h. im Schadenweiler, zu lesende heilige Messen.

Nachdem Schloss und Gut Schadenweiler an die Stadt Rottenburg verkauft waren, wurde gemäß der Testamentsbestimmung Margarethas „uff die Capell in Schadenweiler" gestifteter Jahrtag in die St. Morizkirche verlegt. Im Verkaufsvertrag, den die Schwestern des letzten männlichen Themar 1675 mit der Stadt abschlossen, ist u. a. „der Kirchen ornat, Specialiter der Kelch" eigens erwähnt.

Diese wenigen Belege – es sind die einzigen, die bis jetzt aufgefunden werden konnten – dokumentieren die Existenz der Schlosskapelle und ihres Altars, machen jedoch über Kapellenpatrozinium und Alter der Kapelle ebenso wenig Angaben wie über deren Lage innerhalb des Schlossbereichs. Einige Indizien sprechen aber dafür, dass die Kapelle sich wohl von Anfang an in dem um 1500 erbauten ersten „Haus uff dem gensbuhel" in Schadenweiler befunden hatte.

Die Spitalkapelle

Der Rottenburger Spital, um oder kurz nach 1300 in der nach ihm benannten Spitalvorstadt im Sprengel der Pfarrei St. Moriz gegründet, war die älteste Sozialeinrichtung der Stadt und zugleich über Jahrhunderte hinweg ihr stärkster Wirtschaftsfaktor. Von dem 1560/61 errichteten Neubau entlang der Königstraße haben Tordurchfahrt und Kapelle im rechten Gebäudeteil die Stadtbrände von 1644 und 1735 überdauert – die Kapelle brannte jeweils nur aus –, während die oberen Stockwerke erst nach 1735 entstanden; damals wurde auch die Kapelle innen neu gestaltet und 1747 wieder geweiht.

Kapelle und Spital, ursprünglich der hl. Katharina geweiht, bekamen um 1362/64 ihr heutiges Heilig-Geist-Patrozinium. Der erste Altar, von dem es Nachrichten gibt, war 1361 zu Ehren der Hl. Dreifaltigkeit, Marias und aller Heiligen errichtet und bepfründet worden. Ein zweiter Altar mit Kaplaneipfründe kam 1394 hinzu; seine Patrone waren St. Katharina und St. Georg. Je eine weitere Dreifaltigkeits- und Katharinenpfründe werden 1469/70 genannt. Stellvertretend bezeugen sie die vielen Stiftungen, die im Mittelalter dem Spital und seiner Kapelle zugewendet wurden. Allerdings waren die beiden späten Pfründstiftungen so gering dotiert, dass sie noch vor Ende des 15. Jahrhunderts wieder erloschen.

Die erste Katharinenpfründe von 1394 wurde 1514 dem Stift St. Moriz inkorporiert – genauer: der dortigen Pfründe des Stiftspfarrers, der künftig an zwei Wochentagen in der Kapelle eine Messe zu halten hatte. Zu unbekanntem Zeitpunkt vor 1514 wurde auch die Dreifaltigkeits-

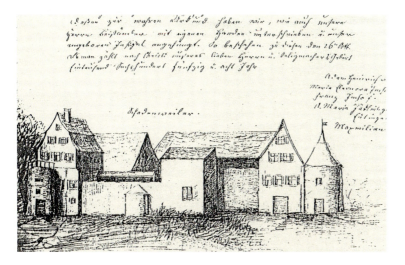

Die älteste Ansicht des Guts Schadenweiler in der Baisinger Pfarrchronik von 1862/68.

Spitalbau von 1560/61 und 1735 an der Königstraße mit Kapelle (rechts) in einer Aufnahme um 1900.

Straßenfront der Spitalkapelle von 1560/61 heute.

pfründe von 1361 dem Stift inkorporiert. Ein Chorherr musste dafür jeden Sonntag in der Kapelle die hl. Messe lesen. Auch heute noch untersteht die Kapelle der Pfarrei St. Moriz. Über die Vorgängerin der heutigen Kapelle und ihr Aussehen gibt es außer den Hinweisen auf die Pfründstiftungen im 14. Jahrhundert keine weiteren Hinweise.

Der jetzige Kapellenbau, in den Altbau des Spitals integriert, weist zwei maßwerklose, nachgotische Spitzbogenfenster mit Steinmetzzeichen aus der Bauzeit von 1560/61 auf. Zwischen den Fenstern gibt es eine gotisierende Figurennische mit einer wohl im ersten Drittel des 15. Jahrhunderts entstandenen Figur der alten Spitalpatronin St. Katharina. Das Kapelleninnere mit drei Kreuzgratgewölbejochen wurde in der Nachkriegszeit völlig erneuert. Den Altar schmückt ein Steinrelief des Rottenburger Bildhauers Heinrich Schneider.

Die Wagner'sche und andere Hauskapellen

An besonders exponierter Stelle der Stadt, zwischen Rathaus und Dom am Marktplatz, liegt das ausgedehnte Anwesen des heutigen Kaufhauses Jeckel. Bei diesem Baukomplex handelt es sich um einen alten Stadtsitz angesehener Adelsgeschlechter. Bis zum Jahr 1539 war hier das Stadthaus der Grafen v. Zollern; Letzteres ging damals durch Kauf an die Herren v. Brandeck über. Die Tochter des letzten Brandeckers brachte das Haus in ihre Ehe mit Georg VII v. Ow-Hirrlingen. Beider Enkel, Adam II v. Ow-Hirrlingen, erbte 1589 das großmütterliche Anwesen, das von nun an bis zum Rottenburger Stadtbrand von 1644 im Besitz dieser Familie blieb. Die Herren v. Ow, die noch weitere Häuser in der Stadt besaßen, verkauften die Brandstätte etwa um 1646/47 an den hohenbergischen Statthalter (Hauptmannschaftsverwalter) Dr. Johann Wagner, der hier seine Wohnung aufbaute, die spätestens 1649 bewohnbar war. Im Besitz seiner Nachkommen blieb das Anwesen bis 1725, dann ging es durch Kauf in das Eigentum von Stadtpfarrer und Dekan Franz Wilhelm Werz über, der nach der zweiten Brandzerstörung 1735 die Ruine an Stadtschreiber Philipp Ferdinand Aumeyer weiterverkaufte. Aumeyer richtete im Vorderhaus eine Wirtschaft ein, die den Namen „Römischer Kaiser" trug und noch bis 1920 von Aumeyers Besitznachfolgern betrieben wurde. Bis zuletzt galt sie als eines der angesehensten unter den nicht gerade wenigen Wirtshäusern des alten Rottenburg.

Zentraler Bestandteil des Anwesens ist bis heute die Hauskapelle, die Dr. Johann Wagner 1655 zu Ehren des hl. Antonius von Padua stiftete, ausstattete, dotierte und weihen ließ. Die jetzigen Ausstattungsstücke entstanden großenteils nach dem Wiederaufbau unter Stadtschreiber Aumeyer. Dazu gehören der Altar mit einem Altarbild, die Beweinung Jesu (Pietà) darstellend, weitere Bilder, ein Kruzifix, Kelch, Leuchter und einige Paramente.

Als Grund für die Stiftung der Kapelle nennt der fromme Dr. Johann Wagner in der Urkunde von 1655 dies: „Aus Eingebung und Antrieb Gottes und der Himmelskönigin und zum Heil seiner und seiner Vorfahren Seelen". Weihbischof Dr. Georg Sigismund Müller von Konstanz, ein Rottenburger, der sich seinerzeit zur Weihe der St. Martinskirche und ihrer damals sieben Altäre in seiner Vaterstadt aufhielt, weihte die „Antoniuskapelle am Markt" am 10. September 1655. Ihre Wiederherstellung nach dem Brand von 1735 war 1738 abgeschlossen.

Nicht unerwähnt bleiben sollen in diesem Zusammenhang auch einige Hauskapellen des 19. und 20. Jahrhunderts.

Da ist einmal die simultane Hauskapelle der Justizvollzugsanstalt. Sie befindet sich im hohen Mittelteil des 1840/43 im spätklassizistischen Stil anstelle des hohenbergischen Schlosses errichteten Kernbaus, der 1895 um ein Stockwerk erhöht wurde. Bei der Kapelle handelt es sich um einen mehrfach umgestalteten einfachen Saalraum.

Der Chor der 1747 geweihten ehemaligen Kirche des Karmeliterklosters dient seit 1817 als Hauskapelle des Priesterseminars. Vom barocken Raum blieb die mit flachen Bandelwerkstuck verzierte Decke erhalten; eine klassizistische Westempore verweist in die Mitte des 19. Jahr-

Klöster und Klosterhöfe

Als weitere zentrale Teile der urbs pia sind nun ihr einstiges Stift, ihre ehemaligen Klöster und Klosterhöfe zu nennen. Sie selber sind seit mehr als zwei Jahrhunderten Teil der Stadtgeschichte geworden, ihre Mönche und Nonnen, Patres und Chorherren wurden von ‚aufgeklärten' Herrschern aus ihren Häusern vertrieben, aber ihre Bauten prägen z. T. bis heute das Gesicht Rottenburgs. Ihre längst dahingegangenen Bewohner waren vielfach Söhne und Töchter der Stadt, deren Bürger durch reiche Stiftungen ihr beständiges Wohlwollen für die Klöster unter Beweis stellten. Ihre Institutionen waren wichtige Auftraggeber für einheimische Handwerker und Künstler – „sie lassen den Handwerksmann verdienen", schrieb 1771 der Landeshauptmann Baron v. Zweyer über die Rottenburger Jesuiten. Durch Vergabe ihres Grundbesitzes auf dem Lehenswege unterstützten sie die wirtschaftliche Existenz der Bürgerschaft; Heranwachsende dienten in den Kirchen von Stift und Klöstern als Ministranten und Choralschüler, Arme profitierten von der Mildtätigkeit der geistlichen Herren, Gemeindepfarrer schätzten die Entlastung, die die Mönche ihnen als gelegentliche Prediger verschafften. Für die Kranken im Spital und in den Häusern waren die allseits in der Stadt beliebten Kapuziner oft genug tröstende Helfer und als Jugenderzieher erfreuten sich die Jesuiten mit ihrem Gymnasium weit über die Grenzen der Stadt hinaus hohen Ansehens. Geschätzt im Krippenzentrum Rottenburg war die Fingerfertigkeit der Franziskanerinnen beim Herstellen von sogenannten „Schönen Arbeiten" für Krippenfiguren und Jesuskinder, für Reliquienfassungen oder beim Besticken von „Muttergottesröcklen" und Ähnlichem.

Alles in allem genommen, werden die Rottenburger früherer Jahrhunderte wohl deutlich mehr Nutzen als Nachteile von der Anwesenheit der Klöster in ihrer Stadt gehabt haben, von dem nicht mess- und wägbaren Segen für den Einzelnen einmal ganz abgesehen.

Im geschichtlichen Überblick im ersten Teil des Bandes wurden die Klöster bereits kurz gestreift;

Jahrtagsgottesdienst der St. Urbansbruderschaft in der Hauskapelle des Hauses Marktplatz 12 im Jahr 1963.

hunderts. Seinen Freskenschmuck von Wilhelm Geyer in der Chorapsis verdankt der Raum einer Instandsetzung in den Jahren 1939/40. Damals entstand auch das monumentale Fresko des Guten Hirten an der Außenseite der Chorapsis (J. Wohlfart, Rottenburg 1938).

Der Altbau der Schule St. Klara wurde 1900/1902 errichtet. Im dritten Obergeschoss des Ostflügels ist eine Hauskapelle eingebaut, die 1961 umgestaltet und am 1. Februar des Folgejahres neu geweiht wurde.

Das Bischöfliche Knabenseminar (jetzt: Musisches Internat) Martinihaus, 1867 gegründet, besaß im dritten Stock des Altbaus eine zu klein gewordene Hauskapelle. Sie wurde in der Nachkriegszeit durch einen freistehenden Kapellenbau ersetzt, der 1964 geweiht werden konnte.

Am Rand der früher als Dombauplatz vorgesehenen Fläche im „Schelmen" wurden ab 1966 mehrere Häuser für Bischof, Weihbischöfe und Domkapitulare errichtet. Auch diese Gebäude sind teilweise mit Hauskapellen ausgestattet.

Ergänzend sei angemerkt, dass es auch im 1983 abgebrochenen Gut-Betha-Haus in der Sprollstraße eine 1909 geweihte, 1979 profanierte Hauskapelle gab.

hier soll noch etwas näher auf sie eingegangen werden, vor allem im Blick auf ihre baulichen Hinterlassenschaften. Wer mehr über Rottenburgs Klöster erfahren will, kann außer Oberamts- und Kreisbeschreibung auch das „Württembergische Klosterbuch" von 2003 und die dort angegebene weiterführende Literatur zu Rate ziehen.

Ältestes Kloster der Stadt, entstanden in den ersten beiden Jahrzehnten der Stadtwerdung Rottenburgs, ist das der Karmeliter. Ihr Orden erhielt bereits 1276 vom Stadtgründer, Graf Albert II. v. Hohenberg, einen Platz am Neckarufer zur Gründung eines Klosters, dessen Grundstein 1281 gelegt werden konnte. Dem Karmeliterkloster gesellten sich im 14. Jahrhundert weitere geistliche Korporationen hinzu: das von Alberts Sohn Rudolf I. 1330 gegründete Chorherrenstift St. Moriz und die beiden wenig später entstandenen Beginenhäuser bei den alten Pfarrkirchen in Sülchen und auf der Klause; beide Frauenniederlassungen nahmen im Lauf des 14. Jahrhunderts die Franziskanerregel an.

Auch zwei weitere, ebenfalls im 14. Jahrhundert entstandene kleinere „Sammlungen" innerhalb der Stadtmauern lebten nach der Franziskanerregel. Diese beiden „Klösterchen" blieben unbedeutend und erloschen bereits vor und in der Reformationszeit. Diese setzte den Klöstern Rottenburgs erheblich zu, bei den Karmelitern geradezu existenzbedrohend, und auch in der Oberen Klause und in Sülchen waren personeller und wirtschaftlicher Niedergang kaum zu überbieten; dasselbe gilt auch für das Stift St. Moriz. Das 17. Jahrhundert brachte mit den Kapuzinern (1617) und den Jesuiten (1649) nochmals zwei Niederlassungen großer Männerorden in die Stadt. Mit dem Dreißigjährigen Krieg setzte aber bereits auch der langsame Niedergang ein. Zuerst erlosch 1643 die Klause in Sülchen. Dann brachte das 18. Jahrhundert mit der Aufhebung des Jesuitenordens 1773 auch die Schließung des Rottenburger Kollegs und seines Gymnasiums. Der ‚aufgeklärte' Josephinismus verfügte 1782 die Aufhebung der Oberen Klause und nach der württembergischen Besitzergreifung im Januar 1806 kam noch im Spätherbst desselben Jahres die Säkularisierung der Klöster der Karmeliter und der Kapuziner, zuletzt die des Chorherrenstifts St. Moriz.

Erst 1919 konnte mit der Niederlassung der Franziskaner im Weggental wieder ein Männerorden in der Bischofsstadt Fuß fassen.

Kleinere Niederlassungen von Frauenkongregationen waren bereits ab der Mitte des 19. Jahrhunderts in der Bischofsstadt entstanden. Die „Armen Schulschwestern Unserer Lieben Frau" der Münchener Kongregation unterrichteten seit 1850 in der „Ankerschule" die weibliche Jugend der Stadt. Ihre Aufgaben übernahmen 1898 die Franziskanerinnen des Schulschwestern-Instituts von Sießen, die bis heute – in allerdings stark reduzierter Zahl – in der Schule St. Klara tätig sind.

Eine kleine Niederlassung der Ellwanger St.-Anna-Schwestern bestand noch bis in die 1960er-Jahre; die Schwestern engagierten sich in der Familien- und Wochenpflege. Als Haushälterinnen im Priesterseminar, bei der Betreuung von Alten und Kranken im Spital, von Vorschulkindern im Kindergarten St. Moriz waren Vinzentinerinnen von Untermarchtal tätig; auch sie nehmen noch einen Teil ihrer früheren Aufgaben wahr. Im Gut-Betha-Haus, 1983 abgebrochen, betrieben sie von 1893 bis 1979 eine Haushaltungsschule mit Internat und einen Kindergarten. Wenden wir uns nunmehr den Klöstern früherer Jahrhunderte und dem Stift St. Moriz zu. Sie alle werden, getrennt nach Männer- und Frauenklöstern, in der Reihenfolge ihrer Gründung kurz beschrieben. Den Schluss bilden die (kurzzeitigen) Niederlassungen sowie die Häuser und Klosterhöfe auswärtiger Klöster.

Das Karmeliterkloster

Graf Albert II. v. Hohenberg, der Rottenburg zur Stadt machte, schenkte dem Karmeliterorden 1276 am linken Neckarufer einen Platz zur Erbauung eines Klosters. An dieser Stelle hatte sich zuvor eine Wasserburg der früheren Ortsherren, der hochadeligen Herren v. Rotenburg, befunden. Am Tag vor dem Dreifaltigkeitsfest 1281 konnte der Grundstein für Kirche und Kloster gelegt werden. Das Patrozinium der Kloster-

Das ehemalige Karmeliterkloster von der Neckarseite. An der rechten Gebäudeecke der Wassereinlass für die beiden Mühlgräben („Karmeliterfalle"). Kolorierte Lithografie von 1828/29.

kirche lautete auf die Heiligste Dreifaltigkeit. Für 1292 ist überliefert, dass die Klosteranlage „vollkommen hergestellt" sei. Das Kloster erhielt im selben Jahr seine erste und 1294 seine zweite Bestätigung durch den Bischof von Konstanz.

Das neue Rottenburger Kloster war das fünfte des Ordens in ganz Oberdeutschland, das zweite in Württemberg. Vorausgegangen waren 1252 die Klöster in Bamberg und Würzburg, 1271 in Esslingen und 1275 in Augsburg – in drei Bischofsstädten und in einer Reichsstadt.

Graf Albert II. hatte seiner Gründung Steuerfreiheit zugebilligt; sein Sohn Rudolf I. bestätigte dem Kloster 1327 alle Privilegien, die auch vom Rechtsnachfolger der Hohenberger seit 1381, dem Erzhaus Österreich, immer wieder anerkannt und bestätigt wurden.

Bald nach der Klostergründung begann der in Rottenburg und in der Umgebung ansässige Adel, allen voran die Herren v. Ehingen, und in zunehmendem Maß auch die reichen Familien der städtischen Oberschicht und schließlich auch die Bürgerschaft der Stadt, das Kloster durch Mess- und Jahrtagsstiftungen sowie durch teils umfangreiche Schenkungen zu fördern. Bereits hundert Jahre nach seiner Gründung soll der Konvent 20 Mitglieder umfasst haben.

Zu den Aufgaben der Mönche gehörte vor allem das Beichthören und das Predigen – sie besaßen sogar das Privileg, für das Anhören ihrer Predigten Ablässe gewähren zu dürfen.

Die Konstanzer Bischöfe hatten in den Bestätigungen von 1292 und 1294 die seelsorgerliche Zuständigkeit der Mönche gegenüber der des Pfarrklerus der Stadt abgegrenzt. Dennoch gab es bis zur Aufhebung des Klosters immer wieder teils heftig geführte Auseinandersetzungen vor allem mit den Stadtpfarrern von St. Martin, die das Begräbnisrecht des Klosters und sein Recht zum Beichthören in Zweifel zogen.

Im Lauf des 15. Jahrhunderts genügte die alte Klosteranlage immer weniger den Bedürfnissen des größer gewordenen Konvents. Meister Hans Schwarzacher, der 1486/91 die Pyramide des Rottenburger Stadtkirchenturms errichten sollte, erbaute zuvor 1475/77 eine neue Klosteranlage mit Kirche am alten Platz und wölbte auch den Kreuzgang ein; Kirche und Kloster konnten 1490 geweiht werden.

Unter dem Einfluss des Predigers und Lesemeisters Jakob Bern, eines Rottenburgers, schloss sich ein großer Teil der Klosterinsassen der Reformation an und entlief. Im Jahr 1537 lebte nur noch der Prior mit zwei Mönchen im Kloster. Der

Stadtmagistrat, seinerzeit selber stark mit Anhängern der Reformation durchsetzt, beabsichtigte bereits, das Kloster in ein Armenspital umzuwandeln. Nur durch das energische Einschreiten des Ordensprovinzials Andreas Stoß und mit tatkräftiger Hilfe der oberösterreichischen Regierung gelang es, das Kloster durch die schwierigen Zeiten zu manövrieren; 1554 gab es bereits wieder drei Novizen und gegen Ende des Jahrhunderts beherbergte das Kloster wieder mindestens 20 Mönche.

Auch die Zeit des Dreißigjährigen Krieges blieb nicht ohne Auswirkungen auf Kloster und Konvent. Die Mönche wurden 1633 vertrieben, weil sie sich geweigert hatten, dem kurzzeitigen neuen Herrn der Grafschaft Hohenberg, dem württembergischen Herzog Julius Friedrich, zu huldigen. Ein Jahr später, nach der Schlacht bei Nördlingen, konnten sie wieder in ihr inzwischen von den Württembergern ausgeplündertes Kloster zurückkehren.

Das komplette Kloster samt Kirche, Archiv und Bibliothek wurde 1644 im ersten großen Stadtbrand vollständig eingeäschert; erst 1651 konnte der Wiederaufbau beginnen. Um diese Zeit wurde der Konvent ‚reformiert', d. h. die strenge Fassung der Ordensregel wurde – gegen den Widerstand des Konvents – eingeführt.

Neuerbautes Kloster und neue Kirche wurden 1674 neu geweiht; die Anlage bot nun Platz für 30 Insassen. Doch bald gab es einen neuen Rückschlag: Beim zweiten großen Stadtbrand 1735 wurden Kirche und Kloster erneut ein Raub der Flammen. Bereits im folgenden Jahr wurde mit dem Wiederaufbau der Vierflügelanlage, der vierten Klosteranlage an dieser Stelle, begonnen und schon 1747 konnten Kirche und Kloster wieder geweiht werden. Die Pläne stammten vom Fürstl. Hohenz. Bauinspektor Hermann Schopf; an der Ausstattung der Kirche waren u. a. beteiligt der Bildhauer und Stuckator Joseph Anton Feuchtmayer aus Mimmenhausen als Schöpfer des Hochaltars, der Bildhauer Joseph Hops aus Villingen, der mit einer Rottenburgerin verheiratete spätere Tiroler Hofkammermaler Joseph Adam Mölkh aus Wien sowie Franz Sebald Unterberger aus Cavalese im welschtiroler Fleimstal (Val di Fiemme), der Hofmaler der Fürstbischöfe von Brixen. Die Rottenburger Karmeliterkirche, ein künstlerisches Kleinod von höchstem Rang, gereichte der Stadt zum Ruhm.

Unter Kaiser Joseph II. wurde dem Konvent die freie Verfügung über sein Vermögen entzogen. Das Kloster wurde gezwungen, seine Professoren und Lektoren in einer österreichischen Universität auf ihre Eignung für den Schuldienst prüfen zu lassen. Der Prior übernahm nun die Leitung der Rottenburger Normalschule, die anstelle des 1774 aufgelösten Jesuitengymnasiums errichtet worden war. Nur aufgrund dieser Konzessionen konnte der Konvent noch ein paar Jahrzehnte weiter bestehen.

Doch nach dem Übergang an Württemberg kam im Herbst 1806 das Ende. Das Kloster, dessen Konvent 1783 noch acht, 1797 noch sechs Priestermönche umfasst hatte, wurde aufgehoben, sein Besitz vom Staat zu Geld gemacht. Die Ausstattung der Kirche wurde teils zerstört, teils verschleudert, der entweihte Raum diente als Pferdestall für das im Kloster einquartierte württembergische Militär. Nachdem dann 1817 das Generalvikariat für die Katholiken Württembergs und das Priesterseminar von Ellwangen nach Rottenburg verlegt worden waren, fand die Klosteranlage als Sitz des Priesterseminars neue Verwendung. Der Chor der ehemaligen Kirche diente fortan als Hauskapelle des Seminars, ins Langhaus wurden mehrere Wohnungen eingebaut. Diese Einbauten wurden 1991/96 entfernt und durch eine neue „Haus-im-Haus-Konstruktion" ersetzt, in der Diözesanmuseum und Diözesanbibliothek für die Öffentlichkeit zugänglich gemacht werden konnten.

Das Chorherrenstift St. Moriz

Die alte St. Morizkirche am rechten Neckarufer, eine Wallfahrtsstätte zu dort aufbewahrten Reliquien des heiligen Mauritius und seiner Gefährten von der Thebäischen Legion, wurde um 1300 von den Grafen v. Hohenberg durch einen Neubau ersetzt, den sie zur Grablege ihres Hauses bestimmten; die erste Beisetzung in der Gruft unter dem Chor fand 1308 statt. Um 1323 war der Bau so weit vollendet, dass der erste

Chorraum der Stifts- und Pfarrkirche St. Moriz aus dem 14. Jahrhundert.

Altar im Langhaus bepfründet werden konnte. An dieser neuen Kirche errichtete Graf Rudolf I. 1330 ein Stift mit Weltpriestern, ein säkulares Chorherrenstift. Zur Sicherung der Gründung schenkte Graf Hugo 1339 die Ehinger Remigiuspfarrei mit ihrem Kirchensatz dem Stift und übergab ihm Höfe in Hart und Rangendingen. Graf Rudolf III. erneuerte 1361 die Gründung und ersuchte dafür um bischöfliche Bestätigung. Ein Jahr später konfirmierte der Konstanzer Bischof die Stiftsgründung und bestätigte die Inkorporation der Pfarrkirche St. Remigius. Schon 1364 übertrugen die Chorherren die Pfarrrechte der Remigiuskirche eigenmächtig, d. h. ohne Genehmigung des Bischofs, auf die Stiftskirche St. Moriz.

Die Kirche von Bietenhausen wurde dem Stift 1393 inkorporiert, den dortigen Kirchensatz hatte es bereits seit 1381 besessen. Als weitere Inkorporationen von Pfarrkirchen sind Remmingsheim 1420, Kilchberg 1421 und Spaichingen 1455 zu nennen.

Der bischöflichen Konfirmation von 1362 zufolge sollte das Stift zwölf Chorherren haben, die aus ihrer Mitte einen Propst als Vorsteher wählen sollten. Kapläne und Vikare konnten in beliebiger Zahl angenommen werden. Die Höchstzahl von zwölf Chorherren wurde in der Geschichte des Stifts kaum einmal erreicht; im 18. Jahrhundert beispielsweise gab es neben dem Propst meist nur sechs Chorherren und fünf bis sechs Kapläne. Das ‚gemeinsame Leben' der Stiftsherren beschränkte sich auf Gottesdienstfeier und Chorgebet in der Stiftskirche. Auf die Qualität des liturgischen Gesangs wurde großer Wert gelegt. Als säkulares Institut verfügte das Stift zwar über eine Kirche, Konventsgebäude gab es jedoch nicht. Die Stiftsherren bewohnten jeweils eigene Pfründhäuser in der Umgebung der Kirche und führten ihren eigenen Haushalt. Die Ämter von Stiftspfarrer, Stiftsprediger – die Predigerpfründe war 1451 gestiftet worden –, Kantor, Kustos und Ökonom waren auf die Kanoniker verteilt. In nachmittelalterlicher Zeit gab es für die wirtschaftlichen Belange der Gemeinschaft einen Stiftspfleger, der dem Laienstand angehörte.

Am Beginn des 15. Jahrhunderts verfügte das Stift über bemerkenswerten Wohlstand, den es aber wegen aufwendiger Baumaßnahmen und wohl auch wegen finanzieller Misswirtschaft nicht lange halten konnte. So musste 1412/13 die Stiftskirche wegen des großen Zustroms von Wallfahrern vergrößert werden; parallel dazu lief die Vollendung des Turmbaus, der 1433 abgeschlossen werden konnte. Die Weihe der 1489/91 an die Nordseite des Chors angebauten, doppelgeschossigen St. Ulrichskapelle – sie ersetzte einen kleineren Vorgängerbau – erfolgte 1492. Damit hatte die Stiftskirche ihr heutiges Aussehen im großen Ganzen erreicht.

In der Reformationszeit im 16. Jahrhundert wurde das Gedeihen des Stifts stark beeinträchtigt. Es wandelte sich zu einem der ersten und wichtigsten Verbreitungsorte der Lehren Luthers im Hohenbergischen. Der häufige Wechsel auf den Chorherren- und Kaplaneistellen – die einen traten zur ‚neuen Lehre' über, andere, von auswärts kommend, suchten als Anhänger des ‚alten Glaubens' Zuflucht im Stift, darunter als Namhaftester 1535 der Tübinger Propst und Universitätskanzler Dr. Ambrosius Widmann – fand erst nach der Jahrhundertmitte ein Ende. Mit dem Amtsantritt des überragenden Propstes Dr. Melchior Zanger festigte sich von 1562 an die Lage, doch mit den inkorporierten württembergisch-evangelischen Dörfern Remmingsheim und Kilchberg gab es von nun an permanente Streitigkeiten wegen rechtlicher und finanzieller Probleme. Zanger gab dem Stift neue Statuten, sorgte für neue Impulse bei der Wallfahrt im Weggental; neuer religiöser Geist konnte sich im Stift entfalten. In diese Phase des Aufschwungs fiel die Neuausmalung der Stiftskirche 1629/30. Großen materiellen Schaden durch Plünderungen und Kontributionszahlungen erlitt das Stift in den 1630er-Jahren durch schwedische und württembergische Besetzungen.

Das Stift, das von Anfang an viele angesehene und gelehrte Männer in seinen Reihen hatte, bekam im letzten Viertel des 17. Jahrhunderts in Stiftspfarrer und Propst Dr. Johann Ev. Weittenauer († 1703) seinen Geschichtsschreiber. Seine Aufzeichnungen sind für die Rottenburger Stadt-

Das Kapuzinerkloster (links im Mittelgrund) auf einer Stadtansicht um 1760.

geschichtsforschung von hohem Wert geblieben. Dass Weittenauer daneben auch ein angesehener theologischer Schriftsteller war, dessen Werke bis weit ins 18. Jahrhundert hinein teils in mehreren Auflagen nachgedruckt wurden, konnte erst in den letzten Jahren wieder entdeckt werden – es war völlig in Vergessenheit geraten. Mit ihren angesichts ihrer stets angespannten wirtschaftlichen Situation sehr begrenzten finanziellen Mitteln versuchten die Stiftsherren 1706/09 eine architektonisch recht bescheidene Barockisierung ihrer Kirche; zuvor war 1701/02 an das östliche Ende des südlichen Seitenschiffs die Anna-Kapelle angebaut worden, auch sie architektonisch völlig unbedeutend. Die insgesamt unbefriedigende Barockisierung des Innenraums, bei der die Raumproportionen empfindlich gestört worden waren, konnte bei der großen Kirchenrenovierung von 1969/74 rückgängig gemacht werden.

Mit barockem Pomp beging das Stift 1730 acht Tage lang die vierhundertste Wiederkehr seiner Gründung und zugleich das Kanonisationsfest des heiligen Johannes Nepomuk, der im Stift schon 1715, vor seiner Heiligsprechung 1729, einen eigenen Altar bekommen hatte. Auch sonst stand das Stift als treibende Kraft hinter der Verbreitung des Kults dieses Heiligen in Rottenburg.

Stark betroffen wurde das Stift vom großen Brand in Ehingen im Jahr 1786. Zu den Verlusten gehörte die Zehntscheuer mit Inhalt, die Stiftskelter mit ihren Kelterbäumen, mehrere Pfründhäuser einschließlich der Propstei sowie das Haus des Stiftsmesners.

Die josephinischen Klosteraufhebungen der 1780er-Jahre konnte das Stift als Seelsorgeinstitut noch unbeschadet überstehen. Im Spätjahr 1806 wurde es jedoch vom Schicksal der Aufhebung durch die neue württembergische Landesherrschaft ereilt. Ein Teil der Stiftsherren wurde pensioniert, andere als Pfarrer in die Gemeindeseelsorge übernommen. Die St. Morizkirche blieb, was sie zuvor auch schon gewesen war, Pfarrkirche für die St. Morizgemeinde. Die Pfründhäuser der Stiftsherren in der Umgebung der Kirche wurden an Private verkauft; zwei davon wurden um und nach der Mitte des 19. Jahrhunderts abgebrochen – an ihrer Stelle stehen jetzt die evangelische Kirche samt Pfarrhaus.

Das Kapuzinerkloster

Bereits im Jahr 1603 ersuchten Bürgermeister und Rat der Stadt Rottenburg den Kapuzinerprovinzial, auf österreichischem Grund und Boden eine Kapelle und Behausung zu bauen, seinem Orden gemäß, z. B. bei der erst 1591 erweiterten Weggentaler Wallfahrtskirche. Dann heißt es in dem Schreiben: „Sonderlich die wir an den ketzerischen Grenzen neben und um uns herum sitzen, haben gelehrte und gottselige Leute hoch von Nöthen." Obwohl die finanzielle

Einzige authentische Gesamtansicht von Jesuitenkolleg und Josefskirche aus dem Jahr 1774.

Ausgangslage durch zugesagte namhafte Spenden gesichert schien – u. a. erbot sich die Stadt, die Baumaterialien unentgeltlich herbeiführen zu lassen und Fronarbeiten in beträchtlichem Umfang durch die Bürger leisten zu lassen –, kam es zunächst noch nicht zur ersehnten Klostergründung. Erst auf dem Luzerner Provinzialkapitel von 1616 wurde die Errichtung des Rottenburger Klosters beschlossen.

Bereits 1617 trafen die für Rottenburg bestimmten Mönche in der Stadt ein, doch erst 1622 konnte mit dem Bau der Klosteranlage begonnen werden. Der Bauplatz lag am rechten Neckarufer unmittelbar vor der westlichen Stadtmauer Ehingens vor dem Juppertor, das fortan Kapuzinertor genannt wurde. Ende 1623 ersuchte der Überlinger (!) Guardian die Innsbrucker Regierung, die Steine der Ruine Alt-Rotenburg (Weilerburg) zum Klosterbau verwenden zu dürfen. Der Landesfürst stimmte zu und ein Jahr später, 1624, konnte das Kloster bereits bezogen werden. Es bestand aus einer relativ großen Kirche in Nord-Süd-Achse und dem westlich daran angebauten dreiflügeligen Konventsbau. Dazu gab es einen Holzschopf und einen großen, ummauerten Garten. Das Kloster bot Platz für 14 Patres und mehrere Laienbrüder.

Wie Karmeliterkloster und Stift wurde das Kapuzinerkloster im Spätherbst 1806 von Württemberg säkularisiert. Die Insassen, sieben Patres und drei Laienbrüder, mussten die Stadt auf Anordnung der neuen Herren verlassen. Die Klosteranlage wurde 1807 vom Staat an einen Privatmann verkauft. Die Konventsbauten, sofern sie nicht abgebrochen wurden, dienten als Wirtschaft mit Brauerei, die Kirche wurde zur Scheune. Teile der Kirchenausstattung stiftete der neue Eigentümer in die Klausenkirche. Im Jahr 1905 zerstörte ein Brand das, was vom Kloster noch übrig war. Der Platz wurde abgeräumt und neu überbaut. Das damals entstandene Gebäude erwarb 1928 die evangelische Gemeinde und nutzte es bis 2004 als Gemeindehaus; mittlerweile ist es wieder in privater Hand. Von ihrem Kloster aus schalteten sich die Kapuziner von Anfang an in die Gemeindeseelsorge ein. Ihre Aktivitäten erstreckten sich auf die Entlastung der Pfarrgeistlichkeit beim Beichthören und beim Predigtdienst. Sie predigten an den Sonn- und Feiertagen in der Stiftskirche und in St. Martin, wo es wegen der Predigtordnung gelegentlich zu Reibereien mit den Jesuiten kam. An allen Freitagen hielten sie Gottesdienst mit Predigt auf der Wurmlinger Kapelle – dies allerdings erst seit 1684/85. Sie wirkten als geistliche Betreuer der Franziskanerinnen der Oberen Klause und hielten dort gelegentlich Gottesdienste. Ihr eigentliches Aufgabengebiet aber war die Krankenseelsorge – dazu gehörten Gottesdienste in der Hauskapelle des Spitals, aber auch die Betreuung der Kranken im Spital und in der Stadt. In den Dorfkirchen der näheren und weiteren Umgebung wurden sie zum Predigen und zur Abhaltung von Volksmissionen angefordert.

Als Bettelorden besaßen die Kapuziner keine festen Einkünfte; sie waren auf die Erträgnisse ihrer Seelsorgetätigkeit angewiesen, auf Spenden und Kollekten. Unter ihren Wohltätern befanden sich neben einer Angehörigen der Tiroler Linie des Hauses Habsburg u. a. Mitglieder der Familie der Freiherren v. Hohenberg. Dem Konvent gehörten im 17. Jahrhundert zwei durch Herkunft und Bildung ausgezeichnete Männer an: Franz Anton v. Hohenberg, Sohn des Landeshauptmanns Karl Sigmund v. Hohenberg und Urenkel des Markgrafen Karl v. Burgau, sowie der ursprüngliche Jurist Johann Werner v. Ehingen aus der Börstinger Linie seines Geschlechts, der als Guardian im Kapuzinerkloster Dinkelsbühl starb.

Einige Teile der Ausstattung der Klausenkirche stammen aus der Kapuzinerkirche – mehr Sichtbares erinnert nicht an das segensreiche Wirken dieser Rottenburger Söhne des heiligen Franziskus. Dazu gesellen sich die Straßenbezeichnungen Kapuzinergarten, Kapuzinergasse, Kapuzinergraben und Kapuzinertor – alle gelegen in der Nähe der verschwundenen Klosteranlage.

Das Jesuitenkolleg

Die Geschichte des Jesuitenkollegs ist in der geschichtlichen Übersicht am Beginn dieses Buches geschildert worden. So sind hier nur einige Details zum seelsorgerlichen Wirken der Jesuiten nachzutragen. Das Hauptaugenmerk an dieser Stelle gilt jedoch der Baugeschichte des Kollegs und seiner Kirche. Der einigermaßen komplizierte Bauablauf ist in den meisten der zahlreichen Darstellungen der Baugeschichte des Kollegs in den letzten achtzig Jahren in manchen Details ungenau wiedergegeben worden. Deshalb soll diesem Punkt hier besondere Aufmerksamkeit geschenkt werden.

Das Rottenburger Kolleg, 1649 gegründet, gehörte im 18. Jahrhundert zusammen mit Hall in Tirol, Konstanz und Trient zu den mittelgroßen Kollegien der Ordensprovinz, war also größer als etwa Feldkirch/Vorarlberg, Rottweil oder als die Schweizer Kollegien in Solothurn, Brig und Sitten. Ab etwa 1750 bis zur Aufhebung 1773 hatte das Rottenburger Kolleg 22 bis 26 Insassen: 12 bis 16 Patres, zwei bis vier Magistri und sechs bis acht Brüder.

Zum Tätigkeitsbereich der Rottenburger Jesuiten gehörte die Arbeit am Gymnasium, die Seelsorge im Weggental, aber auch die Administration der eigenen Güter in Bühl (seit 1675), Dotternhausen und Roßwangen (beide seit 1666). Christenlehre hielten sie seit 1649 in St. Moriz, seit 1719 in St. Martin, gelegentlich auch in Bühl. Kinderkatechese einmal pro Monat fand von Anfang an in St. Moriz statt, seit 1715 auch in St. Martin. In der Rottenburger Krankenseelsorge halfen sie seit 1649 mit und teilten sich die Arbeit mit den Kapuzinern; als Krankenseelsorger waren sie immer wieder auch auswärts tätig. Zwei Patres verloren 1745 während einer Seuche bei der Krankenbetreuung in Rottenburg ihr Leben.

Eine Hauptaufgabe war die Abhaltung von Exerzitien in folgenden Klöstern: bei den Franziskanern in Horb und Hechingen, bei den Augustinern in Weil der Stadt, im Bruderhaus Bernstein, bei den Paulinern in Rohrhalden und den Prämonstratensern in Obermarchtal. Exerzitien wurden auch abgehalten bei den Franziskanerinnen der Oberen Klause in Rottenburg, bei den Dominikanerinnen in Gruol, Hirrlingen, Horb, Kirchberg, Rangendingen und Stetten bei Hechingen, bei den Benediktinerinnen in Mariaberg und den Augustinerinnen in Inzigkofen. In diesen Klöstern waren die Jesuiten auch gefragte Beichtväter und Festtagsprediger.

Im Rottenburger Kolleg und auch auswärts wurden immer wieder Priester-Exerzitien abgehalten, so z. B. 1684 mit 26 Teilnehmern. Gelegentlich wird sogar von Einzel-Exerzitien für vornehme Laien wie den Fürsten v. Hohenzollern-Hechingen oder die Landeshauptmänner Baron v. Rost und Baron v. Ulm berichtet.

Ein anderes wichtiges Tätigkeitsfeld war die Abhaltung von Volksmissionen; vor allem ab dem frühen 18. Jahrhundert war dies eine wichtige Aufgabe, für die das Kolleg eigens ein dreiköpfiges Team aufstellte. Mit welchem Erfolg solche Volksmissionen durchgeführt werden konnten, soll an einem Beispiel gezeigt werden. Im „Jesuitendorf" Dotternhausen, das damals etwa 200 Einwohner zählte, fand 1719 eine Mission statt. Sie begann mit etwa 2000 Teilnehmern, am Ende waren es etwa 12000! Darunter gab es viele württembergische Protestanten, u. a. solche aus Balingen! 20 Pfarrer, vier Patres aus Rottenburg und zwei aus Rottweil nahmen den Teilnehmern die Beichte ab.

Als Orte, an denen solche Volksmissionen durchgeführt wurden, werden neben Dotternhausen u. a. genannt Hechingen, Horb, Rottweil, Sigmaringen und Weil der Stadt, aber natürlich auch Rottenburg, z. B. 1719 und 1772; spezielle Volksmissionen für die Stiftspfarrei St. Moriz fanden 1740 und 1756 statt.

Dass es bei solchen Veranstaltungen und ganz allgemein wegen des guten Rufs der Rottenburger Jesuiten immer wieder auch Konvertiten gab, ist ebenfalls überliefert. Ganz am Anfang, 1651, waren es nur zwei, bis 1692 dann jährlich vier bis sechs; es gab aber auch zweistellige Zahlen, so 1683 und 1695 je 21. In den Jahren 1700 bis 1763 waren es pro Jahr etwa fünf bis zehn Konversionen; den absoluten Höhepunkt bildete 1716 mit 33 Konversionen. Im letzten Jahrzehnt des Kollegs konnten durchschnittlich noch je sieben Konvertiten pro Jahr unterrichtet werden.

Von zwei besonders spektakulären Fällen wird berichtet: So konvertierte 1675 der Tübinger Universitätsprofessor Anton Winter, der später in den Jesuitenorden eintrat und unter dem Namen Ignaz Baumbach in der österreichischen Ordensprovinz wirkte. Bemerkenswert war sicher auch die Konversion des Kaufmanns Kara Mustafa aus Algier im Jahr 1706.

Abschließend sei auf zwei Wirkungsbereiche der Jesuiten hingewiesen, von denen man gemeinhin wenig hört. Einmal ist dies ihre Aushilfstätigkeit in auswärtigen Pfarreien. Sie ist nachweisbar in den meisten hohenbergischen Landgemeinden, aber auch in Rottenburg-St. Moriz und in Horb, ferner in Weil der Stadt und Haigerloch, in den hohenzollerischen Fürstentümern, in Orten der Südwestalb, in der fürstenbergischen Baar, in reichsritterschaftlichen Dörfern, in Gemeinden im oberen Donautal und darüber hinaus.

Das zweite wenig bekannte, weil nur selten ausgeübte Tätigkeitsfeld ist die Lagerseelsorge in vielen Heerlagern der zahlreichen Kriege der Zeit, von der ein paar Beispiele berichtet werden sollen. Herzog Karl von Lothringen, kaiserlicher Oberbefehlshaber und späterer Türkensieger vor Wien, erbat sich 1676 einen Rottenburger Pater für das kaiserliche Heerlager in Esslingen; 1678 besuchte er das Rottenburger Kolleg persönlich. Auch 1679 weilte ein Pater mehrere Monate im Esslinger Lager; er starb dort im Dienst von seuchenkranken Soldaten. Denselben Tod starb Ende 1683 im mährischen Brünn der gebürtige Rottenburger Pater Ignatius Wagner, ein Sohn des hohenbergischen Statthalters Dr. Johann Wagner, der zu den großen Förderern der Rottenburger Jesuiten gehört hatte. Für den Türkenfeldzug 1683/84 stellte das Kolleg einen weiteren Pater frei, der bereits Anfang 1684 im Winterquartier in Vilshofen starb. Ein Rottenburger Pater wurde 1688 zu den in Tübingen lagernden französischen Truppen geholt. Ein weiterer Rottenburger Pater, ein Südtiroler aus Sterzing, kehrte 1689 schwer krank aus Ungarn zurück und starb bald darauf in Rottenburg.

All diese seelsorgerlichen Aktivitäten endeten schlagartig mit der Aufhebung des Jesuitenordens im Jahr 1773. Nur Weniges von der Leistung der Jesuiten konnte von den Weltpriestern und von den Insassen der anderen Klöster – so lang es sie noch gab – zusätzlich zu ihren eigenen Aufgaben geschultert werden. Die bekannte Verarmung des gesamten religiösen Lebens in der Aufklärungs- und Säkularisationszeit hat hier sicher eine ihrer Ursachen.

Als Hauptsitz der Diözesanverwaltung und für über ein Jahrhundert zugleich als Wohnsitz des

Bischofs von Rottenburg bekam der Winkelbau des früheren Jesuitenkollegs seit 1828 für Rottenburg neue Bedeutung. Die dem heiligen Josef geweihte Kirche, ab 1711 erbaut, wurde 1787 zum Abbruch freigegeben. Letzterer zog sich in Etappen über mehrere Jahre hin. Die Kirche wurde 1789 ausgeräumt, die Gebeine der verstorbenen Jesuiten wurden 1791 aus der Gruft entfernt und nach Sülchen überführt. Das Fußbodenpflaster wurde 1792 nach St. Martin transportiert, um dort neue Verwendung zu finden. Die mächtigen sandsteinernen Eckquader der Fassade wurden im Lauf des Jahres 1795 beim Bau eines neuen Stauwehrs zwischen St. Morizkirche und Karmeliterkloster wiederverwendet.

Als die drei ersten Jesuiten 1649 – gerade fünf Jahre nach dem verheerenden Stadtbrand von 1644 – von Tübingen her in Rottenburg eintrafen, bekamen sie als ersten Wohnsitz den vom Brand verschonten, aus dem 16. Jahrhundert stammenden Wernauer Hof in der Oberen Gasse zugewiesen. Im darauffolgenden Jahr wechselten sie in das Adelshaus der Koller v. Bochingen auf dem Ehinger Platz (1930 abgebrannt).

Der jetzige winkelförmige Bau des ehemaligen Jesuitenkollegs in der Nordostecke von Rottenburgs historischem Stadtkern besteht eigentlich aus drei Bauteilen: dem Palais des Freiherrn Ferdinand v. Hohenberg mit dem Portal von 1658 an der Oberen Gasse, ferner dem mit dem Giebel zum Ritterbrunnen gekehrten Bau am Platz des ehemaligen Kreuzlinger Hofs und schließlich dem verbindenden Eckteil des Ganzen. Heutzutage erscheinen diese drei Bauteile äußerlich zwar als Einheit, aber sie entstanden nicht zur selben Zeit.

Der Landeshauptmann Freiherr Ferdinand v. Hohenberg hatte bereits 1636, also vor dem Stadtbrand, den ehemaligen Stadthof der Herren v. Bubenhofen erkauft und ließ nach dessen Brandzerstörung an gleicher Stelle in den Jahren 1657/59 sein neues Palais erbauen. Ferdinand v. Hohenberg starb 1660; das Palais fiel den Jesuiten 1661 aus seinem Erbe zu. Die äußere Gestaltung dieses Baus bestimmte in der Folgezeit auch das Aussehen der anderen Gebäudeteile.

Der zweite Bauteil des nachmaligen Jesuitenkollegs gegen den Ritterbrunnen hat eine andere Geschichte. Hier standen vor dem Brand drei Häuser, die dem Kloster Kreuzlingen gehörten. Eines davon war vom Kloster bereits vor 1342 als Pfleghof erbaut worden. Alle drei fielen dem Stadtbrand zum Opfer. Bald nach dem Brand, jedenfalls noch in den 1640er-Jahren, baute Kreuzlingen seinen Pfleghof wieder auf. Die beiden anderen Hofstätten links und rechts davon waren noch unbebaut. Vom Jahr 1650 an bemühten sich die Jesuiten, das neue „Kreuzlinger Haus" samt den leeren Plätzen zu erwerben. Im Tausch boten sie Kreuzlingen die abgebrannte Hofstatt des Stadtschreibers am Platz des heutigen Kreuzlinger Hofs Königstraße 9 an. Nach den Unterlagen des Stifts Kreuzlingen unterzeichneten am 5. März 1654 – nicht, wie häufig zu lesen ist, 1651! – beide Teile den Tauschvertrag. Weil aber die Jesuiten von Kreuzlingen beim Sülchertor ein „wolerbautes Haus" übernahmen und nur eine leere Hofstatt dafür gaben, sollten sie auf dem Platz des Stadtschreiberhauses das Erdgeschoss des neuen Kreuzlinger Hauses so erbauen lassen, wie dieses bei ihrem bisherigen Haus beim Sülchertor aussah.

Das neue Kreuzlinger Haus in der Königstraße war 1655 zumindest im Rohbau fertig. Die Jesuiten mieteten es 1659 an, um darin während der Bauzeit ihres eigenen Hauses zu wohnen. So konnten sie die 1661 voll einsetzenden Bauarbeiten aus der Nähe überwachen. Von 1664 bis etwa 1667 mieteten sie das Kreuzlinger Haus in der Königstraße nochmals an – als Schulgebäude für ihre damalige Lateinschule; die Innenausbauarbeiten in ihrem eigenen Haus waren damals noch nicht abgeschlossen.

Nun konnten die Jesuiten den bisherigen Kreuzlinger Hof beim Sülchertor abbrechen lassen – dies soll Ende 1662 stattgefunden haben. Zuvor war 1661 damit begonnen worden, die Ecke zwischen hohenbergischem Palais und bisherigem Kreuzlinger Hof zu schließen. Hier befand sich abermals eine leere Brandstätte, angeblich ein Zimmerplatz, tatsächlich war es aber bis 1644 der Standort des städtischen Zeughauses gewesen. Dem südlichen Teil des Ostflügels konnte schon im Herbst 1663 das Dach aufgesetzt werden und im Lauf des Jahres 1664 bezogen die Jesuiten ihre neue Residenz. Sie erhielt im Ostflügel einen provisorischen Kirchenraum, der am 31. Dezember 1664 geweiht werden konnte; später wurde daraus der „Comediensaal" des Gymnasiums. Infolge ihrer bisherigen günstigen finanziellen Entwicklung wurde die bisherige Residenz im Jahr 1668 zum Kolleg erhoben. Im selben Jahr war der Ausbau der bisherigen Lateinschule zum Gymnasium abgeschlossen.

Als westlicher Flügel der Kolleggebäude kam im 18. Jahrhundert die St. Josefskirche hinzu. Die Kirche war erbaut worden nach Plänen des Jesuitenbruders Thomas Troyer, der im Dienst seines Ordens als Architekt tätig war und 1718 in Rottenburg starb. Grundsteinlegung war im September 1711, bis 1716 war das Mauerwerk bis zur Höhe des Firsts aufgeführt. Die Gewölbe waren ebenfalls 1716 fertiggestellt und gleichzeitig konnte das Dach aufgerichtet und gedeckt werden. Die Gruft wurde 1718/19 fertiggestellt, zeitgleich kam der Plattenbelag in die Kirche. Von 1721 an wurden nacheinander die fünf Altäre aufgestellt, der letzte kam erst 1743 in die Kirche. Ende Juli 1722 wurde das Gotteshaus feierlich benediziert, danach erhielt es seine Kanzel und an Pfingsten 1724 wurde die Kirche vom Konstanzer Weihbischof J. F. A. v. Sirgenstein geweiht.

Nach der Aufhebung des Jesuitenordens 1773 war die Josefskirche ohne Funktion. Zunächst sollte sie als Ersatz für die als äußerst bescheiden empfundene Pfarrkirche St. Martin dienen, doch Ende Oktober 1787 wurde ihr Untergang durch ihre Entweihung eingeleitet. Dann erfolgte die allmähliche Ausräumung, der allmähliche Abbruch. Als Begründung wurde angegeben, „herbeigerufene Bauverständige" hätten die „vorgegebene Baufälligkeit" der prächtigen Kirche festgestellt.

Dass dies von den Rottenburgern seinerzeit anders gesehen wurde, lässt sich an einer Bemerkung des Chronisten Joseph Manz ablesen, der die angebliche Baufälligkeit der Kirche so kommentierte: „Sie stunde 76 Jahre und wurde wegen einem Sprung (= Riss), der von keiner Bedeutung war, für baufällig angesprochen, wenn man hätte damals den Bauverständigen Brillen aufgesetzt, würden sie vielleicht besser gesehen haben."

Der Abbruch, der anfangs der 1790er-Jahre noch nicht abgeschlossen war, scheint sehr gründlich erfolgt zu sein. Einem 1935 in der Rottenburger Zeitung veröffentlichten Beitrag des damaligen Stadtarchivars Dr. F. Haug über den seinerzeit kaum mehr bekannten Standort der Josefskirche ist u. a. Folgendes zu entnehmen: „Beim Graben der Fundamente für das Wohnhaus der bischöflichen Beamten (d. h. 1922) seien, wie mir mitgeteilt wurde, bloß ganz lose Trümmer herausgekommen, so daß sich anscheinend keine Mauerzüge mehr einmessen ließen." Deshalb war der Grundriss der Kirche bis zur Auffindung einer der endgültigen Bauausführung ziemlich nahe kommenden Planzeichnung im Klosterarchiv Ottobeuren 1974 völlig unbekannt. Genaue Vorstellungen über den ausgeführten Entwurf und zum Aussehen des Äußeren der Kirche waren erst seit der erstmaligen Publizierung der Wiener Bauaufnahmepläne von 1774 in den Jahren 1981 und 1991 möglich. Die archäologischen Grabungen, die im Vorfeld der Bauarbeiten für ein neues Verwaltungsgebäude der Diözesanverwaltung im Winter 2008/09 eingeleitet wurden, erbrachten u. a. trotz des fragmentarischen Charakters der Befunde eine Bestätigung des in den Wiener Plänen dokumentierten Grundrisses der Josefskirche.

Die Franziskanerinnenklausen

Alle größeren und kleineren klösterlichen Gemeinschaften von Frauen in Rottenburg lebten nach der Franziskanerregel. Dauerhafte Niederlassungen weiblicher Zweige anderer Orden gab es in der Stadt nicht.

Die Obere Klause St. Anna

Nach der Inkorporation der alten Ehinger Pfarrkirche St. Remigius in das Stift St. Moriz 1339 sollen sich zwei leibliche Schwestern im ehemaligen Pfarrhaus bei der Remigiuskirche niedergelassen und dort ein gemeinsames Leben nach

Die Obere Klause und ihre Umgebung. Gouache um 1835.

Weise der Beginen begonnen haben; 1357 ist die Klause anlässlich eines Gültkaufs erstmals urkundlich belegt. Graf Rudolf III. v. Hohenberg befreite die Schwestern 1381 mit einem Schutzbrief von allen Steuern, Zöllen und sonstigen Lasten. Das Haus Österreich als Rechtsnachfolger der Hohenberger erneuerte die Privilegien bis ins 18. Jahrhundert immer wieder.

Wann genau die Beginen die Franziskanerregel annahmen, ist unbekannt – als Franziskanerinnen treten sie bereits 1381 auf. In der Mitte des 15. Jahrhunderts gehörte die Obere Klause zur Straßburger Ordensprovinz und war der Aufsicht des Tübinger Franziskanerkonvents unterstellt.

Das Kloster gelangte bald durch namhafte Schenkungen zu eigentlich regelwidrigem Wohlstand, der letztlich der klösterlichen Disziplin abträglich war. Die Nonnen mussten sich deshalb 1431 gegenüber dem Konstanzer Bischof zu strengerer Einhaltung der Ordensregeln verpflichten. Von 1523 an traten während der innerstädtischen Reformationswirren zahlreiche Nonnen aus dem Kloster aus und verheirateten sich in Rottenburg. Mit dem neuerlichen Verfall der klösterlichen Disziplin in der Reformationszeit ging wirtschaftlicher Zerfall einher; 1570 sah sich deshalb die Regierung veranlasst, zur Konsolidierung des Klosters weltliche Pfleger einzusetzen. Mit dem Anschluss des Klosters an die strenge Tiroler Observantenprovinz 1580 besserten sich die disziplinären und wirtschaftlichen Probleme spürbar.

In der zweiten Hälfte des Dreißigjährigen Krieges, zwischen 1631 und 1648, hatten die Franziskanerinnen unter Einquartierungen, Plünderungen und Kontributionen zu leiden; nach Kriegsende bezifferten sie ihren Schaden auf 5247 Gulden. Im Jahr 1643 übernahm die Obere Klause die Schwestern der kriegszerstörten Klause Sülchen und deren Vermögenswerte. Nach dem Krieg erholte sich die wirtschaftliche Lage der Oberen Klause relativ rasch, sodass die Nonnen in der Lage waren, 1688 das ehemalige Adelshaus der Herren v. Speth gegenüber der St. Morizkirche zu erwerben, um so einen Zufluchtsort in den Mauern der Stadt zu haben. Zwischen 1711 und 1713 wurden die alten Konventgebäude abgebrochen und neu aufgebaut. Abgebrochen wurde auch die romanische St. Remigiuskirche, die seit dem 14. Jahrhundert als Klosterkirche gedient hatte. Die neue Klosterkirche – die heutige Klausenkirche – konnte von 1715 an neu erbaut und 1724 geweiht werden.

Unter der klugen und energischen Führung tüchtiger Oberinnen erlebte das Kloster bis zur Mitte des 18. Jahrhunderts eine neue Blüte. Besonders kunstfertige Nonnen beschäftigten sich mit der Herstellung sogenannter „Schöner Arbeiten", kunstvoller Stickereien mit Metallfäden, Pailletten usw. für die Gewänder von Krippenfiguren, für Reliquienfassungen u. a. Dann aber wiederholten sich die Zustände früherer Jahrhunderte: Wohlstand hatte Disziplinzerfall, dieser das Schwinden des Wohlstands zur Folge. Visitationen und Strafmaßnahmen der Ordensoberen und des Bischofs hatten stets nur kurzzeitig Erfolg. Der Konvent, in dem viele Töchter einflussreicher Familien der Stadt lebten und der deshalb starken Rückhalt in der Bürgerschaft besaß, war nicht mehr zu reformieren. Geradezu vernichtend war das Urteil, das Landeshauptmann J. v. Zweyer 1771 fällte: „Die geistlichen Übungen bestehen in Beten des großen deutschen Offiziums und des hl. Rosenkranzes. Im übrigen beschäftigen sie sich mit ihrer Oekonomie und ihren Feldgütern. Der Religion und dem Staate verschaffen sie keinen großen Nutzen." Es sei besser, wenn die Frauenklöster gesperrt oder ihnen wenigstens nur so viele Güter, wie zu ihrem Unterhalt nötig, belassen würden. „Damit die Nonnen neben dem Seelenheil auch dem Staate nützen, sollen sie die Kinder weiblichen Geschlechts zu Ehingen in der Schule und Christenlehre gratis unterrichten."

Die Übertragung des kaum weniger unruhigen Horber Franziskanerinnenkonvents in die Klause 1779 besserte die Situation nicht. So erscheint die von der Regierung 1782 verfügte Aufhebung des Klosters als durchaus gerechtfertigt und folgerichtig. Die Schwestern wurden pensioniert und zogen zu ihren Verwandten in die Stadt. Eine Gruppe von Rottenburgern kaufte die Klosteranlage, die Kirche wurde ausgeräumt, im Konventbau etablierte sich eine Gaststätte. Zuvor hatte sich darin ein Lazarett für das Condé'sche Emigrantencorps befunden, 1795 lagen Reiter des Rohan'schen Corps darin, denen die leere Kirche als Pferdestall diente. In den 1840er-Jahren richtete der württembergische Staat hier eine Außenstelle des Gotteszeller Zuchthauses für weibliche Strafgefangene ein. Nach der Wende vom 19. zum 20. Jahrhundert wurden von der Reichsbahnverwaltung Dienstwohnungen eingerichtet und im Ersten Weltkrieg diente die Obere Klause zeitweilig als Rekrutendepot. Von der Bundesbahnverwaltung erwarb die Stadt Rottenburg 1980 das ehemalige Kloster, dessen Räumlichkeiten neuer Nutzung entgegensehen. Die Klosterkirche St. Remigius, der St. Morizgemeinde gehörend, dient als Friedhofskirche für den Klausenfriedhof. Teile ihrer Ausstattung stammen, wie schon erwähnt, aus der abgegangenen Kapuzinerkirche. In der umgebauten ehemaligen Klosterscheuer konnte 1982 das städtische Jugendhaus eröffnet werden.

Die Klause in Sülchen

Auch sie entstand, den spärlichen Quellen zufolge, wahrscheinlich in ähnlicher Weise wie die Obere Klause: Als der Kirchherr von Sülchen 1323 seinen Wohnsitz in die Stadt verlegte, ließen sich wohl ebenfalls Beginen im leerstehenden Pfarrhof nieder. Im Zusammenhang mit einer Grundstücksschenkung an das Kloster Rohrhalden wird die Klause Sülchen 1345 erstmals erwähnt. Der kleine Konvent gehörte 1384 dem Dritten Orden des hl. Franziskus an, 1435 soll er in die Straßburger Konventualen-Provinz aufgenommen worden sein – gesichert ist diese Zugehörigkeit aber erst 1560. Zur Tiroler Franziskaner-Provinz kamen die Terziarinnen von Sülchen – wie die der Oberen Klause – bereits bei deren Gründung im Jahr 1580.

Infolge von Schenkungen, Vermächtnissen und Käufen besaß der kleine Konvent im 15./16. Jahrhundert ausreichendes Vermögen; um 1490/95 konnte das Klösterchen baulich erweitert oder ganz neu gebaut werden. Nachdem sich jedoch bereits im 15. Jahrhundert Zerfallserscheinungen gezeigt hatten, ist nicht weiter verwunderlich, dass auch die Reformation um 1525/40 Spuren hinterließ. Das Klösterchen geriet nun baulich, finanziell und personell immer mehr in Schieflage. Daran änderte sich auch nichts, nachdem die Klause Sülchen 1542 die letzte Insassin und das Vermögen des Dettinger Beginenhauses übernommen hatte: Wegen des anhaltenden Widerstands der Dettinger konnten die Nonnen aus ihrem dortigen Besitz kaum Nutzen ziehen. Der Zerfall hielt an, 1627 und 1630 musste die Stadt der Klause Almosen und Brennholz bewilligen. Ein Jahr später, 1631, wurde das Klösterchen „ganz und gar zerstört, absonderlich (= besonders) von unserem feindlichen Nachbarn, dem Württemberger", wie es in einer zeitgenössischen Quelle heißt. Der Wiederaufbau mithilfe einiger Rottenburger zog sich bis 1640 hin und 1643 wurde die Klause erneut und noch stärker zerstört. Die Zerstörung war so gründlich, dass man heute nicht einmal mehr sicher weiß, wo das Klostergebäude genau gestanden hatte. Der kleine Konvent wurde nun mit dem der Oberen Klause vereinigt; Letztere übernahm auch die Vermögenswerte der Klause Sülchen.

Die alte Leutkirche von Sülchen, die bis 1643 auch Klosterkirche gewesen war, dient nun als Friedhofskirche – wie schon im Mittelalter. Seit 1868/69 hütet sie die Gruft der Bischöfe von Rottenburg.

Zwei kleine Niederlassungen von Terziarinnen gab es bis zur Reformationszeit auch innerhalb der Stadtmauern von Rottenburg. Die älteste ist

Die Sammlung beim Sülcher Tor

Ihre Ersterwähnung als „Sammlung" des Dritten Ordens des heiligen Franziskus datiert von 1345. Dass sie zur Straßburger Observanten-Provinz gehörte, wird 1446 aktenkundig. Die Sammlung befand sich in der „Barfüßer-Herberge am Sülcher Tor", die der Tübinger Franziskanerkonvent hinter dem alten Kreuzlinger Hof beim Sülchertor besaß.

Die wenigen erhaltenen Urkunden des Klösterchens belegen Schenkungen und Vermächtnisse; ein bescheidener Wohlstand war vorhanden. Doch bereits 1493 lebten nur noch zwei betagte Nonnen; sie wurden nun pensioniert. Die Einkünfte der „Sammlung" wurden der städtischen Almosenstiftung des Arztes Konrad Rock einverleibt. Am Platz des Klösterchens wurde das Zeughaus der Stadt errichtet. Die „Frauengasse" erinnert noch immer an diese Franziskanerinnen.

Das Klösterlein „Zur freiwilligen Armut"

Als Kerzenlieferant des Stifts St. Moriz taucht das Klösterchen erstmals 1518 in den Quellen auf. In den Reformationswirren der folgenden Jahrzehnte scheint es erloschen zu sein, ohne je Bedeutung erlangt zu haben. Einem Beleg von 1605 zufolge muss das Klösterchen zwischen Marktstraße und Stadtlanggasse gelegen haben, also vielleicht in der Schulergasse. Die Insassinnen waren vermutlich ebenfalls Franziskaner-Terziarinnen.

Niederlassungen auswärtiger Klöster

„Haus und Spital" des Antoniterordens

Aus Anlass von Differenzen, die das Stift St. Moriz 1504 mit einem „Antonier-Priester" hatte, der „Schaffner oder Quaestor St. Antonii" in Rottenburg war, vermutlich im Rottenburger Haus des Ordens, wird Letzteres zumindest indirekt in den Quellen genannt. Diese Rottenburger Niederlassung des Antoniterordens wird wohl im Lauf des 14. oder 15. Jahrhunderts gegründet worden sein. Im Jahr 1520 ist sie dann als ‚Ableger' des größeren Freiburger Antoniterhauses bezeugt.

Um das Jahr 1532 hatte der Orden, dessen Hauptsitz sich im elsässischen Isenheim befand – Matthias Grünewalds berühmter Isenheimer Altar war für die Kirche der Antoniter geschaffen worden –, sein hiesiges „Haus und Spital" bereits an zwei Rottenburger verkauft. Einer der beiden Käufer, ein Chorherr von St. Moriz, war noch um 1522/23 als letzter Schaffner des Antoniterhauses tätig. Die Lage von „Haus und Spital" geht aus den spärlichen Dokumenten nicht hervor, doch ist aufgrund verschiedener Anhaltspunkte zu vermuten, dass es sich in Ehingen rechts des Neckars im Bereich Königstraße/Ehinger Platz befunden haben könnte.

Die „Chorfrauen vom Heiligen Grab"

Infolge seiner Zerstörung durch die Truppen des Königs Ludwig XIV. von Frankreich verloren die „Chorfrauen vom Heiligen Grab" in Baden-Baden ihr Kloster. Sie ließen sich daraufhin zuerst in Forbach im Murgtal nieder und zogen dann nach Rottenburg weiter, wo sie sich von 1689 bis 1699 aufhielten. In ihrem Domizil, dem „Nonnenhaus", das ihnen die Franziskanerinnen der Oberen Klause zur Verfügung gestellt hatten, eröffneten die Chorfrauen eine höhere Mädchenschule. Ihr Wirken war so segensreich, dass die Rottenburger sie 1699 nicht mehr ziehen lassen wollten. Ein Zeichen ihrer Beliebtheit in der Stadt: Ihre erste Novizin nach der Rückkehr nach Baden-Baden war eine Rottenburgerin.

Häuser und Klosterhöfe auswärtiger Klöster

Nicht nur die Klosteranlagen Rottenburgs dokumentieren seine Bedeutung in früheren Jahrhunderten. Auch zahlreiche Häuser und Höfe auswärtiger Klöster machen den Rang der Stadt in mittelalterlicher und nachmittelalterlicher Zeit sichtbar. Bis heute finden sich unter den „hervorragenden palastartigen Gebäuden" der urbs pia auch zwei ehemalige Pfleghöfe auswärtiger Klöster.

Das Augustiner-Chorherrenstift Kreuzlingen
Wahrscheinlich bereits seit 1127 besaß das Stift Kreuzlingen bei Konstanz in Ehingen, Kalkweil, Wurmlingen und Hirschau einen umfangreichen Komplex von Gütern, Einkünften und Rechten. Zur Verwaltung dieses Besitzes und zur Lagerung von Naturalerträgen verfügte das Kloster über einen Pfleghof beim Sülchertor an der östlichen Stadtmauer, den es 1338 als Lehen an einen Rottenburger Bürger gab. Dabei behielt es sich das Recht zur Mitbenutzung von Wohnteil, Ställen und Kornboden (und Keller) durch die Klosterleute vor. Diesen Hof, der beim Stadtbrand von 1644 abbrannte, baute Kreuzlingen rasch wieder auf, verkaufte ihn aber bereits 1654 an die Jesuiten, die dort ihre Niederlassung zu bauen beabsichtigten. Im Gegenzug gaben die Jesuiten den Kreuzlingern einen Platz in der äußeren Königstraße, auf dem Kreuzlingen nun seinen Pfleghof erstellte. Dieser wurde beim Stadtbrand von 1735 abermals zerstört.
Die Pläne für den 1740 erstellten Neubau lieferte der bedeutende Wessobrunner Baumeister Joseph Schmuzer, der für Kreuzlingen zur gleichen Zeit dessen Friedrichshafener Pfleghof (1945 zerstört) erbaute. Örtlicher Bauleiter war Melchior Schenzle aus Oberstetten, ein Maurer und Werkmeister aus dem Kreis der Werkleute des Klosters Zwiefalten. Die Fassade des auf Winkelhakengrundriss errichteten dreigeschossigen Putzbaus wird durch Lisenen und Eckpilaster in sieben Achsen gegliedert, ein rundbogiges Pilasterportal mit gesprengtem Giebel betont die Mittelachse. Die sandsteinernen Fenstergewände sind leicht geohrt.

Im ausgehenden 18. Jahrhundert kam das Kreuzlinger Haus an den K. K. Rentmeister J. F. v. Beck und wurde 1817 kurzzeitig als Wohnsitz für den künftigen Rottenburger Bischof in Betracht gezogen. Es beherbergt seither staatliche Behörden und Wohnungen, im 20. Jahrhundert zeitweise auch die Sammlungen des Sülchgauer Altertumsvereins (Haus Königstraße 8).

Der Kreuzlinger Hof. Kol. Federzeichnung von Fidel Hermann, um 1817.

Das Paulinerkloster Rohrhalden
Das Kloster Rohrhalden, im Rammert bei Kiebingen gelegen, um die Mitte des 14. Jahrhunderts gegründet, 1786 aufgehoben und in der Folgezeit restlos beseitigt, hatte schon im 14. Jahrhundert Besitz in Rottenburg. Es erwarb 1489 als Pfleghof ein Haus beim Sülchertor, dessen 1644 abgebrannte Hofstätte die Patres 1656 gegen eine Hofstätte in der Oberen Gasse oberhalb des Hohenbergischen Palais tauschten und durch den Erwerb eines angrenzenden Grundstücks

Pfleghof des Paulinerklosters Rohrhalden von 1736 an der Oberen Gasse.

erweiterten. Diese leeren Plätze überließ Rohrhalden 1669 den Jesuiten, die dort 1711 ff. ihre Klosterkirche erbauten.

Dafür erwarb das Kloster den weiter oben an der Gasse gelegenen Brandplatz des ehemaligen Pfarrhofs von St. Martin und erbaute hier seinen neuen Pfleghof, der aber 1735 dem zweiten Stadtbrand zum Opfer fiel. Von 1736 an entstand an derselben Stelle der jetzige Rohrhalder Hof; sein Architekt ist unbekannt. Es ist ein dreigeschossiger, neunachsiger Putzbau mit Werksteinsockel, Werkstein-Ecklisenen und Werkstein-Fensterleibungen. Das Portal mit ‚toskanischem' Pilasterrahmen, geschweiftem Aufsatz und ovalem Oberlicht ist nach rechts aus der Mittelachse verschoben. Es wird jetzt von Dienststellen des Bischöflichen Ordinariats genutzt (Obere Gasse 8).

Das Dominikanerkloster Rottweil
Im Jahr 1348 erhielt es durch das Vermächtnis einer Rottenburgerin aus angesehener Oberschichtfamilie mehrere Äcker in Rottenburg und Hirschau, aber auch ihr Haus in Rottenburg zur Errichtung einer Herberge. Die Stiftung war ein Leibgeding für ihren Sohn, der als Dominikaner im Rottweiler Kloster lebte. Weitere Belege sind nicht bekannt.

Das Dominikanerinnenkloster Stetten im Gnadental (bei Hechingen)
Das Kloster, in dem zahlreiche Rottenburgerinnen als Nonnen lebten, hatte in der Stadt und ihrer Umgebung umfangreichen Grundbesitz und bezog daraus beträchtliche Gülten. Es besaß in der Stadt einen 1356 erstmals erwähnten „Kasten" (Lagerhaus) und einen eigenen Klosterschaffner.

Das Dominikanerinnenkloster Binsdorf
Auch dieses Kloster besaß seit dem 14. Jahrhundert aus Stiftungen herrührende Einkünfte in Rottenburg. Im Jahr 1535 ist das Kloster als Besitzer eines Pfleghofs im Stadtteil Ehingen rechts des Neckars genannt.

Das Zisterzienserkloster Bebenhausen
Bebenhausen bezog schon im 13. Jahrhundert Zehntanteile aus Sülchen, besaß bis 1320 zwei Höfe in Kalkweil und hatte im 14. Jahrhundert auch Grundbesitz auf Rottenburger Markung. Das Kloster besaß das Satzbürgerrecht der Stadt und verfügte über Haus und Hofraite in der Oberen Gasse. Zusammen mit dem Zisterzienserkloster Tennenbronn im Breisgau erwarb Bebenhausen 1548 ein weiteres Haus in der Rottenburger Sülchertorgasse, der heutigen Spiegelgasse.

Die Klosterfrauen zu Horb
Ein Beleg von 1731 nennt in Ehingen ein Haus, das vor diesem Zeitpunkt „den Closterfrauen zu Horb" gehört hatte. Unklar ist, ob damit die Horber Dominikanerinnen oder die dortigen Franziskanerinnen gemeint waren. Da im Lauf des 17. Jahrhunderts mehrere Rottenburgerinnen bei den Horber Franziskanerinnen ins Kloster eintraten, mag das Haus wohl eher den Franziskanerinnen gehört haben; von den Dominikanerinnen in Horb sind bislang keine Beziehungen nach Rottenburg bekannt geworden.

Die fünf letztgenannten Häuser und Höfe sind mit dem derzeitigen Kenntnisstand in der Stadt nicht mehr exakt lokalisierbar. Die Häuser von Rottweil, Stetten und Bebenhausen bzw. deren Hofstätten wechseln wahrscheinlich schon nach dem Brand von 1644 den Besitzer, waren von damals an also nicht mehr in klösterlichem Besitz. Binsdorfer und Horber Haus, beide in Ehingen, wohl spätestens zu Beginn des 18. Jahrhunderts in private Hände übergingen.

Ergänzend sei noch auf den Rottenburger Besitz von zwei weiteren auswärtigen Dominikanerinnenklöstern hingewiesen, die beide Gründungen der Grafen v. Hohenberg waren, nämlich Kirchberg bei Sulz a. N. (1806 aufgehoben) und Maria-Reutin bei Wildberg/Schwarzwald (aufgehoben nach 1580). Kirchberg besaß seit dem 14. Jahrhundert in Rottenburg Weinberge sowie Einnahmen in Form von Gülten und Zinsen, aber kein eigenes Haus. In dem um 1410 von seinen Bewohnern verlassenen Dorf Kalkweil hatte Kirchberg bereits 1271 ein Gut erworben, 1320 kamen dort zwei Höfe hinzu, die zuvor Bebenhausen gehört hatten. Dieser Besitzkomplex wurde in Form von zwei Lehenshöfen bis ins 18. Jahrhundert an Rottenburger Familien verliehen, die damit zur „Kalkweiler Maierschaft" gehörten. Bis ins 18. Jahrhundert traten zahlreiche Rottenburgerinnen in Kirchberg als Nonnen ein, ebenso wie in Maria-Reutin, wo vor allem Töchter aus Oberschichtfamilien der Stadt bis ins 16. Jahrhundert Aufnahme fanden. Reutin erwarb von 1313 an mehrere Häuser und Grundstücke in Rottenburg, aus denen es Zinsen und Gülten bezog; 1461 gehörte dem Kloster sogar eine Metzelbank unter der Metzellaube. Noch im Jahr 1580 bezog das Kloster u. a. Zinsen aus drei nebeneinander liegenden Häusern beim Karmeliterkloster und aus drei nebeneinander liegenden Häusern in der Marktgasse. Ein eigenes Stadthaus in Rottenburg besaß Reutin jedoch offensichtlich ebenso wenig wie Kirchberg.

Noch einmal die Rückkehr von Bischof J. B. Sproll 1945:
So empfing Rottenburg seinen Bischof am 14. Juni!

IV. Kulturgeschichte und Volksfrömmigkeit

„... dies selbstverständliche, naive Wohnen eines Volkes in seinen Tempeln, in seiner Religion, diese Zentralkraft Kirche, von welcher beständig ein Strom von Farbe, Trost, Musik, von Schwingung und Belebung ausstrahlte..."
Hermann Hesse, Kapellen im Tessin

Alltagsleben und Religion waren in früheren Jahrhunderten in einem heutzutage kaum mehr vorstellbaren Maß ineinander verflochten – es wurde schon angedeutet. Persönliche Frömmigkeit und öffentliches Bekenntnis zu den Inhalten von Glaube und Religion waren, nicht erst seit der Gegenreformation, alltäglich geübte Praxis. Der Schriftsteller Eugen Roth, der in der Einführung zu diesem Buch schon einmal zitiert wurde, beschrieb diesen Sachverhalt an anderer Stelle, im Zusammenhang mit der Verehrung des Jesuskindes, mit diesen Worten: „Nie dürfen wir vergessen, daß unser Christkind nur eine Gestalt aus der unabsehbaren Fülle des Kirchenjahres mit all seinem Brauchtum war; eins griff ins andere über, die Wallfahrten, die Georgiritte, die Prozessionen, sie standen in lebendigster Beziehung zueinander, sie umfingen – gar an der noch geringen Einwohnerzahl gemessen – das ganze Volk, sie blühten, weit über die ersten Fröste der Aufklärung hinaus, wie ein einziger Garten, bis dann Blume um Blume dahinwelkte und vieles sich heute nur noch in den Büchern und in den Museen, sozusagen in den Herbarien des längst abgefallenen, wer sich vornehm ausdrücken will: des säkularisierten Massenmenschen findet, als eine Bestandsaufnahme des in manchem Sinne schon untergegangenen Abendlandes."
Dorf und Stadt, Straßen- und Gassenraum, Haus und Hof, Stube und Werkstatt, Felder und Fluren, kurz: Der gesamte Lebensraum des Menschen wurde jahrhundertelang mitgeprägt, mitgestaltet von dem, was Religionsausübung beinhaltet. Hier schuf sich der Mensch die verschiedenen Ausdrucksformen von Volksfrömmigkeit und Volksglauben. Beides artikulierte sich in zahllosen Gestalten: in Bildern und Zeichen, in Gegenständen und Ereignissen. Das naive Weltbild des einfachen, unverbildeten Menschen aller Zeiten spiegelt sich in dieser Bilder- und Zeichenwelt, die nie ganz frei war von vor- und außerchristlichem Aberglauben, von Zauberformeln, Amuletten und Talismanen, vom Glauben an Horoskope und Kartenorakel. Dass all diese Dinge auch heutzutage, auch bei sich aufgeklärt, über alles Religiöse erhaben dünkenden Zeitgenossen wieder hoch im Kurs stehen, braucht nicht zu verwundern. In dem Maß, wie der echte religiöse Glaube schwindet, wachsen alle Formen des Aberglaubens, das war zu allen Zeiten so. Viel echter Glaube und aus heutiger Sicht törichtster Aberglaube durchdrangen auch das ganze Jahres- und Lebensbrauchtum früherer Jahrhunderte.
Das Wesentlichste an Hilfe und Beistand für das in vielfältiger Weise angefochtene menschliche Leben, in möglichst menschlicher, sinnenhaft verständlicher Form, wurde angeboten von der ‚irdischen Repräsentanz' des Göttlichen, von der Kirche – der es ja zu keiner Zeit an menschlich-allzumenschlichen Zügen gemangelt hat und damit auch nicht an Verständnis für manche menschlich-allzumenschlichen Züge ihrer jeweiligen Mitwelt.
Kirchliches Glaubensgut, Liturgie und Ritus verbanden sich eng mit Volkstümlichem. So entstanden Bräuche, Traditionen, die bewahren wollten, jedoch wie alles Menschliche stetem Wandel unterworfen sind. Unsere ‚aufgeklärte' Zeit will wenig von diesen Dingen wissen, ignoriert sie weitgehend, schafft aber gleichzeitig

ihre eigenen Traditionen von rein innerweltlichem ‚Volksglauben'.

Im Folgenden aber geht es nicht um Zeitkritik, sondern um eine Bestandsaufnahme dessen, was einmal war, dessen, was in der urbs pia früherer Jahrhunderte Brauch und Übung war und auch dessen, was sich bis in unsere Zeit, über ‚Aufklärung', Säkularisierung – auch des Denkens – und Profanierung des Religiösen hinweg erhalten hat.

Gesprochenes und gedrucktes Wort

Ein Thema, das die Kirchgänger zu allen Zeiten bis heute bewegt, ist die Predigt. Manchmal wurde und wird sie als zu lang oder zu langweilig empfunden, der Zuhörer ‚schaltet ab', fällt in den bekannten, oft bewitzelten ‚Predigtschlaf'. Dabei ist das Anliegen der Predigt durchaus ernsthaft, denn sie will ja letztlich die von der Liturgie vorgegebenen biblischen Texte, die Perikopen, in die Sprach- und Lebenswirklichkeit der Gemeinde ‚übersetzen', um damit einen Beitrag zur Heiligung der „Hörer des Wortes" zu leisten. Die Lehre soll vermittelt, die Gemeinde in ihrem Glauben gestärkt werden; Predigt kann aber auch als Einladung zum Glauben verstanden werden. Während der Karolingerzeit war man bemüht, die volkstümliche Predigt in die Gottesdienste einzubeziehen. Das Hochmittelalter bevorzugte eigene Predigtgottesdienste; für sie wurden die Kanzeln als spezielle Orte der Verkündigung entworfen. Nicht selten war die sonntägliche Hauptpredigt bis ins 20. Jahrhundert hinein eine Art Predigtgottesdienst, indem sie nämlich vor dem Hochamt oder zwischen zwei gut besuchten Messfeiern gehalten wurde. Dieser Zustand wurde noch vor dem 2. Vatikanischen Konzil fast überall zugunsten der in den Sonntagsgottesdienst eingebauten Predigt abgeschafft. Allerdings war auch dann noch die sonntägliche Predigt manchenorts von der Messfeier abgehoben, indem beispielsweise der Priester vor der Predigt das Messgewand ablegte; gelegentlich war es sogar üblich, dass während der Predigt die Kerzen gelöscht wurden.

Im alten Rottenburg, das zeigen die wenigen aussagekräftigen Quellen zu diesem Thema, gab es beide Arten von Predigten, die vor und die während des Gottesdienstes. Die Predigten während des neuntägigen Kanonisationsfestes von St. Johannes Nepomuk 1730 in der Stiftskirche fanden dem zeitgenössischen Bericht von Propst Edelmann zufolge während der Gottesdienste statt. Am 18. August 1793 feierte die St. Martinsgemeinde mit den französischen Emigranten „ein großes Dankfest" wegen der jüngsten Erfolge der Alliierten im Kampf gegen das revolutionäre Frankreich. „Nach einer passenden Predigt des Stadtpfarrers hielt der hier anwesende Herr Graf von Schenk, ausgewanderter Domherr von Mainz, das feierliche Hochamt" – so der damals predigende Stadtpfarrer Haßler in seiner Chronik von 1819.

Eine noch heute übliche Form von Predigten war und ist der Zyklus der spätnachmittäglichen Fastenpredigten, früher Passionspredigten genannt, an den Sonntagen der Fastenzeit. Dazu berichtet Propst Weittenauer in seinem „Repertorium" von 1688 ff., dass diese Predigten seit über 200 Jahren, d. h. seit dem 15. Jahrhundert, „allein bey unß zu halten waren", dass also die Passionspredigten für beide Rottenburger Pfarreien nur in St. Moriz gehalten wurden. Seit 1645 wurde abwechselnd in St. Moriz und in St. Martin gepredigt – wohl nicht wie heutzutage in wöchentlichem, sondern in jährlichem Wechsel.

Seit 1685 aber wurden nach Weittenauer parallel in beiden Pfarrkirchen Passionspredigten abgehalten.

Da den Quellen zufolge außer den Klerikern beider Pfarrkirchen – seit 1451 hatte das Chorherrenstift St. Moriz einen eigenen Stiftsprediger – auch die Kapuziner und sogar die Jesuiten, gelegentlich auch auswärtige Geistliche in St. Martin und St. Moriz predigten, dürfte es den Zuhörern nicht an Abwechslung gefehlt haben.

Es gibt eine Aufstellung von Stiftsprediger Dr. Thomas Hacker, der bis 1726 Stiftspfarrer, danach Prediger, seit 1748 aber Propst von St. Moriz war, aus dem Jahr 1744, in der er auflistet, wer im Zeitraum vom 24. Juni 1726 bis zum 13. September 1744 wie oft in St. Moriz predigte. Hacker selber stand in diesen 18 Jahren 782-mal als Prediger auf der Kanzel. Im gleichen Zeitraum predigten in St. Moriz die Kapuziner 486-mal, die Jesuiten 30-mal und verschiedene ungenannte Geistliche insgesamt 120-mal. Das sind 1418 Predigten in 18 Jahren, im Schnitt also 78/79 Predigten pro Jahr. Man kann sich vorstellen, was die Gemeindemitglieder da alles zu hören bekamen – ihre Geduld wird oft genug stark beansprucht worden sein.

Was aber tatsächlich gepredigt wurde in St. Martin, in St. Moriz und im Weggental, davon ist kaum etwas bekannt. Aber es gab ja noch die Kunst des Druckens, den Buchdruck! Die ersten (noch nicht in Rottenburg hergestellten) gedruckten Rottenburger Predigten stammen aus der Reformationszeit. Der zur Reformation übergegangene Ex-Franziskaner Johann Eberlin von Günzburg predigte 1523 im Haus des Rottenburger Juristen Andreas Wendelstein im proreformatorischen Sinn. Ein unbekannter Zuhörer schrieb mit und gab die Predigt 1524 im Druck heraus. Im selben Jahr hielt der Rottenburger Andreas Keller in der St. Martinskirche fünf Predigten im Geist der Reformation, drei davon ließ er drucken.

In Rottenburg gab es damals noch keine Druckerei. Aber bereits die zweite Veröffentlichung, die 1716 nach der 1714 erfolgten Errichtung einer Druckerei die Presse verließ, war eine Predigt.

Eine weitere Predigt gab es 1791 als Rottenburger Druck. Gedruckt wurde auch die Predigt, die Stadtpfarrer Joh. Nep. Vanotti anlässlich eines von den neuen Herren der Stadt angeordneten „Dankfestes" am 19. Januar 1806 in St. Martin hielt. Ob zwischen 1716 und 1806 noch andere Predigten in der Stadt gedruckt wurden, ist bis jetzt unbekannt geblieben.

Im Jahr 1714 richtete der aus Ittingen im Thurgau stammende Buchdrucker und Konvertit Johann Jakob Wöhrlin nach Aufenthalten in Bern, Ravensburg, Rottweil und Freiburg in Rottenburg die erste Druckerei ein. Sie war, wie auch die späteren Druckereien der Stadt, vor allem die des 19. Jahrhunderts, von Anfang an sehr stark auf kirchliche Auftraggeber angewiesen. Erstes Werk aus Wöhrlins Rottenburger Presse war im Jahr 1714 ein theologischer Traktat in Latein aus der Feder des damaligen Rottenburger Karmeliter-Superiors P. Bonaventura, den dieser in freundschaftlicher Verbundenheit Propst und Kapitel des Stifts St. Moriz widmete. Als Sammelband erschienen 1716 bei Wöhrlin zwei Predigten des Stadtpfarrers und Dekans Franz Wilhelm Werz, die er 1716 aus Anlass von Geburt und bald darauf erfolgtem Tod des österreichischen Thronfolgers und Erbprinzen Leopold Johannes, dem Sohn von Kaiser Karl VI., in der St. Martinskirche gehalten hatte. Die Druckausgabe dieser beiden Predigten macht nicht sehr den Eindruck, als seien sie in dieser Form tatsächlich in St. Martin vorgetragen worden. Sie erscheinen im Druck als eine am Schreibtisch entstandene gelehrte und mit zahllosen typisch barocken Einschiebseln gespickte Bearbeitung, der aber durchaus echte Predigten zugrunde gelegen haben werden, die dann für den Druck in echt barocker Manier gewaltig ‚aufgeblasen' wurden.

„Rottenburg Gedruckt bey Jacob Wöhrlin 1726" ist auf einem Gebetszettel zu lesen, der die Überschrift trägt „Ein schönes Gebett zu der wunderthätigen Bildnuß unserer lieben Frauen im Weggenthal" und der mit einem groben Holzschnitt von Gnadenbild und Wallfahrtskirche geschmückt ist. Wöhrlin starb vor 1730; damals ist von seiner „vacanten" Druckerei die Rede.

Das zweite Buch, das in Rottenburg gedruckt wurde:
eine Barockpredigt von 1716.

Weggentaler Gebetszettel von 1726 mit Holzschnitt-
illustration.

Sammlung von Predigten aus Anlass des Todes von Bischof Johann Baptist v. Keller 1845.

Die „Rottenburger Monatsschrift für praktische Theologie" erschien von 1917 bis 1938.

Das Weggentaler Mirakelbüchlein von 1731 könnte zwar in Rottenburg gedruckt worden sein, doch sein Titelblatt nennt weder Drucker noch Druckort. In der Folgezeit finden sich zahlreiche Gelegenheitsdrucksachen, Kleinschriften und auch umfangreichere Werke mit religiöstheologischem Inhalt, meist verfasst von Theologen und häufig auch hergestellt im kirchlichen Auftrag.

Hierfür ein paar wenige Beispiele. Ein zweibändiges Werk „Briefe wider die Protestanten" wurde von einem anonymen Rottenburger Drucker 1752 gedruckt, zwei Jahre später entstand ein großformatiges Aufnahmeformular für die Skapulierbruderschaft im Karmeliterkloster, ebenfalls ohne Nennung des Druckernamens.

Die Predigt, die P. Bernard Boll aus Salem, der spätere erste Freiburger Erzbischof, 1791 am Fest des hl. Mauritius in der Stiftskirche gehalten hatte, wurde ebenso gedruckt wie später Reichenbergers zweibändige „Pastoral-Anweisung nach den Bedürfnissen unseres Zeitalters" im Jahr 1832 oder die „Meß-, Fest- und andere Gesänge für die Schul-Jugend zu Rottenburg a. N." von 1834.

Nachdem Rottenburg 1828 endgültig Bischofssitz geworden war, mehrte sich die Zahl der Drucke schlagartig: von der Druckausgabe der Bulle „Providia solersque", dem Bericht des Domkaplans Lang über die Inthronisation von Bischof Keller, zahllosen Erlassen, Rundschreiben und anderen kirchenamtlichen Drucksachen – solche hatte es allerdings bereits seit 1817 gegeben –, den jährlichen Fastenhirtenbriefen, dem Kirchlichen Amtsblatt, bis hin zu den Leichenpredigten für die verstorbenen Bischöfe. Im Druck erschienen aber auch Dinge wie der Bericht über die Amtseinführung von Dompfarrer

Schönweiler 1836 oder die Ansprachen beim Goldenen Priesterjubiläum und beim bald darauf folgenden Begräbnis von Stadtpfarrer Hankh von St. Moriz 1840/41.

Auch manche der literarischen Schöpfungen der in Rottenburg lebenden geistlichen Herren wurden in den Druckereien der Stadt hergestellt, dazu Gebet- und Betrachtungsbücher, Letztere häufig als Nachdrucke erfolgreicher Titel auswärtiger Verlage.

Seit 1832 hatte Rottenburg dann auch seine richtige Zeitung, den „Neckarboten", der sich gegen Ende des 19. Jahrhunderts zu einem inoffiziellen Organ der Zentrumspartei entwickelte. Im Jahr 1909 fusionierte der „Neckarbote" mit der seit 1888 erscheinenden „Rottenburger Zeitung". Dabei wurde die streng kirchliche Ausrichtung des Blattes beibehalten, das nunmehr den Titel „Rottenburger Zeitung und Neckarbote" führte. Sein Ende kam in den 1930er-Jahren: Als „parteiamtliches Organ" der Nazis machte sich seit 1933/34 das „Rottenburger Tagblatt" breit, das 1935 den alten Titel „Rottenburger Zeitung" für sich in Anspruch nahm. Die alte „Rottenburger Zeitung" musste das Feld räumen. Der letzte Akt begann mit der Auflösung des Oberamts Rottenburg und seiner zwangsweisen Eingliederung in den Kreis Tübingen 1938. Und da jeder Kreis nur noch eine einzige Tageszeitung haben durfte – in Tübingen gab es bereits die parteiamtliche „Tübinger Chronik" – war das Ende der traditionsreichen „Rottenburger Zeitung und Neckarbote" besiegelt. Die Bischofsstadt hatte fortan keine von der Nazipartei unabhängige Presse mehr.

Im Lauf des 19. Jahrhunderts entstanden neben den nur gelegentlich als Verleger tätig werdenden Druckereien auch einige ‚richtige' Verlage: der von Ph. Gack und der von G. Schmid, aus dem der Verlag W./L. A. Bader hervorging. Auch in ihren Verlagsprogrammen stand das religiös-theologische Buch im Mittelpunkt, wobei Bader (1956 verkauft) sich vor allem in der ersten Hälfte des 20. Jahrhunderts zu einem der wichtigsten Fachverlage für Katechetik und Predigtliteratur im deutschen Sprachgebiet entwickelte. Seine Autoren gehörten zu einem beträchtlichen Teil zum Klerus der Diözese, von Mitgliedern des Domkapitels und Ordensleuten bis hin zu Gemeindepfarrern und ihren Vikaren.

Zu erwähnen ist abschließend die „Rottenburger Monatsschrift für praktische Theologie", die seit 1917 im Verlag der „Rottenburger Druckerei" erschien und sich als „Standesorgan der katholischen Geistlichkeit Württembergs" verstand. Ihre Autoren kamen überwiegend aus dem Klerus der Diözese; sie lieferten neben pastoraltheologischen und katechetischen Beiträgen z. T. sehr wichtige Aufsätze zur Kirchengeschichte des Gebietes der Diözese. Die „Rottenburger Monatsschrift" stellte 1938 auf Druck der Nazis ihr Erscheinen ein.

Das „Wort", das nach dem Evangelisten Johannes Gott selber ist, und seine Verkündigung gehören zusammen, ob nun Verkündigung in gesprochener oder gedruckter Form oder durch andere zeitgenössische Medien erfolgen mag. Aber da sind noch andere Mittel und Wege, die Botschaft vom fleischgewordenen Wort zu verbreiten. Davon wird in den folgenden Abschnitten zu berichten sein.

Rottenburger Klosterbibliotheken

Aus den infolge der Stadtbrände nur spärlich erhalten gebliebenen Belegen über Vorhandensein und Geschichte Rottenburger Bibliotheken kennt man mehrere Namen bücherbesitzender Familien und Personen vom 15. bis 18. Jahrhundert, ohne dass – von ganz wenigen Ausnahmen abgesehen – Einzelheiten über Größe und Inhalt dieser Bibliotheken zu erfahren sind. Etwas besser ist der Kenntnisstand bei den Bibliotheken der Rottenburger Klöster und des Stifts. Ein paar Hinweise dazu bereichern die Kenntnis von der Geschichte dieser Institutionen und letztlich auch die vom geistigen Leben in der Stadt, auch wenn unbekannt bleibt, ob diese Bibliotheken in Ausnahmefällen auch einem begrenzten Kreis bevorzugter Bürger zur Verfügung standen.

Allen Rottenburger Klosterbibliotheken ist gemeinsam, dass alte Kataloge nicht mehr vorhanden sind, dass also exakte Angaben über den Umfang der einzelnen Bibliotheken und die Zusammensetzung ihrer Bestände nur begrenzt möglich sind.

Die Karmeliter besaßen von Anfang an eine Bibliothek und wohl auch ein kleines Skriptorium. Die Herstellung eines Messbuchs für die Kirche von Seebronn im Jahr 1400 durch einen Karmeliterbruder ist belegt; eine Rottenburgerin zahlte dem Kloster dafür 27 Pfund Heller und zwei Fässer Wein.

Ein auch anderweitig tatkräftiger, frommer Prior am Ende des 15. Jahrhunderts war eifrig auf die Förderung gelehrter Studien in seinem Kloster bedacht; von ihm heißt es, er habe die Klosterbibliothek mit vielen trefflichen Büchern vermehrt. Dem Stadtbrand von 1644 fielen Kloster samt Bibliothek und Archiv zum Opfer. In der Folgezeit wurden die Studien in den klassischen und theologischen Wissenschaften erneut stark betrieben; die Bibliothek wurde neu aufgebaut und vermehrt. Den Stadtbrand von 1735, der das Kloster erneut zerstörte, scheint die Bibliothek zumindest in beträchtlichen Teilen überstanden zu haben, da sie in einem unterirdischen Gewölbe der Klosterkirche in relative Sicherheit gebracht worden war. In der Zeit nach dem Brand wurde der Bücherbestand weiter vergrößert und im Kloster wurden weiterhin die Wissenschaften gepflegt, wie der Klosterchronist schreibt.

Nach der Klosteraufhebung 1806 scheinen zunächst nur die wertvollsten Werke – vielleicht auch Handschriften? – nach Stuttgart abtransportiert worden zu sein, der überwiegende Teil blieb zunächst noch in Rottenburg. Im Jahr 1813 forderte dann die Kuratel der Friedrichs-Universität Ellwangen einen Katalog der noch brauchbaren Teile dieser Bibliothek an. In dem Verzeichnis, das Stadtpfarrer Dr. Vanotti zusammenstellte, werden aus den Beständen der früheren Karmeliterbibliothek noch 23 Inkunabeln, d.h. Drucke aus der Frühzeit des Buchdrucks nach der Mitte des 15. Jahrhunderts, und 70 Werke des 16. bis 18. Jahrhunderts als tauglich genannt; sie landeten später in den Tübinger Bibliotheken von Universität und Wilhelmstift. Vom Rest fanden zahlreiche Bände nach vielerlei Irrwegen 1817 Eingang in die Bibliothek des Priesterseminars Rottenburg. Anderes wird als Makulatur verschleudert worden sein. Angaben über die Bändezahl der Bibliothek vor 1806 scheint es nicht zu geben, so wenig wie Hinweise auf einen Katalog oder auf die Lage des Bibliotheksraums im Kloster.

Den Wert der Karmeliterbibliothek gaben die württembergischen Aufhebungskommissare 1806 übrigens nur mit lächerlichen 99 fl. an – wohl wegen des hohen Anteils an theologisch-aszetischer Literatur –, ein Betrag, der dem tatsächlichen Wert der Bibliothek sicher in keiner Weise gerecht wird.

Beim Stift St. Moriz ist die erste Bücherschenkung durch einen Chorherrn bereits 1337 belegt; die Stiftung eines Rottenburger Bürgers über 100 Pfd. Heller 1365 war u.a. zur Anschaffung von Büchern bestimmt. Weitere Bücherschenkungen erhielt das Stift 1390 und 1444.

Nachdem 1489/92 unter Propst Jakob Ruoff, einem Schüler der Universität Paris, an die Nordseite des Chors der Stiftskirche die doppelstöckige St. Ulrichskapelle angebaut worden war, bestimmte das Stift den Saal im Obergeschoss – übrigens der einzige gotische Saal der Stadt! – zum Archiv- und Bibliotheksraum. Die Stiftsbibliothek war zunächst eine Pultbibliothek, in der die Bücher mit Ketten an ihren Fächern befestigt waren und zum Benützen auf die Pulte gelegt werden konnten. Wohl gegen Ende des 16. Jahrhunderts wurde die Pult- in eine modernere Regalbibliothek umgewandelt, in der die Bücher, damaligem Brauch folgend, zunächst wohl mit dem Schnitt nach außen aufgestellt waren, ehe sie, wahrscheinlich Ende des 17. Jahrhunderts, in der heute üblichen Weise mit dem beschrifteten Rücken nach außen aufbewahrt wurden. Von der Anlage eines inzwischen verlorengegangenen Katalogs ist 1693 die Rede.

Einen eigenen Bibliotheksetat besaß das stets in Geldnöten befindliche Stift nicht; der Bestand der Stiftsbibliothek mehrte sich hauptsächlich durch Büchernachlässe verstorbener Chorherren. Zusätzlich ordneten die Statuten von 1567 an, dass jeder Chorherr (bei seinem Eintritt ins Stift) wenigstens ein Buch im Wert von 3 fl., jeder Kaplan eines im Wert von 2 fl. für die Bibliothek stiften müsse. Hauptbenutzer der Bibliothek wird in erster Linie der Stiftsprediger gewesen sein, dessen Amt 1451 gestiftet worden war und dem vielleicht ‚nebenher' auch die Betreuung der Bibliothek übertragen war.

Vor allem Schenkungen und Vermächtnisse von Stiftsherren waren die Hauptquellen, aus denen der Zuwachs der Stiftsbibliothek gespeist wurde. Das Werk „Austria Sacra" (Bd. 1, Wien 1780) erwähnt auch die Stiftsbibliothek: „Die Bibliothek, die bey diesem Stifte vorhanden ist, zählt unter anderen raren Schriftstellern selbst einige aus den Kirchenvätern sowohl in lateinischem als griechischem Text und rühmt sich sogar des Besitzes hebräischer Bücher." Propst Melchior Zanger (1562–1603), der Schöpfer der Statuten von 1567, war ein bedeutender Orientalist und theologischer Schriftsteller. Seine wertvolle Bibliothek vermachte er dem Stift – vor allem auf ihn gehen wohl die von der „Austria Sacra" erwähnten Raritäten zurück. Auch die Chorherren Johannes Corvinus (gest. 1636 als Opfer der Pest) und Georg Fink († 1672) vermachten ihre Bücher- und Kunstschätze dem Stift. Dagegen stiftete der Chorherr Konrad Hager († 1541) seine Büchersammlung der Universität Tübingen; bis heute bildet das Hager'sche Legat den Grundstock der Tübinger Universitätsbibliothek. Die wertvollsten Werke der Stiftsbibliothek aber kassierte 1806 nach der von ihm angeordneten Aufhebung des Stifts der württembergische Staat und schaffte sie nach Stuttgart. Die verbleibenden Teile – darunter waren 1813 noch mindestens 50 Inkunabeln sowie 150 Werke des 16. bis 18. Jahrhunderts – wurden entweder von Stuttgart beansprucht oder von der Ellwanger Universitätskuratel; von dort fanden Teile später, d. h. 1817, nach allerlei Umwegen wieder zurück nach Rottenburg in die neue Bibliothek des Priesterseminars. Unter den ‚Rückkehrern' befand sich auch fast ein halbes Hundert einfacher Gebrauchshandschriften des 14. und 15. Jahrhunderts auf Papier. Anderes wurde als wertlos angesehen und als Altpapier verschleudert.

Infolge des Fehlens exakter Kataloge aus der Zeit vor 1806 gibt es keine genaue Angabe über die Größe der Bibliothek; eine spätere, unverbürgte Schätzung spricht von rund 3000 Bänden. Auch Angaben über den Wert der Bibliothek aus der Zeit ihrer Zerschlagung gibt es nicht.

Die Bibliothek des Kapuzinerklosters hat nur wenige Spuren hinterlassen. Eintragungen in erhalten gebliebenen Bänden – sie befinden sich, wieder hierher gelangt in gleicher Weise wie die Bände von Karmeliterkloster und Stift, in der Bibliothek des Priesterseminars – kann man entnehmen, dass sie vielleicht durch Schenkung von Adeligen, von Geistlichen und von Bürgern der Stadt in die Bibliothek der Kapuziner kamen, die ja ein Bettelorden ohne eigenes Vermögen waren. So erhielten sich unter den hiesigen Bänden aus der Kapuzinerbibliothek auch einige Schulprämienbände des Rottenburger Jesuitenkollegs, die von ehemaligen Zöglingen des Jesuitengymnasiums später den Kapuzinern überlassen wurden.

Das Rottenburger Kloster der Kapuziner wurde 1723 in den Rang eines Studienklosters des Ordens erhoben; dies wirkte sich auch auf den Bestand der Klosterbibliothek aus. Bei der Auflösung des Klosters durch Württemberg 1806 wurde die Bibliothek jedoch lediglich mit einem Wert von 66 fl. veranschlagt; über ihren Umfang, ihre Zusammensetzung und ihr Schicksal liegen keine Nachrichten vor. Dieses Schicksal wird jedoch dem der Karmeliter- und der Stiftsbibliothek geglichen haben.

Als das Jesuitenkolleg 1773 wegen der Aufhebung des Ordens geschlossen wurde, fiel seine Bibliothek an die Vorderösterreichische Landesuniversität Freiburg – wie übrigens auch die Bibliothek des 1786 aufgehobenen Paulinerklosters Rohrhalden nahe Kiebingen, über deren Größe und Wert nichts bekannt ist.

Die Bibliothek der Rottenburger Jesuiten umfasste rund 5000 Bände, die mit einem Wert von 1500 fl. taxiert wurden. Ein paar Vergleichszahlen: Die Konstanzer Jesuiten besaßen bei ihrer Aufhebung rund 11 000 Bände; in Freiburg gab es ca. 6000 und in Ellwangen etwa 4000 Bände, während für Rottweil keine Zahl bekannt ist; 1744 hatte das dortige Kolleg nur ca. 1350 Bände besessen. Mit ihren ca. 5000 Bänden wird die Jesuitenbibliothek wahrscheinlich die größte Bibliothek der Stadt gewesen sein.

Aufgestellt war sie im zweiten Obergeschoss im Ostflügel des Kolleggebäudes in einem Saal,

Zwei Drucke des 16. Jahrhunderts aus den Bibliotheken von Stift und Kapuzinerkloster mit handschriftlichen Besitzeinträgen.

genannt die „Große Bibliothec", der später einen Teil des Diözesanmuseums beherbergte und jetzt für Veranstaltungen u. Ä. genutzt wird, sowie in zwei nahegelegenen Räumen in der Nordostecke des Gebäudes, die als „Kleine Bibliothec" bezeichnet wurden. Zwischen Großer und Kleiner Bibliothek lag ein „Bruderzimmer", das wohl als Arbeitsraum des Bibliothekars diente.

Die einstige Zweckbestimmung des großen Bibliothekssaales ist bis heute an der erhalten gebliebenen Raumausstattung ablesbar: einer mit reichem Bandelwerkstuck der 1730er-Jahre geschmückten Flachdecke, deren Felder – ein großes Mittelmedaillon und vier Eckmedaillons – durch Bemalung hervorgehoben sind. Die Formen des flachen Stucks sind, darauf sei hier erstmals aufmerksam gemacht, sehr eng verwandt mit den Stuckdekorationen im etwa zeitgleich ausgestatteten Speisesaal des Karmeliterklosters und mit denen der ehemaligen Karmeliterkirche, soweit sie in den dortigen Arkadenbögen noch erhalten sind. Während das Bild des Mittelmedaillons bei seiner Wiederaufdeckung 1925/26 nicht mehr restauriert werden konnte und von dem Wangener Kirchenmaler August Braun neu geschaffen wurde, gehen die Gemälde der Eckmedaillons zurück auf den Jesuitenbruder Josef Fiertmair, der 1738 im Rottenburger Kolleg starb und ein Schüler des großen Cosmas Damian Asam in München gewesen war. Die Blätter zweier Seitenaltäre im Weggental sowie das Hochaltarbild in der Klausenkirche sind ebenfalls Schöpfungen Fiertmairs.

Als die Jesuiten 1649 von Tübingen nach Rottenburg kamen, brachten sie bereits Bücher mit, die sowohl aus Tübingen stammten als auch von kurzzeitig in Stuttgart lebenden Ordensangehö-

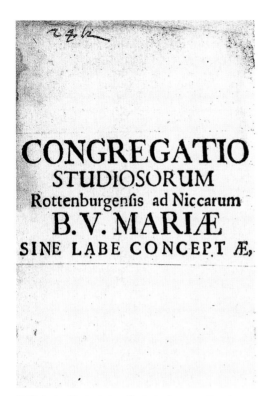

Exlibris der Marianischen Studentenkongregation der Rottenburger Jesuiten in einem Druck, der der Kongregation 1670 geschenkt wurde.

rigen. Hier handelte es sich wohl teilweise um die in den Quellen über die Bibliothek immer wieder erwähnte Gruppe der „lutherischen Bücher", der „Libri prohibiti", die 1778, rund 900 Bände umfassend, komplett nach Freiburg kamen. Die dortige Universität übernahm insgesamt einen großen Teil der Rottenburger Jesuitenbibliothek, darunter die Inkunabeln und einige Handschriften. Die rund 1000 Bände der Gruppe „Aszetik" wurden verschleudert, der brauchbare übrige Bibliotheksbestand gelangte 1791 mit den Büchern aus Rohrhalden und denen der Horber Franziskaner nach Freiburg. Die Dubletten wurden verkauft, der Rest der Universitätsbibliothek einverleibt.

Unbekannt ist das Schicksal der rund 100 Bände, die sich im Besitz der Marianischen Kongregation befunden hatten. Ein Teil gelangte vielleicht 1774 bei der Verlegung der Kongregation nach Hechingen. Auch die Studentenkongregation besaß einen Bestand an Büchern unbekannter Anzahl. Ein Bändchen von 1670 mit gedrucktem Exlibris der „Congregatio Studiosorum Rottenburgensis ad Niccrum ..." befindet sich in Rottenburger Privatbesitz.

Bei der Oberen Klause, die 1782 aufgehoben wurde, sollen der Rottenburger Oberamtsbeschreibung von 1899/1900 zufolge Klosterarchiv und Bibliothek an die Wiener Hofbibliothek abgeliefert worden sein. Die Richtigkeit dieser Angabe darf bezweifelt werden. Die Bibliotheken der vorländischen Terziarinnenklöster, zu denen auch Rottenburg gehörte, sollten, um Transportkosten zu sparen, den nächstgelegenen Lehranstalten überlassen werden – im Fall Rottenburg wäre dies die Universität Freiburg gewesen –, weil man die Wiener Hofbibliothek nicht mit einer Flut von „theologischen Ungereimtheiten" (!) überschwemmen wollte. Wien scheidet also aus und Freiburg konnte auch nicht profitieren. Die Aufhebungskommission konnte nämlich in der Oberen Klause überhaupt keine Bücher finden! Angesichts des inneren Zustands des Konvents in den letzten Jahrzehnten vor seiner Aufhebung darf das totale Fehlen von Büchern aber überhaupt nicht verwundern!

Wenn man sich am Schluss dieses Überblicks über die ehemaligen Klosterbibliotheken der Stadt fragt, was davon in der Stadt blieb bzw. nach allerlei Umwegen wieder dahin zurückkehrte, so bietet sich folgendes Bild: Bände aus der Bibliothek des Stifts St. Moriz in nicht ganz unbedeutender Anzahl enthält die Bibliothek des Priesterseminars. Dort finden sich auch Bücher aus der Bibliothek des Kapuzinerklosters. Wahrscheinlich enthält die Seminarbibliothek auch Bücher aus der Karmeliterbibliothek, doch gibt es dafür bis jetzt noch keinen ganz sicheren Nachweis. In Privatbesitz haben sich vereinzelte Bücher aus St. Moriz, aus Kapuzinerkloster und Jesuitenkolleg erhalten, dazu ein Band der Studentenkongregation und einer aus der Rohrhalder Bibliothek – das ist alles.

Rottenburger Wallfahrten

Der Mensch ist ein Pilger und Fremdling in dieser Welt. Diese überhaupt nicht neue Erkenntnis hat in den letzten Jahrzehnten des 20. Jahrhunderts zu einer Neubelebung des Wallfahrtsgedankens geführt, dem ja das im Glauben erfahrene Wissen darum zugrunde liegt, dass Gott Anteil an uns und unserem Leben nimmt, dass er mit uns geht auf unserem Lebensweg, der stets ein Pilgerweg ist.

Was aber das in unseren Tagen wieder vermehrt in Übung gekommene Pilgern und Wallfahren angeht, so gilt noch immer das, was um die Mitte des 19. Jahrhunderts Franz Seraph Häglsperger, ein Schüler des großen Johann Michael Sailer, seinen sich klug und aufgeklärt dünkenden Zeitgenossen ins Stammbuch schrieb: „Ich möchte die frommen Wallfahrer um vieles nicht des Aberglaubens beschuldigen, wenn sie einmal des Jahres auf einen oder zwei Tage ganz ihrer irdischen Geschäfte sich entschlagen und ihr schwer gedrücktes Herz einem Orte zutragen, der ihrem kindlichen Gemüte und ihrer frommen, bilderreichen Phantasie schon längst als ein ganz außergewöhnlicher Ort der Ruhe und Hilfe sich bewährt hatte."

Dass das für unsere Zeit nicht weniger gilt als für die Zeit Häglspergers oder die Jahrhunderte davor, das beweisen die Wallfahrtsorte – von Jerusalem, Rom, Santiago de Compostela über Maria Einsiedeln und Altötting bis herab zum Rottenburger Weggental. Zwar ist nicht jeder Besucher eines Wallfahrtsortes religiös und nicht jeder Pilger auf den unzählbar gewordenen Jakobswegen hat religiöse Beweggründe. Aber gerade das Wallfahren, das Pilgern, das heutzutage wieder Konjunktur hat, ist letztlich Suche nach Lebenssinn, nach Gott – auch wenn sich das nicht jeder in der wachsenden Zahl der Pilger und Wallfahrer auf Anhieb eingestehen mag!

St. Moriz

Bekanntestes, aber nicht ältestes Rottenburger Wallfahrtsziel ist das Weggental, dessen Entstehung um das Jahr 1517 anzusetzen ist. Rund ein halbes Jahrtausend älter war die Wallfahrt zu den Reliquien des heiligen Mauritius und seiner Gefährten von der Thebäischen Legion in der Stifts- und Pfarrkirche St. Moriz auf dem rechten Neckarufer. Diese Mauritiusreliquien kamen vermutlich bald nach dem Jahr 940 als Geschenk des heiligen Bischofs Ulrich von Augsburg an seine Rottenburger Verwandten hierher – es wird vermutet, dass das Gebiet um Rottenburg damals einer Nebenlinie der Grafen von Dillingen gehörte – auch der heilige Ulrich war ein Angehöriger des Dillinger Grafenhauses.

Aufbewahrungsort der Mauritiusreliquien im Kirchenbau von 1209 – über die Zeit davor fehlen Informationen – war eine Art Krypta, deren Reste 1973 unter dem Chor der heutigen Kirche

In diesem Schrein von 1991 werden die Mauritiusreliquien jetzt aufbewahrt.

aufgedeckt werden konnten. Im gotischen Kirchenbau, dem heutigen also, war der Reliquienschatz in den Fächern zweier spitzbogiger Wandnischen beiderseits des Hochaltars – die Nischen sind heute noch vorhanden – geborgen, die durch bemalte hölzerne Flügeltüren und Gitter verschlossen werden konnten.

Die Mauritiusreliquien wurden bald von großen Pilgerscharen besucht. So musste die um 1300/1325 neu erbaute Kirche, die zugleich Grablege der nunmehrigen Ortsherren war, der Grafen v. Hohenberg, bereits 1412/13 wegen des starken Zustroms von Wallfahrern vergrößert werden.

In der Barockzeit erlebte die Wallfahrt ihren letzten großen Höhepunkt und noch bis ins 19. Jahrhundert waren die Reliquien in mehreren Altären der Stiftskirche zur Schau gestellt. Was von ihnen übrig war – besonders in der Barockzeit war vieles davon für Kirchen abgegeben worden, deren Altäre neu geweiht werden mussten, oder für Kirchen, die nach Zerstörung im Dreißigjährigen Krieg neu gebaut wurden –, ist jetzt in einem 1991 neu geschaffenen Schrein in der Mensa des Hochaltars geborgen. Sinnfälliger Ausdruck der früheren Bedeutung der Wallfahrt sind die rund 65 Ablässe, die der St. Morizkirche seit dem Jahr 1337 von verschiedenen Päpsten, Kardinälen und Erzbischöfen verliehen worden waren.

Die Pilger erhofften sich von St. Mauritius „absonderlichen Beystand in den Gefahren des Leibs und der Seelen, gewissere Hilf in Sachen wie den zeitlichen Wohlstand betreffend, als auch das ewige Heyl belangend", aber auch „Hilfe in Feuersnöthen wider die Brunst", wie es im Wallfahrtsbüchlein von 1769 heißt.

Betreuer der Mauritiusreliquien und der Pilger waren seit seiner Gründung 1330 die Chorherren des Stifts St. Moriz, die auch während der ersten Periode der Wallfahrt im Weggental bis zur Mitte des 17. Jahrhunderts dort Seelsorger und Betreuer der Wallfahrer waren.

Ein Dokument der auch noch in der Zeit der Aufklärung blühenden Mauritiusverehrung ist die im Druck erschienene, am Mauritiusfest des Jahres 1791 von „Pater Bernard Boll, des Hochlöbl. unmittelbaren freyen Reichsstiftes Saalem

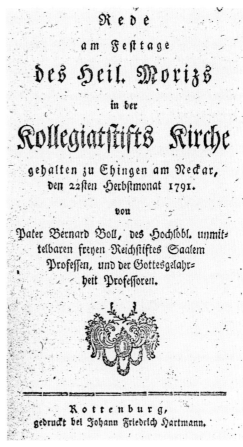

Text der Festpredigt am Mauritiustag 1791, die der spätere erste Freiburger Erzbischof B. Boll hielt.

Professen und der Gottesgelehrtheit Professoren" in der Stiftskirche St. Moriz gehaltene Predigt. Wichtig ist sie nicht nur wegen ihrer lokalen Bezüge, sondern auch wegen der Person des Predigers.

P. Bernard Boll, Zisterzienser aus Salem, war nämlich quasi ein halber Rottenburger. Seit seinem sechsten Lebensjahr war der 1756 in Stuttgart als Sohn eines Offiziers geborene Johann Heinrich Boll im Haus des späteren Stiftspropsts Franz Anton Bolz erzogen worden, hatte das Gymnasium der Rottenburger Jesuiten absolviert und war 1772 als Novize in das Rottenburger Kolleg eingetreten. 1776, drei Jahre nach der Aufhebung des Ordens, trat er als Novize bei den

Entstehungsgeschichte der Weggentaler Wallfahrt auf einem Tafelbild von 1666/1714, in dessen Zentrum links die alte, rechts die neue Wallfahrtskirche abgebildet ist.

Zisterziensern in Salem ein, empfing die Priesterweihe, wurde 1789/98 Theologieprofessor in Salem, 1798/1801 in Tennenbronn; 1805 wurde er Professor der Philosophie in Freiburg, 1809 wurde er zum Doktor der Theologie promoviert. Im gleichen Jahr erlangte er die Würde eines Münsterpfarrers in Freiburg; im Jahr darauf war er Dekan und später Apostolischer Protonotar. Als erster Erzbischof von Freiburg wurde er 1827 konsekriert und inthronisiert, 1836 starb er im Alter von 80 Jahren.

Am Beginn der Laufbahn des ersten Freiburger Erzbischofs stand als Bildungsstätte also die urbs pia Rottenburg!

Das Weggental

Im Gegensatz zur erloschenen Wallfahrt zu den Mauritiusreliquien in St. Moriz ist die Wallfahrt zur Schmerzhaften Muttergottes im Weggental all die bewegten Jahrhunderte bis in unsere Tage lebendig geblieben.

Ob sie wirklich 1517 entstand, dem Jahr von Luthers Wittenberger Thesenanschlag, ist nicht gesichert; das von den Jesuiten 1731 in den Druck gegebene Mirakelbüchlein datiert den Anfang „um das Jahr 1517", die Wallfahrtsbüchlein des 19. Jahrhunderts formulieren ebenso. Das erste gesicherte Datum in der Gründungsgeschichte ist jedenfalls der 27. August 1518. Damals erging vom Konstanzer Generalvikariat die Weisung, dass der Pfarrer von Rottenburg „die Mirakel" weder von der Kanzel verkünden noch verkünden lassen dürfe, bis sie mit bischöflicher Autorität geprüft und als Wunder anerkannt seien.

„Mirakel" und „Wunder" – das zielt auf die Ursprungslegende der Wallfahrt, die nach alten Berichten zusammengefasst so lautet: „Ein Bauer aus Remmingsheim nahm auf dem Heimweg von Rottenburg aus einem Bildstock im Weggental das holzgeschnitzte Bild der Schmerzhaften Muttergottes mit nach Hause, um es seinen Kindern als Spielzeug zu bringen. Doch tags darauf befand es sich wunderbarerweise wieder an seinem alten Platz im Bildstock. Der Bauer holte es noch ein zweites und drittes Mal, und jedesmal kehrte das Bild an seinen Platz im Weggental zurück."

Wie immer bei solchen Begebenheiten verbreitete sich die Kunde wie ein Lauffeuer, viel Volk strömte herbei, neugierig oder kritisch die einen, die andern, um dem Bild der Schmerzhaften Muttergottes ihre Verehrung zu bezeigen.

Im August 1520 gab es bereits eine primitive hölzerne Kapelle, die 1521 ausgebaut, mit einem Altar versehen und kirchlich geweiht wurde. Eine Wohnung für den Mesner samt einer Unterkunft für auswärtige Pilger konnte ebenfalls gebaut werden.

Weggentaler Metallvotive (Silber, Messing) aus dem 18. und frühen 19. Jahrhundert.

Nach und nach fanden immer mehr Pilger den Weg ins Weggental, sodass die Kapelle 1591 durch einen Anbau vergrößert werden musste. Nach dem Dreißigjährigen Krieg setzte die besonders fromme, wallfahrtsfreudige Barockzeit ein und so wurde die Kapelle von 1521 mit ihrem 70 Jahre jüngeren Anbau endgültig zu klein. An ihre Stelle trat der heutige Kirchenbau von 1682/95. (Vgl. S. 155 ff.)

Von Anfang an standen dem Rottenburger Magistrat gewisse Aufsichtsrechte im Weggental zu. Er hatte das erste hölzerne Gehäuse für das Gnadenbild errichten lassen, er nahm die Weggentalmesner in Dienst und aus den Reihen der Ratsherren kamen die weltlichen Pfleger (Verwalter) der Wallfahrtseinkünfte; geistliche Pfleger waren zuerst die Chorherren von St. Moriz, seit dem Anfang des 17. Jahrhunderts die Stadtpfarrer von St. Martin. Das Weggental verfügte von Anfang an nie über eigenes Vermögen, weder aus Einnahmen für gestiftete Altarpfründen – solche gab es im Weggental nicht – noch aus Haus- oder Grundbesitz. Die Einkünfte der Wallfahrtskirche setzten sich lediglich aus Stiftungen, Geld- oder Sachspenden der Pilger und aus den Opfergeldern der Kirchenbesucher zusammen.

Für Gottesdienstgestaltung und geistliche Betreuung der Wallfahrer waren in der ersten Phase der Wallfahrtsgeschichte die Chorherren des Stifts St. Moriz verantwortlich, in deren Pfarrsprengel der berühmte Bildstock und die ihn bergende Kapelle lag. Das Weggental lag nämlich im „Zwing und Bann" der Markung des ehemaligen Dorfes Kalkweil, das nach St. Moriz eingepfarrt war. Nach Streitigkeiten über die

Titelblatt des anonymen Weggentaler „Mirakelbüchleins" von 1731.

Ausübung der pfarrlichen Rechte im Weggental kam es im frühen 17. Jahrhundert zu einer Neuregelung, die die Wallfahrtskapelle fortan als Teil der Pfarrei St. Martin deklarierte. Für die Pilgerseelsorge war nun der Stadtpfarrer von St. Martin verantwortlich; er wurde auch Mitpfleger des Wallfahrtsvermögens. Eine Spätfolge dieser ‚Grenzkorrektur' war die lange nicht mehr bekannte Tatsache, dass die Pfarrei St. Martin sich beim Bau der großen Wallfahrtskirche von 1682/95 als Bauherr finanziell stark zu engagieren hatte. Die immer wieder zu lesende Behauptung, Bauherr der Kirche seien die Jesuiten gewesen, ist falsch!

Noch während der Zeit seiner Verantwortlichkeit für die Wallfahrt errichtete das Stift die „Bruderschaft zu den Sieben Schmerzen Mariens", die 1590 vom Konstanzer Bischof genehmigt wurde. Die Bruderschaft hatte sich um die Aufzeichnung der geschehenen „Gnaden-Werck und Miracel" zu kümmern – leider gingen diese Aufschriebe verloren – und nahm sich der Verbesserung der Ausstattung der Wallfahrtskapelle mit Paramenten, Kelchen usw. an. Später machte sie sich durch großzügige Spenden um den Neubau der Wallfahrtskirche verdient.

An der bisherigen Situation der Wallfahrtskirche änderte sich 1653 nochmals Grundlegendes – zwar nicht bei ihrer finanziellen Lage, wohl aber bei der Seelsorge. Erzherzog Ferdinand Carl von Tirol als Landesfürst übertrug nämlich in jenem Jahr Seelsorge und Predigtdienst im Weggental sowie die Betreuung der Wallfahrer an die 1649 gegründete Rottenburger Niederlassung des Jesuitenordens. Die Rechte der Sieben-Schmerzen-Bruderschaft und die des Stadtpfarrers von St. Martin wurden dadurch jedoch nicht geschmälert.

Von Anfang an nahmen die Jesuiten sich ihrer neuen Aufgabe sehr engagiert an. Sie führten geregelte Gottesdienstzeiten ein, waren eifrig im Predigen und Beichthören, ließen sehr rasch eine Weihnachtskrippe und ein Heiliges Grab als Anziehungspunkte für das Publikum aufstellen – Ersterwähnung beider 1688, aber beide deutlich älter! – und errichteten 1669 eine eigene Bruderschaft „Zur Verehrung der heiligen Namen Jesus, Maria und Joseph", die 1688 die bischöfliche Bestätigung erhielt. Wie die ältere Sieben-Schmerzen-Bruderschaft hatte sie in der neuen Kirche einen eigenen Altar, links vom Eingang zum Chor; der Altar der älteren Bruderschaft stand rechts vom Choreingang.

Das Mirakelbüchlein „Gnadenreiches Weggen-Thal", das von den Jesuiten 1731 in Druck gegeben wurde, bringt u. a. auch einige Informationen über die Frequenz der Wallfahrt im 18. Jahrhundert. Man erfährt, dass damals pro Jahr über 50 Prozessionen mit Kreuz und Fahnen aus allen Richtungen im Weggental eintrafen – um 1736 waren es bereits über 100. Bis zu 1400 Priester zelebrierten jedes Jahr in der Weggentalkirche. Über 3000 hl. Messen wurden pro Jahr gelesen, über 13 000 Kommunikanten wurden jährlich gezählt, „alles zu größerer Ehre Gottes

Votivbild von 1707 mit gekleidetem Gnadenbild im Kloster Weggental.

Hochaltar der Weggentalkirche von 1730, eine Wiener Arbeit, nach der Überlieferung ein Geschenk des habsburgischen Kaiserhauses.

und seiner übergebenedeyten Jungfräulichen Mutter Mariä mit Erfolg vieler und grosser Gnaden und auserlesenen wunderlichen (= wunderbaren) Gutthaten, welche der allgütige Gott auf die Fürbitte Maria der schmertzhafften Jungfräulichen Mutter denen anhero Wallfahrtenden und sich Verlobenden ertheilet" – so ist es im Mirakelbüchlein von 1731 zu lesen.

Seit 1626 zogen die beiden Rottenburger Pfarreien in den Sommermonaten jeden Montag in Prozession ins Weggental. Auch zahlreiche Gemeinden des Rottenburger Landes wallfahrteten Jahr für Jahr an bestimmten Tagen geschlossen mit Kreuz und Fahnen zur Wallfahrtskirche.

Die Menge der Prozessionen verminderte sich seit dem allgemeinen Prozessionsverbot durch Kaiser Joseph II. im Jahr 1783 beträchtlich, nahm dann aber im 19. Jahrhundert wieder zu, ohne ihren barocken Höhepunkt jemals wieder zu erreichen.

Woher aber kamen die Pilger, die während des Jahres, meist einzeln oder in kleineren Gruppen, außerhalb der großen Prozessionen und Bittgänge den Weg ins Weggental fanden? Zunächst waren es wohl Personen aus allen Ständen des damaligen Rottenburg und seines Umlandes. Mit dem Bau der großen Wallfahrtskirche 1682/95 vergrößerten sich dann Bekanntheitsgrad und Einzugsbereich beträchtlich. Unter den Pilgern und Wohltätern werden österreichische Erzherzöge ebenso genannt wie ihre ranghöchsten hohenbergischen Beamten. Angehörige von Adelsfamilien der näheren und weiteren Umgebung wie die Fürsten von Hohenzollern-Hechingen und Hohenzollern-Sigmaringen, aber auch Angehörige der Familien v. Bodman, v. Ehingen, v. Hohenberg, v. Königsegg, v. Ow, v. Speth, v. Syrgenstein, v. Wernau u. a. erschienen im Weggental als Pilger, aber auch als Stifter und Wohltäter. Andere Wallfahrer kamen aus Baden, der Pfalz und dem Elsass, aus Burgund und aus Bayern, vom Niederrhein und aus Belgien, ja sogar aus dem fernen Ungarn. Das Weggental besaß in der Barockzeit einen Bekanntheitsgrad, der weit über die engen Grenzen der Grafschaft Hohenberg hinausging.

Wie in jedem Wallfahrtsort von Rang im süddeutsch-alpenländischen Raum hinterließen die Pilger auch im Weggental Zeugnisse ihrer Bitten und ihrer Danksagung. Die Quellen berichten von Naturalopfern wie Rindern, Schafen, Geflügel und Bienen, von geopfertem Wachs, von Honig und Met. Es gab Geldopfer, Weihegeschenke von Wertgegenständen wie edelstein- und perlenverzierte Kleinodien, goldene Ringe, eine goldene (Votiv-) Krone, die mit Granatsteinen und Perlen geschmückt war, einen Korallenast, Rosenkränze, darunter solche mit Perlen aus Granat oder Bergkristall.

Daneben gab es die ‚echten' Votivgaben: Nachbildungen erkrankter bzw. geheilter Körperteile und Gliedmaßen in Wachs, Messing oder Silber. Es gab Krücken, die an den Kirchenwänden aufgehängt waren, es gab grob aus Eisen geschmiedete Nachbildungen von Haustieren und es gab zahllose Votivbilder, gemalte Szenen mit dem Gnadenbild, der bildlichen Darstellung des Anlasses der Stiftung und einer mehr oder weniger ausführlichen Inschrift.

Im Jahr 1759 heißt es ausdrücklich, alle Wände der Kirche seien von den vielen Votivgaben und Weihegeschenken ganz bedeckt. Bei einem „Ausweißnen" der Kirche 1829 wurden „die Votiv Taflen hinaus geschafft" – Krücken, Nachbildungen von Körperteilen u. Ä. waren vielleicht schon damals nicht mehr vorhanden. Der Rest – ein paar Metallvotive und ein Votivbildchen von 1709 – ist noch da, das Übrige verschwand spätestens bei der Kirchenrenovierung von 1894/97. Im Weggentalbuch von 1917 wird bereits bedauert, die neue Zeit habe in Verbindung mit der Renovierung „einen großen Umschwung herbeigeführt und … gewaltig und fast zu gewaltsam aufgeräumt" mit dem, was Josephinismus und kirchliche Aufklärung übrig gelassen hatten.

Im Jahr 1731 erschien nach einem verschollenen Vorgänger von 1688 ein von den Rottenburger Jesuiten herausgegebenes Büchlein, in dem die Wallfahrtsgeschichte dargestellt wird, in dem aber auch die Beschreibung von geschehenen Gebetserhörungen breiten Raum einnimmt. Dieses „Mirakelbüchlein" bekamen die Mitglieder der jesuitischen Bürgerkongregation 1732 als Gabe überreicht.

Und wieder kam eine Zeitenwende. Der Jesuitenorden wurde 1773 aufgehoben, damit auch sein Rottenburger Kolleg und die hiesigen Bruderschaften des Ordens, darunter die im Weggental; 1788 kam dann auch das Ende der Sieben-Schmerzen-Bruderschaft. Der vorgesehene Abbruch der Wallfahrtskirche konnte 1793 durch geschicktes Argumentieren der Stadt gegenüber dem K. K. Oberamt verhindert werden. Aber der Zeitgeist generell war dem Wallfahrtswesen abhold und so gingen auch im Weggental die Besucherzahlen stark zurück. Der Strom der Pilger kam jedoch nie völlig zum Erliegen.

Mit dem Jahresbeginn 1806 endete dann auch die Zugehörigkeit Rottenburgs zu Schwäbisch-Österreich; die Stadt und ihr Umland fiel an Württemberg, das noch im selben Jahr die Klöster der Karmeliter und Kapuziner sowie das Stift St. Moriz säkularisierte und ihre Vermögenswerte einkassierte. Im Weggental wurden 1808 die damals noch üblichen Nachmittagspredigten verboten, die Jahrtagsgottesdienste wurden in die St. Martinskirche transferiert, die Messfeier an den Sonn- und Feiertagen in der Wallfahrtskirche wurde untersagt. Von etwa 1820 an war dann der Brigitten-Kaplan der St. Martinskirche als Seelsorger für die wieder zahlreicher werdenden Wallfahrer eingesetzt. 1817 hatte es bereits geheißen, dass ins Weggental viele Wallfahrer aus der näheren und weiteren Umgebung Rottenburgs kämen und dass von den Wallfahrern reichlich gespendet werde. Im Lauf des 19. Jahrhunderts erstarkte die Wallfahrt weiter; als Publikumsmagnet für die Weihnachtszeit kam um 1850 die „Waldhorn"-Krippe ins Weggental und 1894/97 wurde das Innere der Kirche erstmals seit ihrer Erbauung vor 200 Jahren im Zeitgeist des Historismus renoviert und ausgemalt.

Im Jahr 1917, mitten im Ersten Weltkrieg, konnte die Vierhundert-Jahrfeier der Entstehung der Wallfahrt festlich begangen werden. Zwei Jahre später erhielt das Weggental neue ständige Betreuer. Nach langen Bemühungen erreichte Bischof P. W. v. Keppler, dass 1919 im alten Mesnerhaus des Weggentals von 1773 eine Niederlassung des Franziskanerordens errichtet werden durfte, eine der ersten Niederlassungen eines Männerordens in Württemberg nach der Säkularisation! Die Wallfahrt nahm unter den Franziskanern neuen Aufschwung, der bis in unsere Zeit anhält. Und noch immer gilt, was Bischof Keppler 1917 in seiner Festansprache so formulierte: Das Weggental sei „die Freude und die Ehre der Stadt Rottenburg" – nicht nur der Stadt Rottenburg, sondern auch der ganzen Diözese, möchte man hinzufügen.

In der Umgebung

Zu erinnern bleibt noch an zwei längst erloschene, längst vergessene Wallfahrtsziele in der unmittelbaren Umgebung Rottenburgs.

Da ist einmal die mittelalterliche Wallfahrt zum heiligen Jodok, der seit 1338/39 in einer 1809 abgebrochenen Kapelle an der Landstraße von Rottenburg nach Weiler nahe der Weiler Markungsgrenze verehrt wurde. Der Pilgerheilige St. Jodok – und mit ihm St. Wendelin als Patron der Bauern, Hirten und Haustiere – wurde an einer Stelle verehrt, unweit der die Landstraße von einer römischen Straße gekreuzt wurde, die, von Rottweil kommend, mit einer Furt beim Rottenburger Gutleuthaus den Neckar überschritt und weiter zum Kastell Köngen verlief. Noch in der Mitte des 18. Jahrhunderts war ein Teilstück dieser alten Straße, die an St. Jodok vorbeiführte, Teil einer Reitpoststrecke, die von Tübingen her am Schadenweiler Hof vorbei über Haigerloch, Rosenfeld, Rottweil bis nach Stühlingen führte. Der Platz für die Kapelle des Pilgerpatrons war also sicher nicht zufällig gewählt und der Fund einer durchbohrten, einst irgendwo angenähten Pilgermuschel bei der archäologischen Untersuchung der Kapellenfundamente im Jahr 1980 war die Bestätigung für die Anwesenheit mittelalterlicher Pilger an dieser Stelle.

Die uralte St. Remigiuskirche auf dem Wurmlinger Berg wurde 1644 durch ein Brandunglück zerstört. Der Neubau, die heutige Bergkapelle – durch Ludwig Uhlands Gedicht „Droben stehet die Kapelle" weltbekannt geworden –, konnte 1685 geweiht werden. Das Augustinerchorherrenstift Kreuzlingen bei Konstanz, seit 1127 für die Seelsorge auf dem Wurmlinger Berg verantwortlich, versuchte in der neu erbauten Kapelle eine Wallfahrt zum heiligen Remigius zu etablieren. Dies gelang für kurze Zeit, die Wallfahrt hatte wenige Jahre großen Zulauf.

Eine Wallfahrtsbruderschaft zum hl. Sebastian konnte 1688 errichtet werden, 1692 kam eine Rosenkranzbruderschaft hinzu, die jedoch bereits 1718 als „arm" bezeichnet wurde. Letztlich gilt dies für die gesamte Wallfahrt auf dem Wurmlinger Berg; Ausdruck dafür ist, dass ein 1719 zusammengestelltes Wallfahrts- und Mirakelbüchlein nie im Druck herausgegeben werden konnte. In der ersten Hälfte des 18. Jahrhunderts erlosch diese für die Barockzeit typische „gestiftete", d. h. gemachte Wallfahrt wegen des Ausbleibens der Pilger und ihrer Opfergelder sang- und klanglos. Die Anziehungskraft des Weggentals war stärker geblieben.

Der eine oder andere Weggentalpilger mag zusätzlich wohl auch noch im 18. Jahrhundert die heiligen Mauritius, Jodok und Remigius an

Die Prozession von 1911 auf dem Ehinger Platz.

Die Stadtkapelle mit neuer Uniform 1927 auf dem Ehinger Platz.

Der kath. Lehrlingsverein mit Statue des hl. Josef in einer Fronleichnamsprozession der 1930er-Jahre.

Fronleichnam 1961: Sakramentaler Segen am zweiten Altar am Ehinger Neckarufer bei der Kepplerbrücke.

Das festlich geschmückte Rathaus am Fronleichnamstag 1962.

Gruppe aus der Fronleichnamsprozession von 1962 mit barocker Immaculata-Figur.

Alumnen des Priesterseminars, Monsignori und Domherren in der Prozession von 1962.

Vertreter beider Pfarreien tragen den „Himmel" im Zentrum der Prozession.

den Stätten ihrer Verehrung besucht haben, aber er wird, seit es die barocke Weggentalkirche gab, nicht mehr eigens wegen einem der drei anderen Heiligen ins Rottenburger Land gepilgert sein.

Die Rottenburger aber wallfahrteten, wenn sie es nötig zu haben glaubten, durchaus nicht nur ins Weggental oder auf den Wurmlinger Berg, zu St. Moriz oder St. Jodok. Auch Fernwallfahrten waren ihnen nicht fremd, wenn es auch keine Berichte darüber gibt. Das Wallfahren in die Ferne war ja keine öffentliche Angelegenheit, die sich irgendwie in den Akten niedergeschlagen hätte, sondern stets Privatsache des Einzelnen – in der Regel wohl eher einem Gelöbnis entspringend als der Reise- und Abenteuerlust, wenngleich auch dieser Gesichtspunkt gelegentlich eine Rolle gespielt haben mag. Pilgerfahrten, Pilgerzüge im heutigen Sinn gab es in früheren Jahrhunderten nicht, deshalb ist das beharrliche Schweigen der Quellen zu den Fernwallfahrten der Rottenburger nicht weiter verwunderlich.

Ein gewisser Jakob Beyter aus dem Rottenburger Stadtteil Frommenhausen unternahm 1510 eine Pilgerfahrt nach Santiago de Compostela zum Grab des Apostels Jakobus. Und in vielen guten alt-rottenburger Familien war noch bis in die erste Hälfte des 20. Jahrhunderts die jährliche Wallfahrt nach Maria Einsiedeln in der Schweiz eine gern geübte Tradition.

Aus der ersten Hälfte des 18. Jahrhunderts stammt ein längeres, anonymes Gedicht mit dem Titel „Weggenthalische Kirchfahrt. Das ist: Lobwürdige Erzählung von dem Ursprung der gnadenreichen Bildnuß Mariae in dem Gotteshaus Weggenthal". Darin heißt es u. a.: „... Wohlan, so kommet mit Vertrauen / Maria Bildnuß anzuschauen: / So euch je eine Noth angeht / Ja gar der Tod vor Augen steht; / ... / Sie ist und bleibet jederzeit / Die Mutter der Barmherzigkeit."

Hier wird der Sinn allen Wallfahrens sichtbar, nicht nur der des Wallfahrens ins Weggental: Suche nach Heil und Hilfe in allen Nöten dort, wo das Heil zu finden ist, nicht bei den „falschen Christussen und falschen Propheten" aller Zeiten. Das bewegt die Wallfahrer zuinnerst, auch wenn das nicht jeder von ihnen gleich zugeben wird.

„Unseres lieben Herrgotts Fronleichnamstag"

Das Fronleichnamsfest, bis weit ins 20. Jahrhundert hinein häufig auch Corporis-Christi-Fest genannt, ist zweifellos farbenprächtiger Höhepunkt im kirchlichen Festkalender der Stadt. Dieser Ansicht werden nicht nur jene beipflichten, die in Rottenburg aufgewachsen sind und denen dieses frühsommerliche Fest von Kindertagen an lieb geworden ist. Auch vielen Neu-Rottenburgern ist dieser Festtag inzwischen vertraut als nicht mehr wegzudenkender Bestandteil städtischen und persönlichen Jahreslaufs. Fronleichnam – das ist ein Fest für Herz und Gemüt, für alle Sinne, ein Fest für Jung und Alt, für die ganze Stadt. Bevor wir uns diesem Festtag aus Rottenburger Perspektive nähern, soll versucht werden, ein paar Hinweise zu seiner theologischen Bedeutung zu geben.

Fronleichnam (= Leib des Herrn), heute „Hochfest des Leibes und Blutes Christi" genannt – in der glaubensfrohen Barockzeit erscheint es manchmal mit dem schönen Namen „Unseres lieben Herrgotts Fronleichnamstag" in den Akten –, gefeiert am Donnerstag nach dem Dreifaltigkeitssonntag, ist seit 1264 das für die gesamte Kirche vorgeschriebene Fest zu Ehren der Eucharistie, der konsekrierten Hostie, in der Jesus Christus als wirklich gegenwärtig verehrt wird. Etwa seit der Mitte des 14. Jahrhunderts ist es mit einer Prozession verbunden, in der die konsekrierte Hostie in einem Schaugefäß, der Monstranz, durch die Straßen getragen und der Gemeinde gezeigt wird.

Der in Brotsgestalt „alle Tage bis zum Ende der Welt" gegenwärtige Christus sollte an diesem Tag von all dem begleitet werden, was ihm in seiner Gemeinde lieb und wert sein könnte: von den Gläubigen, geordnet nach Zünften, Korporationen, Vereinen, begleitet von Klerikern und Honoratioren, von Musikanten und Sängern, von Reliquien und Heiligenfiguren, von Kerzen, Fahnen und Prozessionsstangen. Sehr früh gab es dabei auch szenische Bilder, die Stationen aus der Heilsgeschichte oder zumindest aus der Leidensgeschichte Christi durch lebende oder auch nur geschnitzte Gruppen darstellten und

Geschütz St. Georg der Bürgerwache nach der Prozession von 1963.

Mauritiusbüste und -reliquiar in der Prozession von 1963.

Alljährlich baut das THW auf dem Neckar einen schwimmenden Altar – so wie hier 1964. Das Altarbild ist von Eugen Stehle sen.

Infanterie der Bürgerwache bei der Fronleichnamsprozession 1994.

Fronleichnam 2006: Nach der hl. Messe beginnt die Prozession sich zu formieren.

die häufig von den Zünften dargeboten wurden. Daraus entstanden über erläuternde Dialoge vielerorts Fronleichnamsspiele.

Hintergedanke des Festes, der Prozession, ist somit weder demonstrative Schaustellung noch konfessionelle Polemik, sondern lediglich der Ausdruck der Freude an der Gegenwart Christi im Altarsakrament, das Bewusstsein, dass in Christus die ganze Schöpfung geheiligt ist. Und es ist Ausdruck der Freude darüber, dass diese Gegenwart Christi dem Glaubenden tragende Lebenswirklichkeit sein kann. Die fromme Liebe und Begeisterung aber suchte nach Ausdruck, das Fest als solches war nicht genug, aus liebendem Gemüt wollte man den Tag des größten Sakraments mit größter Pracht feiern – den geeigneten Rahmen dafür bot die Prozession.

Damit sind wir endlich beim Rottenburger Fronleichnamstag. Manches davon hat sich seit Ende der 1960er-Jahre zwar gewandelt, die Reformen des Konzils machten sich auch hier durch eine gewisse Tendenz zur Vereinfachung bemerkbar, durch eine Art von neuer Nüchternheit beim Drumherum; am Kern des Festes änderte sich jedoch nichts. Wie Prozessionsordnungen aus dem 19. und frühen 20. Jahrhundert zeigen, gab es auch damals schon nichts Dauernderes als den Wandel.

Der Verfasser, Rottenburger in 18. Generation, in der Stadt aufgewachsen und von Kindheit an eng

Am Morgen des Fronleichnamstags 1964 stellt sich die Bürgerwache vor dem „Engel" auf.

Die Urbansbrüder mit dem Standbild ihres Patrons in der Prozession von 1968 ...

... und 2001 beim Einzug auf den Marktplatz am Schluss der Prozession.

Die Urbansbrüder 1931 in der Tübinger Straße beim „Anker" ...

... und beim Einzug auf den Marktplatz 1994.

mit ihr und ihrer Geschichte, ihren Überlieferungen verwachsen, versucht aus eigenem Erleben in den folgenden Impressionen einiges von dem meist vernachlässigten Drumherum in Worte zu fassen, denn gerade das begleitende Drumherum um das unveränderliche Zentrum – der „Himmel" mit dem Träger der Monstranz – ist es, was die Sinne anspricht, was das Fest noch immer als gewissermaßen ‚barockes' Fest erscheinen lässt, auch wenn das eine oder andere Detail anders geworden ist seit den Jahrzehnten der Kindheit und Jugend des Verfassers.

Für den ‚Schulerbuben' begann Fronleichnam stets schon am Nachmittag des Vortags. Nach Erledigung der Hausaufgaben wurde der Nach-

Die Mitte jeder Fronleichnamsprozession: der „Himmel" mit dem Träger des Allerheiligsten in der Monstranz. Aufnahme von 2006.

mittag nicht wie sonst zu Hause, sondern mit einigen Kameraden in der Königstraße und auf dem Marktplatz verbracht und auch der Abend sah uns erst bei Einbruch der Dunkelheit wieder zuhause. Man wollte dabei sein, wenn die Häuser mit jungen Birkenbäumchen geschmückt wurden, die am Vormittag von den Rottenburger Fuhrleuten mit ihren Pferdegespannen aus dem Stadtwald in die Straßen des Prozessionswegs gebracht worden waren. Oft genug stand man den emsig arbeitenden Bewohnern der Häuser im Weg herum, wenn sie die „Maielen" an den Häusern befestigen wollten, und erntete dafür manchen gelegentlich rottenburgisch-derben Verweis. Dass schon im 16. Jahrhundert solche „Mayen" am Fronleichnamstag die Stadt schmückten, lernte man erst Jahrzehnte später.

Man wollte sehen, wie die Häuser mit Girlanden und Kränzen aus frischem Tannengrün behängt wurden und wie die weiß-gelben oder weiß-roten Stoffgirlanden in den Kirchen- und in den Stadtfarben unter den Fenstern befestigt wurden, ob die Stofftransparente mit religiösen Symbolen wieder in der gleichen Reihenfolge aufgehängt wurden wie im Vorjahr – hier waren die Zwölf- bis Vierzehnjährigen durchaus kritische Beobachter.

Am Abend war dann im Dom feierliche Segensandacht; festlicher Weihrauchduft kam am Schluss durch die geöffneten Portale. Man sah Bischof und Domherren ganz aus der Nähe, wenn sie sich aus der Sakristei heraus das Waldhorngässle hinauf zu ihren Wohnungen begaben. Man rannte die Königstraße hinaus zum „Engel", um nur ja nicht das Aufstellen der Bürgerwache zu versäumen, die von dort aus, von ihrem damaligen Vereinslokal, über die Sprollstraße durch die Stadt marschierte, um danach auf dem Marktplatz den Großen Zapfenstreich aufzuführen. Und beim Zapfenstreich musste man selbstredend auch dabei sein, natürlich ganz vorne, vor den ‚Großen'. Wenn dann die Bürgerwache wieder abmarschierte, war es höchste Zeit für den Nachhauseweg.

Die Aufregung, die Vorfreude auf den kommenden Tag ließen einen in der Nacht kaum ruhig schlafen. Diese Nacht war kurz, nicht nur für die Männer von der Bürgerwache, die nach dem Zapfenstreich noch ein langes Stelldichein mit ihren Bierkrügen im „Engel" hatten! Dann also der in unruhigem Schlaf herbeigefieberte frühe Morgen des Festtags: Die Salutschüsse aus den Kanonen der Bürgerwache herunter vom Gelben Kreidebusen, die einen förmlich aus dem Bett ‚lupften'. Über diese ‚Nachtruhestörung' am hellen Frühsommermorgen zu schimpfen, fiel einem überhaupt nicht ein – es gehörte einfach zu diesem Tag und war besonders schön, wenn noch ein leichter Frühnebel über dem Neckartal lag, mit dem sich der Pulverdampf mischte, ehe das Ganze abzog und ein strahlender Festtagsmorgen über der Stadt aufzog. Dann das „Wecken" durch Spielmannszug und Stadtkapelle, die in der Morgenkühle durch die Stadt zogen, der Gang mit der Mutter zur Messe ins Weggental – den Gottesdienst vor Prozessionsbeginn auf dem Marktplatz gab es damals noch nicht! –, die kaum einmal versäumte Teilnahme an der Prozession inmitten festlich gekleideter, festlich gestimmter Menschen, schließlich das Zuschauen beim Einholen von Fahne und Kanonen der Bürgerwache, zuletzt eine Stadtrunde, um noch einmal alle Figuren, Kruzifixe und Bilder in Ruhe zu betrachten, mit denen die Rottenburger ihre Häuser geschmückt hatten.

An all dem hat sich zwar manches geändert seither; alle aber, die an diesem Tag auf den Beinen sind, als Teilnehmer an der Prozession, als Fotografen, als Zuschauer, kennen auch die typischen Fronleichnamsgerüche: den Duft von Birkengrün und Blumenteppichen, von festtäglichen Weihrauchwolken, von Schweiß und feinem Parfüm, je nach Windrichtung auch den vom Schwarzpulver der Salutschüsse aus den Gewehren der Bürgerwache beim sakramentalen Segen an den vier Altären. All diese Gerüche verbinden sich innig mit diesem Tag. Einige sehr charakteristische Fronleichnamsgerüche allerdings sind uns seit nunmehr vier Jahrzehnten abhanden gekommen, sind Geschichte geworden und nur noch den älteren ‚Eingeborenen' präsent. Am Vortag roch es in der Innenstadt entlang des Prozessionswegs intensiv nach Ladenöl und Seifenwasser, wenn die Anlieger ihre

Fensterläden am Straßenrand abwuschen und der Prozession zuliebe wieder auf Hochglanz brachten. Vom frühen Morgen des eigentlichen Festtags an erfüllte der Duft frisch gemähten Wiesengrases, das auf dem Prozessionsweg ausgestreut wurde, die Innenstadt; letztmals wurden die Straßen übrigens 1968 zur Prozession mit Gras bestreut. Weil aber die Fronleichnamstage in der Regel sehr heiß wurden, verwandelte sich das Gras, von unzähligen Füßen kurzgetreten, im Lauf des Vormittags in Heu und so gehört auch das unvergleichliche Aroma frischen Wiesenheus zu den verlorenen Rottenburger Fronleichnamsgerüchen.

Der Häuserschmuck und die Farbenpracht der Sommerkleider, Uniformen, Ministrantenröcke, Messgewänder und zahlloser Fahnen erfreuten und erfreuen das Auge. Die Erstkommunionmädchen mit ihren weißen Kleidern, die Urbansbrüder, die mit schwarzem Anzug und Zylinder gravitätisch hinter dem Standbild ihres Schutzpatrons einherschreiten, die braunen Kutten der Franziskaner, die Chorröcke der Alumnen des Priesterseminars, die breiten violetten Ordensbänder der Mitglieder des Domkapitels, die Ordner mit ihren gelb-weißen Armbinden: Sie alle samt den Tragefiguren von Heiligen und Schutzpatronen aus vier Jahrhunderten, darunter die silbernen, vergoldeten Büsten des heiligen Mauritius und des heiligen Johannes Nepomuk auf ihrem Reliquienschrein, bildeten in Farben und Formen ein Fest für die Augen, zu dem auch die bunte Vielfalt von Bannern, Fahnen und Standarten ihren Beitrag leistete. Speziell die Gruppe mit den beiden Silberbüsten betrachtete man als Kind stets mit einer Mischung aus Neugier und leisem Grauen, denn in dem barocken Schrein, über dem sie thronten, waren, nur von einem leichten Flor bedeckt, zwei Totenschädel zu sehen, zwei Stücke aus dem altehrwürdigen Reliquienschatz der St. Morizkirche. Was die Häuser bargen an Bildern, Kruzifixen und Heiligenfiguren und -figürchen, all das wurde, zusammen mit bunten Blumensträußen und oft auch mit brennenden Kerzen, in die offenen Fenster oder in Haus- und Ladeneingänge gestellt, zur Erbauung der Prozessionsteilnehmer, oft auch zum Erstaunen der Kunstkenner; besonders eindrucksvoll waren stets die gotischen Figuren am Spital und der spätbarocke Abendmahlskasten am „Waldhorn".

Das Gehör aber versuchte die Vielfalt der Stimmen, der geistlichen Gesänge, der Musikstücke zu ordnen. Besonders eindrucksvoll war – und ist – jedes Jahr der feierliche Prozessionsmarsch der Stadtkapelle, den Rottenburgern so vertraut wie sonst nur noch, mit Verlaub sei's gesagt, der Narrenmarsch bei der Fasnet. Das Ohr nimmt die festlichen Klänge der Kirchenorgeln, die Gewehrsalven und Kanonenschüsse zum Segen bei den vier Altären, die Kommandorufe beim Aufstellen der Bürgerwache. Es vernimmt das feine Klingeln der Altarschellen in der Nähe des Allerheiligsten, die schwirrenden Rufe hin- und herflitzender Schwalben während der Stille, die den Segen begleitet, ehe die Salutschüsse donnern. Ans Ohr dringt der Marschtritt der Bürgerwache, der Gesang der Chöre und der Klang monoton gemurmelter Gebete, das festliche Geläut der Kirchenglocken. Besonders beeindruckend ist das Glockenläuten, wenn am Ende der Prozession die Festgemeinde das „Großer Gott, wir loben dich" unter dem mächtigen Dröhnen der Domglocken anstimmt. Das ist der Augenblick, in dem auch die fronleichnamserfahrensten Rottenburger eine leichte Gänsehaut vor lauter Rührung und Ergriffenheit bekommen.

Dann verläuft sich das Ganze verhältnismäßig rasch auf dem Marktplatz. Zweige von den Birken um den Altar werden vorher noch abgerissen und mit nach Hause genommen, um dort zusammen mit den Palmzweigen vom Palmsonntag hinter das Kruzifix gesteckt zu werden, um nach uraltem Volksglauben vor Unwettern zu schützen, Unheil vom Haus und seinen Bewohnern fernzuhalten.

Damit an diesem Festtag aber auch der Geschmackssinn nicht zu kurz komme, gibt es nach der Prozession eine Besenwirtschaft, jetzt die der Urbansbrüder, die ihren eigenen roten und weißen Ehalder ausschenken und dazu kräftige Vesper anbieten, die einen Boden für den guten ‚Rottenburger' legen und manchem Gast das Mittagessen ersetzen. Und am Nachmittag gibt es hinter der Festhalle unter schattenspendenden Bäumen ein Konzert der Stadtkapelle, natürlich mit Bewirtung. Dass dieses Konzert durch ein plötzliches Gewitter oder zumindest einen kräftigen Regenschauer unter- oder gar abgebrochen wird, gehört fast schon ebenso zu den Traditionen dieses Tages wie die Salutschüsse der Bürgerwache. Dass es hin und wieder auch verregnete Fronleichnamstage mit ausgefallener oder abgekürzter Prozession gibt, versteht sich von selbst. Wenn ein solcher Fall trotz des bekannten Wetterglücks der Rottenburger doch einmal eintritt, dann fehlt einem etwas vom Besten des Jahres; irgendwie ist das Jahr dann nicht komplett.

Das sind ein paar Impressionen von dem, was das Fronleichnamsfest in Rottenburg war und noch immer ist. Um es in all seinen Facetten zu beschreiben, reicht hier der Platz nicht aus. Ein Fest für alle Sinne des Menschen ist es auf jeden Fall, jenseits aller theologischen Hintergründe. Sinnenfreude aber ist ein barockes Element – und das führt zur Geschichte der Rottenburger Fronleichnamsprozession.

Wie lang es diese Prozession in Rottenburg gibt, lässt sich mit dem derzeitigen Kenntnisstand nicht belegen. Zwar bringt bereits die Rechnung der St. Morizpflege von 1475 Ausgaben für das Corporis-Christi-Fest, doch bezieht sich dieser Rechnungsposten eher auf die ‚Nachfeier' der Stiftsherren als auf die Prozession selber. Hundert Jahre später, 1573/74, findet sich dann erstmals eine Ausgabenrubrik für das Corporis-Christi-Fest, die auch in der Folgezeit immer wieder in den Rechnungen der St. Morizpflege auftaucht. Die Ausgaben wurden 1573/74 so spezifiziert: „Item uff Donstag Corporis Christi dem Mesner ze leyten geben 8 ß. Item denen die die grossen Kertzen getragen 3 ß. Item denen so die grossen Fanen getragen 3 ß 9 hlr. Item den Buoben, so die fenlin, Kertzstangen, Glockhen, bildtnussen getragen 5 ß. Item dem buoben, der die latern und glockhen getragen 2 ß. Item dem Schützen so den Opferstockh getragen 2 ß. Item von den Mayen zehauen 5 ß. Item von den Mayen zfiren (= vom Wald in die Stadt zu fahren) 5 ß 5 hlr."

Diese Positionen zeigen, dass seinerzeit – und sicher auch schon vorher – Fahnen, Kerzen, Prozessionsstangen („Kertzstangen") und Heiligenfiguren („bildtnussen") in der Prozession mitgeführt wurden. In Rechnungen des 17. und 18. Jahrhunderts sind diese Positionen nur noch summarisch als Trägerlohnausgaben an Fronleichnam aufgelistet.

Die Nachrichten, die Propst Weittenauer in seinem „Repertorium" zum Fronleichnamsfest bringt, beziehen sich nur auf das 17. Jahrhundert. Im Jahr 1624 wurde demnach vom Konstanzer Ordinariat der Missbrauch abgestellt, dass sowohl der Stadtpfarrer von St. Martin als auch der Propst von St. Moriz und der Prior des Karmeliterklosters jeweils ihre eigene Monstranz in der Prozession mitführten. Das Ergebnis: Letztlich wechselten sich die beiden Pfarreien künftig Jahr um Jahr mit der Monstranz ab; das blieb so bis um 1817/18. Diese Vereinbarung wurde 1645 nochmals feierlich bekräftigt. Dabei wurde auch der Verlauf des Prozessionswegs festgelegt; den Vertrag unterzeichneten Stadtpfarrer und Dekan Mier und die beiden Chorherren Faitsch und Finkh in Vertretung des Propstes. Als Zeugen unterschrieben Landeshauptmann Baron v. Hohenberg, Karmeliterprior Eiselin, Kapuzinerguardian P. Apollonius, Marschall Neusesser, Landschreiber Haug, Hofschreiber Bundy, Stadtschultheiß Pürenbaum und Dr. Wagner als Rechtskundiger. Als Bevollmächtigter der Konstanzer Kurie beglaubigte Notar Mier, ein Verwandter des Stadtpfarrers, die Übereinkunft.

Es wurde festgelegt, dass die Prozession im jährlichen Wechsel einmal bei der Stiftskirche (1645), das nächste Mal bei der St. Martinskirche beginnen sollte. Die Pfarrei, bei deren Gotteshaus die Prozession beginnt, trägt auch das Allerheiligste. Zum Verlauf des Prozessionswegs wurde vereinbart, dass der Stadtpfarrer von St. Martin sich mit seinem Klerus und seiner Gemeinde 1645 nach gehaltenem Gottesdienst mit Kreuz, Fahnen, Prozessionsstangen, Reliquienschreinen „und anderen habenden kürchen ornamentis" (u.a. wohl Heiligenfiguren, die in der Prozession mitgetragen wurden) auf den Ehinger Platz begeben solle, um dort das Allerheiligste zu erwarten. Von hier ging die Prozession zum Oberen Tor (beim „Hirsch") zur Stadt hinaus, der Stadtmauer entlang zum Kapuzinerkloster, in dessen Umgebung der erste Altar aufgerichtet war, bei dem das Stift das erste Evangelium zu singen hatte. Von da an ging es durchs Kapuzinertor wieder in die Stadt hinein, dann über die Obere Brücke, durch den Schlossgarten zur Heiligkreuzkapelle vor dem Sülchertor. Im Schlossgarten und bei der Kapelle waren die beiden nächsten Altäre, an denen jeweils der Stadtpfarrer von St. Martin das Evangelium verkündete; beide Altäre lagen im Sprengel seiner Pfarrei. Weiter führte der Weg, immer vor der Stadtmauer, die Autengasse (= Sprollstraße) hinab, dann durchs Kiebinger Tor in die Stadt hinein, über den Steg (= Mittlere Brücke) zum Bochinger Schlößle, in dessen Umgebung der vierte Altar stand, der wieder dem Stift gehörte, das dort das vierte Evangelium abzusingen hatte.

Im folgenden Jahr begab sich die St. Morizgemeinde über die Obere Brücke auf den Marktplatz und erwartete dort das Allerheiligste. Die Prozession ging dann zum Sülchertor und zur Autengasse. In dieser Gegend – wohl wieder nahe der Heiligkreuzkapelle – war der erste Altar. Von dort aus ging es über die Autengasse, durch das Kiebinger Tor zum Steg, dann zum Bochinger Schlößle und zum Kapuzinerkloster. Dort befanden sich die beiden Altäre der St. Morizgemeinde. Schließlich ging es über die Brücke in den Schlossgarten, „allwo rottenburgische Pfarr reciproce, das viert und letzt Evangelium singt".

Alle Teilnehmer waren aufgefordert, der Prozession „von anfang, biß auch zur gebührenden End, nachzufolgen: Darauf den zertisten (= zartesten) Fronleichnam, wieder nach der Statt und dem Marckht zu Rottenburg zu begleiten, auch jede Pfarr den zuvor genommenen weeg, wider zu seiner kürch zunemmen."

Von wann an die Prozession ihren Weg nur noch durch die Straßen der Stadt nahm, von wann an mehr oder weniger der heutige Prozessionsweg gewählt wurde, weiß man nicht sicher. Sicher ist nur, dass die Prozession bis zur Erbauung der Kepplerbrücke 1929 über den ehemaligen Steg ging, die heutige Mittlere oder Josef-Eberle-Brücke. Die Prozessionsordnungen von 1853, 1910/14 und 1931, die sich im Archiv des Verfassers erhalten haben, machen zum Prozessionsweg keine Angaben; dagegen erfährt man etwas über die Anzahl der teilnehmenden Gruppen: Im Jahr 1853 waren es 29, 1910/14 bereits 41 und 1931 sogar 49 Gruppen. Während heutzutage nur noch die St. Urbansbruderschaft das Standbild ihres Schutzpatrons mitführt, waren 1853 insgesamt fünf, 1910/14 und 1931 sogar acht Figuren in der Prozession dabei. Letztere Zahl entspricht etwa auch dem, was in der Nachkriegszeit bis in die 1960er-Jahre an Figuren mitgetragen wurde. Danach sank die Zahl schlagartig bis auf die erwähnte Figur – schade eigentlich, dass in diesem Bereich die alte Tradition so jäh endete! Die zahlreichen kunstvoll geschnitzten „Wandelstangen" der Zünfte scheinen bereits vor 1800 abgegangen zu sein, restlos, ohne auch nur die kleinste Spur zu hinterlassen.

Unter welchen Schwierigkeiten, unter welchem äußeren Druck die Fronleichnamsprozession in den unseligen Jahren des Nationalsozialismus 1933 bis 1944 stattfand, lässt sich exemplarisch in den Protokollbüchern der St. Urbansbruderschaft erahnen, denen die folgenden Zitate entnommen sind.

1933: „Die Bruderschaft wird auch in der neuen Zeit ihren religiösen Charakter wahren und sich wie seit alten Zeiten ebenso in diesem Jahre, soweit beim einzelnen Bruder keine dringende und verpflichtende Teilnahme bei einer anderen Corporation vorliegt, vollzählig an der öffentlichen Prozession beteiligen, wozu die anwesenden Brüder ihre Zustimmung gaben."

1934: Der Fronleichnam werde in der althergebrachten Weise begangen; die Brüder werden zur Teilnahme „an dieser religiösen Bekenntnisfeier" eingeladen – mit dem Beisatz, dass sie sich „ausnahmslos in den Bruderschaftsreihen einfinden sollen, um bei diesem Anlaß dieser schönen alten Sitte zu huldigen und damit unserem Herrgott den gebührenden Tribut zu erweisen."

1935: „Nur sie (d.h. die Bruderschaft) und die Feldrichter tragen ihren Namenspatron bei der Prozession am Fest mit."

1940: Die Fronleichnamsprozession, Höhepunkt des geistlichen Festjahres in Rottenburg, wurde durch „reichsgesetzliche Anordnung" zunächst auf Sonntag, 26. Mai, verlegt, dann aber „wie in fast sämtlichen Gemeinden des Landes aus militärischen Gründen auch an diesem Tag verboten".
1941: „Der Fronleichnamstag 1941 wies trotz des Krieges in der Bischofsstadt eine starke Beteiligung an der Prozession auf. Auch die Urbansbruderschaft beteiligte sich fast vollzählig."
1944: Die Fronleichnamsprozession fand unter Teilnahme der Bruderschaft statt – wegen der Gefahr von Fliegeralarm jedoch bereits um halb sieben Uhr morgens.
1945: Teilnahme an der Prozession wie seit alters her.
Die Protokolle der Jahre 1936 bis 1939, 1942 und 1943 machen keine Bemerkungen zum Thema Fronleichnam, doch kann man davon ausgehen, dass die Prozession jeweils unter Beteiligung der Bruderschaft stattfand – das Gegenteil wäre sicher in ihren Protokollen vermerkt worden.
Eine „religiöse Bekenntnisfeier" ist die Fronleichnamsprozession bis heute geblieben. Doch nicht mehr staatlicher Druck macht ihr jetzt zu schaffen, sondern eher die religiöse Indifferenz vieler Zeitgenossen. Dem unbefangenen Betrachter aber erscheint „Unseres lieben Herrgotts Fronleichnamstag" immer noch als das schönste ‚Event' im kirchlichen Festkalender, wie eh und je freudig erwartet und begeistert gefeiert – auch wenn Ostern, Pfingsten und Weihnachten höheren liturgischen Rang haben.
„Ad perpetuam tempore", für immerwährende Zeiten, schlossen unsere Vorfahren 1645 den Vertrag über die Fronleichnamsprozession. Trotz vieler zeitbedingter Wandlungen, vor allem seit Ende der 1960er-Jahre, hat das Fest bis jetzt nichts von seiner Bedeutung für die Stadt, ihre Bürger und ihren Festtagskalender verloren.
Dass Rottenburgs Heimatdichter und Ehrenbürger Prof. Josef Eberle alias Sebastian Blau in seiner Mundartgedichtsammlung „Schwäbischer Herbst" 1973 unter dem Titel „Dr Fronleichnamstag" den Fronleichnamsprozessionen seiner Rottenburger Kindheit vor dem Ersten Weltkrieg ein humorvolles Denkmal widmete, sei ergänzend angemerkt, denn das unterstreicht nur zusätzlich die Bedeutung dieses Tages für die Stadt.

Aufführungen und Prozessionen

Zu den spielerischen Elementen bei der Versinnbildlichung von Glaubensinhalten gehörten u. a. die szenischen Aufführungen bei Prozessionen oder bei der Auferstehung und Himmelfahrt Christi – hier dargestellt durch Hochziehen holzgeschnitzter Figuren während des Gottesdienstes – sowie an Pfingsten durch das Fliegenlassen einer Taube. Belege für diese Jahr für Jahr mit Spannung erwarteten Ereignisse gibt es für beide Rottenburger Kirchen, doch ist die Quellenlage in St. Moriz günstiger; Nachrichten dazu reichen hier bis ins 16. Jahrhundert zurück. Im Scheitel des anfangs der 1970er-Jahre beseitigten barockzeitlichen hölzernen Tonnengewölbes der Stifts- und Pfarrkirche St. Moriz gab es eine Öffnung über dem Mittelgang des Kirchenschiffs, die von einem stuckierten Puttenkranz umgeben und mit einem Deckel geschlossen war. Durch diese Öffnung wurde mittels einer im Dachraum noch vorhandenen Seilwinde der auferstehende, der zum Himmel auffahrende Christus nach oben gezogen, wobei vielleicht wie andernorts Blumen oder Zucker- und Backwerk in den Kirchenraum ‚herabregneten'. An Pfingsten ‚schoss' eine lebende Taube durch diese Öffnung in den Kirchenraum.
Dass das Schauspiel der ‚Himmelfahrt Christi' auch in St. Martin stattfand, zeigt beispielhaft der Posten „Für die Bildtnus Christi auff zu ziehen, wie allweeg bezahlt 36 kr." in der Rechnung der St. Martinspflege von 1710. In St. Moriz wurde 1630 beiden Feldschützen und dem Stiftszehnter für das Aufziehen der Christusfigur Brot und Wein gereicht.
In der Umgebung Rottenburgs, z. B. in Wurmlingen, war noch Ende des 18. Jahrhunderts eine Prozession am Schutzengelfest (damals am 2. Oktober) üblich, bei der ein als Engel verkleideter Jüngling in blauem Gewand und mit gelben Stiefeln vorausging. Ob es diese Schutzengel-

Der Puttenkranz, der die Aufzugsöffnung am Gewölbe von St. Moriz umgab; hier wurde an Ostern und an Christi Himmelfahrt eine Christusfigur aufgezogen. Das Gewölbe von 1706/09 wurde 1972 entfernt.

Prozession auch in Rottenburg gab, ist nicht zweifelsfrei überliefert.

Die Umzüge der Handwerker-Bruderschaften an ihren Patroziniumsfesten erloschen schon vor dem Dreißigjährigen Krieg, den Umgang mit dem Palmesel am Palmsonntag gab es seit 1782 nicht mehr – beide Pfarreien der Stadt besaßen einen Palmesel. Der von St. Martin dürfte nach dem Stadtbrand von 1644, der ja zugleich auch ein Brand der Pfarrkirche war, neu geschaffen worden sein. Ende des 19. Jahrhunderts soll es ihn noch gegeben haben. Über seinen Verbleib ist nichts bekannt. Der Palmesel von St. Moriz, seit 1552/53 aus Anlass einer Renovierung aktenkundig, wurde das Jahr über in der alten Ehinger Pfarrkirche St. Remigius aufbewahrt und am Vorabend des Palmsonntags von zwei Feldschützen nach St. Moriz gebracht und nach Gebrauch wieder aufgeräumt. Seine Verwendung endete mit dem Prozessionsverbot von 1782/83; auch sein Schicksal ist unbekannt.

Verboten wurden unter Joseph II. auch die vielenorts üblichen szenischen Aufführungen wie Nikolaus- und Dreikönigsspiele, Osterspiele usw. Die Theateraufführungen der Schüler des Jesuitengymnasiums („Jahresendcomödien") hatten schon 1763 aufgehört, noch vor dem Verbot durch den Wiener Hof 1765 und zehn Jahre vor der Aufhebung des Ordens.

Gewissermaßen Wallfahrten im Kleinen waren die Prozessionen, die jahraus, jahrein in der Stadt und auf ihrer Markung stattfanden und die durch das Prozessionsverbot Kaiser Josephs II. vom 27. Dez. 1782, das bereits zum 1. Jan. 1783 auch im Landkapitel Rottenburg verpflichtend wurde, großenteils ihr Ende fanden. Erlaubt blieben von all den vielen derartigen Veranstaltungen von da an nur noch außer den „in der allgemeinen Bittwoche üblichen Prozessionen in jedem Kirchspiele nur zwey" während des Jahres. Einmal war dies die Fronleichnamsprozession, ferner als Zweites auch weiterhin die vom Diözesanbischof angeordneten Prozessionen zu besonderen Anlässen wie „Vorbitten um Regen, gesegnete Aerndte oder wegen sonstiger allgemeiner Anliegen".

Bittprozessionen, die noch bis in die 1950er-, 1960er-Jahre üblich waren, fanden in der Morgenfrühe des St. Markustages (25. April) und an den drei Wochentagen vor Christi Himmelfahrt statt. Man zog, nach Pfarreien getrennt, mit Kreuz und Fahnen zu den Stationen, in der Regel zu stadtnah gelegenen Kapellen der jeweiligen Pfarrei bzw. durch die Stadt zur Pfarrkirche auf der jeweils anderen Neckarseite, um dort Gottesdienst zu feiern. Gebetet wurde in vielfältigen Anliegen der Zeit, aber auch um Gedeihen der Feldfrüchte, um gute Witterung, um Schutz vor Dürre, vor Unwettern und Hagelschlag.

All diese Intentionen finden sich auch in der großen Prozession am Festtag Christi Himmelfahrt, der sogenannten Öschprozession, einer ausgedehnten Flurprozession durch die Felder der jeweiligen Pfarrei. Als wichtigste der früheren Bittprozessionen ist die Öschprozession bis in unsere Tage ein nicht wegzudenkender, lebendig gebliebener Bestandteil des Jahreslaufs.

Die Prozession der St. Martinsgemeinde führt ins alte Sülcherfeld; die St. Morizgemeinde durchzieht mit ihrer Prozession seit dem Mittelalter nicht etwa die alte Dorfmarkung von Ehingen und Schadenweiler rechts des Neckars, sondern die Markung des ehemaligen Dorfes Kalkweil, das Kalkweiler Feld links des Neckars.

Öschprozession 1964: die St. Morizgemeinde beim Feldgottesdienst an der Kalkweiler Kapelle.

Der Ablauf der Prozession von St. Moriz im 17. Jahrhundert – zuvor wird es sich kaum wesentlich anders abgespielt haben! – lässt sich aus alten Berichten rekonstruieren. Die Prozession begann beim Spital und ihr Weg führte dann durch die Neckarhalde zur Stadt hinaus. Dem vorangetragenen Kreuz folgten die ledigen jungen Leute, dann kamen eine rote Fahne und zwei Prozessionslaternen, hinter diesen die Geistlichkeit und das Volk. Die erste Station mit Verlesung des ersten Evangeliums befand sich bei der Hammerschmiede auf dem Hammerwasen in der Nähe des heutigen Freibads. Dann ging es einen wegen des Steinbruchs heute nicht mehr vollständig vorhandenen Fußweg hinauf nach Kalkweil zur zweiten Station. In Kalkweil teilte sich die Prozession. Die Geistlichen ritten, begleitet von den Ministranten, dem Chorregenten, den Fahnen- und Laternenträgern und den Kalkweiler Maiern dem Obernauer Kreuz über der Dölle zu, wo das dritte Evangelium verlesen wurde. Von da aus ritt die Gruppe durch die Saaten auf Feldwegen entlang der Markungsgrenze Kalkweil-Remmingsheim dem Bollengraben zu. Dort traf man wieder auf die anderen Prozessionsteilnehmer, die von Kalkweil her gekommen waren. Gemeinsam ging man nun durch den Bollengraben ins Weggental, wo die vierte Station abgehalten wurde. Über den alten, heute noch bestehenden Fußweg zog die Prozession danach durchs Kalkweiler Tor zurück zum Spital.

Dort wurden Chorregent, Ministranten, Fahnen- und Laternenträger – beides waren Spitalknechte –, Kalkweiler Feldschützen und die einen kleinen Altar mittragenden beiden Weinbergschützen auf Rechnung des Spitals mit Wein und Brot verköstigt. Berittene Prozessionsteilnehmer, die einen längeren Weg nahmen, gab es im 18. Jahrhundert übrigens auch im Rottenburger Stadtteil Niedernau, das vom Stift St. Moriz seelsorgerlich betreut wurde.

Ein festlicher Feldgottesdienst vor der Kalkweiler Kapelle inmitten der erwachenden Natur bildet heutzutage den Mittelpunkt der Prozession, deren Strecke seit den 1960er-Jahren stark gekürzt wurde. Bei der Rückkehr in die Pfarrkirche löst sich die Prozession auf. Auch die St. Martinspfarrei hat ihren Prozessionsweg nach und von Sülchen seit den 1960er-Jahren deutlich abgekürzt.

In der alten urbs pia gab es aber auch Prozessionen ganz anderer Art. Da sind einmal zu nennen die zahlreichen Prozessionen und Umgänge der beiden Pfarreien innerhalb ihrer Grenzen, innerhalb der Stadtmauern, beispielsweise bei Patrozinien, bei Heiligsprechungsfeiern, kirchlichen Jubiläen usw. Beim aufmerksamen Studium der Quellen stößt man immer wieder auf dementsprechende knappe Hinweise; ein paar wenige sind in diesem Buch an anderer Stelle erwähnt, so z. B. die Ignatiusprozession der Jesuiten.

Von einer dieser innerstädtischen Prozessionen hat sich eine detailreiche Beschreibung erhalten, die eine Vorstellung davon geben kann, wie solche Prozessionen aussahen und wie sie abliefen. Die Prozession, um die es hier geht, fand statt am 2. Juli 1730, einem Sonntag, um 4 Uhr nachmittags. Anlass war der Abschluss der neuntägigen Festlichkeiten zur Feier der Heiligsprechung von St. Johannes Nepomuk, die verbunden waren mit der Vierhundertjahrfeier des Stifts St. Moriz.

Zunächst die ungewöhnliche Route der Prozession. Ihren Anfang nahm sie bei der Stiftskirche, ging dann über Ehinger Platz, Obere Brücke und Königstraße zur St. Martinskirche, umrundete diese und ging weiter zum Karmeliterkloster, durchquerte dessen Kirche und Kreuzgang (!), zog dann „deß beren würths gäßle hinauf" und wieder in die Königstraße, dann über Obere Brücke und Ehinger Platz zurück in die Stiftskirche.

Betrachten wir nun, wer sich an diesem Sonntagnachmittag Zeit nahm, an der Prozession teilzunehmen – die Prozessionsordnung ist nämlich auch überliefert. Den Zug eröffneten drei „römisch geklaite" Genien, zwei von ihnen trugen die Wappen von Papst und Kaiser. Es folgten die zwei kleinen Stiftsfähnlein, das Vortragekreuz mit zwei Leuchterträgern, dann die „Ehinger schueler knaben" und ein Traggestell, von sechs Bürgern in Mänteln getragen, auf dem Johannes Nepomuk mit „Frau Welt" dargestellt war. Ihnen folgten „die teutsche stat schueler knaben", eine Stiftsfahne, die „lateinische schueler knaben", wieder eine Fahne. Nun kamen die „ledigen Gesellen" (= Jungmänner), zwischen denen acht in Mäntel gekleidete Bürger ein Traggestell mit den Figuren König Wenzels und Johannes Nepomuks trugen, dahinter „die übrige ledige burst" (= Burschen).

Einen Höhepunkt bildete die 1730 neu geschaffene Silberbüste des neuen Heiligen, getragen von vier „ledigen Gesellen" in roten Mänteln und roten Strümpfen. Nach dieser Gruppe gingen die „Herren Musicanten", gefolgt von den Angehörigen des Klerus: vier Pauliner von Rohrhalden, ein Obermarchtaler Prämonstratenser vom Ammerhof, die Kapläne und Kooperatoren von St. Martin, die Stiftskapläne, die Chorherren und der Propst in Chormänteln. Das Allerheiligste unter „des Stifts New blawen damastinen Himmel", der von vier Ratsherren getragen wurde, trug der Propst des Stifts Horb, der von zwei seiner Chorherren begleitet war und von Trägern brennender Laternen. Der Horber Propst und einer seiner beiden Begleiter waren 1730 übrigens gebürtige Rottenburger. Dem Himmel folgte Landeshauptmann Baron Marquard v. Ulm-Erbach „mit allen Herren Ober und under beambten, und höheren Frawen zimmern". Weitere vier ledige Jungmänner, diesmal in blauen Mänteln, folgten mit der Silberbüste des hl. Mauritius von 1727. Die nächste Gruppe wurde gebildet von den Herren Bürgermeistern und den Gerichts- und Ratsherren mit ihren Bedienten „und gesambter burgerschafft mit undermischten fahnen, Paar weiß" (= paarweise). Auf dem nun folgenden dritten Traggestell – wer es trug, wird nicht berichtet – war dargestellt Maria mit dem vor ihr kniend betenden Johannes Nepomuk. Dahinter gingen die „schueler mädlen", die hiesigen Klosterfrauen und „ringeres frawen zimmer". Den Schluss der Prozession bildete nach einer weiteren Fahne des Stifts „das Übrige fromme Weiber Volkh in grosser Menge mit undermischten fahnen".

Wie durch ein Fenster öffnet sich hier der Blick auf ein echtes Stück barocker Frömmigkeit, barocker Religionsausübung, das man anders als durch diesen Bericht nicht zu sehen bekäme. Die ganze Stadt ist bei der Sache, vom Landeshauptmann und seinen Beamten über Bürgermeister, Gerichts- und Ratsherren und die Bürger bis zum „frommen Weibervolk". Die ganze Stadt, Jung und Alt, Hoch und Niedrig, war auf den Beinen, war dabei, als Teilnehmer, nicht als Zuschauer. Dass Abordnungen der Karmeliter, Jesuiten und Kapuziner fehlten, fällt fast gar nicht auf. An anderer Stelle berichtet Propst Edelmann, dass Stadtpfarrer und Dekan Werz von St. Martin mit Landvogt Baron v. Ulm gegangen sei, „nur im Mantel", also nicht in Chorkleidung. Im Mantel seien auch die Kapläne und Kooperatoren von St. Martin gegangen.

Die Stadt mit ihren Kirchen und Klöstern. Ausschnitt aus dem Jubiläumsblatt der Jesuitenkongregation „Unser Lieben Frauen Verkündigung" von 1752 nach Vorlage um 1700.

Wer mag die jeweils von mehreren Männern getragenen Figurengruppen geschaffen haben, wo mögen diese Figuren geblieben sein? Hier bekommt man eine Ahnung vom Reichtum barocker Kunst in der Stadt, deren Verkauf ausreichte, um im 19. und frühen 20. Jahrhundert ein rundes halbes Dutzend Antiquitätenhändler- und Trödler in der Stadt mehr oder weniger auskömmlich zu ernähren, ganz abgesehen von dem, was in den Öfen und Waschkesseln der Rottenburger endete. Und es wird exemplarisch sichtbar, welche hohe geistig-geistliche und kulturelle Blüte durch Josephinismus, Herrschaftswechsel und Säkularisation 1806 nahezu restlos zerstört wurde!

Zu den längst vergessenen Rottenburger Prozessionen gehörte auch die jedes Jahr durchgeführte Karfreitagsprozession. Ihre Entstehung datiert wohl in die Zeit nach der Errichtung der Jesuitenniederlassung, also vielleicht in die 1650er- oder 1660er-Jahre. Nach der Karfreitagspredigt, die in Rottenburg „Grabpredigt" hieß, begann nachmittags gegen 15 Uhr die Prozession. Ihr Weg führte von der Stiftskirche durchs Obertor, an der Südwestecke der Ehinger Stadtmauer am Pulverturm vorbei, zum Kapuzinerkloster und von dort über Obere Brücke und Königstraße zum Jesuitenkolleg.

In der Prozession wurden von den Akteuren die Szenen der Leidensgeschichte nachgespielt; den Zug eröffnete hoch zu Ross Pilatus, der in prächtigen morgenländischen Gewändern den Vorreiter machte. Die den Heiland geißelnden Juden wurden von „Spitalbuben", im Spital aufgezogenen Waisenknaben, dargestellt. Im ersten Teil des Zuges erschienen die alttestamentlichen prophetischen Vorzeichen der Passion – die umfangreicheren Szenen wie z. B. Jonas im Bauch des Walfischs wurden auf Wagen gezeigt. Die Rollen waren nach feststehendem Plan verteilt: Die Szenen aus dem Alten Testament waren den Kindern vorbehalten, etwa 15- bis 17-jährige stellten die Szenen aus dem Neuen Testament dar und Christus wurde von einem Erwachsenen verkörpert. Den Abschluss des Zuges bildeten die „Kreuzschlepper" in blauen Hemden mit großen Kapuzen, die sie übers Gesicht gezogen hatten. Sie wollten nicht erkannt werden, denn es handelte sich um „lauter Herren des guten Standes". Die meisten dieser Büßer hatten das Mitgehen in der Prozession im Beichtstuhl als Buße für unchristliches Tun, unchristlichen Lebenswandel auferlegt bekommen; manche nahmen aber auch ihr Kreuz freiwillig auf sich. Sie alle schleppten oder trugen große, je nach Größe der Buße mehr oder weniger schwere hölzerne Kreuze. Tausende ergriffener Zuschauer, darunter auch viele Auswärtige aus den Dörfern der näheren und weiteren Umgebung, säumten den Weg der langsam voranschreitenden Prozession.

Auch diese Prozession erlosch im letzten Drittel des 18. Jahrhunderts, entweder schon mit der Aufhebung des Jesuitenordens 1773 oder, spätestens, mit dem josephinischen Prozessionsverbot 1782/83.

Von Prozessionen anderer Art berichtet das bereits mehrfach erwähnte Weggentaler Mirakelbüchlein von 1731. Da ist zu erfahren, dass seinerzeit „in einem Jahr über die 50 Creutz- und Bet-Gäng mit fliegenden Fahnen sowohl von weitentlegenen als benachbarten Orten dahin angestellet" worden seien. Im Jahr 1736 waren es bereits über 100, 1757 rund 70 und 1759 exakt 73 Prozessionen, die im Weggental gezählt wurden.

In diesen Zahlen nicht enthalten sind die wöchentlichen Votivprozessionen beider Rottenburger Pfarreien ins Weggental. Sie fanden stets in den Sommermonaten bis zum Fest Kreuzerhöhung (14. 9.) jeden Montag statt, „damit Gott der Allmächtig die früchten des Veldts vor dem gefährlichen Hochgewitter gnädigst behüetten und bewahren wolle", wie es im „Traditionsbuch" Propst Weittenauers von 1674 ff. heißt.

Zahlreiche Gemeinden der Umgebung Rottenburgs hielten noch bis in die Zeit des Ersten Weltkriegs und darüber hinaus regelmäßige Bittprozessionen ins Weggental, deren Ursprünge teilweise bis ins 18. oder gar ins 17. Jahrhundert zurückreichten. Der Bittgang der Wendelsheimer ist bereits seit der 1. Hälfte des 18. Jahrhunderts belegt. Die Hirschauer pilgerten schon um 1740 jedes Jahr am 22. Juli, einem der vier Ablasstage der Weggentaler Jesuitenbruderschaft „Zur Verehrung der Heiligen Namen Jesus, Maria und Joseph", ins Weggental. Folgende Gemeinden veranstalteten, z.T. noch in den 1960er-Jahren, regelmäßige Bittgänge zum Gnadenbild im Weggental: Die Domgemeinde St. Martin am Montag der Bittwoche, die St. Morizgemeinde am Markustag (25. 4.), am Dienstag der Bittwoche und am Fest Christi Himmelfahrt als Öschprozession. Kiebingen und Obernau kamen am Samstag nach Mariä Heimsuchung, Oberndorf direkt an diesem Festtag (2. Juli), zusammen mit Wendelsheim (s. o.). Seebronn stellte sich am Mittwoch in der Bittwoche ein, aber auch an einem nicht näher festgelegten Tag vor dem Beginn der Erntearbeiten. Weiler kam am Skapulierfest (16. Juli), Wurmlingen zusammen mit Hirschau (s. o.) am Magdalenentag (22. Juli). Die früher üblichen Bittgänge der Gemeinden Bieringen und Niedernau (2. Juli), Poltringen (22. Juli), Dettingen und Schwalldorf (je vor Beginn der Ernte) waren bereits vor 1917 erloschen.

Auch von Rottenburgs Nachbarstadt Horb gingen Prozessionen ins Weggental – so z.B. 1665, 1687 –, doch ist nicht zu erkennen, ob diese regelmäßig oder nur sporadisch stattfanden.

Die Prozessionen, die ins Weggental zogen, kamen in der Regel von Rottenburg aus dorthin. Von der Stadt führten zwei alte Wege ins Weggental, die bis heute benutzt werden. Der eine, die heutige Weggentalstraße, nimmt seinen Anfang beim ehemaligen Sülchertor, beim früheren Jesuitenkolleg. Der andere, heute eher von Einzelpilgern genutzte, beginnt beim Kalkweiler Tor, dessen Tordurchfahrt noch immer mit einem großen barocken Fresko der Kreuztragung Christi geschmückt ist.

Es darf angenommen werden, dass durch die große Zahl von Pilgern und Wallfahrern auch Handel und Gewerbe Rottenburgs profitierten. Als die Wallfahrtskirche im Weggental 1793 von der K. K. Oberamtsverwaltung zum Abbruch vorgesehen war, wehrte sich der Rat der Stadt erfolgreich gegen dieses Ansinnen, u. a. mit der Begründung, der Stadt werde durch die Wallfahrt „ein sehr merkliches Ertragniß" verschafft. Denn von den Wallfahrern, die vor allem am Freitag/Samstag aus Orten in bis zu 15 Stunden Entfernung in der Stadt einträfen und über Nacht blieben, hätten nicht nur die Wirte, sondern auch Bäcker, Handelsleute und letztlich alle anderen Gewerbetreibenden ihren Vorteil.

Wallfahrt, Wallfahrer und Prozessionen als Wirtschaftsfaktor – auch dieser Gesichtspunkt darf nicht unbeachtet bleiben, wenn von der barocken Blüte der Weggentaler Wallfahrt die Rede ist. Freilich, in Gulden und Kreuzer beziffern lässt sich dieses „sehr merkliche Ertragniß" leider nicht.

So sah das „Weggentaler Kripple" um 1900 aus.

Figuren des 18. und 19. Jahrhunderts in der Weggentaler Krippe.

Von Weihnachtskrippen, Jesuskindern und Heiligen Gräbern

Die Bischofsstadt Rottenburg ist eines der ganz großen Krippenzentren des schwäbischen Landes. Bereits kurz nach 1600 setzen schriftliche Nachrichten über eine Rottenburger Krippe ein, ab dem 18. Jahrhundert gibt es erhalten gebliebene Zeugnisse der Krippenbaukunst in kaum unterbrochener Folge bis in die Gegenwart. In den Kirchen der Stadt gibt es Krippen, die bis ins 18. Jahrhundert zurückreichen, es gibt auch in Privathäusern Krippen, die nicht weniger alt sind. Neben dreidimensionalen Krippen entstanden in Rottenburg seit dem ausgehenden 18. Jahrhundert und vor allem bis zur Mitte des 19. Jahrhunderts auch handgemalte Papierkrippen. Neben den Weihnachtskrippen gibt es sogenannte Fasten- oder Passionskrippen und Abendmahlskästen. Und es gibt Jesuskindfiguren, holzgeschnitzt oder wachsmodelliert, stehend oder liegend, nur mit einer Windel bekleidet oder als Fatschenkind gewickelt, als reich gekleidete Figuren im Schrein oder unter einem Glassturz.

Zahlreiche Namen von Rottenburger Krippenkünstlern des 18. und 19. Jahrhunderts sind bekannt. Darunter hat es begabte Laienkünstler ebenso wie professionelle Bildhauer und Maler. Viele der erhalten gebliebenen Stücke lassen sich mit ihnen in Verbindung bringen. Von den Franziskanerinnen der Oberen Klause weiß man, dass sie sich im 18. Jahrhundert mit dem Bekleiden von Krippenfiguren mit Gewändern aus echter Klosterarbeit, d. h. bestickt mit Metallfäden und Pailletten, beschäftigten, aber auch mit dem Fassen von Reliquien in diesen Techniken.

Vieles von dem einstigen Reichtum an Erzeugnissen der Krippenbaukunst ist untergegangen. Dazu trug schon der Josephinismus sein Teil bei, aber gerade auch von Rottenburg gingen bis in die 1830er-Jahre von kirchenamtlicher Seite Bestrebungen aus, das Aufstellen von Krippen in

Kirchen und Kapellen zu unterbinden. Doch die naturhaft-urwüchsige Freude an den Krippen, am Krippenbauen, am Schnitzen, Modellieren, Bemalen und Bekleiden der Krippenfiguren ließ sich durch die Purifizierungsbestrebungen staatlicher und kirchlicher ‚Aufklärer' und ‚Spätaufklärer' nicht auf die Dauer austreiben, weder in Rottenburg noch andernorts! Der Strom der Krippenbautradition, kurzzeitig zum schmalen Rinnsal geworden, fließt seit dem zweiten Viertel des 19. Jahrhunderts wieder breit dahin, fast wie in der Barockzeit, auch jetzt noch, am Anfang des 21. Jahrhunderts.

Die Feldzüge weltlicher und kirchlicher Eiferer gegen die Krippen trugen zu den Verlusten an Kirchen- und Klosterkrippen erheblich bei, nicht nur in Rottenburg. Doch für die Dezimierung des einstigen Reichtums gibt es noch andere Ursachen. Zahlreiche Auswanderer aus der Stadt nahmen im 19. Jahrhundert ihre alten oder neuen Hauskrippen in die neue Heimat mit, vor allem in die USA. Ganz wesentlich trug aber auch der besonders im 19. Jahrhundert florierende Rottenburger „Altertümerhandel" dazu bei, dass wertvolles Kulturgut, nicht zuletzt aus den Bereichen der kirchlichen Kunst und der Volksfrömmigkeit, aus der Stadt seines Ursprungs abwanderte.

Ein paar öffentlich zugängliche Beispiele Rottenburger Krippenbaukunst des 18. und 19. Jahrhunderts sollen kurz vorgestellt werden.

Die Weggentaler Krippe

Unter den Krippen Rottenburgs ist sie sicher die bekannteste und meistbesuchteste. Der Rottenburger Mundartdichter Sebastian Blau (Prof. Josef Eberle, 1901–1986) hat mit seinem im Rottenburger Dialekt geschriebenen Gedicht „'s Wegge'taler Kripple" in der Zeit nach dem Zweiten Weltkrieg viel zur landesweiten Bekanntheit dieser Krippe beigetragen.

Die erste Nachricht von einer Krippe im Weggental datiert von 1688; es war damals eine echte Jesuitenkrippe. Um die Mitte des 18. Jahrhunderts wurde sie durch eine neue Krippe ersetzt. Von ihr sind im Bestand der heutigen Krippe – deren Figuren ihr jetziges Aussehen übrigens

Läuferengel aus der Mitte des 18. Jahrhunderts mit Stickereien in echter Klosterarbeit aus der Dreikönigsszene der Altstadt-/St. Morizkrippe; jetzt im Sülchgau-Museum.

1950/51 in den Werkstätten des Württ. Landesmuseums Stuttgart erhielten – zahlreiche Figuren erhalten geblieben. Sie passen ganz gut zu den Figuren der Hauskrippe des Gasthofs „Waldhorn", die der „Leiden-Christi-Weber" Leopold Lazaro, ein begabter Laienschnitzer, um 1840 geschaffen hatte und die seit etwa 1850 im Weggental aufgestellt ist. Sowohl die Figuren des 18. wie die des 19. Jahrhunderts haben holzgeschnitzte Köpfe. Gegen Ende des 19. Jahrhunderts wurden zahlreiche kunstvoll geschnitzte Köpfe der Waldhornkrippe im Weggental entwendet und mussten durch Wachsköpfe ersetzt werden.

Die Krippe mit ihren rund 150 Figuren zeigt nacheinander folgende Szenen: Anbetung der Hirten, Anbetung der Könige, Hochzeit zu Kana und Darstellung im Tempel.

Es ist eine im besten Sinn volkstümliche, dynamische Krippe, die nichts Museal-Verstaubtes an sich hat, geliebt nicht nur von den Kindern der Stadt und weit darüber hinaus; auch die Erwachsenen pflegen liebevoll ihre Erinnerungen an das Weggentaler Kripple.

Die Krippe in St. Moriz

Die früheste Nachricht über eine Rottenburger Kirchenkrippe datiert von 1627 und bezieht sich auf die Krippe der Stiftskirche St. Moriz; dabei wird das Vorhandensein dieser Krippe bereits vorausgesetzt. Sie taucht auch in weiteren

Spätbarocke Pracht in der Dreikönigsszene der Kalkweiler Krippe aus dem letzten Viertel des 18. Jahrhunderts im Sülchgau-Museum.

Belegen während des ganzen 17. Jahrhunderts auf. Wie lang sie vorhanden war, ob und wann sie durch eine neue ersetzt wurde, ist bis jetzt ebensowenig bekannt wie das Schicksal der Krippe in der Zeit der Krippenverbote vor und nach 1800. Im Rottenburger Sülchgau-Museum im Kulturzentrum Zehntscheuer hat sich als Leihgabe der St. Morizgemeinde eine Dreikönigsszene erhalten, deren Figuren – dazu gehört auch die überaus seltene Darstellung einer weiblichen Königin, der Königin von Saba! – Gewänder mit Stickereien in echter Klosterarbeit tragen und somit noch aus dem 18. Jahrhundert, wohl aus dessen Mitte, stammen. Letztlich kommt diese Gruppe wohl von einer untergegangenen Krippe von St. Moriz.

Heute kann in St. Moriz in der Weihnachtszeit die ehemalige Krippe der Franziskanerinnenklause St. Anna besichtigt werden, genauer gesagt: die in Rottenburg verbliebene Hälfte dieser Krippe. Sie kam nämlich nach der Aufhebung der Oberen Klause 1782 in Privatbesitz; bei einer Erbteilung im Lauf des 19. Jahrhunderts wanderte die Hälfte dieser Krippe aus Rottenburg ab. Die verbleibende Hälfte wurde vom Schnitzer der Weggentalkrippe ergänzt. Seit 1968 war sie als Leihgabe zunächst in der Klausenkirche, dann in St. Moriz aufgestellt. Endgültig ins Eigentum der St. Morizgemeinde ging sie 1997 über. Auch sie zeigt die vier Szenen: Anbetung der Hirten, Anbetung der Könige, Hochzeit zu Kana, Darstellung im Tempel.

Die Kalkweiler Krippe

Die St. Georgskapelle von Kalkweil erhielt 1849 aus Privatbesitz eine kostbare Krippe, die im letzten Viertel des 18. Jahrhunderts entstanden war und einige Ergänzungen aus den ersten Jahrzehnten des 19. Jahrhunderts aufwies. Diese Krippe mit ihrem originalen Berg, übrigens einem der ältesten des ganzen Landes, war bis 1980 in der unbeheizbaren Kalkweiler Kapelle aufgestellt und wird mit ihren rund 110 Figuren und ca. 25 Tieren seit 1984 als Leihgabe der St. Morizgemeinde in der Weihnachtszeit im Sülchgau-Museum gezeigt, auch sie mit den üblichen vier Szenen. Die Figuren, teilweise noch in ihren originalen Gewändern, haben meist wachsmodellierte Köpfe; es gibt aber auch einige holzgeschnitzte oder aus Ton geformte Köpfe. Von allen Rottenburger Krippen vermittelt sie am unverfälschtesten das ursprüngliche Aussehen einer barocken Krippe.

Dreikönigszug im spätklassizistischen „Doderes"-Kripple aus den 1860er-Jahren im Sülchgau-Museum.

Das „Doderes-Kripple"

Die St. Theodorskapelle am nordöstlichen Stadtrand besaß im 19. Jahrhundert eine ebenfalls aus Privatbesitz stammende Krippe aus der zweiten Hälfte des 18. Jahrhunderts. Sie wurde in den 1860er-Jahren ersetzt durch eine neue Krippe mit Figuren aus kaschierter und bemalter Leinwand; die Köpfe sind teils aus Wachs, teils aus Papiermaché geformt. Als Leihgabe der Dompfarrei St. Martin befindet sie sich mit ihren etwa 110 Figuren ebenfalls im Sülchgau-Museum, wo sie mit ihren drei Szenen: Anbetung der Hirten, Anbetung der Könige und Darstellung im Tempel zu besichtigen ist. Eine achtköpfige Musikantengruppe deutet darauf hin, dass ursprünglich auch die Szene der Hochzeit zu Kana vorhanden war.

Dass aber die Freude am Krippenbauen, am Schnitzen, Bemalen und Bekleiden der Figuren bis heute weiterlebt, in ungebrochener Tradition seit nunmehr nahezu vier Jahrhunderten, verdient besondere Erwähnung.

Doch auch die relativ seltene Gattung der handgemalten Papierkrippen ist in Rottenburg mit zahlreichen, von einheimischen Künstlern geschaffenen Beispielen vertreten. Die Figuren der leider nicht mehr vollständigen, ältesten und künstlerisch qualitätvollsten dieser Papierkrippen stammen aus der Zeit um 1800. Ihr Schöpfer ist der Kirchenmaler Johann Hermann; sie wird jetzt im Rottenburger Diözesanmuseum aufbewahrt. Zwei Laienkünstler, der Weingärtner Bartholomäus („Bartle") Neu als Figurenmaler und der Nagelschmied und Hochwächter Josef Anton Hankh als Kulissenbauer, schufen in den 1820er- und 1830er-Jahren zahlreiche Kastenkrippen mit Papierfiguren, die sich teils noch in privatem Besitz in und außerhalb von Rottenburg befinden, teils dem Sülchgau-Museum gehören.

Die umfangreichen Reste der einzigen bekannten Rottenburger Fastenkrippe mit Papierfiguren von Bartle Neu können im Diözesanmuseum besichtigt werden.

In Privatbesitz in und außerhalb von Rottenburg gibt es zahlreiche Glasschreine mit Abendmahls- und Passionsszenen, mit und ohne Hintergrundkulissen. In der Kalkweiler Kapelle befand sich in einer Wandnische ein Ölbergkasten, dessen leinenkaschierte Figuren aus der Zeit um 1800/1810 aus Sicherheitsgründen magaziniert werden mussten und die in der gleichen Technik hergestellt waren wie entsprechende Krippenfiguren.

Auch die Gattung liegender und stehender Figuren des Jesuskindes und des Jesusknaben ist in Rottenburg mit guten Beispielen vertreten, als „Fatschenkinder" und als Figuren des „Himmlischen Bräutigams".

Das kleine, aber feine Stiftsmuseum von St. Moriz bietet unter seinen Kostbarkeiten einen Schatz der ganz besonderen Art, nämlich eine der deutschlandweit äußerst seltenen Osterkrippen aus dem Rokoko, wohl entstanden um 1760/70, aus dem Besitz von Chorherren des Stifts stammend und die Auferstehung darstellend samt den vor dem leeren Grab stehenden Frauen.

Eine Papierkrippe von Bartle Neu und Josef Anton Hankh, entstanden um 1820/30, aufbewahrt im Sülchgau-Museum.

In den Umkreis der Volksfrömmigkeit gehören auch die Heiligen Gräber in zahlreichen Kirchen und Kapellen der Stadt. Das erste ist in den 1620er-Jahren in St. Moriz als bereits vorhanden bezeugt; 1686 wurde ein neues für die Stiftskirche angefertigt. Der älteste Nachweis für ein Heiliges Grab im Weggental datiert von 1680; es war wohl bald nach der Übernahme der Wallfahrtsseelsorge durch die Jesuiten 1653 aufgestellt worden. Sein Nachfolger, übrigens derzeit das einzige Heilige Grab der Bischofsstadt, das Jahr für Jahr – in einer Seitenkapelle der Wallfahrtskirche – für die Öffentlichkeit zugänglich ist, besitzt Kulissen aus dem 2. Viertel des 19. Jahrhunderts, doch gibt es dabei auch einige Figuren aus dem 17. Jahrhundert. Von den anderen Heiligen Gräbern sind neben Kulissenresten nur noch schriftliche Nachrichten erhalten.

Leopold Lazaros Abendmahlskasten aus dem „Waldhorn", entstanden in den 1840er-Jahren. Rottenburger Privatbesitz.

Das Heilige Grab im Weggental, datiert 1844, ersterwähnt 1688, mit Figuren des 17. Jahrhunderts.

Aus alten Berichten ist zu erfahren, dass es bis ins 19. Jahrhundert außer in St. Moriz und im Weggental noch weitere Heilige Gräber gab: im Dom (dort datiert der älteste Beleg – der das Vorhandensein des Hl. Grabes bereits voraussetzt – von 1710), in Sülchen, in St. Theodor, in der Klause, in der Altstadtkapelle und in der Kapelle von Kalkweil, aber auch in den Hauskapellen von Spital und „Römischem Kaiser", dem Haus Marktplatz 12.

Noch 1934 waren die Heiligen Gräber von Sülchen, Altstadt, Klause und Kalkweil aufgebaut und wurden von den Rottenburgern besucht. Dieser Brauch konnte sich noch bis in die 1950er-Jahre halten und erlosch dann.

In diesen Zusammenhang passt ein weiteres Zeugnis der Passionsfrömmigkeit. Die Stiftskirche St. Moriz besaß ein Fastentuch, das jedes Jahr während der Fastenzeit „vor und außer dem Chor auff gehenkht" wurde, wie Propst Weittenauer in seinem „Traditionsbuch" berichtet. Das Fastentuch, auch Hungertuch genannt, wahrscheinlich aus der Zeit der Spätgotik um 1500 stammend, wurde 1677 mit seinen durch das jährliche Auf- und Abrollen schadhaft gewordenen oberen Bildreihen durch neuen Stoff ersetzt, der dann neu bemalt werden musste.

Das Fastentuch ist zwar längst spurlos untergegangen; wie lang es in Gebrauch war, ist unbekannt. Doch die Sichtung und Konservierung der nicht besonders sachgemäß gelagerten Reste der großformatigen Kulissenteile der Heiligen Gräber wäre dringend geboten.

All diese hier aufgezählten Zeugnisse der Volksfrömmigkeit sind in Rottenburg entstanden und meist auch hier erhalten geblieben – von einer wichtigen Ausnahme abgesehen: Die größte und figurenreichste Rottenburger Krippe mit Figuren aus dem 18. und aus dem 19. Jahrhundert gelangte wohl in der zweiten Hälfte des 19. Jahrhunderts in den Kunsthandel. Als Leihgabe der Sammlung Ludwig befindet sie sich seit einigen Jahren im Stadtmuseum der alten Bischofsstadt Bamberg, die auch ein Zentrum der Krippenkultur ist.

Trotz zahlreicher Verluste gibt es in Rottenburg in öffentlichem und privatem Besitz noch immer all das, was man eigentlich sonst nur aus den bekannten Zentren im bayerischen und österreichischen Alpenraum kennt, aus dem bayerischen Schwaben, aus Oberschwaben, aus Nord- und Südtirol, aus Böhmen. Gerade auf dem in Rottenburg bisher so gut wie unbeachtet gebliebenen Gebiet der religiösen Volkskunst zeigt sich einmal mehr sehr eindrucksvoll die über viele Jahrhunderte bestehende, in den politischen Gegebenheiten begründete enge Verbundenheit dieser Stadt mit dem österreichisch-bayerisch-alpenländischen Kulturkreis! Nichts, aber auch gar nichts hat diese Sonderentwicklung Rottenburgs mit den angrenzenden Gebieten des protestantisch-pietistischen Altwürttemberg zu tun. Im Bereich der Volksfrömmigkeit trennte die Landes- und Konfessionsgrenze in Richtung Herrenberg-Tübingen-Steinlachtal bis 1806 tatsächlich zwei Welten!

Andachten, Stiftungen und Glockenzeichen

Die Religion prägte, es wurde schon erwähnt, das Alltagsleben, natürlich auch in der urbs pia Rottenburg. Religiöse Übungen, täglich abzuhalten wie das dreimalige Angelusgebet, dessen Zeitpunkte durch Glockenzeichen morgens, mittags und abends angekündigt wurden, das Rosenkranzgebet, aber auch in größeren zeitlichen Abständen stattfindende Veranstaltungen wie besondere Andachten, Novenen usw. beeinflussten den Zeitablauf, gliederten und rhythmisierten Tage und Jahre. Eine dieser früher mehrmals im Jahr stattfindenden Übungen war die sogenannte Ewige Anbetung, die nun ein wenig näher betrachtet werden soll.

Die Ewige Anbetung
„Maria Theresia, von Gottes Gnaden Römische Kaiserinn, Wittib, Königinn zu Hungarn, Böheim, Dalmatien, Croatien, Sclavonien, Galizien, Lodomerien etc., Erzherzoginn zu Oesterreich ..." führte mit einem Dekret vom 16. Okt. 1776 die Ewige Anbetung, „wie sie in all=übrigen unseren Erblanden bereits besteht", auch in den K.K. Vorlanden ein. Die fromme Kaiserin tat

kund, dass „unsere Willens-Meinung dahin gehe, dass die Ewige Anbetung Tag und Nacht verrichtet, folgsam, so viel Menschen möglich, keinen Augenblick unterbrochen werden solle". Begründung: „Dem allmächtigen Gott ist keine Andacht gefälliger, als die ewige Anbetung seines in dem allerheiligsten Altars-Sakrament immer gegenwärtigen Sohns, unseres Heilands Jesus Christus."

Nach Absprache mit den Bischöfen, denen „das Seelen-Heil unserer Vorder-Oesterreichischen Unterthanen anvertrauet ist", gab die Kaiserin bzw. in ihrem Namen die vorländische Regierung in Freiburg nun die Zeitordnung bekannt, nach der die Betstunden ab 1. Jan. 1777 in den einzelnen Städten und Dörfern Vorderösterreichs abzuhalten sein würden und wie sie ablaufen sollten.

„Erstlich soll der Orts-Pfarrer oder Seelsorger, den Sonntag vor dem Bett-Tag, von der Würdigkeit dieser Andacht von derselben heiligstem Gegenstande, dann dem von daher anhoffenden Seegen Gottes, das Volk ab der Kanzel gründlich belehren.

Andertens ist der Anfang solcher Andacht, jeden Orts, durch Läutung aller Glocken der Pfarr-Kirche, dem Volke zu verkünden, auch das hochwürdigste Gut unter einer nöthig- und anständigen Beleuchtung feyerlichst auszusetzen.

Drittens hat die Orts-Obrigkeit, einverständlich mit dem Pfarrer, die Stunden unter die Pfarr-Kinder zu vertheilen, und zu sorgen, daß eine hinlängliche Zahl der Anbettenden auf die bestimmte Zeit in der Kirche sich einfinde. Bey dem Anfang werden die drey theologische Tugenden: der Glaube, die Hoffnung, und die Liebe, hernach drey Rosenkränze, oder der ganze Marianische Psalter, nebest der Litaney von dem allerheiligsten Altars-Sakrament, und dem Allgemeinen Kirchen-Gebett, Allmächtiger, ewiger Gott, Herr himmlischer Vater etc. laut abgebetten.

Viertens: Am Ende der letzten Bett-Stunde wird, wie bey dem Anfang, mit dem hochwürdigsten Gut der Seegen dem Volk ertheilt, und das Läuten aller Glocken wiederholt."

Und so waren die Rottenburger in den Rahmen der gesamt-vorländischen Anbetung einbezogen:

Dekret der Kaiserin Maria Theresia von 1776 zur Einführung der Ewigen Anbetung in Schwäbisch-Österreich.

Rottenburg-Stadt am 21. und 22. Februar, Ehingen am 23. Februar und am 30. März, Rottenburg-Stadt am 1. April, jeweils von morgens 5 bis abends 6 Uhr. Von abends 6 bis morgens 5 Uhr waren am 8. März die Franziskanerinnen der Oberen Klause an der Reihe. Von abends 7 Uhr bis morgens 4 Uhr traf es am 13. Juni die Karmeliter, zur gleichen Zeit am 8. Juli wieder die Obere Klause und am 15. August die Kapuziner. Die Karmeliter waren am 13. September von abends 6 bis morgens 5 Uhr an der Reihe, zwei Tage später waren zeitgleich wieder die Kapuziner dran. Von abends 5 bis morgens 6 Uhr waren die Karmeliter am 12. November, die Kapuziner am 16. November, die Karmeliter zur selben Zeit am 13. und die Kapuziner am 16. Dezember nochmals zum Gebet aufgefordert, wobei die Klöster das Gebet „bey geschlossenen Kirchen-Thüren", d. h. ohne die Anwesenheit von Mitgliedern der Einwohnerschaft, verrichten sollten.

Bei Kaiser Joseph II., dem Sohn Maria Theresias († 1780), fand die Ewige Anbetung wenig Anklang und kam in den meisten vorländischen Gemeinden in den 1780er-Jahren allmählich zum Erliegen. Doch mit Dekret der Freiburger Regierung vom 4. Okt. 1797 musste sie erneut eingeführt werden, da „von mehrern Orten der Antrag gemacht wurde", vor allem aber, „weil das Publikum diese Andacht mit Sehnsucht wünschte"! Der äußere Ablauf der wieder eingeführten Ewigen Anbetung entsprach der Anordnung von 1776. Auch die Termine der Anbetung in den beiden Rottenburger Pfarreien waren identisch mit denen von 1776. Änderungen gab es dagegen bei den Klöstern der Stadt. Die Kapuziner waren von 1798 an am 25. Januar, 15. März, 3. Mai, 21. Juni, 9. August, 27. September und 15. November an der Reihe, die Karmeliter dagegen am 30. Januar, 20. März, 8. Mai, 26. Juni, 14. August, 2. Oktober, 20. November sowie am 17. und am 29. Dezember. Grund für die häufige Inanspruchnahme dieser beiden Klöster war der Wegfall zahlreicher anderer vorländischer Klöster, so u. a. auch der Rottenburger Franziskanerinnen 1782, durch die Aufhebungsmaßnahmen unter Joseph II.

In manchen damals vorderösterreichischen Gemeinden, die 1806 württembergisch geworden waren, überdauerte die Ewige Anbetung zwar den Herrschaftswechsel, doch Generalvikar J.B. Keller brachte nicht viel Verständnis für sie auf. Er bemängelte, dass die Teilnahme der Gemeinde sich auf viele Stunden des Tages verteile, und ordnete 1822 an, die Ewige Anbetung in den Orten, wo sie noch bestand, in zwei sonntägliche Gebetsstunden umzuwandeln, ohne dass die anderen sonntäglichen Pflichten wie Gottesdienst- und Predigtbesuch, Christenlehre usw. beeinträchtigt würden.

Bischof J.v. Lipp führte dann 1854 die Ewige Anbetung wieder obligatorisch für alle Pfarreien der Diözese ein, in Verbindung mit der neuen Corporis-Christi-Bruderschaft; eine abermalige Neuordnung erfolgte 1886. In der „Gesetzeskunde" der Diözese von 1908 – ihr Herausgeber war der damalige Subregens des Priesterseminars und spätere Bekennerbischof J.B. Sproll – wurde u. a. festgelegt, dass in den beiden Rottenburger Pfarreien die Ewige Anbetung am 25. und 26. Juli stattfinden solle; diese Tage waren noch in der Zeit nach dem Ende des Zweiten Weltkriegs und des 2. Vatikanischen Konzils üblich.

Fromme Stiftungen

Ungezählte Einträge in den erhalten gebliebenen Jahrtagsverzeichnissen Rottenburger Kirchen – sofern diese Verzeichnisse Brände und altersbedingten Verschleiß überdauert haben – und zahlreiche erhalten gebliebene Urkunden künden von frommen Stiftungen der alten Rottenburger für ihr eigenes und das Seelenheil ihrer Vorfahren und Verwandten. Die regelmäßigen Einkünfte aus all diesen Stiftungen, den sogenannten „Seelgeräten", bildeten einen zentralen Bestandteil der Einkünfte aller vorhandenen Altarpfründen der Pfarrer, Kapläne und Vikare, die an diesen Altären Dienst taten, aber auch der Chorherren von St. Moriz und der Mönche des Karmeliterklosters. In der Regel waren diese Stiftungen Messstiftungen, deren korrekte und fristgerechte Einhaltung mithilfe der auch Seelbücher genannten Jahrtagsverzeichnisse überwacht wurde.

Es gab aber auch andere Formen frommer Stiftungen; ein paar Beispiele sollen dies illustrieren. Das erste Beispiel ist zwar ebenfalls eine Seelgerätstiftung, aber keine der üblichen Messstiftungen. Am Donnerstag nach Pfingsten des Jahres 1468 errichtete nämlich der Ritter Konrad v. Weitingen († 1475) eine Salve-Regina-Stiftung in der Marktkirche St. Martin. Dazu händigte der Stifter dem Kirchherrn von Rottenburg sowie Bürgermeister und Rat der Stadt einen Betrag von 100 rheinischen (Gold-)Gulden bar aus. Mit den Zinsen daraus sollte an allen Samstagen und Sonntagen „zu nacht", an allen Abenden der Fronleichnamswoche sowie an den Vorabenden von Festtagen – Letzteres ist nicht ganz zweifelsfrei formuliert – jeweils zwischen Vesper und

Zeitgenössische Abschrift der Urkunde über die Salve-Regina-Stiftung von 1468 (Hauptstaatsarchiv Stuttgart, B 19 Bü 7).

Komplet in der Marktkirche ein Salve Regina mit allen dazu gehörenden Gebeten gesungen werden. Dies sollte geschehen durch einen „helfer", d. h. einen Hilfspriester oder Vikar, einen Kantor und vier (Chor-)Schüler. Dazu sollte eine zweipfündige Kerze brennen, „Got dem allmähtigen, seiner lieben mutter Maria zu Lobe und allen gläubigen selen zu trost", wie es in der Urkunde heißt. Während des Salve Regina sollte an den genannten Tagen der Mesner mit der mittleren Glocke „ain zaychen lüten".

Dafür sollte an allen Sonntagen beim Totengedenken des Herrn Konrad v. Weitingen als Stifter des Salve Regina gedacht werden, ebenso seiner Vorfahren und Verwandten. Im Juli desselben Jahres 1468 bestätigte der Konstanzer Bischof Hermann v. Breitenlandenberg diese Stiftung. Wie lang sie bestand, scheint nirgends notiert worden zu sein.

Etwas, das Ewige Anbetung und Salve Regina verbindet, ist das Läuten der Glocken. Anfang und Ende der Ewigen Anbetung waren begleitet vom Läuten aller Glocken und während des Salve Regina war das Läuten der mittleren Glocke von St. Martin zu vernehmen. Glocken spielten und spielen immer wieder ihre besondere Rolle im Alltag der Kirche. Im Oktober 2008 erhielt der Rottenburger Dom seine neu gegossene größte Glocke, eine A-O-Glocke, im Gewicht von annähernd 5 Tonnen. Seit November wird sie jeden

Die annähernd fünf Tonnen schwere A-O-Glocke des Doms nach ihrer Weihe am 19. Okt. 2008.

Freitag um 15 Uhr geläutet, um an die Todesstunde Christi am Karfreitag zu erinnern. Dieses „neue" Freitagsläuten ist, wenn man so will, die Weiterführung des „Angstläutens", das um die Mitte des 17. Jahrhunderts aufgrund einer Stiftung in Rottenburg eingeführt wurde; von ihm soll nun berichtet werden.

Das „Angstläuten"

Der Stiftsprediger Mag. Ulrich Faitsch, der von 1672 bis zu seinem Tod 1675 Propst von St. Moriz war, gab in einer von ihm 1657 gehaltenen Passionspredigt den Anstoß zur Einführung des „Angstläutens". Die eigentliche Stiftung machte ein Jahr später der hohenbergische Landeshauptmann Baron Ferdinand v. Hohenberg, der auch Kaiserlicher Rat sowie Rat und Kämmerer Erzherzog Ferdinand Karls von Tirol war. Er stiftete ein Kapital von 100 fl. aus einem Weinberg im „Graibel", „damit alle Donnerstag abends zu Rottenburg und Ehingen in beeden pfarr kürchen mit der großen glokhe jedes ohrts ein Zeichen auf 5 Vatter unser lang gegeben werde, zur gedächtnus der Angst, die Christus Jesus unser Erlöser hatte in dem garten am Öhlberg vor seinem todt". Von den 5 fl. jährlichen Zinses sollten die Mesner beider Pfarreien „vor die mihe und arbeit zu leitten" je 2 ½ fl. erhalten.

Jeden Donnerstagabend wurde also fünf Vaterunser lang mit der größten Glocke beider Pfarrkirchen geläutet zur Erinnerung an die Todesangst Christi am Ölberg – daher die Bezeichnung „Angstläuten".

Nachdem die Stiftung des Landeshauptmanns von den Kanzeln verkündet worden war – wohl, damit die Bürger sich nicht über das ungewohnte Läuten wunderten oder gar beunruhigten –, konnte am 23. März 1658 mit dem Angstläuten begonnen werden.

Über die Durchführung des Angstläutens in der Pfarrei St. Martin scheinen keine Angaben vorzuliegen. So ist auch nicht bekannt, wann dort das Angstläuten aufhörte; es soll noch in der ersten Hälfte des 20. Jahrhunderts stattgefunden haben.

In St. Moriz ist die Quellenlage dank der Aufzeichnungen von Propst Joh. Ev. Weittenauer günstiger. In der Stiftspfarrei erfuhr die Stiftung des Landeshauptmanns weitere Ausgestaltung. Der Stiftspfarrer G. Ph. Sindlinger verfügte 1671 mit einer Zustiftung, dass künftig während des Angstläutens „5 arme Witfrauen" vor dem Ölbergaltar der Stiftskirche 5 Vaterunser und 5 Ave Maria für alle bedrängten Mitmenschen beten sollten. Dafür erhielt jede der Witwen jedesmal einen Kreuzer. Weil dieses Donnerstagsgeläut und -gebet eine so schöne Andacht sei, versammelten sich, fügt Weittenauer hinzu, stets auch „so vil Eifferige selen", aus allen Gassen kommend, zum Gebet in der Stiftskirche. Die Witwe eines Hafners vermachte in ihrem Testament der Stiftskirche 50 fl. Damit bzw. mit den Zinsen aus diesem Betrag sollten die Stiftsherren dafür sorgen, dass während des Angstläutens und des Gebets auf dem Ölbergaltar Kerzen brennen konnten. Einen neuen Ölbergaltar stiftete Pfarrer

Sindlinger 1684; ein Jahr später stiftete er eine hl. Messe, die an jedem Donnerstagmorgen um 7 Uhr an ‚seinem' Altar zum Gedenken an die Todesangst Christi gelesen werden sollte. Mit der Aufhebung des Stifts St. Moriz gegen Ende 1806 erlosch die Donnerstagsmesse, während das Sindlinger'sche Donnerstagsgebet noch in der Zeit des Ersten Weltkriegs üblich gewesen sein soll; damals – jedenfalls vor der Nazizeit – erlosch auch in St. Moriz das Angstläuten.

Kirchenglocken für profane Zwecke

In die Reihe der Inanspruchnahme der Kirchenglocken für letztlich profane Zwecke gehört das noch in unserer Zeit gebräuchlich gewesene Wetterläuten bei herannahenden schweren Gewittern. Ferner zählte dazu auch das Läuten des „Türkenglöckleins", das nach Berichten aus dem 19. Jahrhundert seit alters her jeden Tag um 12 Uhr stattfand. In früheren Jahrhunderten mussten diesen Berichten zufolge beim ersten Ton des Türkenglöckleins in den Landgemeinden der Rottenburger und der Horber Gegend alle Bewohner zum Ort hinaus und auf freiem Feld gemeinsam zum Himmel beten um Abwendung der Türkengefahr, die ja in den östlichen K.K. Erblanden bis gegen Ende des 18. Jahrhunderts eine stetige Bedrohung war. Niemand durfte während des Läutens zu Hause bleiben. Wie dieses Läuten in Rottenburg durchgeführt wurde, ist nicht mehr bekannt.

Eine andere Art von Geläut war das Rottenburger „Umgeldläuten". Alle 14 Tage wurde an einem bestimmten Wochentag nach dem mittäglichen Zwölfuhrläuten eine spezielle Glocke gezogen, die „Umgeldglocke". Bei ihrem Ton mussten alle Wirte zum herrschaftlichen Zolleinnehmer, um das Umgeld zu entrichten, eine Art Getränkesteuer, die aus dem in den letzten beiden Wochen ausgeschenkten Wein fällig war.

Das Reifenläuten

In die Kategorie profanen Geläuts gehörte auch das Reifenläuten, das im weinbautreibenden Rottenburg noch bis in die Jahre um 1820 üblich war. Wenn weinbauschädigende Spätfröste mit Reifbildung zu erwarten waren – man befragte

Zeugnis Rottenburger Passionsfrömmigkeit: die Ruhe-Christi-Darstellung aus der Mitte des 18. Jahrhunderts in St. Moriz.

dazu sogenannte „Reifenschmecker", die entweder ein gutes Wettergefühl besaßen oder auch nur bessere Thermometer als ihre Mitbürger –, wurde nachts gegen die Reifbildung, den „Reifen", geläutet. Propst Weittenauer berichtet von den Anfängen des Reifenläutens Folgendes: Am 4. Mai 1667 sei der Stiftspfleger vor das versammelte Stiftskapitel getreten und habe vorgebracht: „Weilen leider uns Gott mit dem Reiffen heimbgesucht und allbereit dem Rebwerk Schaden geschehen" sei, hätten es die Bürgermeister mit den Geistlichen – gemeint waren die von St. Martin – für ratsam gehalten, wie in anderen Orten nachts um 2 Uhr die Glocken gegen „den Reiffen" zu läuten. Der Stiftspfleger fragte nun an, „ob man selbiges auch bei uns wolle anstellen". Die Stiftsherren beschlossen, da in St. Moriz sowieso jeden Morgen um 4 Uhr „die gewöhnliche Reiffenglockhen" geläutet werde, wollten sie es dabei belassen und keinen neuen Brauch anfangen. In der Stadt Rottenburg könnten sie es machen, wie sie dort wollten. Aber schließlich „habens wir auch endlich müssen geschehen lassen": St. Moriz schloss sich dem Reifenläuten um 2 Uhr an. Mit dem Ende des Stifts 1806, mit dem Übergang an Württemberg, erlosch der „neue Brauch".

Das Schreckenläuten

Dies war eine besondere Art des Läutens in katholischen Gegenden ähnlich dem Sturmläuten; die Glocken wurden hierbei nur angeschlagen, nicht richtig geläutet. „Schrecken geläutet" wurde häufig vor dem Zusammenläuten für den Gottesdienst der Christnacht. Mancherorts wurde bereits am Nachmittag des Heiligen Abends um 3 Uhr „Schrecken geläutet", anderswo erst in der Christnacht vor der Mette. Während des Läutens setzte man den Pferden, Eseln und Ochsen das beste Futter vor, die Obstbäume wurden mit einem Strohseil umwunden, damit sie im neuen Jahr gut fruchten sollten; diesen Brauch gab es auch in Rottenburg.

Aus Wurmlingen ist überliefert, dass noch Mitte des 19. Jahrhunderts am Heiligen Abend um 3 Uhr mit allen Glocken zusammengeläutet wurde. Während des Schreckenläutens davor stellten sich junge Männer im Alter von 16 bis 24 Jahren und auch Ältere auf den „Bühl" und schossen; Ältere schossen mit Pistolen zu den Dachfenstern hinaus oder stellten sich zum Schießen in den Garten. Das geschah auch, wenn man „die Schrecke" in der Heiligen Nacht läutete. Auch in Wurmlingen wurde der Brauch des Obstbaumumwickelns mit dem Strohseil praktiziert.

Dass auch in Rottenburg das Schreckenläuten stattfand, ist überliefert. Über seinen genauen Hergang ist jedoch nichts mehr bekannt und auch nichts über das Verschwinden des Brauchs. Letzteres könnte darauf hindeuten, dass das Schreckenläuten hier vielleicht schon in josephinischer Zeit gegen Ende des 18. Jahrhunderts endete. Spätestens wird es aber in der ersten Hälfte des 19. Jahrhunderts aufgehört haben.

Rottenburger Lieblingsheilige

Dass der heilige Franz Xaver 1713 zum zweiten Patron der Stadt Rottenburg erwählt worden war, ist in der lateinischen Chronik des hiesigen Jesuitenkollegs zu lesen. Man kann nun fragen, wer denn dann der erste Stadtpatron gewesen sei, doch eine Antwort darauf gibt es nicht, keine Quelle scheint davon zu wissen. Es könnte sein, dass die „Erwählung" der Stadtpatrone eine sozusagen interne Angelegenheit der Jesuiten war, ohne Breitenwirkung in die Bürgerschaft hinein. Von einer besonderen Verehrung des nunmehr namentlich bekannten zweiten Stadtpatrons ist nichts zu spüren. In der Jesuitenkirche St. Josef gab es seit 1722 (oder 1732?) einen Franz-Xaver-Altar, dessen Blatt irgendwann nach dem Abbruch der Jesuitenkirche um 1790 nach Saulgau gelangte. Und um 1732 wurde in der von den Jesuiten seelsorgerlich betreuten Wallfahrtskirche Weggental ein Seitenaltar aufgestellt – seit 1966 ist es der mittlere auf der linken Seite –, auf dessen Blatt die Weihe des Jesuitenordens an Maria durch die heiligen Ignatius von Loyola und Franz Xaver dargestellt ist; im Auszugbild sind die beiden anderen Jesuitenheiligen Aloysius von Gonzaga und Stanislaus Kostka zu erkennen – das ist alles. Letztere beiden Heiligen besaßen seit 1724 einen Altar in der Josefskirche, das Altarblatt blieb in der Pfarrkirche von Obernau erhalten.

Der Jesuitenbruder und Asam-Schüler Joseph Fiertmair (1702–1738) schuf um 1732 das Blatt des Ignatius- und Franz-Xaver-Altars im Weggental.

Am Martinsberg – einst Weinberg-, jetzt Wochenendhausgebiet – hatte die Martinspfarrei Sülchen bis ins 16. Jahrhundert umfangreichen Grundbesitz.

Den Ignatiusaltar in der St. Josefskirche gab es seit 1722 (oder 1732?).
Bleiben wir noch ein wenig bei den Jesuiten und ihren Heiligen. Natürlich war der Orden bestrebt, ‚seine' Heiligen ins Bewusstsein der Rottenburger zu rücken. So lebte beispielsweise 1684 eine „Wallfahrt" zum heiligen Ignatius, die zuvor 15 Jahre geruht hatte, wieder auf, in Form einer Prozession, die wohl am Namensfest des Heiligen (31. Juli) oder an dessen Vorabend stattfand. Die Prozession ging vom Jesuitenkolleg durch die Stadt nach St. Moriz und wieder zurück. Dabei beteten die Teilnehmer den Rosenkranz; wie lang es die Prozession gab, wird nirgends gesagt. Die Heiligsprechung von Franz Borgias 1671 sowie von Aloysius von Gonzaga und Stanislaus Kostka 1726 wurde jeweils mit einem achttägigen kirchlichen Fest gefeiert, Letztere erst im Jahr 1727. Die Verehrung der im Jesuitenkolleg befindlichen Reliquie des Ordensgründers, der Gebrauch von geweihtem „Ignatiuswasser" – es gab auch „Xaverius-Wasser" – ist für 1753 erwähnt.

Doch abgesehen davon, dass die Rottenburger im 17. und 18., aber auch noch im 19. Jahrhundert ihre Söhne zum Teil mit Vornamen nach Heiligen des Jesuitenordens benannten, scheint der Kult der Jesuitenheiligen nach der Aufhebung des Ordens 1773, nach Abbruch der Ordenskirche um 1790, rasch erloschen zu sein. Es gab keinen Ort mehr, an dem er sich hätte neu entfalten können, es gab keine Propagandisten mehr dafür und für eine tiefere Verwurzelung der Jesuitenheiligen im Bewusstsein der Rottenburger reichten die 124 Jahre Jesuitenzeit wohl einfach nicht aus.
Dagegen waren die beiden Pfarreipatrone St. Martin und St. Moriz wesentlich länger präsent. Beide sind seit dem Mittelalter bis heute Pfarreipatrone geblieben. In ihren Kirchen waren sie durch Bilder und Skulpturen in vielfältiger Weise gegenwärtig und man ließ immer wieder Söhne auf ihre Namen taufen. Doch es scheint, als habe sich ihre Verehrung hauptsächlich auf ihre Patroziniumsfeste (11. November bzw. 22. September) konzentriert, ohne dass aus den hiesigen Quellen Näheres zur Feier dieser Patrozi-

niumsfeste zu entnehmen wäre. Ähnlich verhält es sich auch beim älteren Ehinger Pfarreipatron St. Remigius.

Allerdings, das muss hier erwähnt werden, fand einer der mittelalterlichen Rottenburger Jahrmärkte am Montag nach dem Mauritiusfest statt. Man verlegte ihn dann aber – unbekannt wann, aber wohl schon im 15. oder 16. Jahrhundert – auf den Montag nach Allerheiligen, damit man, wie Propst Weittenauer im ausgehenden 17. Jahrhundert schrieb, „schon neuen Wein haben möge, und die Rebleute durch den Herbst und Wein besser festen (könnten), auch nach Lust und Notdurft (Bedarf) einkaufen möchten". Aus dem „Morizmarkt" wurde so der heute noch bestehende „Martinimarkt".

Der heilige Martin ist noch ganz anders in Rottenburg präsent geblieben: in dem Flurnamen „Martinsberg", der 1347 erstmals in den Quellen auftaucht. Es handelt sich um den ausgedehnten, nach Nordwesten gerichteten Bergvorsprung des Waldgebiets Rammert, an dem schon 1347 Weinbau nachgewiesen ist und der ursprünglich zur St. Martinspfarrei in Sülchen gehörte. Noch im 15. Jahrhundert hatte die Pfarrei Sülchen/Rottenburg im Gebiet Martinsberg/Schadenweiler ausgedehnten Grundbesitz, das sogenannte Liebengut, das im Lauf des 16. Jahrhunderts vom Rottenburger Spital erworben wurde. Ergänzend sei hinzugefügt, dass es eine Martinstraße und einen Mauritiusweg – beide in Ehingen! – gibt.

Das St.-Meinrad-Heim, die spätere Kirchenmusikschule, erbaut 1927/28, abgebrochen 2006, in einer Aufnahme von 1955; im Hintergrund die Sülchenkirche.

Dass der heilige Meinrad von Sülchen eigentlich der ganz echte Rottenburger Heilige ist, wurde bereits in Kapitel II ausgeführt. Aber das war den Rottenburgern jahrhundertelang nicht mehr geläufig, denn die Meinung, der Heilige sei ein Vorfahre des hohenzollerischen Grafenhauses und stamme aus der Saulgauer Gegend, war in früheren Jahrhunderten dominierende und häufig propagierte Ansicht. In seiner Heimat war der Heilige dadurch und durch das Verschwinden der Marktsiedlung Sülchen um 1300 fast völlig in Vergessenheit geraten. Fast – denn dass der Heilige hierzulande früher doch nicht völlig unbekannt war, ist durch die in den 1760er-Jahren entstandene Meinradsfigur des Rottenburger Bildhauers Johann Martin Staiger (1732–1769) belegt, die sich in der Pfarrkirche von Bad Niedernau befindet, die ihrerseits bis 1806 vom Rottenburger Stift St. Moriz betreut wurde. Die Figur war Teil des barocken Hochaltars der Niedernauer Kirche, dessen Programm vom Stift entworfen wurde. Noch in der Fronleichnamsprozession von 1931 führte der Rottenburger „Jungmännerverein" eine Statue des hl. Meinrad mit sich!

Lieblingsheilige der Rottenburger aber waren, das wurde bereits deutlich, weder der heilige Meinrad noch die verschiedenen Jesuitenheiligen und auch nicht die alten Kirchenpatrone Martinus, Remigius und Mauritius. Die Gottesmutter Maria rückte nicht erst mit dem Aufkommen der Wallfahrt im Weggental im frühen 16. Jahrhundert deutlich in den Vordergrund. Schon im Mittelalter war sie gewissermaßen allgegenwärtig – als „Ehrenpatronin" aller Kirchen und vieler Altäre, aber auch z. B. als eigentliche Patronin der Liebfrauenkapelle auf dem Rottenburger Markt. Dort erhielt sie ihr erstes Gotteshaus bereits im letzten Drittel des 12. Jahrhunderts und die hundert Jahre später erbaute zweite Liebfrauenkapelle war die direkte Vorgängerin des heutigen St. Martinsdoms. Die alte Pfarrkirche in Sülchen besaß einen 1388 bepfründeten Marienaltar, in der Liebfrauenkapelle am Markt gab es einen 1326 erwähnten Altar, bei dem 1474 Maria als Altarpatronin genannt ist – der Altar war in die ab 1424 neu erbaute St. Martinskirche transferiert worden. Zwei Marienaltäre besaß die Stiftskirche St. Moriz; der eine war 1327 bepfründet worden, der andere vier Jahre später. Im Stuttgarter Landesmuseum gibt es seit 1912 eine wertvolle, ursprünglich aus St. Moriz stammende steinerne Marienfigur, die um 1330 entstanden sein dürfte. Im Jahr 1268 weihte der heilige Albertus Magnus die Liebfrauenkapelle auf der Altstadt und ihren später bepfründeten Hochaltar.

Trotz dieser hier exemplarisch sichtbar werdenden Vorliebe für das Marienpatrozinium bei Kirchen, Kapellen und Altären des Mittelalters war aber, wie die Seelbucheinträge jener Zeit zeigen, nicht Maria die Lieblings-Namensgeberin der damaligen Rottenburgerinnen, sondern – Adelheid! Patronin war die deutsche Kaiserin und Heilige († 999), Gemahlin Ottos des Großen. Bei den Männern war damals übrigens der Vorname Berthold in seiner Kurzform Benz am beliebtesten. Dieser Name führt zurück auf den heiligen Berthold, Mönch von St. Blasien, der als Abt im oberösterreichischen Garsten 1142 starb. Warum gerade Adelheid und Benz/Berthold, denen in der Stadt keinerlei Verehrungsstätte gewidmet war, zu Lieblings-Namenspatronen der mittelalterlichen Rottenburger werden konnten, ist unbekannt. Jedenfalls kann man beide Namen bei einer „Lebensdauer" von rund 200 Jahren nicht als „Modenamen" im heutigen Sinn deuten.

Im 17./18. Jahrhundert änderte sich das. Adelheid und Benz verschwanden völlig, die schon im Mittelalter nicht seltenen Vornamen Maria und Johannes traten in den Vordergrund – auch mit Namenskombinationen wie Maria Barbara, Johann Georg usw. –, in geringerem Maß auch die Namen der Jesuitenheiligen. Beachtlicher Beliebtheit als Namensgeber erfreuten sich auch der Erzengel Michael und der Konstanzer Diözesanpatron Konrad, bei den Frauen Anna. Dass die heilige Anna, die Mutter Marias und Großmutter des Jesusknaben, in früheren Jahrhunderten zu den vielverehrten Heiligen gehörte, versteht sich fast von selbst. Ungezählte Skulpturen, Reliefs und Gemälde, vor allem aus Spätgotik und Barock, zeugen noch immer davon.

Die hl. Anna, ihre Tochter Maria lehrend. Altarblatt von Joseph Fiertmair um 1732 im Weggental.

Viele stellen das Motiv Anna Selbdritt dar, d. h. Anna mit Maria und dem Jesusknaben. Schöne Beispiele solcher Selbdrittgruppen finden sich u. a. in den Pfarrkirchen der Rottenburger Stadtteile Bad Niedernau (aus der Zeit um 1520) und Schwalldorf (um 1770/80). In Rottenburg selber gibt es zwei Anna-Darstellungen im Weggental: Rechts vom Hochaltar ein Hüftbild der Heiligen als Gegenstück zum Bild ihres Gatten, des hl. Joachim; und das Altarblatt des mittleren rechten Seitenaltars zeigt die lehrende hl. Anna mit ihrer Tochter Maria. Die kleine Kapelle am Ostende des südlichen Seitenschiffs von St. Moriz heißt „Annakapelle". Von dem dort bis in die 1970er-Jahre vorhandenen Altar blieb die Zentralgruppe, ein neugotisches Standbild der Anna Selbdritt, erhalten; seit 1998 ist es wieder in der zur Sakramentskapelle umgestalteten ehemaligen Annakapelle aufgestellt.

Patrone des vorderen linken Seitenaltars im Weggental waren nach 1695 die heiligen Josef, Joachim und Anna, Zacharias und Elisabeth. Der Katharinenaltar der Sülchenkirche wird zwischen 1497 und 1534 als Anna-Altar bezeichnet und die Obere Klause der Franziskanerinnen trug den Namen „St. Anna" bis zu ihrer Aufhebung 1782.

Anna-Bruderschaften gab es in der Klosterkirche der Karmeliter und in St. Moriz – mehr darüber im Kapitel über die Rottenburger Bruderschaften (vgl. S. 132 f.).

Überhaupt war die St. Morizkirche örtliches Zentrum der Annaverehrung. Bereits am Ende des 15. Jahrhunderts gab es dort einen Anna-Altar, der, mehrfach erneuert und an verschiedenen Stellen des Gotteshauses platziert, zuletzt in der oben erwähnten Annakapelle seinen Standort hatte. Dem Gebetbüchlein „Dreyfache Gnadenquell ... in der uralten Collegiat-Stiffts- und Pfarrkirchen zu Ehingen bey Rottenburg am Neckar" von 1769 ist zu entnehmen, dass die Annaverehrung bald nach der Stiftsgründung begonnen haben soll und dass der dortige Altar der Heiligen „ein auf alle Tag privilegierter Altar" für die Mitglieder der Anna-Bruderschaft sei. Privilegierter Altar – das bedeutete nach damaliger Auffassung, „daß das ganze Jahr durch Lesung der H. Meß die Seel eines Bruders oder Schwester aus dem Fegfeuer erlöst werden" könne. Neben den „kurzen Tagzeiten zu den sieben Freuden der heiligen Mutter Anna" bringt das Büchlein eine Anna-Litanei, die auch in der Neubearbeitung der „Gnadenquellen" von 1878 in sprachlich und inhaltlich etwas geänderter Form noch enthalten ist und das Fortleben der Annaverehrung bis ins letzte Viertel des 19. Jahrhunderts belegt. Ein Letztes: Die einzige Kaplaneipfründe von St. Moriz, die nach der Aufhebung des Stifts 1806 neu errichtet wurde, bekam 1858 durch Erlass des Rottenburger Ordinariats den Namen „zur hl. Anna"!

Ein seit dem Mittelalter beliebter Vorname war Katharina. Die Heilige – gemeint ist immer Katharina von Alexandrien – genoss früher große Verehrung, das zeigen beispielhaft die Zeugnisse ihres Kults in Rottenburg.

In Sülchen ist ein bepfründeter Katharinenaltar 1338 ersterwähnt, im gleichen Jahr auch der ebenfalls bepfründete Laurentiusaltar der Liebfrauenkapelle am Markt, bei dem Katharina Mit-

Fresko des Katharinenaltars in St. Moriz, um 1380/90; oben Wappen der Stifterfamilie Kechler v. Schwandorf.

patronin war. Im Gutleuthaus, dem ehemaligen Leprosium der Stadt, ist Katharina sowohl Kapellen- als auch Altarpatronin; das Altarpatrozinium wird 1352, ihr Kapellenpatrozinium 1380 erstmals genannt.

Katharina war, einer Urkunde von 1362 zufolge, einzige Patronin des um 1300 gegründeten Rottenburger Spitals. Von 1364 an und bis heute ist Katharina nach dem Heiligen Geist und Maria dritte Patronin. Der bepfründete Hochaltar der Kapelle war Katharina geweiht. Die Stifts- und Pfarrkirche St. Moriz besaß ebenfalls einen (unbepfründeten) Katharinenaltar, der 1365 zum ersten Mal genannt ist. Das in Freskotechnik gemalte ehemalige Altarbild dieses Altars links vom Choreingang der alten Stiftskirche bezeichnet bis heute seinen Standort. Die Ersterwähnung des Katharinenaltars in der Liebfrauenkapelle auf der Altstadt datiert von 1403.

St. Laurentius am Allerheiligenaltar von H. C. Amrein in St. Moriz, entstanden 1695.

Bildliche und figürliche Darstellungen künden bis heute vom Rottenburger Katharinenkult früherer Jahrhunderte. Dass es auch im Rottenburger Land Gotteshäuser mit Katharinenpatrozinium, ihr geweihte Altäre und sie darstellende Kunstwerke gibt, sei der Vollständigkeit halber erwähnt. Die Katharinenfigur am Dompfarrhaus allerdings hat nichts mit der Rottenburger Katharinenverehrung zu tun – die Heilige war auch Patronin der Universität Freiburg und erinnert an ihrem Standort daran, dass die St. Martinspfarrei seit 1472 endgültig der Universität inkorporiert war.

Viel verehrt war auch der heilige Laurentius. Er besaß im Mittelalter nicht nur eine eigene Kapelle, die 1338 genannte „Laurentiuskirche", auf die bei den Feldkapellen näher eingegangen wird. Er war Hauptpatron eines 1338 genannten Altars in der Liebfrauenkapelle am Markt, bei dem Katharina als Mitpatronin erscheint. Der Laurentiusaltar in St. Moriz ist 1365 anlässlich seiner Bepfründung erstgenannt. Auch St. Laurentius wurde im Umland der Stadt viel verehrt. So ist z. B. der Kirchenpatron St. Laurentius Zentralfigur des spätgotischen Sakramentshauses von 1519/20 in der ihm geweihten Kirche von Hailfingen. Auch in Rottenburg gibt es bildliche Darstellungen des heiligen Diakons mit dem Rost in St. Moriz und St. Remigius.

Dass der heilige Bischof Ulrich von Augsburg in St. Moriz eine an den Chor angebaute eigene Kapelle besitzt, hängt mit seiner Rolle als wahrscheinlicher Überbringer der Mauritiusreliquien nach Ehingen zusammen.

Ein Heiliger wird gern vergessen, wenn von den Lieblingsheiligen Rottenburgs die Rede ist: der hl. Josef, der Bräutigam der Gottesmutter, das Haupt der Hl. Familie. Zeugnisse seiner Verehrung im mittelalterlichen Rottenburg fehlen allerdings völlig. Erst die Barockzeit rückte den Heiligen richtig ins Blickfeld. Der Kult des Heiligen als Bewahrer des Friedens wurde von den Karmelitern gefördert, u. a. durch die Einführung einer besonderen Andacht zu Ehren St. Josefs in Österreich nach dem Ende des Dreißigjährigen Krieges. Auf Rottenburg scheint das keine erkennbaren Auswirkungen gehabt zu haben. Das änderte sich jedoch, nachdem Kaiser Leopold I. die Erblande und das Reich 1678 diesem Heiligen ‚übergeben' hatte, dessen Fürbitte seiner Meinung nach die glückliche Geburt seines Sohnes zu verdanken war, des späteren Kaisers Joseph I.

St. Josef also seit 1678 Patron der Erblande – das ging nun auch die Rottenburger an und jetzt setzen die Zeugnisse der Verehrung des Heiligen ein. Nach der Erweiterung der Altstadtkapelle 1688 erhielt ihr Hochaltar um 1690 eine von H. C. Amrein geschnitzte Figur des Heiligen; seit den 1970er-Jahren ist sie in St. Moriz aufgestellt. Die 1711 begonnene und 1724 geweihte Kirche des Rottenburger Jesuitenkollegs hatte den hl. Josef als Patron.

Die 1695 geweihte Wallfahrtskirche im Weggental bekam als vordersten Seitenaltar auf der linken Seite den Altar der Weggentaler Jesuitenbruderschaft „zur Verehrung der heiligen Namen Jesus, Maria, Josef". Das barocke Altargemälde stellte den Tod des hl. Josef dar. Dieser Altar mit seinem Pendant wurde 1895 abgebrochen und zerstört. Dafür wurden zwei historistische Altäre in Formen der Neurenaissance errichtet. Einer davon, wieder der auf der linken Seite, zeigte erneut das Motiv des Todes des hl. Josef, diesmal mit Anklängen an den Stil der Beuroner Kunstschule. Die beiden formal völlig unpassenden Altäre wurden bei der Kirchenrenovierung 1962/66 entfernt.

In der Fronleichnamsprozession des Jahres 1853 gab es eine Gruppe „Jünglinge". Die Prozessionsordnung teilt dazu mit: „An der Spitze derselben tragen die mit blauen Bändern versehenen Jünglinge das Bild des hl. Josephs". Im 20. Jahrhundert – noch bis in die Nachkriegszeit – wurde die „Statue des hl. Joseph" von den Mitgliedern des Gesellenvereins, der Kolpingsfamilie, mitgetragen. Auf deren reich bestickter Standarte aus der Zeit vor dem Ersten Weltkrieg ist der Heilige ebenfalls zu finden.

Zum Schluss ein Beispiel aus dem 21. Jahrhundert. Die Anhöhe über der Kalkweiler Steige heißt im Volksmund seit alters her „Josefle", nach einem dort einst in einer neugotischen Nische aufgestellten Porzellanfigürchen des 19. Jahrhunderts, den hl. Josef darstellend. Das Figürchen wurde in den 1950er-Jahren zerbrochen; die danach mit einem gedruckten Bild beklebte, inzwischen längst wieder leere Nische wurde beim Bau der Brücke über die Straße anfangs der 1990er-Jahre entfernt, konnte aber von einem Anwohner sichergestellt werden. Im Verlauf der Öschprozession des Jahres 2000 wurde ein unter Verwendung der alten Nische neu angefertigter Bildstock eingeweiht. Bildhauer H. Straub aus Wendelsheim hat für die Nische die von einem Privatmann gestiftete Figur des hl. Josef mit dem Jesusknaben geschaffen.

Zu den Rottenburger Lieblingsheiligen gehörte bis in unsere Zeit ganz unzweifelhaft der heilige Johannes Nepomuk. Kein anderer Heiliger ist wie er mit drei großen Standbildern im Stadtbild präsent – ein viertes gelangte vor dem Zweiten Weltkrieg in Privatbesitz. Kein anderer Heiliger

Das Standbild des hl. Joseph in St. Moriz (H. C. Amrein um 1690) stammt vom Hochaltar der Altstadtkapelle.

wurde mit einem Gedicht in Rottenburger Mundart besungen, das bis ins Bayerische und Österreichische hinein bekannt geworden ist, als eben dieser Gewässer- und Brückenheilige aus dem fernen Böhmen! Im schwäbisch-österreichischen Rottenburg am Neckar bekam der Heilige im 18. Jahrhundert ein Zentrum seiner Verehrung, die sich in den erwähnten Standbildern ebenso spiegelt wie in zahlreichen Bildern und Figuren in kirchlichem und privatem Besitz, von der Silberbüste in St. Moriz oder seinem Bild an einem Bürgerhaus an der Ecke Klostergasse/Karmeliterstraße bis zu einer mit Klosterarbeit verzierten Pergamentminiatur in Privatbesitz. Bei diesem Heiligen wollen wir etwas länger verweilen. Johannes Nepomuk, um 1350 in Pomuk südlich von Pilsen in Böhmen geboren, starb als Generalvikar des Prager Erzbischofs 1383 den Märtyrertod; er wurde von der Prager Karlsbrücke ge-

Die Nepomukfigur von 1732 mit Stifterwappen des St.-Moriz-Chorherrn und Apostol. Protonotars Josef Anton Neupp (1690–1748) am Ehinger Neckarufer bei der mittleren Neckarbrücke.

stürzt und ertrank in der Moldau, weil er – wie neuere Erkenntnisse zeigten – sich den Zorn des Königs Wenzel zuzog, da er sich dessen gewaltsamer Einmischung in Angelegenheiten der Kirche widersetzt hatte. Unmittelbar nach seinem Tod setzte seine spontane Verehrung ein; sein Grab im Prager Veitsdom überdauerte Hussitenkriege, Reformation und Dreißigjährigen Krieg. Bei der Öffnung des Grabes fand man seine Zunge zwar eingetrocknet, aber unverwest – sie ist es bis heute. Im Jahr 1721 wurde sein Kult bestätigt, 1729 wurde er heiliggesprochen.

Da er Chorherr an St. Ägyd in Prag und Kanoniker im Prager Dom war, wurde er stets in Chorherrenkleidung mit Pelzumhang (Almucia) dargestellt und von den Chorherren als Patron verehrt. Er trägt in der Hand ein Kreuz, manchmal die Palme des Martyriums, gelegentlich hält er einen Finger vor den Mund. Der Legende nach soll er nämlich Beichtvater der Königin gewesen sein und wegen der Wahrung des Beichtgeheimnisses dem König gegenüber getötet worden sein. Dies ist wie gesagt eine Legende; der Volksglaube brachte die unverweste Zunge mit dieser unverbürgten Begebenheit in Verbindung. Heute weiß man, dass er nie Beichtvater der Königin war. Aber die Zunge wurde in der Barockzeit häufig dargestellt, vor allem als Wachsnachbildung, häufig in einem eigenen Reliquiar. Wegen dieser legendären Martyriumsursache wurde der Heilige zum Patron der Beichtväter und der Priester.

Aber auch Müller, Flößer und (Fluss-) Schiffer erwählten ihn zu ihrem Schutzheiligen.

Es versteht sich fast von selbst, dass die Chorherren des Stifts St. Moriz zu Trägern der Verehrung ‚ihres' Patrons wurden, aber auch, dass der Heilige bei den immer wieder von starken Neckarhochwassern heimgesuchten Rottenburgern als Schutzpatron in hohem Ansehen stand. Auf Veranlassung des Stifts wurde schon 1712 auf der Oberen Brücke ein Standbild des böhmischen Brückenheiligen aufgestellt. Weil aber mehrfach Pferde davor scheuten, wurde die Statue dann „auf die Stadtmauerzinne gegen die Stadt hinein" versetzt; spätestens 1873 kam sie an ihren jetzigen Platz auf der Mauer des Pfarrgartens von St. Moriz. Noch 1969 wurde bei einer Bürgerversammlung angeregt, die Statue wieder auf die Obere Brücke zu stellen.

Ein Nepomukaltar wurde 1715 in St. Moriz aufgerichtet; um die Mitte des 19. Jahrhunderts wurde dessen Altarblatt durch ein neues ersetzt, das bei der Umgestaltung der Kirche im letzten Viertel des 19. Jahrhunderts entfernt und später magaziniert wurde.

Die Nepomukstatue in ihrem gemauerten Käppele am rechten Neckarufer neben der Josef-Eberle-Brücke – benannt nach dem Schöpfer des eingangs erwähnten Nepomukgedichts – hatte der Chorherr und Apostolische Protonotar J. A. Neupp 1732 an seinem Pfründhaus in der Kirchgasse anbringen lassen; das Neupp'sche Wappen am Sockel der Figur erinnert daran. Nach der Aufhebung des Stifts 1806 fiel das später abgebrochene Haus an den Staat, die Figur kam in ihre jetzige Nische auf einem Rest der Stadtmauer; ihre jüngste Restaurierung erfolgte 2001. Ihr gegenüber steht am linken Neckarufer auf einem Mauersockel in einem Gehäuse des 19. Jahrhunderts ein weiteres Standbild des Heiligen. Nach einem verheerenden Hochwasser, das ein Stück der Ehinger Stadtmauer und ein Haus zerstörte und auch ein Menschenleben forderte – das Wasser drang damals „die Stadtlanggasse hinauf bis zum Pfarrhof", heißt es in einem zeitgenössischen Bericht –, ließ das Stift die Figur 1779 auf dem Rest der Stadtmauer im Unterwässer aufstellen, das von alters her zur Pfarrei

Silberbüste des hl. Johannes Nepomuk von 1730 im Stiftsmuseum St. Moriz; in Augsburg geschaffen von Franz Christoph Mäderl/Mederle.

St. Moriz gehörte, und empfahl die Figur „den Bewohnern des angebauten Hauses zur pfleglichen Obsorge". Der Neckar war nun ‚eingerahmt' von Nepomukfiguren auf beiden Ufern.

Mit dem Neckar, einem gelegentlich sehr wilden Gesellen – 1955 konnte man bei einem Frühjahrshochwasser noch bis zum Metzelplatz im Boot fahren – hängt ein Nepomukbrauch zusammen, den es im gesamten schwäbischen Raum nur in Rottenburg gab und der in den 1980er-Jahren wieder auflebte, in der Folgezeit erneut erlosch und 2009 dank des Engagements eines Anwohners erstmals wieder auflebte. Solang nämlich das Stift bestand, d. h. bis 1806, wurden „am Vorabend des Nepomukfestes nach einem feierlichen Gottesdienst in der Stiftskirche alle in der Stadt befindlichen Darstellungen des Heiligen illuminiert". Die Schulkinder hatten das Jahr über für das Fest Schifflein aus dicker Rinde oder aus Schachtelbrettchen gebastelt und sie mit Harz oder Wachs gefüllt. Bei einbrechender Dunkelheit wurden die Lichter angezündet, man ließ sie von der Oberen Brücke aus den Neckar hinab schwimmen. Wenn vor 1899 – damals passierte das letzte Neckarfloß die Stadt – ein Floß in Rottenburg „vor Anker lag", dann wurde auch dieses mit Zustimmung der Flößer zu Ehren ihres Schutzheiligen mit brennenden Lichtern geschmückt. Außer in Böhmen gab es diesen Nepomukbrauch der Lichterschifflein, soweit bekannt, nur in Rottenburg. Die Lichter sollten an die Stelle in der Legende des Heiligen erinnern, wo es heißt, dass dort, wo der Leib des Heiligen nach seinem Brückensturz in der Tiefe der Moldau lag, auf dem Wasser glänzende Lichter erschienen.

Aus einstigem Besitz eines Chorherrn von St. Moriz hat sich im Sülchgau-Museum ein Glasschrein mit der Nachbildung des am Moldauufer liegenden Leichnams des Heiligen erhalten; den Hintergrund der Szene bildet die Kulisse Prags, gemalt nach einer Vorlage von 1595. Über dem Heiligen hängt in geschnitztem, vergoldetem Rahmen eine sogenannte „Nepomukzunge" aus Wachs. Das Ganze stammt aus den 1750er- oder 1760er-Jahren.

Nun ist an die vierte „öffentliche" Rottenburger Nepomukdarstellung zu erinnern, die bis ins zweite Viertel des 20. Jahrhunderts in Ehingen am Fuß des Gelben Kreidebusens aufgestellt war. Sie erinnerte an einen gewaltigen Gewitterregen, der 1851 oder 1852 über Weiler und dem Kreuzerfeld niederging; seine Wassermassen schossen die steile alte Straße, den Gelben Kreidebusen, herab, verwandelten den Ehinger Platz in einen See und forderten dabei ein Menschenleben. Damals wurde ein käppeleartiger Bildstock aufgestellt und mit einer noch heute in Privatbesitz erhaltenen Nepomukfigur von 1778 ausgestattet.

Erwähnenswert ist, dass das St. Morizstift seine Vierhundertjahrfeier 1730 zusammen mit dem Kanonisationsfest des heiligen Johannes Nepomuk in einem neuntägigen Fest beging. Zu diesem Anlass stiftete der damalige Propst Chr. Edelmann eine Silberbüste des neuen Heiligen. Geschaffen hatte sie der Augsburger Goldschmied Chr. Mäderl (Mederle) als Pendant zu der Büste des hl. Mauritius, die 1727 im Auftrag des Stifts von Mäderls Schwiegervater F. A. Bettle ebenfalls in Augsburg angefertigt worden war.

Ein letztes Zeugnis der Nepomukverehrung in St. Moriz ist in dem Büchlein „Gnadenquellen in der Stadtpfarrkirche zu St. Moriz" zu entdecken, das Stadtpfarrer A. Staudacher 1878 in den Druck gab. Dort ist in der Rubrik „Besondere in der St. Morizkirche herkömmliche Andachten" als Erstes eine „Johann von Nepomuk-Andacht" u. a. mit Nepomuk-Lied aufgenommen.

Die Pfarrei St. Martin mochte angesichts all dieser in St. Moriz konzentrierten Zeugnisse der Verehrung des hl. Johannes Nepomuk nicht zurückstehen; ein gewisses ‚Konkurrenzdenken' ist durch die Jahrhunderte hindurch zwischen beiden Pfarreien ja durchaus nicht zu übersehen. Stadtpfarrer F. J. Knecht berichtet in seinen Aufzeichnungen, dass unter seinem Vorgänger A. J. Greutter die Gräfin v. Castell, eine geborene Gräfin v. Khevenhüller aus kärtnerischem Geschlecht, der Pfarrkirche St. Martin 1764 „eine gefasste Zung des H. Joan. v. Nepomuc samt der angeschlossenen Authentica (Echtheitsbestätigung) verehrt" habe, eine sogenannte Berühr-

Die Reliquien des „Katakombenheiligen" St. Bonifatius ruhen seit 1935 in der Stipes des Hochaltars der Sülchenkirche.

reliquie. Im selben Jahr ließ Greutter in der Oktav (!) des Johann Nepomukfestes jeden Abend das Allerheiligste im Ciborium aussetzen, dazu ließ er die „Litanie von ermeltem Heiligen abbetten". Ein Rottenburger Ehepaar stiftete 1765 zur Festigung dieser Andacht 200 fl. Mit dem Zinsertrag sollte jedes Jahr am Fest des Heiligen ein Amt mit Predigt stattfinden, dazu sollte am Vorabend und den Abenden der folgenden acht Tage „das Salve gehalten werden".

All diese Belege zeigen eindrucksvoll den Stellenwert der Nepomukverehrung in Rottenburg. Ihr ist manches Kunstwerk zu verdanken, das bis in unsere Zeit an diesen Lieblingsheiligen des Barock und der Rottenburger erinnert.

Es gab noch einen weiteren „Heiligen", der im Rottenburg der Barockzeit rund hundert Jahre lang viel verehrt wurde, der aber inzwischen vollständig vergessen ist – so sehr, dass ein paar Bemerkungen zu ihm vielleicht nicht unwillkommen sein werden.

Baron Karl Joseph v. Hohenberg (1665–1725), Sohn des hohenbergischen Landeshauptmanns Karl Sigmund v. Hohenberg, späterer Kaiserlicher Rat und Vizepräsident des Rottweiler Hofgerichts, machte als Zwanzigjähriger eine „Kavalierstour", eine Bildungsreise, die ihn auch nach Rom führte. Von dort brachte er 1685 einen „Heiligen Leib" mit in seine Heimat Rottenburg. Der „Heilige Leib" wurde in die Sülchenkirche übertragen und blieb dort zehn Jahre lang.

„Heilige Leiber" wurden in der Barockzeit die Überreste von mutmaßlichen Märtyrern genannt, die seinerzeit aus den Katakomben Roms erhoben und an kirchliche und weltliche Institutionen in ganz Europa verkauft wurden, versehen mit schriftlichen Echtheitszertifikaten. In vielen Kirchen Oberschwabens und des bayerisch-österreichischen Alpenraums wurden die reich verzierten Skelette der „Katakombenheiligen" zur Schau gestellt. In den Zeiten von Josephinismus und Säkularisation wurde dann eine nicht bekannte Zahl solcher „Heiliger Leiber" wieder aus den Kirchen entfernt.

Der Rottenburger Katakombenheilige, den man „nachher S. Bonifacius taufte", wurde 1695 „feyerlich und mit allgemeiner prozession von Silchen in die Stadtpfarrkirche zu St. Martin gebracht", berichtet Stadtpfarrer Haßler in seinen ungedruckten Aufzeichnungen. Eine derartige feierliche Einholung der „Heiligen Leiber" – dass nur ein Bruchteil aller „Katakombenheiligen" echte Märtyrer-Reliquien waren, wusste man damals noch kaum! – war in der Barockzeit üblich. Das Begrüßungszeremoniell beim Eintreffen der „Heiligen Leiber" und Reliquien unterschied sich kaum von jenem beim Empfang hoher Herrschaften: besonderes Läuten der Glocken, Salutschießen mit Mörsern, pompöser Aufmarsch, spezielle Festliturgie.

Nachdem die St. Morizkirche seit dem 10. Jahrhundert Reliquien des heiligen Mauritius und seiner Gefährten von der Thebäischen Legion hütete, hatte nun endlich auch St. Martin einen „heiligen Märtyrer" in seinen Mauern – der latent stets vorhandene Wettstreit zwischen beiden Pfarreien der Stadt stand dadurch wieder einmal unentschieden ...

Der Rottenburger Katakombenheilige hatte von Rom keinen eigenen Namen mitgebracht; nach Mitteilung Hasslers taufte man ihn erst nachträglich St. Bonifatius – auch das war zeitüblich: Brachte der Heilige keinen Namen mit, erhielt er einfach einen aus dem Römischen Martyrologium!

Bonifatius also – aber weder der bekannte „Apostel Deutschlands" noch der kaum weniger bekannte Wetterheilige aus der Reihe der „Eisheiligen" Pankraz, Servaz, Bonifaz – nein, einfach „Bonifatius Mart.", nachträglich getauft, aber nach damaliger Überzeugung der Leib eines Mannes, der für seinen Glauben an Jesus Christus in den Tod gegangen und damit höchster Verehrung würdig war. Dementsprechend wurde er auch geehrt. Mitten im Chor von St. Martin, direkt vor dem Hochaltar, wurde ein neuer Altar aufgestellt, der 1715 zu seinen Ehren die Weihe erhielt. In ihm war, vermutlich in einem Glasschrein, sein „geschmückter", d.h. in Klosterarbeit verzierter Leib zur Schau gestellt.

Um 1800/1806 wurde der Altar entfernt – er stand im Chor ja buchstäblich im Weg. Die „Reliquien", zumindest Teile davon, ‚überlebten' die folgenden bewegten Zeiten – wo, ist nicht mehr bekannt. Doch das Wissen darum, welcher der vielen Heiligen des Namens Bonifatius hier gemeint war, ging mit seinem Altar verloren. Im Jahr 1870 wurde am Choreingang des nunmehrigen Doms ein neuer Pfarraltar aufgestellt. Auf ihm war u. a. eine Statue des hl. Bischofs Bonifatius zu entdecken – in den Zeiten der Reichsgründung mit ihrem hohen nationalen Pathos konnten die Überreste des Rottenburger Bonifatius natürlich nur dem „Apostel Deutschlands" gehört haben. Dass dessen Leib in Fulda ruht, wurde schlicht vergessen. Nach dem Abbruch des Altars am Choreingang, nach dem Verschwinden auch des Bonifatius-Standbilds im Zug der Domrenovierung von 1927/28 brachte man das, was von dem „heiligen Leib" noch übrig war, wieder zurück nach Sülchen. Die Überreste wurden 1935 in der Stipes des dort seinerzeit neu aufgestellten Hochaltars beigesetzt; eine Inschriftplatte erinnert daran.

Ob diese „Reliquien" schon damals oder erst nach der Wende zum 21. Jahrhundert dem „Eisheiligen" Bonifatius zugeschrieben wurden, ist unwesentlich. Die Vorgänge um den „Rottenburger Bonifatius" zeigen aber, was passieren kann, wenn historische Fakten in Vergessenheit geraten. Es entsteht eine ganz neue Art von „Wahrheit", die im Lauf der Zeit allerlei Wandlungen durchlaufen, in allerlei Kostümen auftreten kann und sich dabei von den Tatsachen immer weiter entfernt!

Nun ist noch auf einen letzten Heiligen einzugehen, dem eine gewisse Volkstümlichkeit bei den Rottenburgern früherer Zeiten nicht abzusprechen ist. Gemeint ist der heilige Bischof Erasmus, der um das Jahr 303 den Martyrertod erlitten haben soll. Die spätere Legende will wissen, dass ihm bei seinem Martyrium mit einer Winde die Eingeweide aus dem Leib gerissen worden seien. Er wurde deshalb u. a. als Patron gegen Unterleibschmerzen und Koliken angerufen, aber auch als Patron gebärender Frauen; er gehört in die Reihe der Vierzehn Nothelfer.

St. Erasmus vom ehemaligen Hochaltar der Altstadtkapelle, geschaffen 1494/98 vom Bildschnitzer „Meister Heinrich", jetzt im Chor von St. Moriz.

Zentrum seiner Verehrung in Rottenburg war die Liebfrauenkapelle auf der Altstadt, wo der Heilige zweiter Patron des Hochaltars ist. Aus dem Schrein des dortigen, 1494/98 entstandenen Hochaltars kamen die von einem gewissen „maister heinrich bildhawer" geschaffenen Figuren von St. Erasmus und St. Sebastian, dem dritten Altarpatron, in den 1920er-Jahren in die St. Morizkirche, wo sie im Chor einen neuen Platz fanden.

Ebenfalls aus der Altstadtkapelle stammt das Gemälde mit der Darstellung der legendären Erasmus-Marter, das dort aus Sicherheitsgründen entfernt und nach seiner Restaurierung seit November 2007 in der Klausenkirche aufgehängt ist. Das Gemälde ist eine Arbeit des Rottenburger Malers Jerg Ziegler aus dem Jahr 1560.

Zu erwähnen ist schließlich noch die sogenannte „Rasemustafel", ein hohes Holzkreuz an der Abzweigung der Straße zum Schadenweiler Hof von der Südtangente. Im Schnittpunkt der Kreuzbalken hängt eine auf Blech gemalte Darstellung des heiligen Bischofs Erasmus. Das jetzige Bild aus den 1920er-/30er-Jahren hatte einen Vorgänger aus der Mitte des 19. Jahrhunderts. Seit wann und warum sich diese Erasmusdarstellung an dieser Stelle befindet, weiß man längst nicht mehr.

Das ist aber auch bei fast allen anderen Kleindenkmalen in und außerhalb der Stadt, die in den folgenden Kapiteln beschrieben werden, nicht viel anders.

Zeichen in der Stadt

„Am allermeisten übrigens fallen dem Wanderer die vielen Heiligenbilder und Betkapellen an der Straße auf und er kann nicht umhin, daraus den Schluß zu ziehen, daß hier, an diesem Port, das Schiff der alleinseligmachenden Kirche gar fest vor Anker liegen müsse." Diese etwas ironisch klingende Bemerkung des Theodor Griesinger aus dem Jahr 1866 – wir sind ihm schon am Beginn von Kapitel III begegnet – enthält bei aller Ungenauigkeit doch manches Wahre. In und außerhalb der Stadt gab und gibt es in der Tat verschiedenerlei „Heiligenbilder" und „Betkapellen". Ihnen wenden wir uns nun zu; auch sie sind Teil der urbs pia, ob sie nun innerhalb der Stadt zu entdecken sind oder auf den Fluren rings um die Stadt. Ehe wir Letztere aufsuchen, sollen uns die oft recht unauffälligen Glaubenszeichen in der Stadt beschäftigen.

Gotischer „Erbärmdechristus" (2.H. 15. Jh.) in barockem Gehäuse am Haus Obere Gasse 49. Aufgenommen um 1900/1910, hundert Jahre später samt Gehäuse spurlos verschwunden.

Bildnische von 1671 mit gotischer Pietà-Gruppe aus dem 1. Drittel des 15. Jahrhunderts auf der Rückseite des Nepomukbildstocks am Ehinger Neckarufer. Aufnahme von 1966/67.

Niemand hat all diese Dinge jemals der beschreibenden Beachtung wert befunden, niemand hat sie inventarisiert und dokumentiert. So wird an dieser Stelle erstmals der Versuch gemacht, das zusammenzutragen, was einmal da war und was noch da ist. Leider muss nämlich die Bemerkung gemacht werden, dass vieles von dem, was Griesinger sah, was ich selber noch in meiner Jugend sah, vieles von dem, was hier beschrieben wird, was teils auch in Fotografien festgehalten ist, in den letzten vier Jahrzehnten spurlos verschwunden ist und dadurch das Stadtbild nicht unwesentlich verarmen ließ!

Da hilft es wenig, zu wissen, dass die verschwundenen Stücke zumindest teilweise von den alten oder neuen Besitzern der Häuser gehütet werden – irgendwann verschwinden sie auch dort und bald kennt niemand mehr ihre Herkunft! Schon in der ersten Hälfte des 20. Jahrhunderts – was vorher abhanden kam, ist nirgends festgehalten – verlor sich die Spur der Hausmadonnen der Häuser Kreuzgässle 1 (abgebrochen) und Königstraße 21 (ehem. Café Rammensee); sie waren im frühen 18. Jahrhundert von den aus Oberitalien in Rottenburg eingewanderten Familien Bellino und Camesasca aus ihrer Heimat mitgebracht worden und stammten noch aus dem 14. oder 15. Jahrhundert.

Leer ist die mit einem barocken Muschelornament verzierte Figurennische an der ehemaligen österreichischen Landvogtei Schütte 6. Ihr Inhalt ging ebenfalls längst verloren, vermutlich aber erst in der Nachkriegszeit; das Gebäude befand sich damals noch in Staatsbesitz.

Bei einer Hausrenovierung in den 1970er-Jahren verschwand die barocke Madonna mit Kind – sie wird jetzt im Haus aufbewahrt – samt ihrer neugotischen Nische von 1850 am Haus Staig 12. Der spätgotische, um 1500 entstandene Erbärmdechristus in einem mit barocken Fruchtgehängen reich dekorierten Gehäuse an der Südwestecke des Hauses Obere Gasse 49 wurde zu Beginn der 1980er-Jahre durch eine Kopie ersetzt, das Original wanderte nach Hechingen ab. Seit einer erneuten Renovierung vor etwa zwei, drei Jahren fehlt sowohl die Kopie der Figur als auch das barocke Gehäuse!

Beim Abbruch des Hauses Burgsteig 6 verschwand in den 1970er-/80er-Jahren eine hübsche, kleinformatige Figur der Madonna mit Kind aus der Mitte des 18. Jahrhunderts. Längst verschwunden ist auch der ‚fromme' Hausschmuck am Haus Gartenstraße 8 – war es eine Heiligenfigur oder ein Kruzifix?

Das Haus Königstraße 48/1 wurde 1976 abgebrochen, die gotische Figur einer weiblichen Heiligen, wohl St. Barbara, soll nach Tübingen abgewandert sein. Auch das Haus Königstraße 50 musste 1976 abgebrochen werden; die an der Südostecke angebrachte barocke Marienfigur wurde am Neubau nicht wieder angebracht, sie befindet sich in Privatbesitz. Am Haus Stadtlanggasse 3 befand sich eine Figur des hl. Johannes des Täufers von beachtlicher künstlerischer Qualität aus den 1730er-Jahren. Nach dem Neuaufbau des Hauses 1993 wurde die restaurierte Figur zwar wieder in einer neugeschaffenen Nische aufgestellt, doch eines Tages war sie gegen eine nicht aus Rottenburg stammende historistische Figur des hl. Dominikus aus der Zeit um 1880/1900 ausgewechselt – der barocke Johannes ist verschwunden, abgewandert, unbekannt, wohin!

Doch ungeachtet dieser und aller anderen bedauerlichen Verluste und Veränderungen ist die Stadt noch immer reich an Heiligenbildern, an „Hausheiligen". Zu ihnen gehören in gewissem Sinn auch die barocken Standbilder des hl. Johannes Nepomuk. Das älteste, früher auf der Oberen Brücke platziert, schmückt jetzt, miserabel restauriert, die Mauer des Pfarrgartens von St. Moriz, die beiden anderen grenzen die beiden Neckarufer bei der Mittleren Brücke ein. Eines, in einem Käppele am Fuß des Gelben Kreidebusens aufgestellt, ist seit Jahrzehnten in Privatbesitz. An anderer Stelle des Buches (S. 234 ff.) war von der Rottenburger Nepomukverehrung bereits die Rede. Nachzutragen ist, dass auf der Rückseite des „Nepomuk-Käppeles" am rechten Neckarufer eine sandsteinerne, voluntengeschmückte und 1671 datierte Bildnische eingemauert ist. Die Nische ist jetzt bedauerlicherweise leer – noch 1966 war sie mit einem kunstvoll in frühbarocken Formen geschmiedeten Gitter verschlossen, hinter dem eine sehr kleine Pietà aus dem 1. Drittel des 15. Jahrhunderts aufgestellt war. Im Lauf des Jahres 1967 verschwand zuerst das Gitter, im Oktober 1968 war auch das kostbare Figürchen plötzlich nicht mehr da ...

‚Frommen' Schmuck tragen mehrere öffentliche Gebäude der Stadt. Die Giebelnische am Rathaus von 1735/36 ist seit 1966 mit einem Standbild des Erzengels Michael geschmückt, das der Rottenburger Bildhauer Heinrich Schneider schuf. Die Nordostecke des Dompfarrhauses und mit ihr der obere Teil der Stadtlanggasse wird dominiert von der Kopie der gotischen Statue der hl. Katharina von Alexandrien, deren Original im Diözesanmuseum seinen Platz gefunden hat; die Figur stammt aus dem dritten Viertel des 15. Jahrhunderts. Die Heilige, Schutzpatronin der Schulen und Hochschulen, war auch Patronin der Universität Freiburg, der die Rottenburger St. Martinspfarrei inkorporiert war. Die mittelalterliche Heiligenfigur erinnert an dieses Rechtsverhältnis, das erst im 19. Jahrhundert endete. Das Gebäude der Kreissparkasse an der Ecke Marktplatz/Königstraße, 1953 anstelle eines Bürgerhauses errichtet, das seinerseits den Platz der mittelalterlichen Herrenstube einnahm, hat als Schmuck die alte Hausmadonna des Bürgerhauses übernommen. Es handelt sich um ein Steinbildwerk der Immaculata, das der einheimische Bildhauer Johann Staiger nach dem Stadtbrand von 1735 geschaffen hat.

Die barocke Johannesfigur von ca. 1740 und ihr historistischer Ersatz – St. Dominikus – am Haus Stadtlanggasse 3.

St. Michael am Zwerchhaus des Rathauses, 1966 von Heinrich Schneider (1909–1994) geschaffen.

Immaculata an der Ecke Marktplatz/Königstraße, ein Werk Johann Staigers (1702–1770), um 1740.

Durch besonders reichen ‚frommen' Fassadenschmuck fällt der Spital zum Hl. Geist in der Spitalvorstadt (Königstraße 57) auf. Über dem Hauseingang im barocken Bogenfeld ist tympanonartig eine Platte eingefügt, die den Patron des Hauses, den Hl. Geist, in Gestalt einer Taube zeigt, umgeben von einem Wolkenfeld. Zwischen den beiden Fenstern der Hauskapelle im westlichen Teil des mächtigen Bauwerks gibt es eine Nische aus der Bauzeit 1560/61, in der eine Figur der ursprünglichen Spitalpatronin St. Katharina aus den 1430er-Jahren aufgestellt ist. Daneben, über dem Kapellenportal, steht in einer Nische die Kopie einer kleinformatigen Terracotta-Madonna mit Kind. Die oberen Geschosse des Baus entstanden nach dem Stadtbrand von 1735. Im ersten Obergeschoss, nahe der Nordwestecke, ist ein Standbild des drachentötenden St. Georg zu erkennen. Sein Pendant an der Nordostecke ist eine Madonna mit Kind. Beide Figuren aus Terracotta sind – wie die kleine Madonna in der Portalnische – Arbeiten eines anonymen Rottenburger Hafners aus der Zeit um 1740/50. Der Eingangsbereich des ehemaligen Spitalguthofs an der Erasmusstraße wird flankiert von der um 1890/1900 entstandenen Figur des Bauern- und Viehpatrons St. Wendelin.

Nebenbei sei erwähnt, dass der städtische Spital zahlreiche weitere Figuren besitzt, z. T. aus der Gutleuthauskapelle stammend, aus allen Perioden vom frühen 15. bis zum ausgehenden 19. Jahrhundert. Einiges davon wird am Fronleichnamstag als Hausschmuck gezeigt.

An seiner Südostecke besitzt das Haus Königstraße 58 gegenüber dem Spital eine neugotische Nische, in der eine weibliche Heilige – Attribute fehlen – als Abguss eines Originals aus dem 16. Jahrhundert aufgestellt ist. Ein Abguss

St. Georg an der Königstraßenfront des Spitals; Häfnerarbeit aus der Zeit um 1740/50.

Spätgotisches Kreuzigungsrelief, wohl vom früheren Neckartor, am Haus Neckarhalde 1.

ist auch die Hausmadonna am Haus Sonnengasse 17; das Original im Besitz des Sülchgauer Altertumsvereins schuf der Bildhauer Johann Martin Staiger in guten Rokokoformen um 1760. Staigers Modell wurde von einem Hafner ausgeformt, gebrannt und anschließend kalt bemalt.

An einem anderen Bildhauer-Wohnhaus, dem Haus Gartenstraße 17, schuf Bildhauer Johann Biesinger um 1880 die Sandsteinplastik des hl. Josef im Stil des Historismus. Eine geschnitzte Josefsfigur der gleichen Zeit ziert seit den 1990er-Jahren die Fachwerkfront eines Hauses im Unterwässer neben der ehemaligen Öl- und Lohmühle. Aus derselben Periode stammt die Steinfigur der Immaculata am Gründerzeithaus Weggentalstraße 14.

In einem dreieckigen Fenstergiebel des Geschäftshauses Bahnhofstraße 9 befand sich, von unten kaum zu erkennen, eine kleinformatige Gruppe der Hl. Familie, vermutlich ebenfalls in der Zeit des Historismus entstanden. Am anderen Ende der kleinen Gasse, an der dieses Eckhaus liegt, befindet sich ein ehemaliges Lager-, jetzt Ausstellungsgebäude, an dessen Traufseite zur Stadtlanggasse ein Medaillon mit dem Haupt des Schmerzensmannes im Nazarenerstil zu entdecken ist.

Hoch oben am unverputzten Südgiebel des Hauses Seminargasse 12 waren, eigentlich nur vom Hof des Priesterseminars aus sichtbar, zwei Steingussfiguren der Spätgotik angebracht. Die beiden Heiligen – es handelt sich um eine allerdings kopflose Maria Magdalena mit dem Salbgefäß sowie um St. Hieronymus – stammen vielleicht aus dem ehemaligen Karmeliterkloster in unmittelbarer Nachbarschaft des Hauses. Die Figuren befinden sich jetzt in Verwahrung beim neuen Hauseigentümer.

Immaculata am Haus des Bildhauers Joh. Martin Staiger (1732–1769) in der Sonnengasse.

Weibliche Heilige am Haus Königstraße 58.

Wichtigster Fassadenschmuck am Haus Marktplatz 8, einem ehemaligen adeligen Freihaus, ist in für Rottenburger Verhältnisse aufwendig gestalteter Barocknische die Figur einer Madonna mit Kind der Zeit um 1740, wahrscheinlich aus der Staiger-Werkstatt. Eine ungefähr zeitgleiche, aber von anderer, laienhaft wirkender Hand geschaffene Madonna mit Kind ziert den Giebel des Hauses Amannhof 6, während am Giebel der Scheuer schräg gegenüber zwischen den Häusern Amannhof 9 und 11 ein Kruzifix der Staiger-Werkstatt aus der Mitte des 18. Jahrhunderts zu entdecken ist. Als diese Scheuer 1828 durch einen Brand zerstört wurde, fand sich das Kruzifix unversehrt im Brandschutt, „nur daß der Kopf abgebrochen", berichtete ein Augenzeuge. Zu den Zeichen in der Stadt gehört auch das hölzerne Missionskreuz auf dem alten Kirchhof von St. Moriz – dort gab es bereits seit dem 16./17. Jahrhundert Vorgänger –, aber auch Ölberg und gemalte Grablegungsszene an der Außenseite des Chors der St. Morizkirche.

Das bislang jüngste der „Zeichen der Stadt" übergab Bischof Dr. Gebhard Fürst aus Anlass seines 60. Geburtstags im Dezember 2008 der Bischofsstadt und ihren Bürgern: eine Bronzegruppe, geschaffen von Bildhauer Karl Friedrich Nuss aus Strümpfelbach, darstellend die Mantelübergabe des hl. Martin an den Bettler und aufgestellt vor dem ehemaligen Sülchertor beim Bischöflichen Palais.

Neben den dreidimensionalen Skulpturen gibt es auch ‚frommen' Hausschmuck in Form von Reliefs und Wandbildern. Das Haus Neckarhalde 1, erbaut 1950, besitzt als Fassadenschmuck ein spätgotisches Buntsandstein-Flachrelief der Zeit um 1500, den Gekreuzigten mit Maria und Johannes darstellend, das sich schon am Vorgängerbau befunden hatte, der bei der Brückensprengung 1945 zerstört worden war. Vermutlich stammt das Relief von dem um 1815/20 abgebrochenen Neckartor, das nur wenige Meter vom Haus Neckarhalde 1 entfernt gestanden hatte.

Zu den Verlusten gehört das Wandbild mit der Gestalt Johannes des Täufers, das sich an der Westseite des Hauses Tübinger Straße 33 befunden hatte. Beim Abbruch des Hauses kurz nach 1972 war das ungeschützt auf die Westseite gemalte Bild allerdings bereits völlig unkenntlich geworden. Der Vorgängerbau des abgebrochenen, im 1. Drittel des 19. Jahrhunderts errichteten Hauses war das 1582 erbaute Haus der hiesigen Büchsenschützen; Johannes der Täufer war, zumindest seit dem 17. Jahrhundert, ihr Rottenburger Patron.

Ein anderes Wandbild mit Johannes dem Täufer, die Taufe Jesu im Jordan darstellend, geht auf die Zeit des Historismus zurück und ist an der Westseite des Hauses Neckarhalde 20 zu entdecken. Von gleicher Hand stammt das Wandbild mit der Szene der Verkündigung an Maria, das sich an der Ostseite des Hauses Seebronner Straße 15 befindet. Schöpfer beider Malereien ist der Rottenburger Kunst- und Kirchenmaler Carl Dehner (1846–1928).

Ebenfalls mit einem Wandbild geschmückt war das Haus Klostergasse 17, das an seiner gegen die Karmeliterstraße gerichteten Front bis Ende der 1950er-Jahre ein Bild des heiligen Johannes Nepomuk aus dem dritten Viertel des 18. Jahrhunderts trug. Bei einer Renovierung des Hauses wurde dieses fast bis zur Unkenntlichkeit nachgedunkelte Wandbild entfernt und durch ein sgraffitoähnliches Flachrelief des Heiligen ersetzt, das der Rottenburger Kunstmaler Alois Stehle schuf. Es stellt den böhmischen Heiligen

St. Martin, dem Bettler eine Mantelhälfte reichend. Bronzeskulptur von K. F. Nuss von 2008 am Eugen-Bolz-Platz.

Historistische Darstellung der Taufe Jesu am Haus Neckarhalde 20, gemalt um 1900 von Carl Dehner (1846–1928).

Dreifaltigkeitsdarstellung aus den 1990er-Jahren am Haus Jahnstraße 22.

in ikonographisch ungewöhnlicher Form dar: Er trägt hier neben seinem üblichen Attribut, dem Kruzifix, auf seinen Armen noch den segnenden Jesusknaben!

Am Geburtshaus des ehemaligen Staatspräsidenten Eugen Bolz, Königstraße 52, ist an der Ostseite zur Schütte hin eine in ähnlicher Technik gefertigte Darstellung des heiligen Erzengels Michael mit Schild und Schwert zu sehen, begleitet von der dreizeiligen Schrift „Erheben / wird sich Michael / der grosse Fürst". Das Ganze trägt deutlich die Merkmale des Art-déco-Stils der 1920er-Jahre.

Zu erwähnen ist nun noch eine Malerei, die erst in den 1990er-Jahren entstand. Das Haus Jahnstraße 22 ist seit seiner Erbauung im zweiten Jahrzehnt des 20. Jahrhunderts bei den Rottenburgern als „Dreifaltigkeitsvilla" bekannt. Bauherren und Eigentümer „unabgeteilt gemeinschaftlich zu je einem Drittel" – so das damalige Amtsdeutsch – waren drei Honoratioren der Oberamtsstadt, zwei Notare und ein Rechtsanwalt. Der Vorbesitzer, ein Landwirt, der sein Haus angezündet hatte, galt seinen Mitbürgern als einfältig, die drei Käufer und Bauherren waren demgegenüber drei-fältig. Dass Letztere aber auch aufgrund der Besitzverhältnisse ihres neuen Hauses vom Volksmund als „Dreifaltigkeit" bezeichnet wurden, spricht für den Rottenburger Sinn für Humor. Der jetzige Besitzer des Hauses nahm die vom Volksmund spöttisch gemeinte Bezeichnung „Dreifaltigkeitsvilla" wörtlich und ließ 1993 auf das Giebelrund der nach Westen gerichteten Mansarde eine Darstellung der Hl. Dreifaltigkeit malen. Den Entwurf lieferte Kirchenmaler Walter Maschke aus Calw, dem wir weiter unten nochmals begegnen werden.

Am Haus Bahnhofstraße 2, einer früheren Wachszieherei und Devotionalienhandlung, sind an der Giebelseite zur Karmeliterstraße übereinander anstelle von Fensteröffnungen zwei Zementguss-Flachreliefs eingemauert. Das obere stellt die stehende Gottesmutter dar, auf den unteren sind paarweise vier anbetende Engelsgestalten sichtbar, die sich wohl auf das darüber befindliche Marienrelief beziehen.

Die Fassade des Hauses Marktplatz 12 zeigt als einzigen Schmuck ein barockes Terracotta-Relief auf schildförmigem Grund, von einem gemalten Rahmen umfangen. Das Relief wurde nach dem Stadtbrand von 1735 für das wiederaufgebaute Haus des Stadtschreibers Philipp Ferdinand Aumayer geschaffen, das fortan als Gasthaus

„Zum Römischen Kaiser" bis 1920 weit über Rottenburg hinaus bekannt war. Der unbekannte Hafner, der das Relief anfertigte, ‚übersetzte', vielleicht nach einem Entwurf der Staiger-Werkstatt, das bekannte Passauer bzw. Innsbrucker Maria-Hilf-Bild von Lukas Cranach in die Form eines Halbreliefs.

In der Nachkriegszeit entstand ein Relief der Pietà, das den Giebel des Hauses Metzelplatz 7 schmückt. Ein Brustbild des hl. Josef, vermutlich aus den 1920er- oder den frühen 1930er-Jahren, ist am Haus Königstraße 3 in eine Nische gestellt. Ein Relief-Brustbild der Madonna mit Kind, wohl aus Terracotta und farbig bemalt, ist seit vielen Jahren nicht mehr zu sehen; es befand sich an einem Haus in der Stadtlanggasse. Einer der beiden alten Wallfahrtswege ins Weggental, der noch immer stark benutzte Fußweg, beginnt am Kalkweiler Tor. Seinen Lauf begleiten bis in unsere Zeit mehrere Bildstöcke, überwiegend aus der Barockzeit. Zwei davon gingen allerdings nach dem Zweiten Weltkrieg verloren, der älteste aus den 1550er- oder 1560er-Jahren durch Zerstörung, der jüngste aus dem späten 19. Jahrhundert durch Abbruch. Am Beginn des alten Wallfahrtswegs befindet sich über der Durchfahrt des Kalkweiler Tors stadtseitig ein querformatiges Wandbild, das in sich mehrere Stationen des Leidenswegs Jesu Christi vereinigt: links die Gruppe der weinenden Frauen, im Zentrum der kreuztragende Christus, geschlagen von den Schergen, rechts die apokryphe Szene, in der Veronika Jesus das Schweißtuch reicht. Das Original des Wandbilds stammte aus der Zeit um 1780 – ob es ältere Vorgänger gab, ist nicht überliefert – und wurde 1831 und 1928 renoviert. Das inzwischen wieder stark schadhaft gewordene Bild wurde 1974 bei einer Renovierung des Turms völlig zerstört und 1975 durch die jetzige, anhand von Fotos des Originals entstandene Kopie ersetzt, die Kunstmaler Walter Maschke aus Calw anfertigte.

Das Medaillon „Der für uns das schwere Kreuz getragen hat" in der Reihe der Deckenmedaillons des Schmerzhaften Rosenkranzes im Weggental, etwa zeitgleich entstanden, zeigt deutlich kompositorische Zusammenhänge mit dem Bild im Tordurchgang, das diesen Deckenmedaillons stilistisch und qualitativ nahesteht. Beides sind Produkte spätbarocker Volksfrömmigkeit ohne hohe künstlerische Ansprüche, die sich unmittelbar an das Gemüt des frommen Betrachters wenden. Schöpfer der erwähnten Bilder dürfte der Rottenburger Kirchenmaler Johann Hermann (1749–1807) gewesen sein.

Das Kreuztragungsbild am Kalkweiler Tor, ‚Auftakt' zu den Bildstöcken am Fußweg ins Weggental, führt zugleich aus der Stadt hinaus zu all den vielen anderen Zeugnissen Rottenburger Frömmigkeit auf der großen Markung der Stadt, denen wir uns nun zuwenden wollen.

Urbs pia vor den Mauern

Vom „Rottenburger Kapellenkranz" wurde schon berichtet. Diese Gotteshäuser vor den Stadtmauern signalisierten bereits, dass die urbs pia nicht an den Stadtmauern endete, zu keiner Zeit. Die Stadt lag inmitten ihrer großen, rund 4600 Hektar umfassenden Markung, die durchzogen war von einem Netz von Straßen und Wegen: solchen, die in die ringsum gelegenen Dörfer und weiter in die Ferne führten, und solchen, die nur die Äcker, Weinberge, Wiesen und Wälder der Bürger und der in der Stadt ansässigen Institutionen – der Herrschaft, des Stifts, der Klöster, der Pfarreien, des Spitals – zugänglich machten. Ein beträchtlicher Teil einzelner und kollektiver städtischer Vermögenswerte lag auf diese Weise vor der schützenden Stadtmauer, ohne von ihr gänzlich abgetrennt zu sein.

In der Stadtmarkung gingen die Markungen ehemaliger Siedlungen auf, die im Einzugsbereich der Stadt lagen, als Siedlungen teilweise sogar älter als die Stadt selber waren, deren Bewohner sich aber dem Sog der aufblühenden Stadt nicht entziehen mochten und die sich hinter den Sicherheit versprechenden Stadtmauern ansässig machten. So wurden nach und nach die Markungen von Ehingen und Sülchen, von Schadenweiler und – als letzte im letzten Drittel des 18. Jahrhunderts – auch die von Kalkweil in die Stadtmarkung eingegliedert. Nur Flurnamen

Auftakt zu einem alten Wallfahrtsweg ins Weggental: Kreuztragungsbild am Kalkweiler Tor, entstanden um 1780, in Kopie von 1975.

wie „Alter Markt" in Sülchen oder „Hofstättle" in Kalkweil erinnern außer den Gotteshäusern noch heute an die abgegangenen Siedlungen, deren ehemalige Bewohner ihre Grundstücke nunmehr von der Stadt aus bewirtschafteten.

Kirchen und Kapellen

Die fruchtbare Markung der Stadt insgesamt aber war, dem frommen Sinn ihrer Bewohner entsprechend, voll von Zeugnissen ihres Glaubens. Es gab zwei abgegangene Gotteshäuser, die in den Quellen als „Kirche" bezeichnet wurden und es gab abgegangene Kapellen. Es gab eine stattliche Zahl gemauerter Bildstöcke oder offener Kapellen – die einheitlich als ‚Käppelen' bezeichnet wurden – was jeweils gemeint war, ist nicht mehr zu entscheiden, da alle bis auf eine Ausnahme im Lauf der Jahrhunderte aus Mangel an Pflege verfielen, beseitigt wurden, weil sich niemand für sie verantwortlich fühlte oder weil sie im 20. Jahrhundert irgendwelchen Straßenbaumaßnahmen buchstäblich im Wege standen.

Zusammen mit ungezählten Bildstöcken, Feld- und Wegkreuzen, die es bis heute vor den Mauern der Stadt gibt, machten die Käppelen aus der Stadtmarkung eine Sakralzone, bereiteten so gleichsam schon von Weitem auf die vielfältigen Zeugnisse der Frömmigkeit hinter den Toren der Stadt vor. Diesen Zeugnissen frommer Gesinnung der alten Rottenburger vor den Mauern ihrer Stadt wollen wir uns nun zuwenden, zuerst den beiden abgegangenen „Kirchen" auf der Markung.

Der einzige Nachweis der einen findet sich im „Sülcher Rodel", dem 1338 angelegten Einkünfteverzeichnis der Pfarrei Sülchen/Rottenburg. Darin sind unter den Einkünften der dortigen Hochaltarpfründe auch „zwei Garben" erwähnt, die dieser Pfründe zustanden und die „aus dem agger des einst genannten Sylicher, ligent bey St. Laurentii Kürchen, und streckhet auf den Weg" zu entrichten waren. So die barocke Übersetzung des lateinischen Originals, das lautet "Item duae garbae ... ex agro quondam dicti Silcher sito By Sanct Laurentius Kürchen, tendente super viam".

Demnach gab es um und sicher auch bereits vor 1338 irgendwo auf der Markung vor Sülchen/Rottenburg ein Gotteshaus, eine Kirche, die dem heiligen Laurentius geweiht war – eine Kirche, nicht eine Kapelle oder gar nur ein Käppele; jedenfalls wird es ein Bauwerk nicht ganz unbedeutenden Umfangs gewesen sein. Wo es stand, war zwar den Zeitgenossen von 1338 klar, sie hatten es ja noch vor Augen. Weitere Belege zur Existenz des Gotteshauses sind nicht bekannt geworden und so lässt sich dessen Lage heutzutage nicht mehr bestimmen, doch wird man es in nicht allzu großer Entfernung von Sülchen vermuten dürfen, möglicherweise in der Nähe der alten Straße nach Wurmlingen.

Ähnlich ungenau ist das Wissen über die zweite „Kirche", die immerhin im Flurnamen „Eratskirch" weiterlebt, einem Gebiet im Norden der Rottenburger Stadtmarkung links der Straße nach Seebronn. Wer Patron dieser „Kirche" war, ist trotz zahlreicher urkundlicher Belege alles andere als eindeutig, wenn auch die älteren Namensvarianten mehr Glaubwürdigkeit verdienen als die jüngeren. „Heratz Kirch" heißt das Gotteshaus 1474, „In Herrentz Kirch" 1498, „zu Erharts Kirch" 1537, „uff Erharts Kirchen" 1588, „S. Erhards Kürch" 1609, „Ehratskirch" 1724. Ob nun St. Erhard Patron dieses Gotteshauses war, wie die jüngeren Belege suggerieren wollen, oder ob es nicht vielmehr eine „Herren"-, eine „Herrgottskirche" war, eine Fronleichnamskapelle, wie die ältesten Erwähnungen nahelegen, ist nicht mit letzter Sicherheit klar. Doch der Ablass, den 1283 (!) die anderweitig nicht nachweisbare „Fronleichnamskapelle zu Rottenburg" verliehen bekam, weist eindeutig auf das Vorhandensein einer solchen Kapelle hin – war sie identisch mit der „Herrentz Kirch", der „Herrgottskirche" von 1498? Anhaltspunkte dafür, wann die zweifelsfrei bestehende Fronleichnamskapelle vom Erdboden verschwand, gibt es nicht. An ihr Vorhandensein im Mittelalter erinnert nur noch der verballhornte Flurname „Eratskirch" – wenn man um die Herkunft dieses Namens weiß.

Außer den beiden „Kirchen" vor den Mauern der Stadt gab es dort auch eine Kapelle, die im 19. Jahrhundert verschwand, die Heiligkreuzkapelle. Sie lag in Stadtnähe unmittelbar vor dem Sülchertor in der Spitze der Gabelung zwischen den Straßen nach Sülchen/Wurmlingen und Seebronn/Wendelsheim. Die erste Urkunde, in der sie erwähnt ist, datiert aus dem Jahr 1380. Die Rottenburger Schuhmacherzunft erhielt seinerzeit vom zuständigen Kirchherrn von Sülchen die Erlaubnis, in der Kapelle, die sie „hand angehebt zu bauen", einen Opferstock aufstellen zu dürfen, um mit dessen Ertrag zum Unterhalt der gering dotierten Kapelle beizutragen. Im Jahr 1412 wurde die Erlaubnis zur Sammlung von Almosen zur Verbesserung der Ausstattung der Kapelle erteilt, die anscheinend 1413 mit gutem Erfolg durchgeführt wurde. Ein paar Namen von Kaplänen der nur unzulänglich dotierten Altarpfründe sind aus dem Spätmittelalter bekannt; danach wurden die wenigen Gottesdienste von Kaplänen der St. Martinskirche abgehalten.

Im Jahr 1779 war die Kapelle so baufällig, dass sie gesperrt werden musste; 1798 wurde sie endgültig ausgeräumt und dann an einen Privatmann verkauft, der sie zu einer Wohnung umbaute. Letztere und mit ihr die Reste der Kapelle wurden zwischen 1826 und 1840 beseitigt. An ihrer Stelle wurde das Gasthaus „Laube" erbaut, das seinerseits im Zug der ersten großen Umgestaltung des Eugen-Bolz-Platzes im Frühjahr 1977 abgebrochen wurde.

Zwar auf Markung Weiler, aber unmittelbar an der Rottenburger Markungsgrenze, direkt neben der Landstraße, die hier von einer alten Römerstraße gekreuzt wird, stand weithin sichtbar eine Kapelle, die dem Pilgerheiligen St. Jodok geweiht war. Ihre Stiftung datiert von 1338; wie die St. Wolfgangskapelle in Weiler war sie von Anfang an dem Stift St. Moriz inkorporiert, Stiftsherren hielten die Gottesdienste und das nicht unbeträchtliche Kapellenvermögen wurde vom Stift verwaltet. Nach Zerstörung im Dreißigjährigen Krieg konnte die Kapelle, die sich zu einem zeitweise gut frequentierten Wallfahrtsort entwickelt hatte, 1655 neu geweiht werden. Am Ende des 18. Jahrhunderts war die Wallfahrt bedeutungslos geworden; 1793 stand „die Jaus", wie die Kapelle vom Volk genannt wurde, zusammen mit der Weggentalkirche und der Heiligkreuzkapelle auf einer Abbruchliste der K. K. Vorderösterreichischen Regierung. Doch zunächst passierte gar nichts, die Kapelle blieb stehen und überlebte auch den Übergang an Württemberg 1806. Im Jahr 1808 wurde sie dann samt der angebauten Wohnung – die im 18. Jahrhundert von einem Einsiedler bewohnt war, der Mesnerdienste verrichtete – vom Staat an die Gemeinde Weiler verkauft, die keine Verwendung für sie hatte und die entbehrliche Kapelle 1809 abbrechen ließ.

Ein mittelalterliches Sühnekreuz und ein nach dem Abbruch der Kapelle errichteter Bildstock erinnern bis heute an das Kirchlein, an dessen Platz sie ursprünglich standen. Im Zug von Straßenbauarbeiten im Herbst 1980 wurden Steinkreuz und Bildstock versetzt und etwas näher an Weiler herangerückt und damit gerettet. Allerdings ging dadurch ihr Bezug zum früheren Standort der Kapelle endgültig verloren.

Käppele des 17. Jahrhunderts beim Weggental mit Christusbild des 18. Jahrhunderts (Kopie).

Die „Käppelen"

Offene Feldkapellen, die Käppelen – und auch Bildstöcke und Feldkreuze – hatten in früheren Jahrhunderten vielerorts größere Bedeutung als wir ihnen heute zubilligen, wo sie eben nur noch „Flur-Denkmale" sind, nicht mehr Teil gelebten Lebens. Einst knüpften sich Sagen und Legenden an sie, auf die Wut von Unwettern sollten sie mäßigend wirken. Sie waren Stationen von Prozessionen, von Flurumgängen, sie konnten Grenzpunkte markieren, waren Rast- und Ruhepunkte in den Fluren. Über derartige Bedeutungsinhalte der Rottenburger Käppelen, Bildstöcke und Feldkreuze ist zwar nichts überliefert, doch war ihnen die Zuneigung des Volkes, aus dessen Reihen ja auch ihre Stifter kamen, früher stets sicher. Aus allen Zeiten seit dem 15. Jahrhundert finden sich Nachrichten von den Käppelen, die ja leider – bis auf eines – verschwunden sind.

Mit diesem einen, dem letzten noch vorhandenen Käppele soll unsere Übersicht beginnen. Der große, gemauerte, verputzte und ziegelgedeckte Bildstock, der in seiner Nische ein Gemälde des kreuztragenden Christus (Kopie, Original sichergestellt) birgt, steht nur etwa 30 bis 50 Meter vom Chor der Weggentalkirche entfernt am Wegrand. Das Käppele erscheint 1683 als „Christus Kappelen" beim 82. Stein des „Genkinger Zehnten" in den Quellen, gelegen „am steig, so us der Statt zu unser frowen gat".

Ein in den Quellen 1513 erstmals erwähntes Käppele stand bis zu seinem Verschwinden infolge von Straßenbauarbeiten Ende der 1950er-Jahre am Rand des Straßengrabens in der Nähe des ehemaligen Kalkweiler Schafhauses. Auch dieses Käppele war aus Bruchsteinen gemauert und weiß verputzt. Glücklicherweise konnte sein Nischenbild, eine auf Blech gemalte Darstellung des Drachenkampfes des Kalkweiler Patrons St. Georg, seinerzeit vom damaligen Besitzer des angrenzenden Gartens sichergestellt werden. Das Gemälde, vom Rottenburger Kirchenmaler J. Kaltenmark wohl in den 1840er-Jahren gefertigt, schmückt nach seiner Restaurierung den Saal des 2005 fertiggestellten „Jugendfreizeitheims Haus Kalkweil", das einst Schafstall und Hirtenwohnung der Kalkweiler Maierschaft gewesen war.

Das Käppele in der äußeren Neckarhalde mit Christus an der Geißelsäule, abgebrochen in den 1970er-Jahren.

Außer in Urkunden, Akten und Lagerbüchern finden sich auf der Markung keine Spuren mehr von den im Folgenden aufgelisteten Käppelen. Einige sind mittelalterlichen Ursprungs, andere tauchen erst im 18. Jahrhundert auf. In dieser Zeit beginnt auch ihr Verschwinden; vielleicht waren sie schon vorher schadhaft gewesen oder gar zerfallen. Wo sie standen, ist nur grob zu ermitteln und manchmal wechseln auch ihre Namen und Bezeichnungen. Deshalb kann ihre Anzahl nicht mit letzter Sicherheit bestimmt werden.

Auf Markung Rottenburg links des Neckars gab es folgende Käppelen:

a) „St. Diepold". Gemeint ist damit St. Theobald von Provins, ein Mitglied des Camaldulenserordens, der in Thann im Elsass eine Wallfahrtskirche hat und früher als bedeutender Nothelfer verehrt wurde. Der auch in Rottenburg vertretene Familienname Diebold wird von Theobald abgeleitet. Das Käppele wird bereits 1494 erwähnt als „St. Diepolden"; es war „gelegen an der gemeinen Straß gegen der Erhards Kirch", lag also wohl im Gebiet Oberfeld links der Straße nach Seebronn am Fuß des Streimbergs. Von daher ist es wahrscheinlich, dass das „Streimberger Käppele", das 1724 als in derselben Gegend gelegen erwähnt wird, mit „St. Diepold" identisch ist. „St. Diepold" wird 1535 und von 1685 bis 1769 mehrfach genannt.

b) Die „Höldt- oder Höld-Kapelle". Sie lag in der „Höldt", d. h. in der „Höll", einem ausgedehnten Ackerland rechts der neuen Straße nach Wurmlingen östlich von Sülchen – mit dem Rottenburger Familiennamen Held hat das Käppele jedenfalls nichts zu tun. Das Käppele, das 1724 erwähnt ist, wird vermutlich identisch sein mit dem 1741 und 1770 in derselben Gegend am „Tybinger Weg", d. h. am Fußweg nach Hirschau gelegenen „Tybinger Bildstöckle". 1748 ist dort von einem „rotten" (= zerfallenen) Bildstöckle die Rede.

c) Das „Zangenhalder Käppele" lag einer Nachricht von 1724 zufolge am Fuß der Zangenhalde, einem früheren Weinbaugebiet im Nordosten der Markung bei einem Acker, der oben an den von Wendelsheim kommenden „Sülcher Totenweg" und unten an die alte Wurmlinger Straße grenzte.

Auch im Bereich der Pfarrei Ehingen rechts des Neckars standen mehrere Käppelen:

a) Die „St. Bernhards-Kapelle". Sie ist erstmals erwähnt als „St. Bernhards Capellin" 1537; als Standort wurde seinerzeit angegeben: „zwischen beiden Straßen, bei einem Garten, so das Gereitgeßlin dadurch gat". Einziger Anhaltspunkt ist das „Gereitgeßlin", denn „Greut" heißt der rechte Talhang des Neckars unterhalb des Kreuzerfelds. Etwas klarer wird das Bild dann durch eine Urkunde von 1606, in der ein ummauerter Baumgarten „vor dem Oberen Tor bei den Schechern (und) St. Bernhards Kapellen" erwähnt wird. Die Mauer des Gartens grenzte an die Landstraße und vorne auf den Stadtgraben. Das als Standort infrage kommende Gelände, durch den Bahnbau 1860/64 grundlegend verändert, ist im Bereich des Straßenknotens Poststraße-Niedernauer Straße-Weiler Straße-Gelber Kreidebusen-Teichlenstraße-Schadenweiler Straße heute von total anderem Aussehen als im 17. Jahrhundert. Das St.-Bernhards-Käppele stand somit irgendwo in der Umgebung des heutigen Bahnübergangs. Rechts außerhalb des Obertors beim „Hirsch" befand sich die Kreuzigungsgruppe, die im 19. Jahrhundert an die Außenseite der Klausenkirche versetzt wurde und seit den 1970er-Jahren im Chor der St. Morizkirche aufgestellt ist. Der heilige Bernhard von Clairvaux hatte seit 1486 einen Altar in der Stiftskirche unmittelbar rechts neben dem Chorbogen, der 1657 neu geweiht wurde und nach 1710 in einen Johannes-Nepomuk-Altar umgewandelt wurde; St. Bernhard erschien fortan nur noch im Bild des Altarauszugs. Zwischen 1625 und 1760 erhielt der Bernhardsaltar der Stiftskirche von verschiedenen fremden Kardinälen und Bischöfen insgesamt 12 Ablässe.

Noch Mitte der 1930er-Jahre befand sich unten an der Straße nach Weiler ein schon erwähnter größerer Bildstock, ein Käppele, mit einer spätbarocken Figur des hl. Johannes Nepomuk, die dort um 1851/52 aufgestellt worden war – ob dies zuvor „St. Bernhards Capellin" gewesen sein könnte, ist nicht mehr bekannt.

b) Das „Boller Käppele". Das 1537 erstmals erwähnte Käppele befand sich in der Nähe des „Boll" genannten Hügels östlich des Schadenweiler Hofs. Ein zum Gut Schadenweiler gehörender „Käppelesacker" wird 1779 aktenkundig.

c) Das „Dätzweg-Käppele", auch „Eninger Käppele" oder „Stainin Cäppele". Es lag einer Quelle von 1537 zufolge am „Eninger Graben", dem oberen Teil des Galgengrabens. Wahrscheinlich war dieses „Dätzweg-Käppele" identisch mit dem „Eninger" und dem „Stainin" Käppele, das in der Nähe der „Steinen Bruck" über dem Galgengraben stand. 1732 heißt es „am Dätzweg beim Stainin Cäppelin", 1789 gibt es einen „Bildstockweg beim Brücklein" – gemeint war die „Steinen Bruck". Am Dätzweg wird 1537, 1598 und später ein Bildstock genannt, mit dem wohl letztlich das „Stainin Cäppele", das „Dätzweg-Käppele" gemeint war.

d) Das „Kreuzer-Käppele". Es befand sich oberhalb der Kesselhalde am Rand des Kreuzerfelds („Creutzemer Feld" im 18. Jh.) und ist 1730 und 1736 als „Creutzer Cäppele" aktenkundig. Der Name hängt mit dem Flurbereich Kreuzerfeld zusammen, der 1537 „Zelg bei den Creutzen hinaus" oder 1598 „bei den hohen Cruizen" heißt. Auf der um 1605 entstandenen Karte der „Ritterschaftlichen Freien Pirsch in Schwaben und Schwarzwald" ist im Bereich des Kreuzerfelds neben der alten Straße nach Weiler eine Dreiergruppe von Kreuzen dargestellt. Die Erstnennung des Kreuzer-Käppeles datiert von 1690. Damals stand dort eine Kompanie der Bürgerwache mit Fahne, Trommlern, Pfeifern und drei Geschützen, um den Freiherrn Karl Joseph v. Hohenberg, der dann 1691 Landeshauptmann wurde, und seine Braut in Empfang zu nehmen.

e) Ebenfalls im Gebiet der Pfarrei St. Moriz stand in der Neckarhalde am linken Neckarufer bei den Häusern Nr. 60/62 noch um 1970 ein gemauertes und verputztes Käppele ohne eigenen Namen mit einer lebensgroßen, auf Blech gemalten Darstellung Christi an der Geißelsäule. Die Entstehungsgeschichte dieses Käppeles ist so überliefert: Im „Hammerwasen" westlich der Stadt beim heutigen Freibad gab es als älteste Gewerbeansiedlung seit dem 16. Jahrhundert eine Hammerschmiede am Neckarufer. Aus Dankbarkeit für die Errettung bei einem schweren Hochwasser, wohl dem von 1778, ließ die Familie des Hammerschmieds in der äußeren Neckarhalde das Käppele errichten, das mit seinem „Kerkerchristus" bis in unsere Zeit an das Geschehen erinnerte. Standort des Käppeles soll die Stelle gewesen sein, an der vom Hochwasser mitgerissene Mitglieder der Familie des Hammerschmieds das rettende Ufer erreicht hatten.

Im Lauf der Zeit sind dann die Rottenburger Käppelen nahezu restlos verschwunden. Doch nicht nur sie zierten in früheren Jahrhunderten die Markung der urbs pia, sondern auch ungezählte kleinere Zeugnisse der religiösen Gesinnung unserer Vorfahren: Bildstöcke, Feldkreuze und anderes. Von ihnen ist trotz mancher Verluste immer noch sehr viel in unsere Zeit gekommen, in Rottenburg und natürlich auch im Rottenbur-

Bleistiftzeichnungen eines anonymen Künstlers um 1900 mit Darstellungen von Bildstöcken des 16. und 17. Jahrhunderts an den Wegen ins Weggental.

ger Land, das ja noch immer auch eine Sakrallandschaft ist. Von diesen heute unter die Gattung „Flurdenkmale" gezählten Belegen der Volksfrömmigkeit im alten Rottenburg soll nun berichtet werden.

Bildstöcke, Feldkreuze und anderes
Heutzutage, da sie im allgemeinen Bewusstsein etwas ins Abseits geraten sind, zählt man sie zu den „Flurdenkmalen", stellt sie in den Gültigkeitsbereich des „Denkmalschutzgesetzes für Baden-Württemberg" und ordnet sie der Sparte „Kulturdenkmale" zu. Obwohl nun die Strenge des Gesetzes über ihnen wacht, ist ihre Gefährdung groß – durch moderne Lebensformen ebenso wie durch die mechanisierte Landwirtschaft oder den Straßenbau. Aber auch durch Unwissenheit, Interesselosigkeit und Gleichgültigkeit, durch Mutwillen und Fehlen jeglicher Pietät sind Flurdenkmale gefährdet. Die Landschaft um sie herum hat sich ebenso verändert wie das Landschaftsbewusstsein weiter Kreise der Bevölkerung. Wir erleben es immer wieder: Die steinernen Zeugnisse unserer Vergangenheit, unserer Geschichte, werden zu „Steinen des Anstoßes", die buchstäblich „im Weg stehen". Und nichts ist einfacher, als solch ein steinernes Relikt der Vergangenheit mit Maschinenkraft beiseitezudrücken, zu zertrümmern und die Bruchstücke abzutransportieren oder gar an Ort und Stelle zu begraben.

Auch Rottenburg kann mit Beispielen dieser Art des Umgangs mit barocken oder gar noch älteren Bildstöcken usw. aufwarten; günstigstenfalls werden sie mit gekürztem oder fehlendem Schaft wieder aufgestellt, also nur noch mit Sockel und Gehäuse. Einige dieser Invaliden wurden durch private Initiativen inzwischen wieder instandgesetzt, erhielten Ersatz für ihre verloren gegangenen Bilder oder Reliefs. Auf dem Gelben Kreidebusen konnte ein demolierter Bildstock von 1819 durch eine genaue Kopie ersetzt werden; demnächst bekommt er ein neues Bild. Seit dem Jahr 2006 nimmt sich die von Bischof Dr. Gebhard Fürst ins Leben gerufene Stiftung „Wegzeichen – Lebenszeichen – Glau-

Bleistiftzeichnungen eines anonymen Künstlers um 1900 mit Darstellungen von Bildstöcken des 16. und 17. Jahrhunderts an den Wegen ins Weggental.

Bildstock des 17. Jahrhunderts am Fahrweg ins Weggental.

benszeichen" dieser Kleindenkmale an. Auf ihre Initiative hin konnte so 2007 das 1947 entstandene steinerne Wegkreuz im Bollengraben restauriert werden.

Es würde den Rahmen dieses Buches sprengen, wenn man damit beginnen wollte, die Rottenburger Bildstöcke, Feldkreuze usw. einzeln zu beschreiben. Stattdessen mag es genügen, Standorte und Alter mehr summarisch zu betrachten. Bildstöcke sind aus allen Jahrhunderten vom späten 15. oder frühen 16. bis zum Beginn des 21. Jahrhunderts gestiftet, geschaffen und auch liebevoll restauriert worden. Vier der ältesten findet man im Rottenburger Stadtwald; sie waren namensgebend für die Waldabteilungen „Erstes, Zweites, Drittes, Viertes Bild". Einer zeigt die Umrisse des Rottenburger Stadtwappens und die Jahreszahl 1577 – um diese Zeit werden wohl auch die drei anderen entstanden sein. Der Bildstock beim Klausenfriedhof, der leider seinen Schaft bei Straßenbauarbeien verlor, wird noch etwas älter sein, vielleicht auch der ältere der beiden Bildstöcke am Schnittpunkt der beiden Wallfahrtswege ins Weggental. Sein jüngeres Pendant wird aus der Zeit von 1600 stammen. Deutlich älter ist der Bildstock in einer Mauer an der alten Straße nach Kalkweil, dessen schmuckloser Schaft zahlreiche Wetzrillen aufweist.

Unter den Bildstöcken an den Wegen ins Weggental gibt es neben einigen wenigen Stücken der Zeit vor und um 1600 vor allem solche aus der Mitte und der zweiten Hälfte des 17. Jahrhunderts, der beginnenden Blütezeit der Weggentaler Wallfahrt. Eine formale Besonderheit unter ihnen ist der mit Inschrift und Stifterwappen versehene Bildstock des aus Herbolzheim/Breisgau stammenden Rottenburger Schlossküfers Sebastian Schützenbach von 1681, der als einziger Rottenburger Bildstock als Schaft eine rund gearbeitete Säule anstatt eines der sonst üblichen vierkantigen Pfeiler mit abgefasten oder profilierten Kanten aufweist. Stifter und Entstehungsjahr werden auf einer schildförmigen Inschriftplatte genannt – auch das ist einmalig. Die barocken Bildstöcke an den Wegen ins Weggental haben reliefartige oder vertieft in den Stein gehauene Schildchen, die einst entweder mit den Stifterwappen bemalt waren oder in die mit den Stifterwappen bemalte Blechschildchen eingelassen waren. Bildstöcke der Barockzeit finden sich vereinzelt auch auf der ganzen Stadtmarkung verstreut, in der Umgebung des Weggental am „Eulenstein", im Hagenwörth, am Fuß des Altstadtberges oder zwischen Schadenweiler und Martinsberg. Ein kopierter Bildstock in Biedermeierform, datiert 1819, ist am Gelben Kreidebusen zu entdecken; spätere Stücke des 19. Jahrhunderts finden sich am alten Weg nach Kalkweil, an der Straße ins Weggental, an der Kalkweiler Steige – hier ein neugotisches Gehäuse des 19. Jahrhunderts auf modernem Schaft mit moderner Figur des hl. Josef mit dem Jesusknaben.

Beispiele für gusseiserne bzw. schmiedeeiserne Kreuze des 19. Jahrhunderts auf Steinsockel ste-

Bildstock von 1819 in Kopie von 1986 und mittelalterliches Sühnekreuz am Gelben Kreidebusen.

hen am oberen Ende des Bollengraben nahe der Straße nach Remmingsheim und am Fuß des „Plon". In diesen Zusammenhang gehört auch das weithin sichtbare, große Eisenkreuz des 19. Jahrhunderts mit Christuscorpus auf einem senkrecht abfallenden Felsen über der Remmingsheimer Straße und das zeitgleiche Eisenkreuz beim Huthüttele über den Weinbergen der Ehalde. Die steinernen Feldkreuze des 19. Jahrhunderts, von denen das Rottenburger Land zahllose Beispiele bietet, fehlen auf Rottenburger Markung. Als Beispiel für ein steinernes Wegkreuz des 20. Jahrhunderts kann das bereits erwähnte, jüngst restaurierte Kreuz im unteren Teil des Bollengrabens genannt werden.

Neuschöpfungen von Bildstöcken aus der zweiten Hälfte des 20. Jahrhunderts, im Rottenburger Land nicht selten, sind auf der Stadtmarkung kaum zu entdecken. Hinzuweisen ist aber auf die beispielhafte Neuschöpfung eines modernen Feldkreuzes, das 2005 an der alten Wurmlinger Straße aufgestellt wurde, oder auf den Monolithen mit Pietà-Darstellung, der ein Jahr später bei der Brücke über den Weggentaler Bach gegenüber einem Barockbildstock seinen Platz bekam. Beide modernen „Flurdenkmale" entstanden in privater Initiative, ganz in der Stiftertradition früherer Jahrhunderte. Erwähnt werden müssen auch die ohne großes Aufheben von Privaten initiierten Instandsetzungen von Bildstöcken oder von deren Bildern, in Rottenburg ebenso wie im ganzen Rottenburger Land. Sie zeigen, dass die Liebe zu den Bildstöcken noch immer lebt, noch jetzt, am Beginn des dritten Jahrtausends.

Dazuhin werden immer wieder auch hölzerne Feldkreuze gestiftet, anstelle morsch gewordener alter Kreuze oder als Neustiftungen. Die Gattung dieser materialbedingt meist nur wenige Jahrzehnte alt werdenden Holzkreuze ist in Rottenburg und seinem Umland nicht selten, häufig umgeben von stimmungsvollen Baumgruppen, in Einzelfällen, alter Tradition folgend, auch mit den Arma-Christi-Symbolen geschmückt. Ein Feldkreuz der besonderen Art, die sogenannte „Rasemustafel", ist im Abschnitt über die Heiligenverehrung bereits beschrieben worden. Ob die 1537 erwähnte „Zelg bei den Creutzen" im Ehinger Feld – schon 1429 erscheint hier die

Bildstockweihe am „Josefle" über der Kalkweiler Steige bei der Öschprozession des Jahres 2000.

Flurbezeichnung „by den crützen" – nach solchen kurzlebigen Holzkreuzen benannt war, wie schon vermutet wurde, ist ungewiss. Wahrscheinlicher ist, dass die dort am Rand des Kreuzerfeldes stehenden beiden Steinkreuze namensgebend waren.

Mit diesen beiden Steinkreuzen ist eine weitere Gattung „frommer" Flurdenkmale angesprochen, die sogenannten Sühnekreuze. Diese Steinkreuze bilden die älteste Gattung Rottenburger Flurdenkmale, denn sie entstanden als Zeugnisse uralten Rechtsbrauchs vor der Einführung der Halsgerichtsordnung Kaiser Karls V. im Jahr 1532. In der ersten Phase ihres Auftretens, etwa im 14. und frühen 15. Jahrhundert, waren sie steinerne Urkunden bürgerlichen Rechts, nach 1532 dann sichtbare Zeichen menschlichen Leids. Im Mittelalter waren die Steinkreuze nämlich als Sühne des Täters für den von ihm herbeigeführten Tod eines Menschen – Tötung im Affekt oder durch Fahrlässigkeit, keinesfalls aber Mord! – errichtet worden. Das Setzen eines solchen Kreuzes war Ergebnis privat-außergerichtlicher Vereinbarung zwischen dem Täter und den Angehörigen des Getöteten. Die gütliche Einigung mit den Hinterbliebenen seines Opfers bewahrte den Täter vor jeder weiteren Bestrafung durch ein weltliches Gericht. Nach 1532 wurden solche privaten Sühneverträge durch Akte öffentlicher Rechtsprechung ersetzt. Die Kreuze wurden nun von den Angehörigen des Getöteten gestiftet; das Zeichen für die Sühne des Täters wurde zum Denk-Mal für die Tat. Standort der Kreuze war häufig die Stelle der Bluttat, ihre nächste Umgebung oder eine dieser Stelle nahe gelegene Wegscheide.

Alle Rottenburger Sühnekreuze befinden sich auf der ehemaligen Ehinger Markung. Zwei stehen am Rand des Kreuzerfelds im Bereich Gelber Kreidebusen, eines unmittelbar hinter der Markungsgrenze Rottenburg/Weiler in der Nähe des Standorts der 1809 abgebrochenen St. Jodokskapelle. Vier weitere Steinkreuze wurden in die Mauer des Klausenfriedhofs neben dem Haupteingang eingelassen. In eines ist ein Doppeljoch für ein Ochsengespann eingeritzt, in ein zweites ein Küferschlegel; das Kreuz bei St. Jodok zeigt eine Pflugschar. Ein anderes der Kreuze in der Klause ist eines der ganz seltenen Radscheibenkreuze – von ihnen gibt es in ganz Baden-Württemberg nur etwas mehr als 20 Exemplare. Die nasen- oder dornartigen Enden von Kopf und Querbalken des Kreuzes sind gotische Formelemente, die ins 14. oder 15. Jahrhundert weisen.

Mit den Bildstöcken und Käppelen formal verwandt sind die Kreuzwegstationen am Altstadtberg, am Fußweg zur Altstadtkapelle. Am Beginn des Wegs, etwas im Gebüsch versteckt, steht ein hoher, 1698 datierter Barockbildstock. Die 14 Stationen des Kreuzwegs dagegen sind Schöpfungen des Historismus im neugotischen Stil der 1860er-, 1870er-Jahre. In ihren einst für Tafelbilder bestimmten flachen Nischen erinnern jetzt kleine, moderne Flachreliefs an den Leidensweg Jesu. Ob die Kreuzwegstationen des

Unter den Sühnekreuzen im Eingangsbereich des Klausenfriedhofs ein gotisches Radscheibenkreuz des 14. oder 15. Jahrhunderts.

19. Jahrhunderts ältere Vorgänger hatten, konnte bis jetzt nicht geklärt werden.

Ein 1686 angelegter Kreuzweg, dessen jetzige Häuschen in der Art von Käppelen im Jahr 1857 entstanden, führt hinauf zur Wurmlinger Kapelle. Steinerne Flachreliefs im Stil der 1960er-Jahre ersetzen die alten, auf Holz gemalten Kreuzwegstationen.

Die Tannenrainkapelle über dem Rottenburger Stadtteil Oberndorf entstand 1945/46 zum Dank für die Bewahrung des Dorfes vor Kriegsschäden. Zeitgleich wurde am Weg zur Kapelle ein Kreuzweg mit Holzbildstöcken angelegt; seit 1969 sind sie durch steinerne Bildstöcke mit farbig gefassten Flachreliefs ersetzt.

Es versteht sich fast schon von selbst, dass nicht nur an manche der untergegangenen Käppelen in Form von Flurnamen auf der Markung erinnert wird, sondern dass Flurnamen auch andere Facetten des religiösen Alltagslebens vergangener Jahrhunderte bewahrt haben und so an früheren kirchlichen Besitz, an Bildstöcke oder Feldkreuze erinnern können. Unter den rund 400 Rottenburger Flurnamen sind es immerhin mehr als 20, die Religiöses zum Inhalt haben und zum Teil bis heute gebräuchlich sind. In der folgenden Liste wurden sie zusammengestellt; die Jahreszahl bezeichnet das Jahr der Ersterwähnung als Flurname.

An früheren kirchlichen Grundbesitz erinnern die Namen Frühmesser/Frühmessklinge 1618; Martinsberg 1347 und Pfaffenau 1458.

Bildstöcke und Feld- bzw. Steinkreuze sind dokumentiert in den Namen Erstes (Zweites, Drittes, Viertes) Bild – in den Betriebskarten des Stadtwalds von 1988, aber als Abteilungsbezeichnungen wesentlich älter; Kreuz 1355 – in Kalkweil; Kreuzbach 1458 – im Sülcherfeld; Kreuze 1429,

Kreuzerfeld 1724 – auf ehemaliger Ehinger Markung; Obernauer Kreuz 1778 – Erstnennung als Flurname; das Kreuz selber ist älter, war schon im 17. Jahrhundert Station der Ehinger Öschprozession – vgl. das Kapitel Prozessionen. Das Kreuz steht bis heute oberhalb der Dölle.

Weitere Flurnamen halten die Erinnerung an abgegangene Gotteshäuser wach: Eratskirch/Heratzkirch 1474; Eratskircher Ösch 1724; Sankt Jos (= Jodok) 1339; Heiligkreuz 1458 – bezieht sich auf die ehemalige Heiligkreuzkapelle vor dem Sülcher Tor. Sankt Georg 1494 meint die Kapelle von Kalkweil.

Auch die ehemaligen Käppelen leben in – heute meist nicht mehr geläufigen – Flurnamen weiter: Käppele 1513 (in Kalkweil nahe der Kapelle St. Georg); Boller Käppele 1537; Eninger Käppele 1537; Sankt Bernhards Käppele 1537; Sankt Ottilien 1513, vielleicht identisch mit der Höld-Kapelle 1724; Sankt Diepolds Käppele 1474 wahrscheinlich identisch mit dem Streimberger Käppele 1724; Zangenhaldenkäppele 1724.

Auch wenn manches von dem, was in früheren Jahrhunderten auf der ganzen Markung von der Frömmigkeit der Vorfahren kündete, längst verschwunden ist, so hat doch nicht wenig davon bis in unsere Tage überdauert, geschützt als Kulturdenkmal, als Erinnerung und als Mahnung für uns Heutige.

Von Ehrungen und Straßennamen

Seit 1828 war Rottenburg nun also Bischofssitz. Das hatte u. a. zur Folge, dass sich im Lauf der Zeit immer wieder Bischöfe und Persönlichkeiten aus ihrem Umkreis, Mitglieder des Domkapitels usw., für die Angelegenheiten der Stadt nicht nur interessierten, sondern sich nicht selten für städtische Belange auch tatkräftig engagierten, auf ganz unterschiedliche Weise. Die Stadt, die bürgerliche Gemeinde, hat als Möglichkeit zur Danksagung an verdiente Mitbürger, zu ihrer Ehrung, die Verleihung der Ehrenbürgerwürde und die postume Benennung von Straßen. Zweithöchste Ehrung nach der Ehrenbürgerwürde ist die Verleihung der im letzten Viertel des 20. Jahrhunderts gestifteten Goldenen Ehrenmedaille.

Die in der Nachkriegszeit verstärkt einsetzende Erschließung von Neubaugebieten hatte ein starkes Anwachsen der Einwohnerzahl und aus diesem Grund ein ebenso starkes Flächenwachstum zur Folge. Daraus ergab sich für die städtischen Entscheidungsgremien die Notwendigkeit, immer neue Straßen zu benennen, immer neue Straßennamen suchen zu müssen. Bei der Namensfindung wurde und wird immer wieder auch auf die kirchliche Geschichte derStadt, auf die Traditionen der urbs pia zurückgegriffen.

Die unterschiedlichen Formen kommunaler Ehrungen für Persönlichkeiten des Klerus der urbs pia werden nun etwas näher betrachtet. Zur Sprache kommt auch das Auftauchen anderer Spuren der Geschichte der urbs pia in den heutigen Rottenburger Straßennamen.

Geistliche als Ehrenbürger

Höchste Ehrung eines Mitbürgers, die der Rat einer Stadt beschließen kann, ist die Verleihung der Ehrenbürgerwürde. Seinen ersten Ehrenbürger ernannte Rottenburg im Jahr 1901; erster Geistlicher als Ehrenbürger und dritter Ehrenbürger überhaupt war Stadtpfarrer Msgr. Karl Bitzenauer (1842–1918) von St. Moriz, der bei seiner Pensionierung 1909 ausgezeichnet wurde. Ihm folgten 1924 Bischof Dr. Paul Wilhelm v. Keppler (1852–1926) und 1931 Dompräbendar und Studiendirektor Alois Kremmler (1864–1946). Bischof Dr. Joannes Baptista Sproll (1870–1949) wurde 1947 ausgezeichnet – übrigens zeitgleich mit seinem Generalvikar Dr. Max Kottmann (1867–1948). Bischof Dr. Carl Joseph Leiprecht (1903–1981) erhielt die Ehrenbürgerwürde 1968, Bischof Dr. Georg Moser (1923–1988) wurde in seinem Todesjahr 1988 mit ihr geehrt. Im Jahr 2008 bekam Kurienkardinal Dr. Walter Kasper, von 1989 bis 1999 Bischof von Rottenburg, die Ehrenbürgerschaft der Bischofsstadt.

Die Goldene Ehrenmedaille der Stadt wird jeweils nur an höchstens fünf gleichzeitig lebende Persönlichkeiten verliehen; bislang wurde sie überhaupt erst fünf Personen insgesamt verliehen. Unter den Geehrten waren Bischof Dr. Georg Moser und Alt-Generalvikar Eberhard Mühlbacher (geb. 1927).

Nach Geistlichen benannte Straßen

Eine weitere, vielgenutzte Möglichkeit der Ehrung um die Stadt verdienter Persönlichkeiten ist die Benennung von Straßen zu ihrem Andenken. Unter den so Geehrten finden sich die Bischöfe, zahlreiche Domkapitulare und andere Geistliche. Sie werden hier in der Reihenfolge und mit der Schreibweise genannt, mit der sie das offiziöse Verzeichnis Rottenburger Straßennamen aufführt.

August-Hagen-Straße
Dr. August Hagen (1889–1963), Generalvikar, Geschichtsschreiber der Diözese.

Bischof-Leiprecht-Straße
Dr. Carl Joseph Leiprecht (1903–1981), 8. Bischof von Rottenburg.

Bischof-Moser-Straße
Dr. Georg Moser (1923–1988), 9. Bischof von Rottenburg-Stuttgart.

Bischof-von-Keppler-Straße
Dr. Paul Wilhelm v. Keppler (1852–1926), 6. Bischof von Rottenburg.

Bischof-von-Linsenmann-Straße
Dr. Franz Xaver v. Linsenmann (1835–1898), erwählter 5. Bischof von Rottenburg; starb vor seiner Inthronisation.

Eugen-Semle-Straße
Eugen Semle (1896–1965), Dompräbendar, langjähriger Präses der Rottenburger Kolpingsfamilie, Gründer und Direktor des Diözesanbildungswerks und des Kath. Filmwerks.

Franz-Josef-Fischer-Straße
Franz Josef Fischer (1871–1958), Regens des Priesterseminars, Weihbischof von Rottenburg.

Graf-Wolfegg-Straße
August Graf v. Waldburg-Wolfegg (1838–1896), Dompfarrer von St. Martin, Stadtdekan und Domkapitular, Wohltäter.

Hasslerstraße
Dr. Ludwig Anton Haßler (1755–1825), Stadtpfarrer von St. Martin, Generalvikariatsrat, Rottenburger Chronist.

Hefelestraße
Dr. Carl Joseph v. Hefele (1809–1893), 3. Bischof von Rottenburg.

Jaumannstraße
Dr. Ignaz v. Jaumann (1778–1862), Stadtpfarrer und Domdekan, Generalvikar, Bistumsverweser, Mitglied der württ. Abgeordnetenkammer, Kirchenpolitiker, Förderer des Rottenburger Schulwesens, erster Erforscher des römischen Rottenburg, Kunstsammler.

Kellerstraße
Dr. Johann Bapt. v. Keller (1774–1845), Generalvikar, 1. Bischof von Rottenburg.

Kottmannstraße
Dr. Max Kottmann (1867–1948), Domdekan, Generalvikar während der Zeit des Nationalsozialismus.

Kremmlerstraße
Alois Kremmler (1864–1946), Dompräbendar, Rektor der Rottenburger Latein- und Realschule und des Progymnasiums.

Lippstraße
Dr. Joseph v. Lipp (1795–1869), 2. Bischof von Rottenburg.

Reiserstraße
Dr. Wilhelm v. Reiser (1835–1898), 4. Bischof von Rottenburg.

Rupert-Storr-Weg
Dr. Rupert Storr (1883–1957), Domdekan, bekannter Übersetzer des Neuen Testaments.

Simon-Schweizer-Straße
Simon Schweizer (1877–1967), Dompräbendar, Oberpräzeptor und Studiendirektor am Rottenburger Progymnasium.

Sprollstraße
Dr. Joannes Baptista Sproll (1870–1949), 7. Bischof von Rottenburg, Bekennerbischof.

Weittenauerstraße
Dr. Johann Ev. Weittenauer (1640–1703), als einziger in dieser Liste gebürtiger Rottenburger, Stiftspfarrer, 27. Propst des Chorherrenstifts St. Moriz, Geschichtsforscher und Geschichtsschreiber von Stift und Stadt, theologischer Schriftsteller. Weittenauer wurde, abgesehen von St. Meinrad, als bislang einziger (!) von rund 850 aus Rottenburg gebürtigen Priestern früherer Jahrhunderte der Stadtgeschichte durch die

Benennung einer Straße mit seinem Namen geehrt.

Kepplerbrücke
Dr. Paul Wilhelm v. Keppler (1853–1926), 6. Bischof von Rottenburg.

Straßennamen als Zeugnisse der urbs pia
Alle soeben erwähnten 20 Straßennamen befinden sich außerhalb des historischen Stadtkerns der Bischofsstadt. Auch die nun folgenden Straßennamen sind größtenteils außerhalb, nur zum geringeren Teil innerhalb der Stadtmauern zu entdecken. Allen diesen Namen gemeinsam ist aber, dass sie an die alten, sozusagen vorbischöflichen kirchlichen Traditionen Rottenburgs anknüpfen. ‚Historische', in den Quellen früherer Jahrhunderte belegte Namen sind lediglich Kapuzinergasse, Kapuzinertor (im Mittelalter Jupperstor nach einem mittelalterlichen Familiennamen der Stadt), Karmeliterkirchhof, Kirchgasse, Klostergasse, Mesnergäßle, St. Moriz-Platz. Von den Namen außerhalb der Mauern sind Eratskirch, Klause, Sülchen und Weggental alte Bezeichnungen. Alle übrigen Namen gehen auf das 19. oder 20. Jahrhundert zurück und zeigen, dass die alte urbs pia selbst in Zeiten zunehmender Säkularisierung, auch des Denkens, noch immer präsent ist.

Dies sind die ‚frommen' Straßennamen der Bischofsstadt in alphabetischer Reihenfolge.

Erasmusstraße
Über die Verehrung des Heiligen vgl. S. 239 f.

Eratskirche
Über das abgegangene Gotteshaus vgl. S. 250

Frauengasse
Benannt nach der mittelalterlichen Franziskanerinnensammlung beim nahen Sülchertor, vgl. S. 178/179

Kapuzinergarten
Kapuzinergasse
Kapuzinergraben
Kapuzinertor
Diese vier Straßen befinden sich in der unmittelbaren Umgebung des ehemaligen Kapuzinerklosters, vgl. S. 172 f.

Karmeliterkirchhof
War bis zum Stadtbrand von 1644 innerstädtischer Begräbnisplatz westlich des ehemaligen Karmeliterklosters, vgl. S. 166 f.

Karmeliterstraße
Kirchgasse
Zwischen oberer und mittlerer Neckarbrücke gelegener Verbindungsweg am rechten Neckarufer, an der St. Morizkirche vorbeiführend.

Klausenstraße
Benannt nach der ehemaligen Franziskanerinnenklause St. Anna (Obere Klause), vgl. S. 176 ff.

Klostergasse
Bezieht sich auf das ehemalige Karmeliterkloster, auf dessen einstige Kirche die Gasse stößt.

Martinsbergweg
Martinstraße
Mauritiusweg
Mesnergäßle
Beim ehemaligen Mesnerhaus von Stift und Pfarrei St. Moriz. Das Haus ist abgebrochen, sein Platz ist Teil des St.-Moriz-Gemeindezentrums.

Nonnengäßle
Neben dem ‚Nonnenhaus', einem Stadthaus der Franziskanerinnen der Oberen Klause.

Remigiusweg
In der Umgebung der Klausenkirche St. Remigius.

Seminargasse
Vom Marktplatz zum Hauptportal des Priesterseminars führend; alter Name: Zwiebelgasse.

Stiftsgäßle
Benannt nach einem ehemaligen Pfründhaus des Stifts St. Moriz.

St.-Meinrad-Weg
Meinrad von Sülchen (ermordet 861), Sohn eines Sülchgaugrafen und Begründer des Klosters Maria Einsiedeln in der Schweiz.

St.-Moriz-Platz
Platz des ehemaligen Kirchhofs bei der St.-Morizkirche, vgl. S. 149 ff.

Sülchenstraße
Urbansbrüderstraße
Benannt nach der über 600 Jahre alten St. Urbansbruderschaft, vgl. S. 126 f.

Wallfahrtskirche Weggental
Adresse des dortigen Franziskanerklosters.

Weggentalstraße
Einer der beiden alten Pilger- und Prozessionswege zur Wallfahrtskirche im Weggental.
Wendelinusweg
Der Heilige, Schutzpatron u. a. gegen Krankheiten der Haustiere, wurde in der Klausenkirche und in der St. Jodokskapelle, vgl. S. 155 bzw. 201, verehrt.

An den Reformator Martin Luther erinnert in Rottenburg ein Straßenname und auch seine Wirkungsstätte Wittenberg ist in einem Straßennamen präsent. Nichts aber erinnert bisher an Dr. Johannes Eck (1486-1543), den wortgewaltigen Kontrahenten Luthers und Theologieprofessor in Ingolstadt. War der spätere Hofhistoriograph Kaiser Maximilians I., der Vorarlberger Johannes Mennel (um 1460-1528), Doktor beider Rechte und seit 1505 Ordinarius für Zivilrecht an der vorderösterreichischen Landesuniversität Freiburg, um 1484/93 bekanntester Lehrer und Rektor der 1301 erstmals erwähnten Rottenburger Lateinschule, so war Johannes Eck ihr bekanntester Schüler!
Johannes Eck: Als Achteinhalbjähriger kam der Sohn eines Bauern und Amtmanns aus Eck an der Günz im Mai 1495 zu seinem Onkel, dem Rottenburger Stadtpfarrer Mag. Martin Mayer von St. Martin, der seinen Neffen nicht nur unterrichtete, sondern auch erzog. Eck besuchte um 1495/98 die Lateinschule der Stadt und bezog als Zwölfjähriger 1498 die Universität Heidelberg, wo er sich als „Joannes Meyer de Eck" in die Matrikel eintrug. Schon nach einem Jahr wechselte er als „Joannes ... de Rotemburg" an die Universität Tübingen. Fünfzehnjährig promovierte er 1501 in Tübingen zum Magister Artium, 1502 begann er sein Studium in Freiburg, empfing 1508 in Straßburg die Priesterweihe und promovierte 1510 in Freiburg zum Doktor der Theologie. Noch im selben Jahr nahm er seine Tätigkeit als Theologieprofessor im bayerischen Ingolstadt auf, wo er bis zu seinem Tod 1543 lebte und lehrte.
Seinem Onkel, dem Rottenburger Stadtpfarrer Mayer, blieb Eck zeitlebens mit rührender Pietät und Dankbarkeit verbunden; noch bis 1513 stand er mit ihm in brieflicher Verbindung. Der Aufenthalt in Rottenburg hat auch im Werk Ecks eine Spur hinterlassen. In seinen Predigten zu den Heiligenfesten, gedruckt 1531, erzählt er in der „2. predig von dem hl. Mauritio" - so Propst Weittenauer in seinem „Traditionsbuch" - die Sage vom Eintreffen der Mauritiusreliquien und der Entstehung der St. Morizkirche, wie er sie in seiner Kindheit in Rottenburg von seinem Onkel, der seit 1486 in Rottenburg amtierte, oder von den Stiftsherren selber, die er mit seinem Onkel besuchte, gehört hatte. Ecks Bericht ist die älteste Niederschrift dieser Gründungssage.
Dieser Dr. Johannes Eck, der einige prägende Jahre seiner Kindheit in Rottenburg verbrachte und sich noch lange daran erinnerte, hätte auch in Rottenburg ein ehrendes Gedenken verdient.

Schluss

Unser Rundgang durch kirchliche Geschichte, Topographie und religiöse Kulturgeschichte der „frommen Stadt", der Bischofsstadt Rottenburg a. N., ist an seinem Ende angelangt. Nimmt man alles zusammen, was auf den vorausgehenden Seiten entfaltet und ausgebreitet wurde, so erweist sich, dass das Prädikat „urbs pia" der Bischofsstadt Rottenburg a. N. völlig zu Recht beigelegt wurde. Und es zeigt sich auch, dass Rottenburgs Wahl zur Bischofsstadt im ersten Viertel des 19. Jahrhunderts keine dieses Ehrentitels unwürdige Stadt traf. Ein Ort gläubiger Frömmigkeit seit dem Mittelalter, geformt vom katholischen Barock österreichisch-alpenländischer Prägung, war Rottenburg vorzüglich geeignet, Bischof und Domkapitel des neu errichteten „Landesbisthums" für die Katholiken Württembergs in seinen Mauern aufzunehmen – „für nun und allezeit oder immerwährend", wie es im bischöflichen Erlass vom 25. Oktober 1827 zum Vollzug der päpstlichen Bulle „Providia solersque" aus dem Jahr 1821 heißt.

Die hohe Würde, in Fortführung ihrer vielfältigen kirchlichen Traditionen Bischofsstadt zu sein, zeichnet Rottenburg – neben Freiburg – vor allen Städten des Landes aus, auch vor solchen, deren Kirchenarchitektur beeindruckender ist als die der Gotteshäuser Rottenburgs, und auch vor Städten, die heute größer und bedeutender sind als die alte Stadt am Neckar.

Die Bischofsstadt aber, gelegen im Mittelpunkt einer wahrhaft schönen Landschaft, besitzt in hohem Maße das, was man heute so gern Lebensqualität nennt. Bei all ihrer Aufgeschlossenheit für das Neue weiß sie das Bewährte zu bewahren. Sie lebt mit ihren Traditionen, hält sie in Ehren und lässt es zu, dass neue Traditionen entstehen. Ihr lebendig gebliebenes Brauchtum, ihr blühendes kulturelles Leben schaffen eine Atmosphäre, in der „heiterer, behaglicher Lebensgenuss" als ein „Erbteil aus österreichischer Zeit" seinen festen Platz einnimmt, in der mit weltoffener Katholizität ohne jede ideologische Verbohrtheit und Sauertöpfigkeit das Miteinander der Konfessionen gelebt wird, in der Bekanntheit in der Weltkirche gepaart ist mit schwäbisch-bescheidener Zurückhaltung. Bescheidenheit und Größe – aber Bescheidenheit ist eben echte Größe! – sind hier eins.

Wenn die Stadt sich nicht jederzeit allen Aufgeregtheiten des schnellfüßigen, ständig sich wandelnden Zeitgeistes öffnet, bleibt sie ihrem ureigenen Wesen treu. Dass Stillstand Erstarrung bedeutet, hat sie in ihrer Geschichte erfahren und dass mit abgeschnittenen Wurzeln kein Wachstum möglich ist, weiß sie aus praktischer Lebenserfahrung.

Gerade bei der Darstellung der in diesem Buch sichtbar werdenden Breitenwirkung und der inneren Zusammenstufung mittelalterlicher, barocker und neuzeitlicher Frömmigkeitsformen konnte eine sonst eher übersehene und gering geachtete Literaturgattung zur wichtigen Fundstelle werden: das ortsgeschichtliche Schrifttum. Chroniken, Kompendien, Miszellen, Notizen, Beiträge, Zufallsfunde haben den Stoff geliefert, zusammen mit mancher Entdeckung in den Archiven. Das systematische Verarbeiten und Auswerten des Materials hat mehr Fakten zutage gefördert als zu erwarten war, hat dazu dem Ganzen mehr Farbe gegeben als das bloße ‚Ausdreschen' verstaubter Aktenberge es für unsere Themenstellung hätte tun können. So aber wurde aus vielen tausend verstreuten Einzelheiten sozusagen ‚fast von selbst' ein unter diesem Blickwinkel und in dieser Vollständigkeit noch nie gezeigtes Bild Rottenburgs.

Nach dem Großen Zapfenstreich am Vorabend von Fronleichnam 1997 marschieren Spielmannszug und Stadtkapelle vom Marktplatz ab.

Das Wissen um die Geschichte der Bischofsstadt Rottenburg wird damit um einen gern übersehenen zentralen Aspekt ihrer Vergangenheit, ihrer Entwicklung – und ihrer Gegenwart! – bereichert.

Nach außen aber konnte gezeigt werden, dass die kleinere der beiden schwäbischen Bischofsstädte – die größere ist Augsburg –, auch wenn sie als solche noch relativ ‚jung' ist, sich durchaus in der Runde ihrer gleichaltrigen, aber auch unter ihren größeren, älteren und traditionsreicheren Schwestern behaupten kann.

Im Vorwort wurde das von Prof. C. Arnold indirekt angesprochene Fehlen einer Darstellung der kirchlichen Geschichte der Domstadt Rottenburg erwähnt. Diese lang bestehende Literaturlücke ist mit dem vorliegenden Buch nun selber Geschichte geworden!

Quellen- und Literaturverzeichnis

(Auswahl)

a) Ungedruckte Quellen

1. Urkunden und Akten des Stadt- und Spitalarchivs Rottenburg a. N.
2. Urkunden, Akten und Rechnungen der Archive der Dompfarrei St. Martin und der Pfarrei St. Moriz, Rottenburg a. N.
3. Christoph Lutz v. Lutzenhardt, Chronickh und Gslechter Buech der Löblichen Österreichischen Statt Rottenburg am Negger. Handschrift von 1608/09; 5 Bde., davon Bd. 2 seit dem 17. Jahrhundert verschollen. Württ. Landesbibliothek Stuttgart (Cod. hist. F 764).
4. Johann Evang. Weittenauer, Tradition Buch von dem Anfang, Uhrsprung, und Wachßthumb deß löblichen alten Stüffts Sant Maurizij in Ehingen nechst Rottenburg am Nekher. Handschrift von 1674 ff. im Pfarrarchiv St. Moriz, Rottenburg.
5. Joh. Ev. Weittenauer, Repertorium über allerhandt brieff, Stüfftungen, verordnungen und merkhlichen begebenheiten des löbl. Stüffts St. Mauritij et Sociorum in Ehingen am Nekhar nechst Rottenburg. Handschrift von 1688 ff. im Pfarrarchiv St. Moriz, Rottenburg.
6. Franz Ignaz Knecht, Merckwürdigkeiten der Pfarr Rottenburg am Neckar. Handschrift von 1761 ff. im Pfarrarchiv St. Martin, Rottenburg.
7. Ludwig Anton Haßler, Archivum Parochiae Civ. Rottenburgensis ad St. Martinum. Handschrift von 1795 ff. im Pfarrarchiv St. Martin, Rottenburg.
8. Joseph Manz, Chronik der Stadt Rottenburg und Ehingen am Neckar. Handschrift von 1826 ff. im Fürstl. Hohenz. Haus- und Domänenarchiv Sigmaringen (Depositum im Staatsarchiv Sigmaringen).
9. Rottenburger „Statt-Buech". Handschrift von 1464 ff. im Hauptstaatsarchiv Stuttgart, B 19 Bü 7.

b) Nachschlagewerke

1. Ludwig Anton Haßler, Chronik der Königlichen Württembergischen Stadt Rottenburg und Ehingen am Neckar (Rottenburg 1819).
2. Beschreibung des Oberamts Rottenburg (Stuttgart/Tübingen 1828).
3. Beschreibung des Oberamts Rottenburg. Zweite Auflage in zwei Bänden (Stuttgart 1899/1900).
4. Der Landkreis Tübingen. Amtliche Kreisbeschreibung. 3 Bände (Stuttgart 1967/1972/1974).
5. Sammlung der katholischen Kirchengesetze (Sammlung der württembergischen Gesetze (Hrsg. v. Dr. A. L. Reyscher), Bd. 10 (Tübingen 1836).
6. Manfred Krebs, Die Investiturprotokolle der Diözese Konstanz aus dem 15. Jahrhundert. In: Freiburger Diözesan-Archiv, Jg. 66–74/ 1939–1954.
7. Catalogus Personarum Ecclesiasticarum et locorum dioecesis Constantiensis. Konstanz 1744/45, 1750, 1755/57, 1769, 1779, 1794.
8. Stephan Jakob Neher, Statistischer Personal-Katalog des Bisthums Rottenburg (Schwäb. Gmünd 1878).
9. Württembergisches Klosterbuch. Klöster, Stifte und Ordensgemeinschaften von den Anfängen bis in die Gegenwart. Hrsg. v. Wolfgang Zimmermann und Nicole Priesching im Auftrag des Geschichtsvereins der Diözese Rottenburg-Stuttgart (Ostfildern 2003).

c) Literatur

1. Adalbert Baur, Beiträge zur Kirchengeschichte der Stadt Rottenburg. In: Rottenburger Jahrbuch für Kirchengeschichte Bd. 1/1982, Bd. 3/1984.
2. Johannes Dillinger, Hexenverfolgung in der Grafschaft Hohenberg. In: J. Dillinger/Th. Fritz/W. Mährle, Zum Feuer verdammt. Die Hexenverfolgungen in der Grafschaft Hohenberg, der Reichsstadt Reutlingen und der Fürstpropstei Ellwangen (Hexenforschung Bd. 2) (Stuttgart 1998).
3. Matthias Erzberger, Die Säkularisation in Württemberg von 1802 bis 1810. Ihr Verlauf und ihre Nachwirkungen. Neudruck der Ausgabe Stuttgart 1902 (Aalen 1974).
4. August Hagen, Geschichte der Diözese Rottenburg. 3 Bde. (Stuttgart 1956–1960).
5. Peter Hersche, Muße und Verschwendung. Europäische Gesellschaft und Kultur im Barockzeitalter. 2 Bde. (Freiburg 2006).
6. Thomas Jauch, Die Flurnamen der Stadt Rottenburg am Neckar (Der Sülchgau 37/1993) (Rottenburg 1995).
7. Lorenz Lang, Die hohe Feyer der kirchlichen Inthronisation des Hochwürdigsten Bischofs von Rottenburg Johann Bapt. v. Keller etc. etc. und der Installation des gesammten Domkapitels in kurzer Skizze entworfen von einem Augenzeugen (Rottenburg 1828).
8. Dieter Manz, Flurdenkmale im Rottenburger Land (Rottenburg 1989).
9. ders., Bücher in Rottenburg. Die Diözesanstelle Buch und das Buchwesen der Stadt (Rottenburg 1990).
10. ders., Die Wallfahrt zur Schmerzhaften Mutter Gottes im Weggental bei Rottenburg. Skizzen zur Wallfahrtsgeschichte (Rottenburg 1995).
11. ders., Rottenburger Wein und Urbansbruderschaft. 600 Jahre St. Urbansbruderschaft Rottenburg am Neckar (Rottenburg 2001).
12. ders., Rottenburger Stadtgeschichte. Von den Anfängen bis zum Jahr 2000 (Rottenburg 2002).
13. ders., Wallfahrtskirche Weggental. Kirchenführer. (6. Aufl. Rottenburg 2007).
14. ders., Die Dom- und Pfarrkirche St. Martin in Rottenburg am Neckar. Das Bauwerk und seine Geschichte (4. Aufl. Rottenburg 2007).
15. ders., Die Gotteshäuser der Katholischen Kirchengemeinde St. Moriz in Rottenburg-Ehingen. Geschichte – Kunstwerke (3. Aufl. Rottenburg 2008).
16. ders., Rottenburger Miniaturen. 4 Bde. (Rottenburg 1991, 1995, 2000, 2004). Bd. 5 in Vorbereitung.
17. ders., Rottenburger Krippenbuch. In Vorbereitung.
18. Martin von Tours, ein Heiliger Europas. Hrsg. v. Werner Groß und Wolfgang Urban (Ostfildern 1997). Darin: Dieter Manz, St. Martin in Rottenburg. Die Rottenburger Martinspfarreien und -pfarrkirchen.
19. Max Miller, Eugen Bolz – Staatsmann und Bekenner (Stuttgart 1951).
20. Die Vertreibung von Bischof Joannes Baptista Sproll von Rottenburg 1938–1945. Dokumente zur Geschichte des kirchlichen Widerstands. Hrsg. Paul Kopf und Max Miller (Mainz 1971).
21. Die Wallfahrt zur Schmerzhaften Mutter Gottes im Weggental und ihre Heimat Rottenburg a. N. Bilder und Skizzen zur Erinnerung an das vierhundertjährige Jubiläum der Wallfahrt am 2. Juli 1917. Hrsg. v. Gefängnispfarrer Eugen Sieber. (Rottenburg 1917).

Bildnachweis

Benutzt wurden ferner Aufsätze in der „Sülchgauer Scholle", den Heimatblättern für den Oberamtsbezirk Rottenburg (Jahrg. 1/1925 bis 13/1938) und im Jahrbuch „Der Sülchgau" (Jahrg. 1/1957 bis 51/2007). Weiteres Material fand sich in Archiv und Zeitungsausschnittsammlung des Verfassers sowie in seiner Kartei aus in Rottenburg gebürtiger Welt- und Ordenspriester sowie in seiner Kartei Rottenburger Künstler und Kunsthandwerker usw.

Matthias Drengk, Rottenburg a. N.: 205 u.
Werner Faiß (†), Rottenburg a. N.: 137, 180, 197 o., 198
Joachim Feist, Pliezhausen: 12 f., 15 f., 18 f., 21 re., 22 ff., 26 f., 29, 31, 34, 39, 43 f., 47, 52, 55, 73, 77, 81, 84, 92, 97, 99 ff., 108, 111, 115 ff., 119 li., 128, 130, 148, 150, 152, 153 u., 154 u., 155 ff., 163 u., 167, 169, 181, 196, 199, 221 u., 227 ff., 231 ff., 236, 238, 240, 243 ff., 249, 251, 256 f., 259
Jürg Gaebele, Rottenburg a. N.: 242 li.
Harald Kiebler, Rottenburg a. N.: 51 re.
Rainer Mozer, Rottenburg a. N.: 216 ff., 221 o.
Hans Neff (†), Rottenburg a. N.: 4, 9, 165, 205 o., 212, 269 o., 270 r.
Alfred Schiebel (†), Rottenburg a. N.: 109
Bernward Schiebel, Rottenburg a. N.: 11, 21 li., 28, 41, 94, 204, 205 (2), 211, 235, 241 re., 252, 258, 269 u., 270 (2), 271
Stadtarchiv (Steffen Schlüter), Rottenburg a. N.: 122
Viktor Stemmler (†), Rottenburg a. N. (Copyright Herbert Stemmler): 183
Wolfgang Weiß, Ro.-Bad Niernau: 51 li., 194, 226, 242 re.
Hauptstaatsarchiv, Stuttgart (B19, Bü7): 225
Württ. Landesbildstelle, Stuttgart: 32

Alle übrigen Bildvorlagen stammen aus Archiv und Bibliothek des Verfassers.

Anhang: Kleiner Rottenburger Bilderbogen

Die Geschütze St. Georg und St. Barbara der Bürgerwache auf dem Weg zum Salutschießen am Morgen des Fronleichnamsfestes 1964.

Nach Abschluss der Renovierung der Klausenkirche wurde ihr neuer Altar am 4.6.1988 durch Weihbischof F. J. Kuhnle feierlich geweiht.

Die Prozessionsteilnehmer kehren nach der Öschprozession am Himmelfahrtstag 1992 über die Kalkweiler Steige in die Stadt zurück.

Ein zeitloses Bild vom guten Hirten: Schäfer Karl Rümmele († 1992) beim Hüten im Kalkweiler Feld, 1966.

Bundeskanzler Dr. K. G. Kiesinger beim Verlassen des Rottenburger Doms an seinem 65. Geburtstag (6. 4. 1969). Dahinter Msgr. J. Hagel, Dompfarrer von 1969 bis 1978. Kiesinger wohnte in den 50er-Jahren einige Jahre in Rottenburg.

Eine Begegnung von Bischöfen der Weltkirche im Rahmen des Diözesanjubiläums von 1978.

Die Fronleichnamsprozession von 1974 auf dem Weg zurück zum Marktplatz.

Impressum

1. Auflage 2009
ISBN 978-3-89870-596-7

© Kunstverlag Josef Fink
  88161 Lindenberg im Allgäu
  www.kunstverlag-fink.de

Layout & Gestaltung:
werbeatelier brandner, Leutkirch im Allgäu
Reprografie:
Camscan, Stiefenhofen
Druck:
W. Kohlhammer Druckerei, Stuttgart

**Bibliografische Information
der Deutschen Bibliothek**

Die Deutsche Bibliothek verzeichnet diese
Publikation in der Deutschen
Nationalbibliografie; detaillierte
bibliografische Daten sind im Internet über
>http://dnb.ddb.de< abrufbar.